Il Messa

del

Terzo Angelo

Bollettino Quotidiano della Conferenza Generale

1893

A. T. Jones

Adventist Pioneer Library

P.O. Box 51264
Eugene, OR, 97405, USA
www.APLib.org

Pubblicato originariamente nel *Bollettino quotidiano della Conferenza Generale* stampato nel *Review and Herald Extra* del 1893.

Pubblicato negli Stati Uniti

Giugno 2025

ISBN: 978-1-61455-202-4

Al fine di rendere disponibili questi preziosi materiali in diverse lingue il più rapidamente possibile, questo libro è stato tradotto tramite un processo automatizzato e non è stato ancora sottoposto a revisione umana. Pertanto, potrebbero verificarsi errori di traduzione o potrebbero essere aggiunti o omessi dei contenuti.
Se riscontrate degli errori, vi saremmo grati se ce li segnalaste via e-mail in modo da poterli correggere: contact@aplib.org

Il Messaggio del Terzo Angelo

Bollettino Quotidiano della Conferenza Generale

1893

A. T. Jones

Adventist Pioneer Library

Alonzo Trévier Jones
1850-1923

Contenuti

Il Messaggio del Terzo Angelo – n. 1

A. T. Jones
Stampato nel Bollettino quotidiano della Conferenza generale, 27 gennaio 1893, pp. 5–12.

Mentre iniziamo il nostro studio della Bibbia, penso che sarebbe bene passare quest'ora, in ogni caso, a considerare per che cosa siamo venuti e come dobbiamo venire per ottenere qualcosa di buono. Suppongo che ognuno di noi sia venuto aspettandosi di sentire cose che non aveva mai pensato prima; e non solo aspettandosi di sentire cose che non aveva mai pensato prima, ma aspettandosi di imparare cose che non aveva mai pensato prima. È molto facile ascoltare cose a cui non avevamo mai pensato prima, ma non sempre impariamo ciò che ascoltiamo; ma suppongo che siamo venuti aspettandoci di imparare cose a cui non avevamo mai pensato prima. È semplicemente dire che siamo venuti aspettando che il Signore ci dia nuove rivelazioni di sé, della sua parola e della sua via in generale. Sono venuto per questo.

Questo testo è un buon consiglio per tutti noi: "In verità vi dico che chiunque non riceverà il regno di Dio come un bambino, non vi entrerà". Marco 10:15. Così siamo venuti a conoscere il regno di Dio, a ricevere cose del regno di Dio, cose nuove e vecchie, cose vecchie in modo nuovo e cose nuove in modo nuovo; chi non lo riceverà come un bambino, non vi entrerà; non potrà averlo. Quindi, tutti noi dobbiamo venire qui e sederci ai piedi di Cristo, guardando a Lui come a un maestro, aspettandoci di ricevere ciò che ha da dirci, venendo come un piccolo bambino. Infatti, non solo questo testo qui parla di coloro che riceveranno il regno di Dio, ma in Matteo è messo in modo tale da coprire tutto il tempo dopo che abbiamo ricevuto il regno di Dio fin dal primo momento. In quel tempo, i discepoli andarono da Gesù e gli dissero: "Chi è il più grande nel regno dei cieli? E Gesù chiamò a sé un bambino, lo pose in mezzo a loro e disse: "In verità vi dico che se non vi convertirete e non diventerete come bambini piccoli, non entrerete nel regno dei cieli"". Matteo 18:1–3.

Ora, se qualcuno dovesse dire che l'altro testo si riferisce a coloro che ricevono il regno di Dio per la prima volta e ammettono la verità che possono riceverlo solo come un bambino piccolo, confessando di non saperne nulla e di non poterne avere conoscenza, questo versetto mostra che va oltre, e che l'idea va avanti anche dopo che abbiamo ricevuto il regno di Dio; perché per convertirci dobbiamo essere come un bambino piccolo, ricevere il regno di Dio come un bambino piccolo, ammettendo che non sappiamo nulla di noi stessi, nessuna saggezza nostra. Non è la nostra saggezza che può renderlo chiaro, che può aprirci la strada per comprenderlo bene così com'è. Dobbiamo lasciare fuori tutta la nostra saggezza per ottenerla e, convertendoci, diventare come un bambino. "Se non vi convertirete e non diventerete come un bambino, non entrerete nel regno di Dio". Di che tipo di bambini si parla? I bambini piccoli non hanno un'opinione molto orgogliosa di sé. Quelli grandi non sono così pronti a imparare. Questo viene detto per darci un modello e un esempio di come dobbiamo avvicinarci alla parola di Dio per imparare.

C'è un altro versetto che ci dice la stessa cosa e forse in modo più incisivo. "E se qualcuno pensa di sapere qualcosa, non sa ancora nulla di ciò che dovrebbe sapere". 1 Cor. 8:2. Quante persone sono comprese in questa frase? "Chiunque", tutti noi che siamo venuti qui. Chiunque sia venuto qui, si riferisce a noi personalmente? Ognuno. Chiunque di noi sia venuto qui e pensi di sapere qualcosa, quanto copre? Pensa di sapere quanto? Pensa di sapere cosa? "Qualsiasi cosa". Allora copre tutte le cose? Sì, signore. Allora il testo copre tutte le persone e tutte le cose che possono essere conosciute. Allora se uno di noi pensa di sapere qualcosa, cosa sa? Quanto sa? Non sa ancora nulla di quello che dovrebbe sapere.

Bene, allora asseriremo tutti che questo è vero, vero? Mettetevelo bene in testa. Se siete venuti qui pensando di sapere qualcosa, dovete decidere che non lo sapete come dovreste saperlo. Allora, vogliamo venire a questo studio in questo modo? Vogliamo venire tutti a questo studio domani, dopodomani, ogni volta che veniamo qui, e stabilire nella nostra mente che non sappiamo nulla come dovremmo saperlo? Non mi importa se si tratta del ministro più anziano tra i nostri ranghi; deve venire e dire: "Non so ancora nulla come dovrei saperlo; insegnami". E noi impareremo; chiunque venga in questa casa in questo modo imparerà qualcosa a ogni lezione che ascolterà. E questo include anche il ministro più anziano tra i ranghi; imparerà più di tutti noi, se si siede così. Ma quanto tempo copre quel testo? Per quanto tempo rimarrà lì? Pensate che durante questo istituto andremo oltre quel periodo? No, signore. Molto bene, allora abbiamo risolto il problema, per tutto l'istituto, se pensavamo di sapere qualcosa.

Ci sono cose che pensavamo di sapere abbastanza bene. Se c'è una cosa che pensavamo di sapere, mettetela giù, non sappiamo nulla. Impariamo sempre il massimo da quei testi che già conosciamo meglio. Non dimenticatelo. Impariamo sempre il meglio dai testi con i quali abbiamo già una maggiore familiarità. Non vedete allora che chi prende un testo o un pensiero, lo studia a lungo e pensa di averne ricavato tutto il pensiero che c'è dentro, si chiude lì? Quando dice: "Ora lo so", si esclude dall'apprendimento di ciò che è veramente contenuto in quel testo.

Il fratello Porter, nella lezione dell'ora precedente, ci ha parlato del proposito di Dio nel farci conoscere queste cose. Di che tipo di scopo si è parlato? Un "proposito eterno". E la Scrittura è l'espressione che Dio ci dà dei suoi pensieri in questo proposito eterno. La Scrittura è l'espressione dei pensieri di Dio su quel proposito, nel portare avanti, esporre e far conoscere quel proposito. E allora, di che tipo di scopo si tratta? Eterno. Quanto sono profondi i suoi pensieri? Quanto è esteso il suo proposito? Eterno. Quanto sono profondi allora i pensieri espressi nelle Scritture? Eterno. In quante espressioni delle Scritture e in quante Scritture si trova il pensiero della profondità eterna? In quanti passaggi? *In tutti*. Allora ci vogliono tutte le Scritture che sono state scritte perché il Signore ci esprima ciò che vuole dirci, del suo proposito eterno? Sì, signore. Allora quanto è profondo il pensiero in ogni passo della Scrittura e le parole che vengono usate per raccontarlo? Eterno. Allora, non appena un uomo coglie uno di questi pensieri e pensa: "Ora lo so e l'ho capito", quanto gli manca? Quanto gli manca per avere il pensiero che c'è davvero, per avere il pensiero che c'è in quel passaggio? [Voci: quanto la sua mente è lontana dalla mente di Dio]. Quando dice: "Ho la verità, ho il pensiero", ha chiuso la propria mente alla sapienza della conoscenza di Dio, mettendo se stesso e la propria mente al posto di Dio e dei suoi pensieri.

L'uomo che fa così non può più imparare. Non vedete che in quell'istante si esclude per sempre dall'apprendimento? E l'uomo che fa così, naturalmente non può imparare nulla al di là di se stesso, e naturalmente non avrà mai la conoscenza di Dio.

Le espressioni di pensiero che si trovano nelle affermazioni delle Scritture sono come profondità eterne. Quale limite possiamo allora porci nello studio di queste? Nessun limite. Non è forse questa la splendida immagine e la grandiosa prospettiva che l'eterna e intera mente di Dio è spalancata davanti a noi per essere studiata? Allora non dimentichiamo che questo è il campo di studio in cui dobbiamo entrare.

Ci siamo dentro da un bel po' e facciamo attenzione a non pensare di sapere qualcosa; siamo sicuri di non essere stati indotti a pensare di sapere qualcosa come dobbiamo saperlo. Accertiamo subito, con la parola di Dio, che non conosciamo affatto quella cosa. In ogni linea di pensiero c'è una conoscenza che dobbiamo cogliere. E finché non saranno passate tutte le profondità e le eternità, non arriveremo mai al punto in cui avremo il diritto di pensare di conoscere quella cosa e di averla finita. E' così? Allora sono contento di sapere che abbiamo un argomento come questo da studiare e un tempo così lungo [l'eternità] per studiarlo. Allora siamo *contenti* di iniziare. Quel testo rimarrà con noi almeno finché saremo al mondo; e non se ne andrà; se ne andrà in questa forma, naturalmente; la Bibbia, la parola di Dio così come è stata messa in questa forma, se ne andrà. Senza dubbio queste Bibbie saranno bruciate come qualsiasi altro libro di carta e cuoio. Ma la Parola di Dio non sarà bruciata. Quel testo in questa forma [in stampa] durerà finché durerà il mondo; ma dopo esisterà ancora in questa forma [il corpo]. Allora quel testo rimarrà sempre con noi, anche in eterno. "E se qualcuno pensa di sapere qualcosa, non sa ancora nulla di ciò che dovrebbe sapere". No, nessun uomo lo sa. Non siete contenti, fratelli, non siete contenti?

Ma non dobbiamo soffermarci troppo a lungo su uno solo di questi testi, perché ce ne sono diversi che vogliamo portare avanti questa sera. Riprendendo il pensiero di un attimo fa, siamo venuti qui aspettandoci di imparare molte cose nuove e molte cose nuove su ciò che abbiamo imparato in precedenza. Ma non siamo venuti per imparare nient'altro che la verità. Questo è ciò che vogliamo. L'unica cosa in cui c'è potere, l'unica cosa in cui c'è bene, l'unica cosa in cui c'è forza santificante è la verità, la verità come è in Gesù, naturalmente, perché non c'è verità in nessun altro modo. Quindi, venendo con questo scopo, per conoscere solo la verità, questo è tutto ciò che dobbiamo studiare, questo è tutto ciò che dobbiamo chiedere. Non sono affari vostri o miei se una cosa è vecchia o nuova, o chi la dice in questo istituto, o se è da studiare per noi o per qualcun altro, no? La cosa che dobbiamo chiederci è se è vera. Se è vera, allora prendiamo la parola del Signore così come ce l'ha data, non importa da chi la dice, non importa in che modo arriva, non importa se arriva esattamente nel modo opposto a quello in cui ci aspettavamo che arrivasse—e la probabilità è che sia così, "perché le vostre vie non sono le mie vie, dice il Signore". Allora, quando abbiamo fissato una via possiamo aspettarci che arrivi in un altro modo.

Il Signore non permetterà a nessuno di dettargli ordini o di stabilire piani per lui. Possiamo prendere il Signore in quel testo: "O Dio, in verità tu sei un Dio che si nasconde". Ma possiamo vederlo; Lui si nasconderà; non possiamo stabilire i modi in cui farà sempre le cose; ma il meglio è che gli lasceremo fare le cose a modo suo e saremo in grado di farlo sempre. Allora saremo perfettamente al sicuro. Allora non dovremo mai avere ansie, non dovremo mai avere a che fare con la gestione di tutto questo. Lui è tutto saggio; tutto va dritto con Lui e noi dobbiamo semplicemente tenerci pronti a vederlo agire in qualsiasi momento. E non dobbiamo fare altro che divertirci nel vederlo agire. Sono stato molto benedetto nello studio della Bibbia e nel vedere il Signore fare le cose. E quando sono le più oscure, le più misteriose, allora è lo studio migliore, perché ci porta fuori da noi stessi per vederLo fare. Se potessimo vedere sempre come sta venendo fuori, non sembrerebbe interessante. Quando è più oscuro, possiamo guardare con più attenzione e interesse, per vedere il Signore che lo raddrizza.

Se prima lo sapevamo, grazie a Dio ora lo sa qualcun altro: Se non lo sapevamo prima, grazie al Signore lo sappiamo ora. L'unica cosa da chiedersi è: è vero? Conoscete tutti i versetti in 2 Tess. 2:9, 10: "Anche lui, la cui venuta è dopo l'opera di Satana con ogni potenza, segni e prodigi bugiardi, e con ogni inganno di iniquità in quelli che periscono; perché non hanno ricevuto l'amore della verità, per essere salvati". Perché fa tutto questo per questo popolo? Perché non hanno ricevuto l'amore della verità. Chiunque ami la verità e riceverà l'amore della verità, Satana non avrà mai la possibilità di operare con tutti i segni e i prodigi bugiardi e con tutti gli inganni dell'iniquità. Nossignore. Perché Gesù lo ha detto [Giovanni 8:32]: "Conoscerete la verità e la verità vi farà liberi". Quindi chiunque riceva l'amore della verità, questo lo renderà libero. Allora colui nel quale Satana opererà tutti i segni e i prodigi della menzogna, è libero? No, è uno schiavo spaventoso. Finché abbiamo ben chiaro in mente che l'unica cosa che dobbiamo cercare o aspettarci è la verità, e la amiamo perché è la verità, e la accettiamo perché è la verità, allora non dobbiamo preoccuparci se Satana ci ingannerà o meno.

Notate l'ultima metà del versetto: l'effetto della verità è di renderci liberi. La prima metà è la migliore promessa della Bibbia, se potessimo misurare le promesse. Ma non possiamo farlo, perché una è importante quanto l'altra. Tutti sono i pensieri di Dio e i suoi pensieri sono eterni. Ma questa è una promessa eccellente: "Conoscerete la verità". Mi sembra una promessa meravigliosa. "Conoscerete la verità". Pensate di conoscerla? Vi chiedete se la conoscete? Vi chiedete se questa o quella cosa sia vera? No, signore. "*Conoscerete* la verità". Questa è la promessa di Gesù Cristo a voi e a me: quando confideremo in Lui e Lo seguiremo, conosceremo la verità. E nella misura in cui ci arrendiamo a Lui e lo seguiamo, Egli si prenderà cura di farci conoscere la verità e di farci confidare in Lui.

"Allora Gesù disse a quei Giudei che avevano creduto in lui: "Se perseverate nella mia parola, allora siete davvero miei discepoli. Conoscerete la verità e la verità vi farà liberi". Come possiamo conoscere la verità? Continuando nella Sua parola, sarete davvero Suoi discepoli e conoscerete la verità. Allora la Sua parola è la parola della verità. "Conoscerete la verità". Vogliamo attenerci a questa promessa. Mi sembra che se questa promessa fosse l'unica della Bibbia sarebbe l'unica di cui avremmo bisogno. "Conoscerete la verità". Perché Cristo ha promesso questo, questo è per voi e per me, quando lo seguiamo e ci arrendiamo a Lui. E poiché è così, mi sembra che dovremmo essere le persone più felici sulla terra, per la promessa fatta: "Conoscerete la verità".

Ci saranno molte opportunità, sicuramente; ce ne sono già state alcune, senza dubbio, nelle prime lezioni che sono state impartite—alcune opportunità per le persone nelle classi di dire:

"Beh, ora, è così? Probabilmente a qualcuno è già stata offerta l'opportunità di dire: "Beh, ora non lo so". Senza dubbio ci saranno innumerevoli casi, prima che passino le sei settimane che il Signore ci ha dato per studiare la Sua Parola e le Sue vie, innumerevoli volte in cui saremo chiamati a dire: "Ebbene, è così? Qual è la promessa? "Conoscerete la verità". Il Signore non vuole che accettiamo le cose perché le dice qualcuno. Dio non vuole che, quando qualcuno dice una cosa, diciamo: "È così, perché lo dice lui". Non è questo il punto. Dobbiamo sapere che è vero perché lo dice Dio. E dico che c'è la promessa: "Lo saprete". Ci sarà l'opportunità di chiedersi: "È così? Che ne dite di questo? C'è la domanda, ma c'è anche la promessa. Non dimenticatela. Gesù vi ha detto, ogni volta che si pone una domanda, "Conoscerete la verità". Allora, quando questa domanda nasce da un pensiero della lezione, qual è la risposta per voi e per me? Che cosa dobbiamo considerare? Qual è il posto che dobbiamo occupare in quel momento? C'è un fratello che parlerà un giorno e forse farà una dichiarazione, leggendo un passo o due o tre passi, e coglierà un pensiero che è nuovo per me, farà un'espressione qui che è nuova per me, e la domanda arriva: "Ebbene, è così? Qual è la risposta? "Conoscerete la verità". Cosa devo fare allora con questo nuovo pensiero, con questa domanda? Devo forse tenere quel quesito, quel nuovo pensiero, quello che per me è un nuovo pensiero? Non devo forse tenerlo davanti a Cristo e chiedergli la verità? O non sarebbe meglio andare da qualche confratello e chiedere: "Cosa ne pensate? Il fratello A. dice così e così. Cosa ne pensi? È una cosa nuova per me e ne dubito un po'". "Beh, anch'io ne dubito", dice l'altro fratello. Bene, allora è ovvio che non può essere così; questo lo risolve: non è così. Non sono affari tuoi quello che penso io.

Ricordo che una volta, in una riunione di campeggio, un fratello lesse direttamente alcune Scritture—era più o meno tutto ciò che fece; era una lettura della Bibbia; ma i pensieri che portò alla luce nella lettura della Bibbia erano nuovi per un gran numero di persone tra il pubblico. Circa una mezza dozzina di persone vennero in massa da me e mi chiesero: "Allora, fratello Jones, cosa ne pensi?". Io risposi: "Non sono affari vostri quello che penso io; cosa ne pensate voi stessi?". "Beh, non sappiamo cosa pensarne", risposero. Allora ho detto: "Scopritelo". Se avessi detto che non ci credo, avrebbero detto: "Non ci credo perché il fratello Jones ha detto di non crederci". Se avessi detto che era così, avrebbero detto: "È così; il fratello Jones dice che è così". Quindi mi propongo di non dirvi nulla di ciò che penso. Non sono affari vostri: sapete da soli qual è la verità. Questa è la posizione che intendo occupare in questo istituto. Mi aspetto che qui vengano fuori cose nuove. Non ho mai trovato una riunione in cui abbiamo studiato la Bibbia in cui il Signore non ci abbia dato qualcosa di nuovo, bello, grandioso e glorioso. Ma il posto che propongo di occupare è proprio su quella promessa: "Conoscerete la verità".

Ma ci sono persone, e senza dubbio anche voi, che sembrano avere l'idea che l'unico modo sicuro per conoscere la verità sia quello di sollevare tutte le obiezioni possibili e ottenere una risposta. Ma quando ho sollevato e presentato tutte le obiezioni che conosco contro un punto e tutte hanno trovato risposta, allora sono sicuro che si tratti della verità? Ne sono sicuro? No, perché ci sono obiezioni a cui non ho mai pensato. Non capite? Su questa linea, posso mai essere sicuro che sia la verità finché ogni obiezione possibile non viene portata contro di essa da ogni mente nell'universo—posso esserne sicuro fino ad allora? Quando tutte le obiezioni troveranno risposta, sarò sicuro che sia così? Se così fosse, come potrei vivere abbastanza a lungo da sentire tutte le risposte alle obiezioni? Possiamo arrivare alla verità in questo modo? C'è la possibilità di arrivare alla verità sollevando obiezioni e ottenendo una risposta? No, signore. A che serve iniziare un cammino che non si raggiungerà mai alla fine, un cammino sbagliato, naturalmente? Meglio non intraprenderla affatto.

Un'altra parola. Ci possono essere obiezioni contro la verità? Pensateci bene. Ebbene, quando viene presentata una cosa, voi e io dobbiamo dire: "Vedo un'obiezione contro questa cosa?". È questa la posizione che dobbiamo assumere? No; dobbiamo chiederci se è la *verità* e, se lo è, non c'è alcuna obiezione, non ci può essere alcuna obiezione contro di essa. La nostra obiezione è una frode. Non capite? La cosa che dobbiamo chiedere è: "È la verità?

E poi un altro modo che la gente ha per arrivare alla verità è quello di ascoltare entrambe le parti. L'avete sentito anche voi. "Questo è un lato", dicono, "ma ora voglio sentire l'altro lato prima di decidere". Qual è un lato della verità? Beh, qui c'è un lato della verità, e lì c'è l'altro lato della verità; allora dov'è la verità? Se ti metti da una parte o dall'altra della verità, è un errore. Ho sentito una parte e voglio sentirne un'altra! Allora come posso dire qual è la verità? Ma supponiamo che io abbia sentito la verità vera e propria [e questa è la necessità], e che non sia soddisfatto finché non sento l'altro lato. Qual è l'altra parte? Se questo lato è la verità, qual è l'altro lato? Errore. Allora possiamo decidere al meglio qual è la verità ascoltando molte bugie, vero? "Bene", dice uno, "ho sentito la tua versione e mi sembra che sia vera, ma voglio sentire l'altra versione!". La verità è la parola di Dio. Allora propone di aspettare di sentire l'altra parte, per sapere se è vera o no, confrontandola con tante bugie, e così fare di tante bugie un test della verità.

Non vogliamo sentire l'altra parte. Vogliamo solo la verità. Qui c'è un lato della verità e lì c'è l'altro lato della verità. Lui ascolta entrambe le parti secondo il suo piano; e poi come arriva alla verità? A modo suo. Ha sentito questo e quello. Dov'è la verità? Deve scoprirla in qualche modo. Non confronta forse una parte con l'altra, non pesa l'una con l'altra, non fa la bilancia e non giudica dove sia la verità? E quando ha fatto questo, può sapere di avere la verità? È sicuro che sia la verità? La mia mente, il mio giudizio, la mia capacità di soppesare gli argomenti e di decidere sulla verità, sono forse il test infallibile della verità? Il giudizio di un uomo, le sue facoltà, sono il test della verità? Quando vogliamo testare la verità per sapere che è la verità, il test deve essere infallibile. Non è così? Deve essere un test che non fallirà mai. Per discernere la verità e dichiararla, deve essere un test che non sbaglierà mai, in nessun caso, in mezzo a diecimila argomenti ed errori. Quella con cui dobbiamo testare la verità deve essere tale da colpire la verità tra dieci milioni di opinioni diverse, e colpirla senza sbagliare in successione—ogni pensiero che può essere sollevato tra gli uomini. Non è forse così? Sappiamo che la mente dell'uomo non è il test della verità. È solo la sua idea e la verità su cui si stabilisce. "Ma i vostri pensieri non sono i miei pensieri, né le vostre vie sono le mie vie, dice il Signore".

Ora, fratelli, nel tempo in cui siamo, ci sono due ragioni per cui questa cosa non potrebbe funzionare, anche se fosse corretta. Uno è che la verità di Dio si sta sviluppando così rapidamente che non abbiamo il tempo di scovare tutte le obiezioni e di ascoltare le argomentazioni da entrambe le parti, perché saremmo perennemente indietro mentre ascoltiamo tante argomentazioni e obiezioni. Ma non vogliamo rimanere in quel posto quando si chiude la prova. Il tempo è troppo breve per questo; e saremmo lasciati fuori quando ci arriveremo. Ma c'è la promessa: "Conoscerete la verità".

Tornate a Giovanni 14:16, 17: "Io pregherò il Padre ed egli vi darà un altro Consolatore che rimanga con voi per sempre, lo Spirito della verità". Spirito di che cosa? Della verità. Grazie al Signore per la promessa: "Pregherò il Padre". Che cosa fa Cristo stasera per noi, che siamo qui in questo istituto? Prega il Padre. Ci manderà il Consolatore? Lo Spirito di verità. Qual è la posizione da occupare prima di venire in classe ogni giorno? Partecipare a questa preghiera, affinché possiamo avere lo Spirito di verità, non è vero?

Quindi Gesù sta pregando e, a proposito, visto che Gesù lo fa, non siamo forse in buona compagnia quando lo facciamo? Passiamo quindi molto tempo a farlo durante questo istituto. Passiamo un bel po' di tempo in sua compagnia durante questo istituto. Che ne dite? [Pregherò il Padre ed Egli vi darà. Non dice: "Pregherò il Padre perché lo faccia", come se si dovesse decidere dopo aver pregato; ma "Pregherò il Padre ed Egli vi darà". Naturalmente la sua preghiera viene ascoltata, perché Egli intercede per noi. Presenta le nostre preghiere secondo la volontà di Dio. Così Egli ha pregato e noi preghiamo affinché ci dia il Consolatore, ed Egli lo fa. Quando chiediamo sappiamo di ricevere, perché Lui lo dice. Se chiediamo qualcosa secondo la Sua volontà, cosa succede? Egli ci ascolta. Questa è la fiducia che abbiamo in Lui questa sera. Questa è la fiducia che abbiamo in Lui: se chiediamo qualcosa secondo la Sua volontà, Lui ci ascolta. Se abbiamo questa fiducia nel Signore, possiamo divertirci in questo istituto. Chiediamo qualsiasi cosa secondo la Sua volontà ed Egli ci ascolta. Allora è Sua volontà che noi abbiamo lo Spirito Santo. Allora possiamo andare da Lui ogni giorno, e ogni ora del giorno, chiedendogli lo Spirito di verità e sapere che lo riceveremo, sapere che ci ascolta; e se sappiamo che ci ascolta, sappiamo di avere le richieste che desideriamo da Lui.

Ora mettete insieme queste cose. Se chiediamo qualcosa secondo la Sua volontà, Egli ci ascolta. Ogni volta che chiediamo, Lui ci ascolta. E quando ci ascolta, cosa succede? Sappiamo di poterlo avere? Di poterlo avere? *Lo avremo*. E allora cosa dobbiamo fare? Quando abbiamo chiesto secondo la Sua volontà, sappiamo che ci ascolta. E abbiamo quello che chiediamo; allora cosa dobbiamo fare? Ringraziamolo per questo. Allora, prima di venire all'istituto ogni mattina, chiediamo al Signore lo Spirito Santo secondo la Sua volontà; poi, una volta chiesto, abbandoniamoci completamente al Signore, ringraziamolo che sia stato fatto e veniamo ad aspettarci che Lui insegni, che Lui insegni all'insegnante e che attraverso di Lui insegni a noi.

"Affinché io rimanga con te". Quanto a lungo? Per sempre. Bene. Lo Spirito di verità è in grado di prendere la verità e di farla conoscere in qualsiasi momento in mezzo a diecimila volte diecimila fasi di errore. Per quanto tempo? Per sempre. Non è un bene? Non è una buona promessa che Egli ci dia lo Spirito di verità e che vi rimanga per sempre? "Lo Spirito della verità, che il mondo non può ricevere, perché non lo vede e non lo conosce; ma voi lo conoscete, perché egli abita con voi e sarà in voi".

"Ma quando verrà lo Spirito della verità, egli vi guiderà". Cosa farà? Vi guiderà. Lo farà; questo è positivo. Quando verrà, lo farà. Allora, fratelli, non possiamo fidarci di Lui? Mettiamo insieme le tre cose: "Conoscerete la verità", "Pregherò il Padre" e "Egli vi guiderà". Allora non possiamo fidarci di Lui? Non possiamo abbandonare tutto a Lui senza esitare su nulla? "Conoscerete la verità". "Il Padre vi darà lo Spirito di verità ed egli vi guiderà". Allora non dovremmo consegnare tutto a Lui, fidarci di Lui e aspettarci che ci guidi in ogni studio che facciamo qui?

"Ma quando verrà lo Spirito di verità, egli vi guiderà in tutta la verità, perché non parlerà da sé, ma dirà tutto ciò che avrà udito, e vi mostrerà le cose future". Lo farà? Ci mostrerà le cose future. Bene. Il Signore non vuole forse che vediamo le cose che stanno per accadere prima che ci travolgano? Non ci ha forse detto che le persone che ora vedranno ciò che sta per arrivare su di noi da ciò che si sta svolgendo davanti a noi, non si affideranno più alle invenzioni umane, ma sentiranno che lo Spirito Santo deve essere riconosciuto e accolto? Come vedremo quello che sta per accadere? Gesù ci mostrerà le cose che verranno. Non vuole che siamo colti di sorpresa in nessuna di queste cose. Vuole che sappiamo in anticipo ciò che sta per accadere, che siamo armati di tutto punto e che non ci lasciamo sorprendere e sorpassare.

"Egli mi glorificherà, perché riceverà da me e ve lo mostrerà". E che cos'è? "Io sono la verità e lo Spirito di verità". Egli prende ciò che è suo e ce lo mostra. Quando poi lo Spirito di verità prende solo ciò che è del Signore (e questo è tutto ciò che ci mostrerà mai), non si mette in evidenza da solo e non fa grandi cose da sé; così come Gesù non ha fatto questo, ma ha ceduto tutto affinché il Padre potesse muoversi e operare in Lui. Così lo Spirito Santo, al suo posto, fa esattamente le stesse cose che ha fatto Gesù. Non mostra se stesso, ma trova ciò che Dio ha detto a Gesù e lo dice a me e a voi. Così ci dà la verità di Dio come è in Gesù. È il Dio della verità? "Tutte le cose che il Padre ha sono mie. Perciò ho detto che egli prenderà del mio e ve lo mostrerà". Poi abbiamo la Scrittura: "Ma come sta scritto: "Occhio non ha visto, né orecchio ha udito, né è entrato in cuore di uomo, le cose che Dio ha preparato per coloro che lo amano". Ecco il proposito eterno e la sua profondità. È lì che dobbiamo stare, chiedendo, partecipando alla preghiera di Gesù ogni giorno, che lo spirito di verità sia presente nei nostri studi e in tutto il nostro lavoro, guidandoci nella verità.

Si noti quanto segue da "*Steps to Christ*", pp. 105, 129, 130:—

> "Non si deve mai studiare la Bibbia senza pregare. Prima di aprire le sue pagine dobbiamo chiedere l'illuminazione dello Spirito Santo, che ci sarà data. Quando Na taniel si avvicinò a Gesù, il Salvatore esclamò: "Ecco un israelita in cui non c'è malizia". Nataniele disse: "Da dove mi conosci?". Gesù rispose: "Prima che Filippo ti chiamasse, quando eri sotto il fico, ti ho visto". E Gesù ci vedrà anche nei luoghi segreti della preghiera, se cercheremo in lui la luce per conoscere la verità. Gli angeli del mondo della luce saranno con coloro che in umiltà di cuore cercano la guida divina".
>
> "Lo Spirito Santo esalta e glorifica il Salvatore. È suo compito presentare Cristo, la purezza della sua giustizia e la grande salvezza che abbiamo attraverso di lui. Gesù dice: "Riceverà da me e ve lo mostrerà". Lo Spirito di verità è l'unico insegnante efficace della verità divina. Come deve stimare Dio il genere umano, dal momento che ha dato suo Figlio a morire per loro, e nomina il suo Spirito per essere il maestro e la guida continua dell'uomo".

> "Dio intende che anche in questa vita le verità della sua parola siano sempre più svelate al suo popolo. C'è un solo modo in cui questa conoscenza può essere ottenuta. Richiamiamo l'attenzione sulla comprensione della parola di Dio solo attraverso l'illuminazione dello Spirito con cui la parola è stata data. Le cose di Dio non le conosce nessuno, se non lo Spirito di Dio"; "perché lo Spirito scruta tutte le cose, anche le cose profonde di Dio". E la promessa del Salvatore ai suoi seguaci fu: "Quando verrà lo Spirito della verità, egli vi guiderà in tutta la verità". perché riceverà da me e ve la mostrerà"".
>
> "Dio desidera che l'uomo eserciti le sue capacità di ragionamento; e lo studio della Bibbia rafforzerà ed eleverà la mente come nessun altro studio può fare. Tuttavia, dobbiamo guardarci dal divinizzare la ragione, che è soggetta alla debolezza e all'infermità dell'umanità. Se non vogliamo che le Scritture siano offuscate nella nostra comprensione, in modo che le verità più chiare non siano comprese, dobbiamo avere la semplicità e la fede di un bambino, pronto a imparare e a implorare l'aiuto dello Spirito Santo. Il senso della potenza e della saggezza di Dio, e della nostra incapacità di comprendere la sua grandezza, dovrebbe ispirarci umiltà, e dovremmo aprire la Sua parola, come entreremmo alla Sua presenza, con santa soggezione. Quando arriviamo alla Bibbia, la ragione deve riconoscere un'autorità superiore a se stessa, e il cuore e l'intelletto devono inchinarsi al grande Io Sono".

Da questo momento in poi, finché viviamo, quando leggiamo la Sua Parola così com'è, non mettiamo mai un "se" contro di essa. C'è qualche "se"? Può esserci un "se"? Non c'è alcun "se" in essa. È semplicemente ciò che dice. Ringraziamo Dio che è così e lasciamo che sia Lui a dirci cosa significa e come è così.

Leggo di nuovo da "*Gospel Workers*", p. 126:—

> "Dio desidera che riceviamo la verità in base ai suoi meriti, perché è verità. La Bibbia non deve essere interpretata per adattarsi alle idee degli uomini, per quanto a lungo essi possano averle ritenute vere".

Ciò significa che non devo interpretare la Bibbia per adattarla a quest'uomo [oratore che indica se stesso]. Significa anche per voi. "Lo spirito con cui ci accostiamo all'indagine delle Scritture determinerà il carattere dell'assistente al vostro fianco" (*Idem*, p. 127).

C'è una cosa importante. Ogni giorno veniamo qui per studiare le Scritture. La parola d'ordine è: lo spirito con cui venite determinerà il carattere dell'assistente al vostro fianco.

> "Gli angeli del mondo della luce saranno con coloro che in umiltà di cuore cercano la guida divina. Ma se la Bibbia viene aperta con irriverenza, con un senso di autosufficienza, se il cuore è pieno di pregiudizi, Satana è accanto a voi e metterà le chiare affermazioni della Parola di Dio in una luce perversa".—*Idem*

Non dobbiamo avere Satana come assistente. Allora assicuriamoci di unirci a Gesù in quella preghiera, prima di venire, e di rimanere in essa durante il nostro soggiorno. "Dobbiamo studiare la Bibbia da soli. Non ci si deve affidare a nessun uomo per pensare al posto nostro". Questo non significa che non dobbiamo farci guidare da un uomo, se è Dio a guidare l'uomo; e nemmeno da una donna, se è Dio a guidare la donna. Sapete anche che un certo uomo una volta avrebbe fatto bene ad accettare di essere guidato da un asino. Ma si propose di farsi guidare solo dal Signore, non si propose di farsi guidare da nessuno, ma si mise nei guai. Non scegliamo chi ci deve guidare, se non Dio.

Una volta un uomo stava parlando contro lo Spirito di profezia e diceva come gli Avventisti del Settimo Giorno fossero facilmente ingannati; come fossero illusi; che i loro insegnanti si alzavano e dicevano loro certe cose, e loro le inghiottivano completamente. Mi sono detto che avrei voluto che ci provasse, che cercasse di far scendere le cose in quel modo. È un dato di fatto che gli Avventisti del Settimo Giorno sono difficili da guidare. Ne sono felice in un modo. Vorrei che ogni avventista del settimo giorno fosse così difficile da guidare che nessuno nell'universo possa guidarlo se non Gesù Cristo. Sì, signore. Ma oh, fratelli, cerchiamo di arrivare a un punto in cui non sia così difficile per Lui guidarci. Ma sono contento che siano così difficili da guidare che nessuno può farlo se non Lui. Raggiungiamo quel luogo il più presto possibile e poi lasciamoci condurre facilmente come un agnello da Lui, dall'Agnello di Dio che è.

> "Non dobbiamo fissarci sulle nostre idee e pensare che nessuno debba interferire con le nostre opinioni. Quando un punto della dottrina che non capite viene alla vostra attenzione, andate a Dio in ginocchio, affinché possiate capire ciò che è vero, e non siate trovati come i Giudei, a combattere contro Dio. ... È impossibile per qualsiasi mente comprendere tutta la ricchezza e la grandezza anche di una sola promessa di Dio. Uno coglie la gloria da un punto di vista, un altro la bellezza e la grazia da un altro punto, e l'anima si riempie della luce celeste. Se vedessimo tutta la gloria, lo spirito verrebbe meno. Ma dalle abbondanti promesse di Dio possiamo trarre rivelazioni ben più grandi di quelle di cui godiamo ora. Mi rattrista il cuore pensare a come perdiamo di vista la pienezza della benedizione progettata per noi. Ci accontentiamo di lampi momentanei di illuminazione spirituale, quando potremmo camminare giorno dopo giorno alla luce della sua presenza. ... Colui che ha il compito di far ricordare ogni cosa al popolo di Dio e di guidarlo in tutta la verità, possa essere con noi nell'investigazione della sua santa parola" —*Idem*, pp. 129–131.

Oh, che promessa è questa, che conosceremo la verità! Poi ci dà lo Spirito di verità per guidarci nella verità. E questo Spirito è una guida così perfetta, così infallibile che farà tacere ogni altra voce quando soffia ogni vento di dottrina. Mette a tacere ogni altra voce se non quella che viene da Colui che è verità e vita. Ebbene, fratelli, affrontiamo lo studio con questo spirito e rimaniamo in questo spirito, e Dio ci insegnerà. E come fu detto ai tempi di Giobbe e nel libro: "Chi insegna come lui?".

Il Messaggio del Terzo Angelo – n. 2

A. T. Jones
Stampato nel Bollettino giornaliero della Conferenza generale, 30 gennaio 1893, pp. 39–52.

Stasera prenderò un testo che durerà almeno una settimana. È un'affermazione familiare a tutti, credo. È la seguente:—

> "Il popolo che ora vedrà ciò che presto verrà su di noi da ciò che si sta svolgendo davanti a noi, non avrà più fiducia nelle invenzioni umane e sentirà che lo Spirito Santo deve essere riconosciuto, ricevuto, presentato davanti al popolo".

Stasera, per cominciare e per gettare le basi di ciò che verrà, esamineremo la situazione che si presenta stasera davanti a noi nel governo degli Stati Uniti. Per questo motivo racconterò le esperienze dell'udienza che si è svolta di recente a Washington; iniziando da lì, esporrò semplicemente i fatti così come sono stati presentati questa sera, e poi in seguito potremo scoprire l'importanza dei fatti già esistenti.

Quando negli Stati Uniti si fece il primo movimento per una legislazione religiosa da parte del Congresso, ricorderete che iniziammo a far circolare una petizione, che era, in effetti, una rimostranza contro qualsiasi cosa del genere, che conteneva queste parole:—

> "All'Onorevole Senato degli Stati Uniti:—
>
> "Noi sottoscritti, residenti adulti negli Stati Uniti, di almeno ventuno anni, con la presente chiediamo rispettosamente, ma seriamente, al vostro Onorevole Corpo di non approvare alcun disegno di legge in merito all'osservanza del sabato, o del giorno del Signore, o di qualsiasi altra istituzione o rito religioso o ecclesiastico; né di favorire in alcun modo l'adozione di una risoluzione per l'emendamento della Costituzione nazionale che tenda in qualche modo, direttamente o indirettamente, a privilegiare i principi di una religione o di un corpo religioso rispetto a un altro, o che sancisca in qualche modo una legislazione in materia di religione; ma che la totale separazione tra religione e Stato, assicurata dalla Costituzione nazionale nella sua forma attuale, rimanga per sempre come l'hanno stabilita i nostri padri."

E la chiusura domenicale dell'Esposizione Universale, quando si è verificata, è stata portata davanti al Congresso con questa protesta.

> "Noi sottoscritti, cittadini degli Stati Uniti, con la presente protestiamo rispettosamente, ma decisamente, contro il Congresso degli Stati Uniti che impegna il governo degli Stati Uniti ad un'unione tra religione e Stato nell'approvazione di qualsiasi proposta di legge o risoluzione per chiudere l'Esposizione Universale Colombiana la domenica, o in qualsiasi altro modo che impegna il governo ad un corso di legislazione religiosa".

La proposta di legge Breckinridge è stata contestata allo stesso modo; la proposta di legge per fermare la consegna del ghiaccio la domenica, l'anno scorso, al Congresso, è stata contestata allo stesso modo; quindi la nostra protesta a questo proposito è stata contro il Congresso che ha toccato l'argomento in qualsiasi modo: ma lo ha fatto, come ci aspettavamo sempre, naturalmente, che avrebbe fatto.

Mentre facevamo circolare queste petizioni, gli uomini non credevano che ci fosse abbastanza importanza per firmare le petizioni, anche se credevano che la petizione fosse giusta in sé. Gli uomini ammettevano che era tutto giusto. Direbbero: "Credo a tutto questo, ma non è abbastanza importante da prestarvi attenzione; non mi prenderei il tempo di firmare il mio nome, anche se sono favorevole a tutto ciò che dite". Non verrà mai fatta una cosa del genere". E poiché c'erano così tante persone di quel tipo che non credevano che sarebbe mai stato fatto, fu fatto. E quando scoprirono che era stato fatto, cominciarono a cercare di annullarlo. Cominciarono a svegliarsi e a capire che si erano sbagliati e che era stato fatto; e poi, vedendo il loro errore, cominciarono a cercare di recuperarlo chiedendo che l'Esposizione Universale fosse aperta di domenica. E le ragioni per cui chiedono l'apertura dell'Esposizione sono esattamente le stesse che sono state addotte per la sua chiusura.

Questo movimento per l'apertura è nato a Chicago. *Il Chicago Herald* l'ha iniziato e il consiglio comunale di Chicago l'ha fatto proprio, redigendo un memoriale al Congresso che il consiglio comunale, con a capo il sindaco, in qualità di rappresentanti della città di Chicago, ha portato a Washington e presentato il primo giorno dell'udienza di quattro giorni. Vi riporto alcune delle motivazioni addotte per chiedere che la Fiera fosse aperta di domenica.

> "Il desiderio del Consiglio è
>
> "Che i cancelli della World's Columbian Exposition non siano chiusi domenica.
>
> "Che si fermi ogni macchinario e che si sopprima il rumore in quel giorno, affinché prevalga la quiete, che è conforme al sabato".

Questo riconosce la domenica come sabato, e naturalmente c'è una certa quiete che la caratterizza: e loro volevano che fosse aperto con i macchinari fermi "affinché la quiete prevalga". È lo stesso motivo per cui gli altri vogliono che sia chiusa la domenica. Vogliono la stessa cosa.

> "Che all'interno dell'area dell'Esposizione siano predisposte strutture adeguate per lo svolgimento di funzioni religiose il giorno di sabato, affinché tutte le confessioni possano celebrare il culto secondo le loro diverse usanze senza ostacoli o impedimenti".

È lo stesso motivo per cui gli altri volevano chiuderla, per poter celebrare le funzioni religiose nelle loro chiese.

> "Riconosciamo e ci rallegriamo del fatto che il nostro Paese è ed è sempre stato una Nazione cristiana". ...

La ragione principale addotta dalle chiese per la sua chiusura è che "questa è una nazione cristiana".

> "Siamo dell'opinione che, permettendo a queste persone e a tutte le altre che lo desiderano, di visitare l'interno del parco, si otterrà più bene di quanto si otterrà tenendole fuori. ... Crediamo che gli Stati Uniti, in quanto Paese cristiano, debbano aprire i cancelli domenica come riconoscimento del fatto che in nessun ramo dell'in-

> teresse umano o del pensiero si sono avuti più progressi in questi quattrocento anni di tempo che nella Chiesa cristiana".

Questa è esattamente la ragione che gli altri hanno addotto per la chiusura: che gli Stati Uniti, in quanto nazione cristiana, dovrebbero chiudere la Fiera la domenica come riconoscimento del progresso delle idee cristiane.

> "Non sarebbe una buona cosa gettare il santino del culto religioso sul grande tempio dedicato alle cose di uso e bellezza?".

E la ragione addotta per chiudere la Fiera era che sarebbe stata una buona cosa gettare la santità della religione sull'intera Fiera.

Come si vede, le ragioni che sono state addotte per aprirla sono esattamente le stesse che sono state addotte per chiuderla.

Il Chicago *Tribune*, nel citare la lettera che il cardinale Gibbons scrisse sull'argomento, la presentò in questa forma, nel suo numero del 3 dicembre 1892:—

> "C'è un forte e crescente sentimento in alcuni circoli religiosi a favore dell'abrogazione della legge sulla chiusura domenicale dell'Esposizione Universale. Un eminente divino dopo l'altro si sta schierando a favore di questo movimento liberale. Le possibilità di una serie di manifestazioni religiose al Parco diventano sempre più evidenti. Con i principali insegnanti religiosi e morali d'Europa e d'America a condurre le funzioni ogni domenica, con la musica sacra prodotta da cori che abbracciano, forse, migliaia di voci preparate, la domenica dell'Esposizione Universale sarà uno dei più grandiosi riconoscimenti del sabato conosciuti dalla storia moderna".

Così gli altri hanno detto che se la Fiera sarà chiusa la domenica, e la solennità del sabato la avvolgerà, e questa nazione darà il grande esempio del riconoscimento del sabato, sarà "una delle più grandiose esibizioni del sabato che la storia moderna conosca".

Di più: coloro che si sono adoperati per l'apertura della Fiera hanno assecondato gli interessi della Chiesa proprio come gli altri si sono adoperati per la sua chiusura. Non appena queste cose sono apparse sulla stampa, ho scritto una lettera al fratello A. Moon, inviandogli questi passaggi contrassegnati, e gli ho detto: "Puoi facilmente vedere che le ragioni addotte da queste persone per l'apertura della Fiera sono esattamente le ragioni addotte per la sua chiusura. Stando così le cose, per noi unirci a loro significherebbe riconoscere la legittimità della legislazione e delle sue ragioni, mentre ognuna di queste ragioni è direttamente contraria a tutto ciò per cui abbiamo lavorato in tutti questi anni al Congresso. Quindi questo rende abbastanza chiaro che non possiamo presentare una sola delle nostre petizioni insieme alle loro. Non possiamo fare un solo passo insieme a loro; non possiamo collaborare con loro o collegarci in alcun modo al loro modo di lavorare o alle ragioni che adducono per aprire la Fiera. Dovremo mantenere la posizione che la legislazione non è e non è mai stata giusta. L'unica cosa che possiamo fare è quindi ritenere che la cosa debba essere annullata. L'unica posizione che possiamo assumere è che la parte domenicale della legislazione debba essere abrogata incondizionatamente".

Il fratello Moon rispose immediatamente che aveva visto queste dichiarazioni e che aveva già preso la posizione di cui parlavo nella mia lettera. Ricorderete che più o meno nello stesso periodo scrissi un articolo apparso *sul Sentinel* in cui esponevo gli stessi fatti e prendevo la stessa posizione, dicendo che non ci importava un fico secco se la Fiera fosse aperta o chiusa la domenica; ma ci importava più di quanto si potesse dire se l'argomento dovesse essere trattato dal Congresso. Perciò il fratello Moon disse al presidente del Comitato e ai gentiluomini che gestivano quella parte della questione a Washington, che né noi né le nostre petizioni potevano essere considerate in alcun modo in relazione a quel movimento. Il presidente del Comitato chiese al fratello Moon quale fosse la nostra posizione. Egli disse al Comitato qual era la nostra posizione e quante petizioni c'erano. Naturalmente tutti i nomi raccolti in quella prima petizione, quasi quattrocentomila, sono validi oggi come allora, ogni volta che un deputato decide di chiamarli e presentarli. Sono perennemente contrari a tutto questo. Perciò il presidente, quando il fratello Moon gli ha illustrato la nostra posizione e le ragioni che la giustificano, gli ha detto: "Scrivete la vostra posizione riguardo a questa legislazione e io la presenterò come disegno di legge, in Parlamento, in modo da darvi una base su cui presentare le vostre petizioni e farvi ascoltare le vostre argomentazioni". Il fratello Moon, in quella stanza, dettò al signor Thompson di Chicago ciò che desideravamo, e il presidente Durborow lo presentò con il proprio nome. Il disegno di legge è il seguente

52D CONGRESSO,
SESSIONE 2D. } H. RES. 177.

Alla Camera dei Rappresentanti, 20 dicembre 1892. Rinviato al Comitato ristretto per l'Esposizione Colombiana e ordinato di essere stampato.

Il sig. Durborow ha presentato la seguente risoluzione congiunta:—

Risoluzione congiunta per l'abrogazione della legislazione religiosa relativa alla World's Columbian Exposition.

Considerando che la Costituzione degli Stati Uniti afferma specificamente che "il Congresso non farà alcuna legge che riguardi l'istituzione di una religione o che proibisca il libero esercizio della stessa".

Il Senato e la Camera dei Rappresentanti degli Stati Uniti d'America, a Congresso riunito, ritengono che l'atto del Congresso approvato il cinque agosto millenovecentonovantadue, che stanzia cinque milioni di mezzi dollari colombiani per celebrare il quattrocentesimo anniversario della scoperta dell'America da parte di Cristoforo Colombo, organizzando un'esposizione internazionale di arti, industrie, manifatture e prodotti del suolo, delle miniere e del mare nella città di Chicago, nello Stato dell'Illinois, *a condizione che detta esposizione non sia aperta al pubblico il primo giorno del* mese, industrie, manifatture e prodotti del suolo, delle miniere e del mare nella città di Chicago, nello Stato dell'Illinois, a condizione che la suddetta esposizione non sia aperta al pubblico il primo giorno della settimana, comunemente chiamato domenica; e che la sezione quattro di "un atto per contribuire all'attuazione dell'atto del Congresso approvato il 25 aprile 1890, intitolato "Un atto per provvedere alla celebrazione del quattrocentesimo anniversario della scoperta dell'America da parte di Cristoforo Colombo, mediante l'organizzazione di un'esposizione internazionale

> delle arti, industrie, manifatture e prodotti del suolo, delle miniere e del mare nella città di Chicago, nello Stato dell'Illinois", sia, e lo è, emendato in modo da lasciare la questione dell'osservanza della domenica interamente nelle mani delle autorità regolarmente costituite della World's Columbian Exposition.

Allora, avendo capito che ciò era stato introdotto con l'intesa e con l'esplicito scopo di aprire la strada alla presentazione delle nostre petizioni e di essere ascoltati sulla questione, abbiamo proceduto su questa idea. L'accordo per l'udienza è stato preso. Fratello Moon mi ha detto che se l'udienza fosse stata tenuta prima di Natale è perfettamente convinto che saremmo stati ascoltati; ma l'udienza è stata fissata solo dopo le vacanze, il Congresso si è preso una pausa durante le vacanze e quando il Congresso si è riunito di nuovo si è scoperto che il presidente di quella commissione era un'altra persona. Mi è stato riferito che nel frattempo aveva cenato con Elliott F. Shepard. Non so se questo abbia avuto qualche effetto sulla sua digestione o su qualche altro aspetto della sua composizione. In ogni caso, questo o qualcosa gli ha fatto rinnegare tutto ciò che aveva fatto, e ha escluso il principio che aveva incarnato in quella risoluzione e che aveva presentato per farci ascoltare.

Il dottor Lewis, il battista del settimo giorno, si recò al Congresso per essere ascoltato. Mi disse che andò dal signor Durborow, il presidente della commissione, e chiese di essere ascoltato. Il signor Durborow gli chiese cosa rappresentasse e quale fosse la sua argomentazione. Lewis gli disse che si sarebbe trattato dell'incostituzionalità della legislazione già adottata dal Congresso. Durborow gli disse che il Comitato aveva deciso di non ascoltare alcuna argomentazione di principio, ma solo la politica della legislazione; di non prendere in considerazione alcuna questione se fosse costituzionale o meno, ma che il Congresso l'aveva fatto e si presumeva che il Congresso avesse il diritto di farlo. Ogni riferimento alla correttezza della legislazione sarebbe stato completamente tralasciato, e si sarebbe valutato solo se sarebbe stata una politica migliore per il Paese aprire la Fiera o chiuderla nella domenica adottata dal Congresso.

Quando ciò fu fatto, il dottor Lewis non aveva nulla da dire e non aveva intenzione di dire nulla. Ma il terzo giorno, negli ultimi minuti della giornata, il signor Durborow lo invitò a parlare, concedendogli cinque minuti. Il dottor Lewis gli disse che non aveva nulla da dire, che non aveva con sé i suoi documenti e che non aveva intenzione di parlare in quelle circostanze. Ma il signor Durborow ha insistito perché lo facesse, perché aveva cinque minuti da occupare se voleva. Così li ha occupati, anche se in modo piuttosto sommario.

Samuel P. Putnam era lì per lo stesso scopo, con diverse migliaia di petizioni in tasca. È presidente della Federazione del Libero Pensiero d'America. Si è recato dal signor Durborow per ottenere una porzione di tempo da assegnargli e ha ricevuto le stesse informazioni: qualsiasi argomentazione sulla costituzionalità della questione o sul principio coinvolto non doveva essere presa in considerazione, ma solo la politica della legislazione. In questo modo, il signor Putnam non ha fatto ulteriori richieste. Ma anche lui è stato chiamato a parlare, ma gli sono stati concessi solo pochissimi minuti, che ha occupato come meglio ha potuto.

Non sono arrivato lì con sufficiente anticipo per scoprire tutto questo. Il fratello Moon lo sapeva, ma non ho avuto modo di parlargli. Il mio treno era in ritardo e sono arrivato lì in tempo, affrettandomi, per raggiungere la sala del comitato all'apertura della discussione. Non ho quindi avuto il tempo di informarmi sulla situazione. Dopo l'udienza, il signor Thompson di Chicago venne da me e mi chiese se avrei preso il resto del tempo quel giorno, l'ultima mezz'ora. Avevo scritto al fratello Moon che qualsiasi accordo avessero preso mi sarei conformato quando sarei arrivato lì. Supponevo che gli accordi fossero questi. Dissi al signor Thompson che, se lo ritenevano opportuno, avrei parlato quel giorno, ma che avrei voluto aspettare fino a quando non avesse parlato l'Unione Americana del Sabato, ma se avessero preferito, avrei preso il tempo necessario. Così, quando ho iniziato, ho cominciato con l'unica cosa che conoscevo. Si trattava di mettere in discussione la legislazione; ma era la cosa che avevano deciso di non discutere. Ho notato subito che erano agitati. Il presidente era molto agitato. Ma non sapevo quale fosse il problema.

Quindi riprenderò subito la domanda. È vero che il presidente ha fatto una dichiarazione in apertura dell'udienza che ora capisco, ma che allora non capivo. Ha detto:—

> "L'incontro di oggi si terrà allo scopo di dare udienza a coloro che sono favorevoli alla legislazione in esame. Credo che sia opportuno dichiarare al Comitato che il caso attuale è in qualche modo diverso da quello presentato un anno fa; e che la proposta presentata al Comitato è quella di *modificare la* legge *esistente*, non di *crearne una nuova*, come invece si proponeva un anno fa. Pertanto, si prevede che la discussione davanti al Comitato in questa occasione *si terrà molto vicino* alle linee di *modifica* presentate nella risoluzione del Comitato, le cui copie sono sulla scrivania e che possono essere fornite a voi, che prevede *la modifica* della chiusura dei cancelli dell'Esposizione Colombiana la domenica, consentendone l'apertura con le restrizioni indicate in queste risoluzioni".

L'espressione "Non creare leggi" era l'affermazione che non capivo allora, ma che ora capisco.

In un altro senso, è stata una fortuna che io abbia parlato per mezz'ora, perché dopo non c'era tempo per una mezz'ora. Il tempo più lungo occupato da qualcuno dopo di me è stato di circa venticinque minuti, e la maggior parte dei cinquantasette oratori ha avuto a disposizione una media di circa dieci minuti.

Sebbene il presidente abbia escluso l'argomentazione che stavo facendo sulla Costituzione, altri membri del Comitato hanno posto domande fino a consumare l'intera mezz'ora, e ognuna delle loro domande è stata presentata in modo tale che sono stato costretto a colpire la Costituzione e l'incostituzionalità di ciò che avevano fatto, rispondendo alle domande. E così l'argomento che volevano escludere è stato presentato nonostante gli sforzi del presidente. E le stesse cose che lui si è rifiutato di ascoltare da noi, sono state presentate da altri, in modo molto più forte di quanto avremmo dovuto o potuto fare noi. La mia argomentazione di fronte alla Commissione è la seguente

Signor Durborow.—Le restano solo trenta minuti, signor Jones.

Signor Jones.—Signor Presidente, mi aspetto di parlare a favore di questa legislazione che è ora all'esame del Comitato per un numero di ragioni maggiore di quello che potrebbe essere fornito nella mezz'ora che ho a disposizione per parlare; ma cercherò di toccare le ragioni che non sono state trattate in modo molto particolare fino ad ora. Inizierò con una di esse che è stata in qualche modo toccata dal sindaco Washburne, ma che può essere richiamata in modo un po' più approfondito, per poi passare alla considerazione di altri punti.

La mia prima osservazione è che questo argomento, se i cancelli dell'Esposizione Universale debbano essere chiusi o aperti la domenica, è un argomento con cui il governo nazionale non ha nulla a che fare. È completamente al di fuori della sua giurisdizione in qualsiasi senso. Ci sono tre considerazioni distinte.

Signor Robinson.—A quale chiesa appartiene?

Signor Jones.—Non vedo cosa c'entri con la domanda.

Signor Durborow.—Il signore ha certamente il diritto di porre la domanda.

Signor Jones.—È un membro del Comitato?

Signor Duborow.—Sì, signore.

Signor Jones.—Molto bene; chiedo scusa. Non sapevo che il signore fosse un membro del Comitato. Sono perfettamente disposto a rispondere alla domanda, anche se non vedo che attinenza abbia con questa discussione. Sono un membro della Chiesa Avventista del Settimo Giorno. Ma parlo qui oggi come cittadino degli Stati Uniti e in base ai principi del governo degli Stati Uniti. E posso anche dire che nel modo in cui il Congresso ha toccato la questione, posso probabilmente parlarne come avventista del settimo giorno; poiché il Congresso è già entrato nel campo della religione, abbiamo il diritto di seguirlo, se la necessità lo richiede.

Quello che stavo per dire è che tre considerazioni distinte nella Costituzione degli Stati Uniti proibiscono al Congresso di toccare questa questione. La prima è ben definita da George Bancroft in una lettera che scrisse al dottor Philip Schaff, il 30 agosto 1887, e che recita così: "La prima considerazione è che il Congresso non può toccare la questione.

> "Mio caro signor Schaff: Ho ricevuto la vostra del 12. Secondo la Costituzione, il Congresso non ha alcun potere se non quello che gli è stato concesso. Il Congresso quindi fin dall'inizio non aveva il potere di fare una legge che rispettasse l'istituzione della religione, come lo ha ora dopo l'approvazione dell'emendamento. Il potere non era stato concesso e quindi non esisteva, perché il Congresso non ha poteri se non quelli concessi; ma si era diffusa la sensazione che ci sarebbe dovuto essere un Bill of Rights e quindi, per soddisfare questa richiesta, furono redatti una serie di articoli che avevano la natura di un Bill of Rights, non perché fosse necessaria una dichiarazione di questo tipo, ma perché il popolo desiderava che alcuni principi venissero distintamente presentati come parte della Costituzione. Il primo emendamento, per quanto riguarda l'istituzione di una religione, è stato proposto senza passione, è stato accettato nei vari Stati senza passione e ha trovato il suo posto come incipit degli emendamenti nella maniera più tranquilla possibile. ...
>
> "George Bancroft.

Questo è dimostrato dal Decimo Emendamento della Costituzione che dice che "i poteri non delegati agli Stati Uniti dalla Costituzione, né da essa proibiti agli Stati, sono riservati rispettivamente agli Stati o al popolo". Poiché al Congresso non è stato concesso alcun potere in materia di religione, *questo* è riservato agli Stati o al popolo. È qui che chiediamo di lasciare la questione, proprio dove l›ha lasciata la Costituzione. È una questione riservata agli Stati. Spetta solo allo Stato dell›Illinois, per quanto uno Stato possa avere qualcosa da dire sull›argomento, dire se la fiera deve essere aperta o chiusa la domenica. Se lo Stato dell›Illinois non dovesse pronunciarsi sull›argomento, la decisione spetterebbe comunque al popolo. Spetta al popolo, in quanto tale, agire come meglio crede in materia, senza alcuna interferenza o imposizione da parte del Congresso.

Non solo è così su questo punto, ma se la Costituzione non avesse detto una parola sul tema della religione, il Congresso non avrebbe avuto il potere di toccare la questione. Ma il popolo ha parlato; la Costituzione ha parlato e ha negato il diritto del governo degli Stati Uniti di toccare la questione, riservando tale diritto agli Stati o al popolo. Non solo ha fatto questo, ma è andata oltre, vietando di fatto al governo degli Stati Uniti di toccare la questione. Questa mancanza di potere sarebbe stata completa e totale senza il divieto, perché i poteri non delegati sono riservati. Ma si è andati oltre, non solo riservando questo potere, ma proibendo espressamente al Congresso di esercitarlo. È assolutamente incostituzionale che il Congresso tocchi la questione. Lo era già all'inizio del governo, ed è per questo che insistiamo affinché questa legislazione venga annullata e lasciata dove la Costituzione l'ha lasciata, cioè agli Stati o al popolo.

Signor Houk.—Il linguaggio della Costituzione, credo, è che il Congresso non deve fare alcuna legge che riguardi l'istituzione della religione.

Signor Jones.—Seguirò la questione un po' più da vicino, e noterò l'emendamento. L'emendamento non recita, come spesso viene citato erroneamente, "Il Congresso non farà alcuna legge che rispetti *l'*istituzione della religione", ma "Il Congresso non farà alcuna legge che rispetti *l'*istituzione *di una* religione, o che proibisca il suo libero esercizio". Questa clausola ha due significati. Quando la Costituzione fu redatta, tutto ciò che diceva a questo proposito era che "nessun test religioso sarà mai richiesto come qualifica per qualsiasi ufficio o fiducia pubblica sotto gli Stati Uniti". All'epoca alcuni Stati avevano stabilito delle religioni, credo tutti tranne la Virginia. La Virginia si era impegnata in una campagna che toccava direttamente questa questione. La prima parte della clausola intendeva proibire al Congresso di emanare qualsiasi legge riguardante una qualsiasi di queste religioni già stabilite in quegli Stati, e la seconda parte della clausola proibisce al Congresso di toccare il tema della religione da parte sua, in qualsiasi modo. Nello Stato della Virginia, dal 1776—ad eccezione dell'intervallo di tempo in cui la guerra era più alta—al 26 dicembre 1787, si è svolta una campagna sulla stessa questione che è ora coinvolta in questa legislazione.

La Chiesa inglese era la Chiesa stabilita in Virginia, e i Presbiteriani, i Quaccheri e i Battisti inviarono un memoriale all'Assemblea Generale della Virginia, chiedendo che, come le Colonie si erano dichiarate libere e indipendenti dal dominio britannico in campo civile, così lo Stato della Virginia si dichiarasse libero dal dominio britannico in campo religioso, e che non fossero tassati per sostenere una religione in cui non credevano, e nemmeno una religione in cui credevano. La Chiesa inglese fu sciolta. Poi si fece un movimento per stabilire la "religione cristiana" e per legiferare a favore della "religione cristiana", approvando una legge che stabiliva una disposizione per gli insegnanti di tale religione. Madison e Jefferson si opposero a quella legge e, con sforzi vigorosi, la sconfissero, assicurando al suo posto l'approvazione di una legge "che stabilisce la libertà religiosa in Virginia", che è il modello di tutte le costituzioni statali da quel giorno a oggi, sul tema della religione e dello Stato.

Ora, quella campagna in Virginia contro l'istituzione della religione cristiana incarnava lo stesso principio che è implicato in questa legislazione di oggi, e come quella fu nettamente esclusa, così chiediamo che lo sia anche questa, e che il Congresso e il governo tornino al posto in cui erano prima e a cui appartengono. Madison uscì da quella campagna per entrare nella convenzione che formò la Costituzione degli Stati Uniti e portò con sé in quella convenzione i principi che aveva sostenuto nella campagna, e inserì quei principi nella Costituzione degli Stati Uniti; e l'intenzione di tutti era, ed è, che il Congresso non deve avere nulla a che fare con il tema delle osservanze religiose.

Washington, nel 1797, fece un trattato con Tripoli che dichiarava esplicitamente che "il governo degli Stati Uniti non è in alcun modo fondato sulla religione cristiana". E quando il Congresso ha legiferato su questa questione con riferimento diretto alla religione cristiana, ancora una volta è andato contro l'intento esplicito di coloro che hanno creato la Costituzione e stabilito la legge suprema, come espresso nelle loro stesse parole. Per questo motivo chiediamo che la cosa venga annullata e che il Congresso riporti il governo al punto in cui si trovava prima che venisse istituita questa legislazione, lasciando la questione al suo posto.

Signor Durborow.—Le sue obiezioni sono semplicemente costituzionali?

Signor Jones.—Ce ne sono altri, ma il fondamento di tutti è l'incostituzionalità. Coloro che hanno inviato le petizioni qui e coloro che hanno lavorato per il movimento in Campidoglio sapevano che era incostituzionale quando l'hanno chiesto. Un signore che ha trascorso sei mesi in Campidoglio per questa legislazione, ha sostenuto per più di venticinque anni, a mezzo stampa e con discorsi, che qualsiasi legislazione sulla domenica da parte del Congresso o in favore del sabato cristiano, sarebbe stata incostituzionale. Eppure ha lavorato qui sei mesi per far sì che il Congresso lo facesse senza alcuna modifica della Costituzione. Per venticinque anni, insieme all'Associazione di cui fa parte, ha lavorato per ottenere un emendamento alla Costituzione che riconoscesse la religione cristiana e rendesse questa una "nazione cristiana", in modo da avere una base costituzionale per la legislazione sulla domenica. Ma ora, di fronte a questi venticinque anni di storia e di lavoro, e di fronte alle loro stesse argomentazioni, sono andati avanti e hanno fatto in modo che il Congresso lo facesse, pur sapendo che era incostituzionale.

Un'altra ragione per cui ne chiediamo l'abrogazione è che è stata ottenuta sulla base di false dichiarazioni. Le dichiarazioni fatte al Congresso per ottenere questa legislazione erano tutte false. Hanno dichiarato al Congresso che la massa del popolo degli Stati Uniti era favorevole alla loro causa, cosa che è stata dimostrata più volte come falsa. È stato dimostrato con forza nella città di Chicago non più tardi di un mese fa. Lì l'American Sabbath Union ha tenuto una convention, una convention nazionale. Hanno tenuto quattro riunioni di massa la prima sera del periodo in cui si è tenuta la convention. A una di queste riunioni di massa ho partecipato. È stata riportata dai giornali di Chicago, di cui ho qui delle copie. Leggerò il resoconto di Chicago, in modo che si capisca che non vi ho messo alcuno dei miei sentimenti. Il Chicago *Tribune* del 14 dicembre 1892 riportava questo resoconto: "Il Chicago *Tribune* è un giornale di Chicago.

"È STATA VOTATA IN MANIERA NEGATIVA.

"L'Unione Americana del Sabbath ha subito ieri sera, durante una delle sue riunioni, una sconfitta che ha talmente sorpreso i leader presenti, che l'incidente ha suscitato un vero e proprio scalpore. È stato un colpo inaspettato, e tanto più grave perché è stato inferto da una delle denominazioni cristiane più sabbatiane".

Signor Jones.—Questo non è stato il primo caso del genere, come alcuni presenti ricorderanno.

Rev. W. F. Crafts.—È una bella battuta.

"Ieri pomeriggio l'Unione ha aperto qui una convention nazionale e ieri sera ha organizzato quattro incontri di massa in tutta la città per promuovere il movimento. Una di queste riunioni si è tenuta presso la M. E. Church, tra South Park Avenue e la 33esima strada. Si è trattato di una piccola riunione di massa, ma tutto si è svolto senza intoppi per un certo periodo, e l'"American Sabbath" ha avuto tutto a modo suo. Il dottor H. H. George, uno dei leader del movimento, il signor Locke e altri hanno sostenuto la chiusura dell'Esposizione Universale la domenica e hanno denunciato con forza gli sforzi dei direttori, del sindaco e del consiglio comunale per far abrogare al Congresso l'atto di chiusura. Questi discorsi sono stati approvati calorosamente, se non all'unanimità, con frequenti amen e battiti di mani. Nessuno si aspettava un'opposizione, e così sono state redatte le seguenti risoluzioni in modo fiducioso ed enfatico:—

"*Considerando che* la stampa di Chicago ci informa che il nostro Consiglio Comunale, grazie all'influenza del sindaco Washburne, ha nominato un comitato di suoi membri per recarsi a Washington allo scopo di influenzare il Congresso a revocare la sua azione in merito alla chiusura dell'Esposizione Universale la domenica; e,

"*Considerando* che i direttori di Chicago hanno aperto il quartier generale a Washington per lo stesso scopo, nonostante l'accettazione di uno stanziamento di due milioni e mezzo di dollari da parte del Congresso con l'espressa condizione che i cancelli non fossero aperti al pubblico la domenica; e,

"*Considerando* che ci sono settemila saloon aperti ogni domenica, in contrasto con la legge dello Stato; pertanto, sia—

"*Risolviamo*, in primo luogo, che esprimiamo la nostra più viva protesta contro tale azione ufficiale da parte del sindaco e del consiglio comunale, che utilizzano tali misure in opposizione all'azione del Congresso e spendono il denaro del popolo nel tentativo di invertire le condizioni stesse in base alle quali è stato ricevuto lo stanziamento del Congresso".

"*Deliberato* che deploriamo e condanniamo l'azione dei direttori, che hanno ricevuto i fondi dal Congresso a condizione che la Fiera non fosse aperta la domenica (un contratto *in buona fede*), e che ora stanno facendo tutti gli sforzi possibili per influenzare il Congresso ad annullare tale condizione.

"*Deciso* che, a nostro giudizio, sarebbe più opportuno che il sindaco e il consiglio comunale chiudessero i saloon la domenica in conformità con la legge dello Stato, piuttosto che cercare di influenzare il Congresso ad aprire l'Esposizione la domenica, contrariamente alla legge".

"Alla fine c'è stato un applauso e il presidente dell'assemblea, il reverendo H. H. Axrell, ha messo ai voti le risoluzioni. Con sorpresa sua e degli altri, i "Sì" e i "No" sono sembrati uguali, con un volume di toni apparentemente a favore di questi ultimi. Il presidente ha quindi detto che sarebbe stata opportuna una votazione in piedi e ha chiesto a tutti i favorevoli di alzarsi. Il segretario ne ha contati trenta in piedi.

"Tutti i contrari sorgeranno".

"Il resto dell'uditorio, ad eccezione di quattro persone che sembravano non avere alcuna opinione in merito, si alzò in piedi e il segretario, stupito dall'evidente maggioranza, non badò a contare le teste e dichiarò che i contrari alla risoluzione erano almeno trentacinque, e la cosa più strana era che molti di loro erano donne.

"Dopo un attimo di stupore, il presidente ha detto che avrebbe voluto avere qualche spiegazione per l'azione della maggioranza".

Signor Jones.—Ero presente e ho spiegato le ragioni della nostra opposizione alle risoluzioni. Il giorno successivo, nel loro congresso, la questione è stata discussa e presa in considerazione in modo approfondito. E così ho letto il resoconto del Chicago *Times* del giorno successivo.

"La tristezza ha pervaso la riunione dell'American Sabbath Union ieri mattina. L'inaspettata battuta d'arresto ricevuta alla riunione tenutasi la sera precedente presso la South Park Methodist Church aveva smorzato l'ardore dei delegati, e solo una decina di persone erano ai loro posti quando il presidente di quella sessione, il dottor H. H. George, di Beaver Falls, in Pennsylvania, ha chiamato all'ordine la riunione. La causa della depressione era il risultato della riunione della sera precedente. Martedì sera si sono tenute quattro riunioni di massa. Nelle prime tre sono state adottate risoluzioni a favore della chiusura domenicale dell'Esposizione Universale. All'ultima la risoluzione è stata bocciata, poiché la partecipazione, come si sostiene ora, è stata principalmente degli avventisti. Questo è il motivo della cupezza che ha pervaso ieri la chiesa di South Park.

"La commissione incaricata di preparare un telegramma al Congresso ha riferito quanto segue.

"La Convenzione Nazionale dell'Unione Americana del Sabbath, riunita in questa città, chiede rispettosamente al nostro Congresso, e in particolare al Comitato per l'Esposizione Universale, di non prendere provvedimenti per abrogare la legge sulla chiusura domenicale. Ieri sera si sono tenute riunioni di massa in quattro diverse parti della città per protestare contro questa abrogazione, in quanto atto non onorevole per il Congresso e per la nazione".

"Il dottor Mandeville si alzò in piedi in un istante.

"Non dovrebbe essere scritto: quattro riunioni di massa, perché una riunione si è opposta alle risoluzioni", ha detto. Dovrebbe essere scritto tre riunioni di massa".

"Sì", ha protestato il commissario, "ma la nostra risoluzione copre questo punto. Dice che le riunioni si sono tenute per protestare, ma non dice cosa hanno fatto".

"Ma il dottor Mandeville non si sarebbe fatto ingannare da nessun doppio gioco, e la risoluzione è stata presa per dire che tre riunioni di massa hanno protestato vigorosamente contro l'abrogazione della legge sulla chiusura domenicale".

Il segretario dell'Unione Americana del Sabbath per lo Stato dell'Illinois scrisse una correzione al Chicago Evening Post, in cui denunciava coloro che avevano votato contro le loro risoluzioni come "intrusi di ottone" e per aver "ammassato le loro forze per sconfiggere l'obiettivo di questa riunione di massa". Ciò ha aperto la strada alla mia risposta, che leggo qui come parte della mia argomentazione, e che spiega questo punto in modo un po' più completo di fronte a questo Comitato:—

"Chicago, 17 dicembre—*Direttore dell'Evening Post*:—Non vorrei aggiungere inutilmente altre afflizioni all'American Sabbath Union, ma per rendere giustizia alle persone denunciate nella lettera del Rev. McLean sull'Evening Post di giovedì, e per riportare la lettera entro i limiti dei fatti, la correzione del Sig. McLean deve essere corretta. Non è strano che non abbia una chiara comprensione della situazione della riunione di massa della South Park Church di martedì sera. Lui non era presente. Io c'ero e, quindi, chiedo un po' di spazio per correggere la sua correzione. Egli afferma che gli Avventisti del Settimo Giorno, "evidentemente supponendo che sarebbe stato un bel colpo di politica, al fine di sconfiggere l'obiettivo della riunione, hanno ammassato le loro forze" dalla regione della riunione, "con il risultato pubblicato". Questo è un totale fraintendimento. Non c'è stata nessuna politica, non si è pensato prima di sconfiggere l'obiettivo della riunione e le nostre forze non sono state ammassate. Che non ci sia stato alcun ammassamento di forze è facilmente intuibile dal fatto che, mentre in questo quartiere della città ci sono centonovantaquattro Avventisti del Settimo Giorno, alla riunione di massa ce n'erano solo una quarantina. E mentre ci sono ben trecento avventisti del settimo giorno nelle altre tre divisioni della città—West Side, North Side ed Englewood—non c'era nessuno presente alle riunioni di massa dell'unione domenicale in questi tre quartieri. Se avessimo fatto come siamo stati accusati di fare, almeno tre, invece di una sola, delle loro riunioni di massa sarebbero state portate avanti contro la loro risoluzione. Il signor McLean dovrebbe ringraziare il fatto che non siamo così neri come ci ha dipinto e che sono riusciti a fuggire così bene.

"Ma perché dovrebbero denunciarci? Non era forse[1]—"

---

[1] Quello che stavo per leggere ulteriormente è questo:—

"Non è stata pubblicizzata e tenuta come una riunione di massa? Non avevamo forse il diritto di parteciparvi? E non avevamo forse il diritto di votare contro tutte le risoluzioni che potevano essere proposte? Quando ci siamo recati all'incontro, come ci si aspettava che facessero le masse, dovevamo forse restare fermi quando ci veniva chiesto di votare? E di rimanere in silenzio quando siamo stati chiamati direttamente, sia dal signore che ha proposto le risoluzioni sia dal presidente, a spiegare il nostro voto? Alla luce di questi fatti, è giusto che ci denuncino come "atei", "anarchici religiosi", "intrusi di ottone" e così via? Che tipo di riunione di massa si aspettavano di organizzare? E soprattutto, che tipo di riunione di massa è quella in cui quaranta persone possono "ammassare le loro forze" e sconfiggere l'obiettivo della riunione? In tutte le loro riunioni non hanno perso occasione per proclamare in continuazione che quaranta milioni di americani sono dalla loro parte nella questione della domenica. Nella

Il Presidente (Sig. Durborow).—Non voglio più saperne di queste cose. Non vedo che attinenza abbia con la questione. La prego di limitarsi ad argomentazioni corrette.

Signor Jones.—Dimostra che la loro rappresentazione di quaranta milioni di persone—le masse del Paese—non è vera. Quando quaranta persone possono andare a una riunione di massa e votare più di loro, dimostra che le masse non sono con loro.

Signor Durborow.—Siamo qui per una questione di modifica della legislazione. Penso che potremmo anche lasciar perdere. I membri del Congresso sapevano senza dubbio cosa stavano facendo quando hanno approvato quella legge.

Signor Jones.—Non sto facendo alcuna riflessione sul Congresso. Non sto dicendo che il Congresso sapeva che queste dichiarazioni erano false. Ma non è possibile che i membri del Congresso siano stati ingannati e abbiano preso seriamente in considerazione dichiarazioni che erano false?

Signor Durborow.—Non credo che la sua argomentazione sia molto rispettosa nei confronti del Congresso degli Stati Uniti.

Come vedete, mi ha impedito di dimostrare che queste affermazioni erano false e ha detto di non "volere altra roba"; ma l'ha avuta. Il reverendo H. W. Cross, un ministro presbiteriano dell'Ohio, andò a Washington per fare un discorso di cinque minuti. Il terzo giorno dell'udienza ha esposto la questione in modo più incisivo di quanto avrei potuto fare io. Penso che sia meglio riportare qui il suo discorso. È il seguente

DISCORSO DEL REVERENDO H. W. CROSS DAVANTI ALLA COMMISSIONE

Il signor Durborow.—Il reverendo H. W. Cross dell'Ohio parlerà per cinque minuti.

Rev. H. W. Cross.—Signor Presidente e signori del Comitato: Il vero scopo della mia presenza qui per dire una parola è a favore dell'onestà intellettuale da parte delle chiese ortodosse. Sono un ministro di una chiesa ortodossa. Ho notato nel mio territorio che queste petizioni ecclesiastiche sono estremamente illusorie per quanto riguarda il numero di coloro che le firmano o le votano.

---

riunione di quella sera il dottor George ha dichiarato con veemenza che dalla loro parte c'erano quaranta milioni di persone, mentre negli Stati Uniti c'erano solo circa venticinquemila Avventisti del Settimo Giorno. Quaranta milioni di noi", gridò, "e non abbiamo paura. Siamo quaranta milioni e abbiamo il governo dalla nostra parte, e non abbiamo paura di nulla che gli avventisti possano fare". Ora, se il popolo era così schiacciantemente a favore dell'opera dell'American Sabbath Union, come sarebbe stato possibile per pochi, in proporzione solo uno su milleseicento, impacchettare la loro riunione o sconfiggere le loro risoluzioni? Se le loro stesse dichiarazioni fossero state vere, avrebbero avuto la sala piena e le gallerie gremite di persone favorevoli all'opera dell'Unione Domenicale, e sarebbe stato letteralmente impossibile per tutti gli oppositori che potevano essere "ammassati" sconfiggere l'oggetto della riunione. Ma quando i fatti hanno dimostrato che le loro stesse assemblee di massa erano così poco partecipate che quaranta persone potevano in gran parte metterle in minoranza e annullare le loro risoluzioni e "sconfiggere l'oggetto dell'incontro", questo dimostra di per sé che la loro affermazione di una maggioranza schiacciante di persone a favore della chiusura domenicale dell'Esposizione Universale è una vera e propria frode. Ed è questo che li danneggia. Finché possono andare avanti indisturbati e senza essere smentiti nelle loro false dichiarazioni, sono felici. Ma quando si verifica un incidente che smaschera la frode nelle loro affermazioni, li fa soffrire".

Ad esempio, in un caso nel nostro Stato i presbiteriani hanno approvato una risoluzione in cui si dice che noi rappresentiamo un certo numero di membri; e poi la Christian Endeavor Society, composta da molti dei membri della stessa chiesa a cui si riferisce la chiesa presbiteriana, approverà una risoluzione simile e dirà che noi rappresentiamo cinquanta, settanta o cento membri. E poi verrà portata davanti alla scuola domenicale. E molte delle persone che vengono conteggiate come votanti per le risoluzioni saranno state conteggiate tre, quattro o cinque volte; e ciò avviene quasi in base al principio del voto anticipato e frequente, che è tanto osteggiato nella politica secolare. Sono testimone di questo fatto. C'era una petizione che sosteneva di rappresentare ottanta membri della Chiesa che avevano firmato la petizione al Congresso, ma non erano affatto presenti. Era una scuola domenicale e la votazione è stata fatta dal sovrintendente della scuola domenicale, e c'erano bambini che hanno votato per quelle risoluzioni che non erano abbastanza grandi da sapere se l'espressione "Fiera Mondiale" si riferisse alle belle ragazze del banco accanto o all'Esposizione Colombiana di Chicago.

Ritengo mio dovere informare questa commissione sui fatti di quel caso. Il vero intento di queste petizioni è religioso. Ma non si può capire dalla formulazione delle petizioni cosa significhino; è lo spirito che le sostiene a dimostrarlo. Le colonne della stampa religiosa e le esortazioni dei capoclasse e dei sovrintendenti delle scuole domenicali—è quello che dicono ai pochi che votano—dicono il significato di queste petizioni. Ritengo che i nostri legislatori siano assolutamente competenti, intellettualmente e moralmente, per decidere, senza l'imposizione di alcuna setta o gruppo di sètte, se l'apertura della grande esposizione educativa sia coerente con il sabato civile. Ho notato una tendenza nei giornali della mia chiesa e in altri giornali della chiesa ortodossa a gongolare per il fatto che "noi (cioè questo gruppo di denominazioni che hanno questa idea comune) siamo stati abbastanza forti con le nostre forze da afferrare il Congresso; abbiamo scagliato il Congresso contro gli Avventisti del Settimo Giorno, contro i Battisti del Settimo Giorno, contro i cittadini cattolici romani e contro vari altri nostri cittadini". Mi sembra che non sia una cosa auspicabile da fare in questo Paese.

Non posso parlare a voi, signori della Commissione, nel modo e nella misura in cui mi ero preparato, perché ho solo cinque o sei minuti a disposizione; quindi mi sono limitato a presentare questi due punti: che queste petizioni sono estremamente illusorie per quanto riguarda il numero di firmatari, in quanto le stesse identiche persone sono intervenute molte volte e in una grande varietà di casi, ai congressi come singoli firmatari, alle scuole domenicali, come membri della Society of Christian Endeavor, le stesse persone hanno votato ancora e ancora. E quando si arriva a calcolare il vasto aggregato è estremamente illusorio, e se gli interessi del Sabbath-civile sono in gioco, non si può fare a meno di considerare che il Sabbath-civile non è un›istituzione.

Signor Durborow.—Signor Cross, il suo tempo è scaduto.

Signor Cross.—Molto bene, allora; lascerò la mia frase incompiuta. Mi inchino alla decisione.

Un altro discorso che ha esposto con forza questo concetto che il Comitato si è rifiutato di ascoltare da me, è stato quello del signor Thomas J. Morgan, un operaio di Chicago. Aveva scritto il suo discorso per essere letto. Ma dopo aver ascoltato alcuni rappresentanti della Chiesa, è rimasto talmente scosso dalle loro travisazioni che, quando è arrivato a parlare, si è dimenticato del discorso scritto, del tempo che passava e di tutto il resto, finché il presidente non gli ha detto che i suoi venticinque minuti erano finiti. Riporterò il suo discorso anche qui. Quindi leggo:—

DISCORSO DI THOS. J. MORGAN

Dopo aver dichiarato chi rappresentava e di aver ricevuto notizie "da 375 organizzazioni sindacali, provenienti da ogni città degli Stati Uniti, in cui si svolge un'industria sufficiente a promuovere o incoraggiare l'organizzazione di un corpo di operai", e che coprono fino ad oggi "trentatré Stati dell'Unione", ha detto:—

> Ora, signor Presidente, dopo aver dichiarato l'autorità che mi è stata conferita, desidero dire che mi presento davanti a questa Commissione in condizioni di grande imbarazzo. Fino a due ore prima di prendere il treno non sapevo che sarei riuscito a raggiungere questo Comitato. Sono arrivato qui alle undici di ieri sera, e trovandomi in un posto nuovo, in condizioni non abituali, ho perso il sonno. Inoltre, sono appena uscito dalla panchina. Vede [alzando le mani] sono un operaio; ci sono i calli e i duroni che sono una conseguenza necessaria del lavoro manuale. Non sono preparato, per educazione, ad affrontare le argomentazioni presentate qui o ad esporre il mio caso con la forza e la scioltezza che hanno i signori dell'opposizione, essendo stato costretto dalla mia condizione a lavorare per tutta la vita da quando avevo nove anni, senza una sola vacanza; mi è stata assolutamente negata l'opportunità di istruzione se non quella che mi è stata strappata dalle ore di sonno.
>
> Sono anche imbarazzato dal fatto di trovarmi, per la prima volta nella mia vita, in mezzo a molti amici del lavoro, di cui non conoscevo l'esistenza, e sono assolutamente stupito e imbarazzato dalle loro dichiarazioni. Non solo affermano di parlare in nome del lavoro, così come lo abbiamo negli Stati Uniti; ma, ecco, parlano con la voce dell'autorità dei miei compagni di lavoro in Gran Bretagna, paese da cui provengo. Non solo, ma prendono il nome di un uomo che io onoro forse più di ogni altro, e da quella fonte scagliano l'autorità su questo Comitato: quell'uomo è Karl Marx. Parlano anche a nome dei socialdemocratici tedeschi; e io, che sono un socialdemocratico, un inglese, intimamente legato al movimento riformista di quel paese, e che sono qui negli Stati Uniti da ventitré anni un attivo riformatore del lavoro, potete immaginare il mio imbarazzo e il mio stupore quando mi trovo in presenza di questi sostenitori e amici di Karl Marx, dei socialdemocratici inglesi e degli amici della riforma del lavoro qui negli Stati Uniti. [Mi dispiace molto di non potervi stringere la mano in fraterna amicizia . Mi dispiace dover dire: "Oh, salvateci dai nostri amici". Sono imbarazzato nel dover dire che sono qui con l'autorità di ripudiarvi assolutamente e di accusarvi di falsa rappresentazione.
>
> Quando ho sentito le loro dichiarazioni, ho pensato che avrei affrontato la questione con gentilezza, delicatezza, eccetera; ho pensato tra me e me che spero di

avere il potere di affrontare la questione con lo stesso spirito; ma temo di aver già oltrepassato i limiti. Ho questa cosa così a cuore che la normale compostezza viene assolutamente distrutta quando scopro che siamo attaccati, che i nostri interessi sono così travisati, che i nostri desideri e le nostre necessità sono così distorti, da questi uomini che pretendono di parlare con autorità.

[Agli ecclesiastici]. Portate dall'Inghilterra nomi di uomini assolutamente sconosciuti. Qual è il problema di Joseph Arch? Che problema c'è con Tom Mann? Qual è il problema di Ben Tillott? Può parlare con i loro nomi? No; avete portato qui alcuni nomi sconosciuti per dare più forza alle vostre false dichiarazioni. Non siete mai stati amici del lavoro, e in questo momento non avete il diritto di parlare in questo senso.

Quando avete portato qui i vostri riferimenti, la mia mente è corsa subito all'Inghilterra, a Joseph Arch, un laico della Chiesa, il cui zelo per la religione cristiana era troppo grande per essere contenuto. Da laico insegnava, sotto le siepi, le verità morali enunciate da Cristo, e nei suoi sforzi di elevare la sua classe si trovò contro di lui l'intero schieramento degli ecclesiastici della Gran Bretagna, come noi troviamo contro di noi l'intero schieramento del clero degli Stati Uniti, eccetto la Chiesa cattolica.

[Voci dagli ecclesiastici che esprimono disapprovazione].

Forse l'affermazione che ho fatto, secondo cui l'*intero* clero era schierato contro di noi, non è del tutto vera. Spero di risparmiarmi qualsiasi affermazione che non sia assolutamente basata sui fatti. Forse avrei ragione se dicessi che le chiese evangeliche degli Stati Uniti, come qui rappresentate, sono assolutamente contrarie a noi e ai nostri interessi. Probabilmente dovrei escludere la Chiesa cattolica; forse lo ammetterò. Le dico che sono imbarazzato. Forse mi prenderete in considerazione almeno sotto questo aspetto. Volevo disfare il lavoro che avete fatto qui e lo farò al meglio delle mie capacità.

Joseph Arch, a cui ho fatto riferimento e che ora vive, e di cui non avete notizie, che è stato sollevato dalla siepe alla Camera del Parlamento, è stato messo lì dal popolo e ha promesso di rendere possibile una vita decente e rispettabile. Dopo aver fatto questo, gli ecclesiastici della Gran Bretagna lo chiamarono a una grande riunione nella Exeter Hall, alla quale erano presenti duecento ecclesiastici. Gli chiesero di spiegare gli scopi della sua organizzazione ed egli lo fece. Si trattava di far uscire il popolo dall'ignoranza più assoluta, per portarlo alle comodità e alla decenza dell'uomo; si trattava di eliminare i saloon, di svuotare le carceri, di dare agli uomini dei distretti agricoli la possibilità di vivere come esseri umani decenti. Aveva realizzato molto in questa direzione e non solo disse ai ministri: "Non solo lo abbiamo fatto senza il vostro aiuto, ma lo abbiamo fatto di fronte al vostro assoluto sforzo di antagonismo". E ha detto: "Dopo che abbiamo compiuto questo lavoro, voi ci chiamate a rendere conto! Vi diamo i risultati del nostro lavoro. Lo abbiamo fatto senza il vostro aiuto. Andremo avanti. Tutto ciò che vi chiediamo è che, se non riuscite a vedere la vostra strada per aiutarci, vi leviate di mezzo e ci lasciate soli a fare il nostro lavoro". Questa è la mia risposta alla vostra produzione inglese.

Lei parla qui dei socialdemocratici tedeschi. Che diritto avete? Non avete alcuna autorità. Lei va a lavorare e prende questo o quel pezzetto dall'opera di Karl Marx, i socialdemocratici, e il risultato del loro congresso, e lo presenta qui con autorità. Io sono un socialdemocratico. Appartengo a quell'organizzazione e ho fatto tutto il possibile per fare proseliti, a mio modo umile, nelle menti degli operai degli Stati Uniti, ai loro principi. E voglio dire a voi ecclesiastici che i principi sostenuti dai socialdemocratici tedeschi sono i principi enunciati da Gesù Cristo, e che voi non capite.

[Voci: "Qui, qui".]

Signor Presidente, non solo parlo con l'autorità che ho espresso, ma voglio richiamare l'attenzione sulla posizione relativa che occupiamo nei confronti della questione dell'Esposizione Universale, rispetto a questo corpo di ecclesiastici organizzato come una macchina, —[rivolgendosi ai ministri]—voglio chiamare uno dopo l'altro a fare la sua parte di lavoro.

Signor Durborow.—Signor Morgan, il Comitato si trova a questa estremità del tavolo.

Signor Morgan.—La mia affermazione generale sulla mia inadeguatezza a questo tipo di lavoro mi scuserà, spero. Se gli amici della Chiesa fossero stati più gentili con me quando ero bambino, se mi avessero insegnato a leggere e a scrivere, forse sarei stato in grado di seguire tutti i requisiti dell'etichetta e della società raffinata e comune. Grazie a loro, forse commetterò qualche errore, per il quale chiedo di essere scusato.

Stavo per dire, signor Presidente, che oltre all'autorità che ho esposto, vorrei dire che noi operai di Chicago chiediamo in particolare il diritto di essere ascoltati con maggiore considerazione rispetto ai nostri avversari. Non appena si è sparsa la voce che si proponeva di tenere un'esposizione, un'esposizione mondiale, negli Stati Uniti, le organizzazioni sindacali di tutto il mondo hanno risposto con gioia a questa proposta; e non appena si è stabilito che l'esposizione mondiale si sarebbe dovuta tenere da qualche parte negli Stati Uniti, gli operai di Chicago hanno avanzato la loro rivendicazione di Chicago come punto geografico adatto per ospitare un'esposizione mondiale. Sostennero la richiesta di Chicago con petizioni delle organizzazioni sindacali di tutti gli Stati Uniti, al punto che il deputato Hawley poté presentarsi al Congresso degli Stati Uniti e dire: "Ho in mano le petizioni delle organizzazioni sindacali di tutti gli Stati dell'Unione, eccetto New York, che chiedono che la Fiera si tenga a Chicago". La Fiera è stata collocata lì. Ma ancor prima di essere collocata lì, il Congresso chiese che la Chica go dimostrasse la sua capacità di condurre quella fiera, sottoscrivendo dieci milioni di azioni. Gli operai si misero le mani in tasca e con monetine, pezzi da cinquanta centesimi e dollari sottoscrissero mezzo milione delle sue azioni.

Cosa ha fatto la Chiesa? La Chiesa ha chiesto che ci fosse un'esposizione dei prodotti del mondo e dell'ingegno dell'uomo? Se lo fece, lo fece in silenzio. Gli operai hanno risposto in questo modo sostanziale; e da allora hanno costruito la Fiera e l'hanno consacrata con il loro sangue. Centinaia e centinaia di operai sono stati uccisi e mutilati nella costruzione di quell'opera imponente. E credo che per queste ragioni ciò che abbiamo da dire debba avere un peso maggiore.

Non solo: ma dando il giusto merito alle menti che hanno progettato e pianificato quella meravigliosa esposizione, dando loro il giusto merito, i prodotti esposti provengono da questo tipo di mani. [E dopo che abbiamo costruito la Fiera, sacrificando le nostre vite per farlo, dopo che abbiamo contribuito con il nostro ingegno e il nostro lavoro a collocare lì i prodotti esposti, questi uomini, che non hanno avuto alcun ruolo, né nella progettazione, né nella costruzione, né in qualsiasi altra cosa connessa, sono venuti a chiudere il cancello e a girare il lucchetto a noi operai! E poi vengono qui con la misera scusa di essere istruiti, di essere giustificati a parlare a nome del lavoro! È assolutamente sbalorditivo il presupposto con cui questi uomini avanzano la loro richiesta. Non riesco a capire come possano rischiare la loro reputazione di veridicità, di onestà e di verità—e questa è l'unica cosa che il clero ha, e se la perde se ne va—come possano rischiare la loro veridicità e onestà facendo queste affermazioni? Uno di loro viene qui stamattina e dice: "Ho una petizione di un sindacato di New York". Quale sindacato?

Rev. Signor W. F. Crafts.—Gli ingegneri degli Stati Uniti.

Signor *Morgan.*—Chi?

Signor Crafts.—La Fratellanza degli Ingegneri delle Locomotive.

Signor Morgan.—No! Guardate qui; l'affermazione, la dichiarazione che è stata fatta, che non duplicano le cose, è basilarmente, maliziosamente falsa. Loro duplicano le cose. Portano una singola petizione da uno dei sindacati locali dello stato di New York e fanno credere di avere un'altra organizzazione.

Signor Crafts.—No.

Signor Morgan.—Beh, ovviamente le mie facoltà di comprensione non sono all'altezza di capire il vostro modo di gestire queste cose. Un'altra affermazione è stata fatta: perché gli ingegneri degli Stati Uniti parlano, questo risolve la questione; che sono i più intelligenti di tutti gli operai degli Stati Uniti. Io ripudio assolutamente questa affermazione.

[Qui il signor Morgan ha pronunciato alcune parole che toccano questioni piuttosto personali tra l'organizzazione da lui rappresentata e l'organizzazione degli ingegneri, che riteniamo sia meglio per noi non sembrare prendere alcuna parte stampando e facendo circolare quanto questo documento sarà diffuso.—Editori].

Poi si sostiene che l'apertura della Fiera richiederà un lavoro supplementare da parte degli ingegneri. Permettetemi di richiamare la vostra attenzione su questo fatto: se l'Esposizione Universale rimarrà chiusa di domenica, alle persone sarà assolutamente vietato godere dei suoi privilegi in quel giorno. Quel giorno sarà dedicato ai viaggi. Gli uomini partiranno domenica, raggiungeranno Chicago domenica sera o lunedì, trascorreranno la settimana alla Fiera, prenderanno il treno all'ultima ora del sabato sera o alla prima ora della domenica mattina.

Signor Durborow.—Signor Morgan, lei ha parlato solo per venticinque minuti e ha consumato il tempo a lei assegnato. Mi sembra di capire che lei desideri che il signor Askew la segua e, a meno che lei non gli ceda il passo, ovviamente gli occuperà il tempo.

Signor Morgan.—Mi scusi, signor Presidente, non pensavo di aver parlato così a lungo. Ma in realtà vorrei avere un po' più di tempo. Ho qui un documento che vorrei presentare.

Signor Durborow.—Se ha il consenso degli altri oratori, naturalmente va bene.

Dr. W. H. Thomas.—Le dedicherò il mio tempo.

Signor Durborow.—Se può, esponga semplicemente una sinossi del suo articolo e la fornisca il più rapidamente possibile.

Signor Morgan.—Lo leggerò il più rapidamente possibile, e voi potrete leggerlo con calma.

(Per quanto riguarda l'aspetto religioso della questione, vorrei dire che i lavoratori attribuiscono l'azione del Congresso di chiudere l'Esposizione Universale di domenica all'attività e all'influenza della Chiesa evangelica protestante, e che nel raggiungimento del suo scopo i rappresentanti di queste chiese assumono il ruolo di custodi degli interessi economici e morali dei lavoratori, e in loro nome e per conto sollecitano il Congresso a chiudere i cancelli dell'Esposizione Universale di domenica.

Siamo qui debitamente autorizzati dall'unico movimento organizzato e formale fatto dagli operai in relazione alla chiusura della Fiera la domenica a negare assolutamente il diritto di queste chiese o dei loro rappresentanti di parlare o agire per noi in questa materia, e a dimostrarvi con le prove documentali che presentiamo che tutte le dichiarazioni fatte al Congresso da queste chiese erano intenzionalmente o ignorantemente fraudolente.

A questo proposito desideriamo richiamare l'attenzione dei membri del Congresso che potrebbero essere stati influenzati dall'azione di queste chiese e che sono sinceramente interessati al lato religioso della questione, sul fatto che l'indifferenza o l'antagonismo attivo delle classi lavoratrici nei confronti della Chiesa è attualmente, e lo è stato per anni, un argomento della più seria considerazione da parte del clero. Rispettosamente rappresentiamo che una delle cause principali di questa ostilità latente e attiva nei confronti della Chiesa è dovuta al fatto che i suoi rappresentanti sono così lontani economicamente e socialmente dalle classi lavoratrici da non riuscire a comprenderne i bisogni, i desideri e le aspirazioni, e di conseguenza, quando parlano a nostro nome, ci travisano, come hanno fatto in questo caso. Ciò si è verificato in modo così frequente e universale che il rispetto e la riverenza per la Chiesa che i lavoratori avevano in passato sono stati distrutti a tal punto che la Chiesa stessa si è allarmata. Con poche eccezioni e in rare occasioni, la proposta di far aprire o partecipare un ecclesiastico ai nostri convegni o alle nostre assemblee di massa è stata accolta con sprezzante scherno. Decine di migliaia di lavoratori salariati che, come me, sono passati dall'infanzia all'età adulta tra le pieghe della Chiesa e che, pur essendone stati costretti, hanno conservato un fervido amore per i principi morali insegnati dal falegname di Nazareth, si rendono conto non solo della malvagità insita nell'atto del clero di escludere i lavoratori dalla fiera, ma comprendono anche l'effetto che avrà nell'allontanare ulteriormente le classi lavoratrici dalla Chiesa e nell'intensificare la loro ostilità nei suoi confronti.

Parlando come noi, con questa intima conoscenza personale, esortiamo rispettosamente, ma con la massima serietà, i membri del Congresso che sono stati influenzati da considerazioni religiose, ad annullare questo atto sconsiderato e dannoso della Chiesa.

Il reverendo Martyn, nel sostenere la chiusura della Fiera la domenica, ha dichiarato che né la letteratura né l'arte hanno alcun effetto sullo stato morale del popolo. La nostra risposta è che questa affermazione è una diffamazione della letteratura e dell'arte e un mostruoso insulto a tutti gli studiosi e gli artisti, oltre che un'assoluta negazione dei vantaggi dell'educazione secolare; mentre noi insistiamo sul fatto che ogni progresso nella conoscenza generale è necessariamente un progresso nella morale pubblica, e che la conoscenza degli individui, e quindi il loro stato morale, è influenzato in larga misura dal loro ambiente.

Mettete un lavoratore all'interno dei cancelli dell'Esposizione Universale, mettetelo a contatto con le meraviglie della natura mostrate e con le meraviglie della produzione dell'uomo raccolte in tutto il mondo, e con occhi di meraviglia sarà sollevato dal suo io ordinario, tutti i suoi istinti e le sue abitudini più basse e meschine saranno per il momento sommersi, e nella sua mente e nel suo cuore si insinuerà una comprensione mai vista prima, una comprensione delle varie risorse della natura e dell'illimitato ingegno e potere della mente umana, che sarà sempre una proficua fonte di riflessione, un argomento di conversazione, istruttivo sia per se stesso che per i suoi colleghi, che lo renderà necessariamente un uomo migliore, un lavoratore più abile, e quindi più prezioso, e un cittadino più utile.

Se fossi un ecclesiastico o un membro attivo della Chiesa e avessi a cuore il benessere morale del popolo, considererei un dovere imperativo non solo spalancare le porte della fiera la domenica, ma anche sostenere l'organizzazione di mezzi speciali per portare le masse all'interno delle sue influenze intellettuali e morali in quel particolare giorno.

Nella considerazione dell'aspetto morale dell'argomento ho affermato che l'influenza di una visita all'Esposizione Universale renderebbe l'operaio più abile e quindi più prezioso. Per il grande esercito di inventori sconosciuti una giornata all'Esposizione Universale sarebbe un'ispirazione di inestimabile valore, non solo per loro stessi, ma per la nazione e per la razza umana. Anche in questo caso parlo per esperienza reale, essendo stato personalmente beneficiato da visite a esposizioni simili per carattere all'Esposizione Universale, ma di dimensioni e portata relativamente insignificanti.

Coloro che tutelano gli interessi industriali e commerciali della Gran Bretagna e della Francia comprendono perfettamente questa visione del caso. A Birmingham, in Inghilterra, da dove provengo, una delle più grandi città manifatturiere del mondo, tali mostre su piccola scala erano istituzioni permanenti. Delegazioni speciali di lavoratori venivano regolarmente inviate alle esposizioni mondiali di Londra e Parigi, e da una conversazione personale con uno degli operai francesi delegati a visitare il centenario e l'esposizione di Vienna, ho appreso che i francesi erano altrettanto attenti all'importanza di questa particolare questione.

Mi è stato riferito da uno dei miei soci, che è attivamente interessato e contribuisce a questo lavoro di apertura dei cancelli dell'Esposizione Universale di domenica, che in Germania, nelle città industriali lungo il Reno, le società operaie inviavano regolarmente delegazioni sia a Londra che a Parigi per riferire sulle mostre relative ai loro particolari mestieri; e che tali visite erano organizzate in modo tale, per ragioni economiche, che i delegati arrivavano a Vienna o a Parigi il sabato sera o la domenica mattina, visitavano l'esposizione durante la domenica e ripartivano per casa domenica sera o lunedì mattina.

Sono relativamente pochi i lavoratori degli Stati Uniti che hanno avuto il vantaggio di questi stimoli al pensiero e all'invenzione, né la classe manifatturiera e commerciale ha ancora raggiunto una piena consapevolezza della loro importanza. Perciò insisto su questo punto, sperando che possa contribuire ad aprire i cancelli dell'Esposizione Universale di domenica alle centinaia di migliaia di lavoratori di Chicago e delle città vicine e a incoraggiare con questo privilegio le visite di quanti lavoratori salariati in tutta la nazione possono, con mesi di abnegazione e sacrificio, risparmiare abbastanza per pagare le spese di una visita all'Esposizione Universale, visita che deve essere necessariamente limitata a pochi giorni.

Ora torno al mio intervento, che è stato interrotto dal presidente della commissione.

Signor Jones.—Bene, molto bene. Allora ritengo che il Congresso sapesse cosa stava facendo. Qui c'è il verbale del Senato; è lì che è iniziata questa parte della legislazione, perché la legislazione alla Camera riguardava solo la chiusura della mostra governativa ed è passata alla Camera in quel modo, senza dire nulla sulla chiusura della Fiera la domenica. Quando è arrivata al Senato, questa parte della legislazione ha avuto origine lì. Leggerò dal *Congressional Record* del 10, 12 e 13 luglio.

Signor Durborow.—Beh, è inutile leggerlo qui. Lo conosciamo meglio di lei. Quello che vogliamo è modificare la legge esistente.

Signor Jones.—Certamente.

Signor Durborow.—Ora, se volete argomentare sul punto della modifica della legge, i vantaggi per cui questa legge dovrebbe essere cambiata e modificata in accordo con le risoluzioni che sono state presentate a questo Comitato—è per questo che questo Comitato ha organizzato queste audizioni.

Signor Jones.—Beh, è quello che sto facendo. Ho riportato la Costituzione nella sua forma attuale, che vieta questa legislazione; e quando la Costituzione la vieta, la legislazione non dovrebbe essere annullata?

Signor Durborow.—Non è questa la sede per discutere la questione.

Signor Little.—Credo che forse lei abbia frainteso la legislazione che è già stata adottata. Sono d'accordo con lei per quanto riguarda la Costituzione. Ma questa legge prevede uno stanziamento e lo accompagna con la condizione che la Fiera sia chiusa la domenica. Per esempio, non avete il diritto di dire a un signore che cammina per strada: "Non entri in quel saloon"; ma se gli date cinque dollari, avete il diritto di collegare la condizione che non li spenda nel saloon.[2]

Signor Jones.—Capisco il suo punto di vista. È stata avanzata l'argomentazione, ed è stata avanzata quando la legislazione era all'esame del Senato, che poiché il Congresso stava stanziando il denaro, aveva il diritto di porre qualsiasi restrizione ritenesse opportuna all'uso del denaro.

Signor Little.—Ma non sono stati costretti a prendere i soldi.

Signor Jones.—Certamente. Ma io nego questa proposizione. Il Congresso aveva il diritto di porre qualsiasi restrizione *civile* sull'uso del denaro; il Congresso non aveva il diritto, secondo la Costituzione, di porre alcuna restrizione *religiosa* sull'uso del denaro.

Signor Little.—È una restrizione religiosa?

Signor Jones.—Sì, signore: è una legislazione interamente religiosa.

Signor Houk.—Crede che sarebbe giusto che il Congresso dicesse che la Fiera dovrebbe essere chiusa un giorno su sette?

Signor Jones.—No, non sarebbe appropriato, perché tutto si basa sulla religione, e questo è l'unico motivo su cui si basa l'osservanza o il riconoscimento della domenica. E l'affermazione che la legislazione fosse nell'interesse dei lavoratori è contraria agli atti del Senato. Il senatore Hawley ha detto chiaramente: "Tutti sanno qual è il fondamento: è fondato sul credo religioso". Il senatore Peffer ha detto: "Oggi siamo impegnati in una discussione teologica sull'osservanza del primo giorno della settimana". Quindi la consideravano una questione religiosa, e solo religiosa. Ora, ripeto, non avevano il diritto, secondo la Costituzione, di porre alcuna restrizione religiosa. Quando misero quella restrizione e dissero che i direttori avrebbero dovuto firmare un accordo per chiudere l'Esposizione Universale la domenica, il "sabato cristiano", come il Congresso ha dichiarato essere la domenica, prima di poter ricevere qualsiasi finanziamento, avevano lo stesso diritto di dire che il direttivo dell'Esposizione Universale avrebbe dovuto firmare un accordo per sottoporsi al battesimo cristiano prima di poter ricevere qualsiasi stanziamento.

Voce.—Oppure provate con il dottor Briggs.

Signor Jones.—Sì. Quando il Congresso ha posto su questo stanziamento la condizione che il direttorio firmasse un accordo per chiudere la fiera nel "giorno del Signore", come il Congresso ha dichiarato essere la domenica, prima di poter ricevere qualsiasi somma di denaro, il Congresso aveva lo stesso diritto di richiedere che il Comitato per l'Esposizione Universale osservasse la cena del Signore prima di poter ricevere qualsiasi somma di denaro. Quindi, se il Congresso può definire cosa sia il sabato cristiano, può richiedere qualsiasi altra cosa nella religione cristiana.

Voce.—È così.

Voce.—Non è questa una nazione cristiana?

Signor Jones.—No, certo che no.

---

2 Questo non è ammesso. Non abbiamo il diritto di corrompere un uomo, nemmeno per non farlo bere. E se il Congresso ha agito in base a questo principio, come qui suggerito, allora ha aggiunto agli altri mali di questa legislazione l'elemento della corruzione. E in effetti questa è proprio la visione che è già stata sostenuta dall'American Sabbath Union. Il presidente dell'Unione del Sabbath ha pubblicato che questo atto del Congresso "mette un premio di 2.500.000 dollari sul fare il bene. Dimostra in modo concreto che "la pietà ha un grande guadagno"". E questa idea la ripudiamo insieme a tutto il resto del male.

Signor Jones.—Quando superano la Costituzione in un punto per amore della religione, possono superarla in ogni punto. Ciò che il Congresso ha fatto a favore della domenica apre solo la strada a qualsiasi altra richiesta da parte di coloro che l'hanno ottenuta. E sarà richiesto, perché il *Christian Statesman*, il cui editore è presente in sala, ha detto che "la grande maggioranza cristiana ha imparato, grazie alla risposta alla sua grande petizione e alla sua miriade di lettere in riferimento all'Esposizione Universale, che può ottenere dai governi nazionali e statali qualsiasi legislazione contro l'immoralità che chiederà in modo unito e serio". E un predicatore di Pittsburgh, non appena questa legge è passata al Congresso, ha dichiarato in un sermone: "Che la Chiesa abbia peso presso i grandi organi politici o di governo è stato dimostrato in modo molto efficace nella recente questione dell'Esposizione Universale, quando il Senato degli Stati Uniti, l'organo più alto del Paese, ha ascoltato la voce della religione e ha approvato il disegno di legge per lo stanziamento di cinque milioni di dollari per l'Esposizione Universale con la clausola, istituita dalla Chiesa, che i cancelli della grande Esposizione non dovevano essere aperti di domenica". Questo grande fatto positivo suggerisce alla mente del cristiano che se questo può essere fatto, possono essere prese altre misure altrettanto necessarie. La Chiesa sta guadagnando continuamente potere e la sua voce sarà ascoltata in futuro molto più spesso che in passato".

Voce.—L'affermazione di un individuo.

Signor Jones.—No, non è la dichiarazione di un singolo individuo; è rappresentativa, perché coloro che hanno assicurato la legislazione, coloro che hanno presentato la petizione, lo hanno fatto come una grande combinazione, non come individui, ma come una combinazione. L'Associazione Nazionale per la Riforma, l'Unione Americana del Sabbath e l'intera combinazione messa insieme, hanno lavorato per motivi religiosi; l'hanno richiesto solo su basi religiose e l'hanno fatto come religiosi. La base è stata dichiarata essere il quarto comandamento, quando il senatore Quay ha inviato la sua Bibbia al Segretario del Senato per farla leggere. Ecco il testo nel *verbale*. Chi può negare che il quarto comandamento sia religioso? Chi negherà che il quarto comandamento, come riportato nella Bibbia, sia religioso e che la Bibbia stessa sia religiosa? Mi rivolgo a questa commissione: Il Congresso degli Stati Uniti ha il diritto di inserire la Bibbia nella sua legislazione e di *farne* la base della legislazione di questo governo? No, signori: è la COSTITUZIONE la base della legislazione del Congresso, non la Bibbia. La Costituzione ha escluso le questioni religiose dalla considerazione del Congresso, e quindi ha escluso la Bibbia dalla legislazione del Congresso. Ma la Bibbia fu inviata quel giorno, e questo è il resoconto:—

> *Signor Quay.*—A pagina 122, riga 13, dopo la parola "atto", propongo di inserire:— "E che sono state prese disposizioni dall'autorità competente per la chiusura dell'Esposizione nel giorno di sabato".
>
> "Le motivazioni dell'emendamento le invio al banco per la lettura. Il Segretario avrà la gentilezza di leggere dal Libro della Legge che invio al banco, la parte racchiusa tra parentesi.
>
> "*Il Vicepresidente.*—La parte indicata sarà letta.
>
> "Il segretario leggeva come segue: 'Ricordati del giorno di sabato per santificarlo'".

Signor Jones.—Il quarto comandamento lo conoscete, non c'è bisogno che lo legga.

Voce.—Leggi tutto.

Signor Jones.—Sei giorni lavorerai e farai tutto il tuo lavoro; ma il settimo giorno è il sabato del Signore tuo Dio; in esso non farai alcun lavoro, né tu, né tuo figlio, né tua figlia, né il tuo servo, né la tua serva, né il tuo bestiame, né il tuo straniero che è dentro le tue porte; perché in sei giorni il Signore ha fatto il cielo e la terra, il mare e tutto ciò che è in essi, e si è riposato il settimo giorno: Perciò il Signore ha benedetto il giorno di sabato e lo ha santificato."

Voce.—È il settimo giorno o il primo?

Signor Jones.—Il comandamento dice il settimo giorno; ma di fronte a questa chiara dichiarazione del Signore che il settimo giorno è il sabato del Signore, il Senato ha dato la propria interpretazione a quel comandamento, e ha dichiarato che l'affermazione che "il settimo giorno è il sabato" significa "il primo giorno della settimana, comunemente chiamato domenica". Così il Congresso degli Stati Uniti ha preso il quarto comandamento dalla Bibbia e lo ha inserito nella sua legislazione, dando la propria interpretazione a tale statuto. Se il Congresso può interpretare la Bibbia su un punto, può interpretarla su ogni altro punto. Così, quando ha oltrepassato la Costituzione di questo Paese in questa cosa, ha messo se stesso e il governo in linea con tutti i governi della Chiesa e dello Stato che ci sono stati, e ha assunto a se stesso di essere l'interprete della Bibbia per tutte le persone nel paese, e per tutti coloro che entrano nel paese. Questo è ciò che è stato fatto.

Signor Houk.—La sua argomentazione è che la citazione di quel comandamento da parte del senatore Quay, e il suo inserimento, incorpora il quarto comandamento e l'intera Bibbia nella legislazione di questo paese?

Signor Jones.—In linea di principio sì. (Risate) Perché no? Cosa lo impedisce? Se possono incorporare una parte della Bibbia per questa occasione, cosa impedisce di incorporare ogni altra parte della Bibbia quando si presentano altre occasioni? E quindi è vero che l'incorporazione di questa parte della Bibbia qui, in linea di principio incorpora l'intero.

Signor Houk.—Questo è un modo un po' generico per inserire Dio nella Costituzione.

Signor Jones.—Esattamente. Ed è di questo che si rallegrano coloro che hanno voluto per tutti questi anni inserire Dio nella Costituzione. Ed è per questo che ora dicono: "Possiamo avere tutto ciò che vogliamo, quando lo chiediamo uniti". Ed è vero. Questo dà loro tutto ciò che volevano, perché quando il Congresso può farlo in un punto, chi negherà il suo diritto di farlo in qualsiasi altro punto? Una volta stabilito il principio, la cosa è fatta. Ma ha inserito il quarto comandamento come motivo per cui la Fiera dovrebbe essere chiusa la domenica e come base della legislazione su questa questione.

Signor Durborow.—Ora, la lettura di quel comandamento è stata un atto organico del Senato, del Congresso, nel fare una cosa del genere?

Signor Jones.—Si trattava dell'atto organico del Congresso, perché era una parte inseparabile della legislazione stessa: veniva dato come base della legislazione e come contenente le ragioni della stessa.

Signor Houk.—Allora tutto ciò che un membro dice lo incorpora nell'atto?

Signor Jones.—Oh no, non necessariamente. Ma consideriamo come è stato introdotto. Il senatore Quay ha proposto un emendamento. La Camera aveva approvato una legge che prevedeva la chiusura della mostra governativa, lasciando in pace la Fiera. Quando la legge passò al Senato, il senatore Quay presentò un emendamento per chiudere l'intera Fiera. Il suo emendamento era: "L'autorità competente ha dato disposizioni per chiudere l'Esposizione il giorno di sabato". Questo fu il primo passo compiuto dal Congresso sul tema della chiusura della Fiera, non della mostra governativa, ma della Fiera. Il Senato ha fatto questo passo e, nel farlo, il quarto comandamento è stato citato da colui che ha proposto l'emendamento ed è stato adottato dal Senato come base e come motivazione dell'emendamento. Ora, quando questo comandamento è stato citato da lui, e successivamente letto dal segretario dalla scrivania, come base di quell'emendamento, e come contenente le ragioni della legislazione che era contenuta nell'emendamento, e quando il Senato ha adottato quell'emendamento cambiando il primo giorno della settimana e chiamandolo domenica, e poi la Camera ha confermato la sua decisione, allora è chiaro come il sole che il quarto comandamento è stato inserito e incarnato nella legislazione del Paese da un atto definitivo del Congresso.

[L'orologio segna 12, il tempo è scaduto].

Durborow ha annunciato che il tempo a disposizione era scaduto e ha detto: "Con questo si conclude la discussione di oggi".

Con ciò si è conclusa l'udienza di quel giorno. Il Presidente aveva escluso l'argomento costituzionale e si era rifiutato di sottoporlo al Comitato; ma le domande che furono poste fecero emergere tutto questo, fino a quando il tempo fu esaurito. L'American Sabbath Union sapeva che la sua causa era salva e, dopo la fine dell'udienza, uscì semplicemente dalla porta d'ingresso, convocò una riunione dell'Unione e fece un voto di ringraziamento al Signore per aver preservato il sabato americano. Sapevano che, una volta esclusa l'argomentazione costituzionale, avevano tutto ciò che volevano.

Il giorno successivo Elliott F. Shepard tenne il discorso di apertura, e notate come iniziò. L'unica cosa che rende un membro del Congresso è la Costituzione degli Stati Uniti. Egli non ha altra autorità al mondo se non quella che la Costituzione gli conferisce, e non ha il diritto di ascoltare alcuna argomentazione che non rientri nella Costituzione. Ma loro lo hanno escluso, e ora vediamo cosa hanno ascoltato nel primo discorso che è seguito.

COMMENTO DI APERTURA DEL COL. E. F. SHEPARD.

"Mi avvicino a questo argomento con grande riverenza. Quando ci occupiamo di cose celesti, dobbiamo mettere da parte le cose terrene e fare come gli Ebrei nel tempio di Gerusalemme: prima di fare le loro offerte, prima di iniziare il servizio, si preparavano con l'abluzione e con la preghiera per il corretto svolgimento dei loro compiti. Ora, quando consideriamo il sabato, che poggia sulla legge di Dio, che è una rivelazione per l'umanità a cui nessuno avrebbe pensato, che lo dobbiamo interamente al nostro Padre che è nei cieli, dovremmo quindi avvicinarci con lo stesso spirito reverenziale alla sua considerazione. ...

> "Abbiamo deciso di non dire una sola parola sulla costituzionalità o incostituzionalità di questa legge davanti a questo Comitato; perché affermare che è incostituzionale qui sarebbe una riflessione sul Comitato, su entrambe le Camere del Congresso e sul Presidente degli Stati Uniti che ha approvato questa legge. E lei stesso, molto saggiamente, ha tolto quest'ultima considerazione dal Comitato quando ha dichiarato che non era questa la sede per discutere la questione. Pertanto la respingiamo senza dire una sola parola".

T. A. Fernley, nel suo intervento, ha detto al Comitato che non c'è alcuna autorità per riconsiderare la questione, perché non sono state presentate nuove prove; non c'è stata una sola nuova ragione davanti al Comitato per aprire la Fiera di domenica. E ha detto che l'unico motivo possibile per riconsiderare la questione è la sua incostituzionalità. Ciò ha confermato la posizione che si era rifiutato di ascoltare da noi; quindi tutto ciò che hanno contestato a noi lo hanno ottenuto da qualcun altro. Continuarono—non con argomenti celestiali, in ogni caso—ma si proposero di considerare le cose celesti, e fecero arretrare il Comitato di fronte alla morte e al Giudizio, affermando che quando sarebbero morti sarebbe stata una consolazione per loro sapere che avevano agito bene per quanto riguardava il mantenimento del sabato.

Altri avrebbero sollevato e minacciato l'ira di Dio sulla nazione se non avesse conservato il sabato. C'era un uomo proveniente dall'Asia Minore che voleva che l'Esposizione Universale fosse chiusa di domenica per stimolare le missioni; e se l'Esposizione Universale fosse stata aperta di domenica, sarebbe stato il più grande passo indietro alla causa missionaria che potesse mai accadere. E così avrebbero portato il Giudizio davanti al Comitato, e la presenza della morte, e li avrebbero minacciati con l'ira di Dio e il Giudizio di Dio se non avessero fatto così e così. In un editoriale della Rivista, non molto tempo fa, c'era una citazione che si riferiva a questo punto: questi uomini sarebbero andati al Congresso, avrebbero parlato a nome di Dio e avrebbero minacciato queste cose se il Congresso non avesse fatto così e così. (Vedere la *Review* del 25 ottobre 1892). Questo è stato fatto.

Ecco un'argomentazione di un avvocato, un giudice, il giudice S. B. Davis, di Terre Haute, Ind., che è stata mandata lassù, distribuita a centinaia, e che giace in quantità sul tavolo del Comitato, in cui si dice:—

> La Corte Suprema degli Stati Uniti dice: "Questa è una nazione cristiana"".

e prosegue sostenendo la necessità di un riconoscimento nazionale e statale della domenica. Sì, "questa è una nazione cristiana". Questo è stato il grande argomento principale di tutti. Questa è una nazione cristiana; la Corte Suprema degli Stati Uniti, , lo ha detto. Se c'è qualche confratello qui che dubita che la decisione della Corte Suprema significhi qualcosa, vorrei che fosse stato lì e avesse visto cosa significava.

Qual è la situazione attuale della legislazione di stasera? Come era allora? Qual è la situazione da allora? Qui c'è un articolo del Chicago *Herald* del 14 gennaio 1893 che fa il punto della situazione, e quindi lo leggo qui:—

> "È tutt'altro che una prospettiva incoraggiante quella che gli amici dell'apertura domenicale dell'Esposizione Universale hanno davanti a loro. ... Le udienze

che si sono svolte negli ultimi quattro giorni hanno danneggiato notevolmente la causa dell'apertura domenicale. Non che i sostenitori della chiusura abbiano avuto la meglio, perché non è così; ma la pubblicità data alla questione in tutto il Paese da questa agitazione ha fatto cadere sul Congresso una valanga di proteste e appelli da parte di religiosi e organizzazioni ecclesiastiche di tutto il Paese.

"Le chiese e i ministri sono di nuovo al lavoro con la stessa intensità di un anno fa, e con la stessa efficacia. ...

"Il generale Cogswell, su cui si contava fino ad oggi, sta ora vacillando. La Chiesa Episcopale Metodista ha esercitato su di lui un'influenza alla quale è difficile resistere. Il problema è che un gran numero di membri che credono nell'apertura domenicale per principio e come questione di diritto sono troppo timidi per votare le loro convinzioni di fronte all'opposizione organizzata delle chiese e dei ministri. Questi statisti sostengono che gli uomini che vogliono che la Fiera sia aperta la domenica sono uomini ragionevoli che non permetteranno che il loro giudizio o il loro voto siano influenzati dal mancato ottenimento di ciò che vogliono. Mentre, d'altro canto, gli uomini di Chiesa che sono a favore della chiusura domenicale, se i loro desideri saranno ostacolati, perderanno le staffe e alle prossime elezioni creeranno problemi a coloro che voteranno contro di loro.

"Questa sorta di vigliaccheria o di cautela, unita al fatto che i ministri che fanno della chiusura domenicale una sorta di merce di scambio non hanno alcuna esitazione a spodestare i loro rappresentanti al Congresso, o chiunque altro riescano a contattare, offre una spiegazione della mutata condizione delle cose in riferimento a questa questione".

Leggo qui la dichiarazione conclusiva del reverendo Joseph Cook nel suo discorso davanti alla commissione

"Domenica è il più alto degli angeli bianchi che stanno entrando in terre straniere. Permetteremo che Chicago si alzi e pugnali alle spalle questo angelo, nel nostro Paese? E chiameremo la dea della libertà dal Campidoglio per assistere all'omicidio? Dio non voglia".

In quali mani è il governo degli Stati Uniti?—Le chiese. Chi possiede il Congresso? Le chiese. Chi lo usa? Come ha detto quel signore dell'Ohio: "Con la nostra forza siamo stati in grado di usare il Congresso come volevamo": le chiese. Questi sono i fatti.

Queste sono alcune delle cose che stanno avvenendo davanti a noi. Ora lo studio sarà quello che presto verrà su di noi da ciò che sta avvenendo ora davanti a noi. Quando vedremo che, come ha detto la testimonianza, vedremo la necessità, riconosceremo la necessità, che lo Spirito Santo sia riconosciuto, ricevuto, presentato al popolo. Ed è qui che ci troviamo, fratelli, come ha detto il fratello Prescott. L'unica domanda è: "Cercheremo Dio per la potenza del suo Spirito Santo?". Il Paese è venduto nelle mani di una gerarchia religiosa, che è venduta nelle mani del diavolo.

Il Messaggio del Terzo Angelo – n. 3

A. T. Jones
Stampato nel Bollettino quotidiano della Conferenza generale, 31 gennaio 1893, pp. 68–74.

Riprenderò l'argomento da dove ci siamo fermati ieri sera e leggerò solo due dichiarazioni esemplificative di quelle che avevamo in mente quando si è chiusa l'ora di ieri sera. Eccone una:—

"Signor Presidente e signori del Comitato, amici e oppositori di questa misura: Permettetemi di richiamare l'attenzione su un fatto, su cui siamo tutti d'accordo. Nessuno di questa compagnia sarà qui nel 1993. A quel tempo saremo tutti d'accordo sul valore e sulla sacralità del giorno del Signore, perché è stata pronunciata la sentenza contro ogni uomo: "Metti in ordine la tua casa".

Come cadono velocemente!
Quelli che abbiamo conosciuto,
Come foglie di rami autunnali cresciuti,
Sono rapidamente scottati".

"Ma mentre gli uomini muoiono, la Nazione vive. Possa il Dio delle nazioni guidare noi e i nostri posteri in modo tale che "l'America" possa essere cantata fino alla fine dei tempi"—Dal *discorso di C. B. Botsford, davanti al Comitato della Camera sull'Esposizione Universale.*

Un altro:—

"C'è solo una ragione generale, signor Presidente e signori del Comitato, che vorrei esporre per cui questa Fiera dovrebbe rimanere chiusa il sabato. Se questi cancelli saranno aperti di sabato, sarà pericoloso per noi come nazione e per Chicago e per gli interessi della Fiera. C'è una cosa che dobbiamo ricordare: Dio regna ancora, Dio è ancora sul trono. Dio non ha abdicato e ha dichiarato che la nazione o il Paese che non lo servirà perirà. E soprattutto, dobbiamo ricordare che i dieci comandamenti sono la base stessa di tutte le nostre leggi, nazionali e statali, che sostengono le nostre libertà e i nostri diritti. Prendete il quinto comandamento; prendete il sesto comandamento contro l'omicidio e la protezione della vita, la protezione della persona; si basa su questo sesto comandamento; prendete il settimo comandamento. Tutte le nostre leggi, nazionali e statali, in riferimento alla purezza sociale, al rapporto matrimoniale, alla poligamia, si basano su questo comandamento. Ora, nel cuore di questi dieci comandamenti c'è il quarto comandamento, che non è mai stato abrogato come non lo è stato il quinto comandamento, o il sesto, o il settimo, o l'ottavo. E quindi dobbiamo ricordare che se tocchiamo questo comando di Dio, che si trova proprio nel cuore di questi dieci comandamenti, tocchiamo l'onore di Dio, tocchiamo la legge di Dio; perché Cristo ha sottolineato questo quarto comandamento. Ha detto: "Il sabato è stato fatto per l'uomo". Che cosa intendeva dire? Intendeva dire che non è stato fatto solo per gli ebrei, ma per l'uomo di tutto il mondo, in ogni epoca e in ogni condizione. Ha detto che il sabato è stato fatto per l'uomo. È stato fatto per l'uomo in ogni epoca, in ogni tempo. Ha detto che il sabato è stato fatto per l'uomo; è stato fatto per il massimo bene dell'uomo in ogni epoca del mondo, per il suo bene morale e fisico.

"E quindi, cari amici, se tocchiamo il quarto comandamento, che è alla base di tutti gli altri comandamenti, tocchiamo l'onore di Dio e i comandamenti di Dio. Non è mai stato abrogato, e *se lo tocchiamo Dio porterà una maledizione su di noi come nazione,* perché anticamente disse chiaramente al Suo popolo che lo avrebbe punito per la profanazione del giorno di sabato. Perciò, cari amici, noi come nazione non possiamo permetterci di toccare questo comandamento. Ciò che dobbiamo fare è quindi dare alle nazioni del mondo il buon esempio del sabato americano; dare loro l'esempio del sabato cristiano; dare loro l'esempio del sabato come Dio lo ha ordinato.

"Una volta un principe pagano si recò in visita dalla Regina Vittoria e desiderò che la Regina gli rivelasse il segreto della grandezza del governo. La Regina Vittoria gli mandò a prendere una Bibbia e, porgendogliela, disse: "Ecco il segreto della grandezza della nazione". E il segreto della nostra grandezza come nazione è la Bibbia che troneggia in tutte le leggi sulla linea del sabato. Questo è il fondamento delle nostre leggi". *Dal discorso del Rev. F. A. McCarrel, davanti alla Commissione della Camera per l'Esposizione Universale, l'*11 *gennaio* 1893.

Li leggo semplicemente come esempi delle argomentazioni presentate al Comitato per convincere il Congresso a rimanere fermo nella posizione in cui è stato collocato il governo.

Ora, fratelli, ricordate che ieri sera ho preso un testo che doveva durare una settimana. Questa sera voglio leggere un altro brano sulla stessa linea. È questo:—

"Fratelli e sorelle, vorrei poter dire qualcosa per risvegliarvi all'importanza di questo momento e al significato degli eventi che si stanno verificando intorno a noi. Vi segnalo i movimenti aggressivi che si stanno facendo per limitare la libertà religiosa".

Questo è ciò che vogliamo studiare questa sera. E mentre io, con l'aiuto del Signore, porterò davanti alle vostre menti le cose che *sono,* voglio che siate ansiosi di riceverle e vederle come Dio vuole che lo siamo noi, per poter vedere e conoscere la Sua mente a questo riguardo.

Ci sono senza dubbio persone in quest'Aula che erano qui circa tre anni fa quando mi è stato dato un argomento, che era, credo, "La crisi attuale". Chi era presente ricorderà che, riferendomi al nostro lavoro di allora, che consisteva nel presentare petizioni al Congresso e nel protestare contro tutta questa legislazione, ho richiamato l'attenzione sul fatto che quello era il nostro lavoro di allora. Si trattava di far circolare queste petizioni in tutto il paese, in modo da risvegliare le menti del popolo degli Stati Uniti contro questo problema, e di far sì che le loro petizioni arrivassero al Congresso in una quantità tale da far capire al Congresso qual è il principio, e che forse avremmo potuto ritardare questa legislazione. L'idea era quella di portare la verità davanti al popolo con questo mezzo. E ricorderete che ho richiamato l'attenzione su questo pensiero: che quel lavoro sarebbe continuato solo fino a quando non fosse stata adottata la domenica, fino a quando non fosse stata approvata una legge sulla domenica, e allora tutte le nostre petizioni sarebbero finite e il nostro lavoro in quella direzione sarebbe stato interrotto, perché sarebbe stato inutile per noi protestare contro il Congresso che faceva una cosa già fatta.

Ebbene, ora ci siamo. Siamo nel luogo a cui ho fatto riferimento quella sera di circa tre anni fa. Dalle testimonianze di ieri sera, si evince chiaramente che il governo degli Stati Uniti è ora nelle mani di una gerarchia e non più nelle mani dei rappresentanti del popolo. Il governo come l'hanno creato i nostri antenati è scomparso, irrimediabilmente scomparso. Il governo del popolo, dal popolo e per il popolo è scomparso. L'autorità del governo da parte del popolo, espressa nella Costituzione, e il governo da condurre secondo la Costituzione sono scomparsi. La Costituzione è stata scavalcata e ora viene ignorata. L'altro giorno il Comitato l'ha ignorata, anzi l'ha esclusa del tutto, e ha ascoltato una gerarchia, su posizioni gerarchiche, con argomentazioni esclusivamente gerarchiche. Quando è così, quando la Costituzione stessa viene esclusa dal giudizio e dall'esame di una commissione del Congresso, la cui unica autorità è la Costituzione, e al suo posto viene accolta quest'altra questione, dove è andato a finire il governo? Lo sapete? Dov'è finito?

[Risposte dal pubblico: "Nelle mani delle chiese"].

Ebbene, dagli estratti che ho letto ieri sera, si confessa che il Congresso non osa agire secondo il proprio punto di vista, secondo i principi che esso stesso sostiene, per timore di ciò che le chiese faranno; e che non osa agire nel modo in cui gli uomini di buon senso desiderano che agiscano, per timore di ciò che le chiese faranno, creando più mali e più problemi alla nazione che se agissero in altro modo. È proprio questa la ragione che il giudice Hammond ha addotto per giustificare la sua decisione, in un articolo che è stato stampato successivamente sullo stesso giornale in cui è stata pubblicata la sua decisione; che quando le chiese chiedono una legislazione di questo tipo è corretto da parte dello Stato concederla, perché i protestanti sono un popolo combattivo e se non si dà loro ciò che vogliono, causeranno problemi tali nella nazione che lo Stato perirà. Questo è il pensiero. Che cos'è questo se non dire semplicemente che i principi che guidano le chiese protestanti professanti degli Stati Uniti sono identici ai principi papali dall'inizio alla fine? E la ragione che hanno addotto per la legislazione all'inizio è proprio quella dei principi papali. La risoluzione che le Chiese hanno inviato al Congresso per chiedere questa legislazione è la seguente:—

> "Risolviamo che con la presente ci impegniamo reciprocamente a rifiutare, da questo giorno in poi, di votare o sostenere per qualsiasi ufficio o posizione di fiducia, qualsiasi membro del Congresso, sia esso Senatore o Rappresentante, che voterà per ulteriori aiuti di qualsiasi tipo per l'Esposizione Universale, se non alle condizioni indicate in queste risoluzioni".

Richard W. Thompson dell'Indiana, che fu Segretario della Marina sotto l'amministrazione del Presidente Hayes , ha detto bene: "Permettere a qualsiasi chiesa di dettare in anticipo quali leggi debbano o non debbano essere approvate significa privare il popolo dell'autorità di governo che ha ordinato nelle proprie mani, e trasferirla a tale chiesa". Ed è così. Questo è stato fatto; e dalle parole che hanno pronunciato, e dalle rappresentazioni che abbiamo letto ieri sera, è un fatto letterale davanti al mondo stasera che il governo degli Stati Uniti non è più un "governo del popolo, dal popolo e per il popolo", come l'avevano creato i nostri padri, ma l'*assoggettamento* del popolo da parte delle chiese e per le chiese. La Chiesa governa il governo; lo ha in mano, lo tiene in mano e si propone di tenerlo in mano.

Quando ciò è stato fatto, è stato perfettamente corretto per noi, o per chiunque altro, e per tutto il popolo, chiedere che venisse annullato. Avendolo fatto anche solo per le ragioni per cui è stato fatto, il Congresso avrebbe potuto annullarlo, avrebbe potuto aprire gli occhi e tornare indietro esattamente dove era prima. Il Congresso avrebbe potuto disfare questa cosa e lasciarla dove avrebbe dovuto lasciarla all'inizio, e allora le chiese avrebbero dovuto fare un altro sforzo per prendere possesso del governo. Ma invece di ascoltare questa richiesta sull'unica base su cui hanno il diritto di considerare qualsiasi questione—la base della Costituzione—hanno escluso la Costituzione e tutte le argomentazioni sulla Costituzione, si sono apertamente rifiutati di ascoltarle e hanno fatto il gioco delle chiese che avevano già ottenuto questo, fissando così in modo indelebile nella legislazione del Paese ciò che è stato fatto.

Questo è praticamente il secondo passo. Quando è stato fatto il primo passo, il passo successivo avrebbe potuto essere fatto all'indietro; ciò avrebbe annullato tutto. Ma invece di fare quel passo, quello che si sta facendo è solo confermare ciò che è stato fatto, e quindi la cosa non può più tornare indietro.

Quale missione abbiamo ancora a Washington? Che posto abbiamo più a Washington con petizioni o udienze di protesta contro la legislazione religiosa? Assolutamente no. Non abbiamo più commissioni di questo tipo a Washington. Non c'è più posto per le nostre petizioni. Questa è la situazione attuale.

Alcuni hanno chiesto: "Beh, supponiamo che venga presentata una nuova legislazione; non possiamo inviare una protesta contro di essa e chiedere un'udienza al riguardo?". Quale sarebbe la base della nostra argomentazione? Quale sarebbe la base della nostra protesta? Che è incostituzionale? Ma la Costituzione è stata scavalcata in questo; e ci verrebbe risposto che è già stata condannata, e che questo è costituzionale. Questo è stato dichiarato. E quando questo viene considerato costituzionale, tutto il resto segue. Quando ho presentato l'idea che potessero essersi sbagliati nelle dichiarazioni che erano state fatte loro, mi sono sentito rispondere: "La sua argomentazione non è rispettosa del Congresso".

Pastore Fifield.—Se un'altra proposta di legge sulla domenica nazionale venisse presentata a un'altra commissione, questa non potrebbe ascoltare un'argomentazione costituzionale?

Pastore Jones.—Ebbene, se lo facessero, quale sarebbe la forza della cosa? La Costituzione è già stata scavalcata. Queste cose sono incostituzionali. La legislazione sulla domenica è tutta incostituzionale. Ma tutto questo è stato fatto. E quale sarebbe la forza di qualsiasi argomentazione contro qualsiasi altra legge sulla domenica, cioè sulla base della sua incostituzionalità? Dov'è la forza? Semplicemente nessuna.

Così potete vedere che tutto è scomparso, fratelli. Questo è ciò che voglio che pensiate: che la cosa è sparita. E la base, l'unica base su cui abbiamo avuto il diritto di andare lì, la Costituzione, ci è stata tolta. Avevamo il diritto di andarci su quella base perché la Costituzione è l'idea di Dio sul governo. Il principio del governo degli Stati Uniti è l'idea di Dio per i governi. E quando abbiamo sostenuto la Costituzione e i suoi principi come idea di Dio, come abbiamo fatto ogni volta, e come idea giusta, questa era la cosa che dovevamo fare. Dio l'aveva data come esempio a tutto il mondo e come luce a tutto il mondo, come idea giusta di governo, e noi avevamo il diritto di appellarci ad essa.

L'altro giorno volevano che ci opponessimo alla chiusura della Fiera la domenica. Vedete, non possiamo farlo. E soprattutto non possiamo opporci alla chiusura domenicale per il motivo che la domenica non è il sabato del quarto comandamento, perché argomentare in questo modo significherebbe semplicemente ammettere che il Congresso ha incorporato correttamente il quarto comandamento nella legislazione, e che se solo riconoscessero il *giorno* del quarto comandamento invece della domenica, non avremmo nulla da dire. Ma noi abbiamo tutto da ridire. Ciò significherebbe solo rinunciare a tutto. Di conseguenza non potevamo abbandonare la nostra posizione sulla Costituzione. Ma quando ci escludono, escludono la Costituzione. Dico sempre che siamo in splendida compagnia, perché essendo stati esclusi da quel comitato da qualsiasi argomento costituzionale, siamo in splendida compagnia, perché siamo in compagnia della Costituzione degli Stati Uniti, e per sbarazzarsi di noi hanno dovuto escludere la Costituzione. Questa è la compagnia a cui apparteniamo.

In conclusione, non abbiamo più commissioni a Washington come quelle che abbiamo avuto. Naturalmente, ogni volta che si presenteranno altre questioni di questo tipo, sarà un buon posto per esporre i nostri principi ai membri del Congresso, mentre diffondiamo la verità a tutto il popolo. Ma non abbiamo più commissioni a Washington con petizioni o proteste contro la legislazione religiosa. Quella cosa non c'è più. Ebbene, in questo lavoro che è ormai passato, contro cosa stavamo lavorando? Contro qualcosa che è stato *fatto*, o contro l'*azione* di qualcosa? Perché abbiamo protestato contro l'azione di quella cosa? Che cosa abbiamo detto che sarebbe stato fatto?—La formazione di un'unione tra Chiesa e Stato—La creazione di un'immagine della bestia.

Ora quella cosa *è* fatta e non si può più protestare contro la sua *realizzazione*. Ma il nostro lavoro è finito? Non abbiamo più nulla da fare nel mondo? Tutto il nostro lavoro si ferma ora e non abbiamo più nulla da fare nel mondo? No. Il nostro lavoro *non* si è fermato. Abbiamo un lavoro da fare, ma il nostro lavoro non può più essere fatto in quel modo. Allora qual è il nostro lavoro? Mettere in guardia da ciò che è già stato fatto. Ma quello che è stato fatto è la creazione dell'immagine della bestia. E questo non ci porta forse a confrontarci con il messaggio del terzo angelo, come si legge nelle parole? Non è forse questo che porta voi e me, e ci chiude, al messaggio del terzo angelo così come si legge? Non c'è altro sbocco che questo, parlare del messaggio del terzo angelo come si legge nelle parole, contro ciò che è stato fatto. Il messaggio del terzo angelo recita: "Se uno adora la bestia e la sua immagine e riceve il suo marchio sulla fronte o sulla mano". Allora questo non dimostra, di per sé, che l'immagine è lì e il marchio è stato posto per essere ricevuto?

Ripeto che non possiamo protestare contro la *realizzazione* di una cosa, perché è già stata fatta . Non possiamo andare al Congresso e usare argomenti costituzionali contro la legislazione religiosa, non possiamo protestare contro la creazione dell'immagine della bestia. Non possiamo protestare contro il riconoscimento del falso sabato da parte del governo. Questo viene istituito, e viene messo al posto del sabato del quarto comandamento, con un atto definitivo del Congresso stesso. Questo atto ha messo il governo degli Stati Uniti nelle mani delle chiese. Ha stabilito il marchio della bestia come sabato della nazione e di tutto il mondo, e lo ha fatto al posto del sabato del quarto comandamento con parole esplicite nella legislazione.

Che cos'era il papato? Non era semplicemente l'unione della religione e dello Stato, che c'era già nel paganesimo. Il papato è la Chiesa che governa lo Stato, la Chiesa che possiede lo Stato e i poteri dello Stato e li usa per far rispettare i decreti della Chiesa. È un fatto letterale che il governo degli Stati Uniti sia ora confermato nelle mani delle chiese protestanti professanti; e che esse lo usino per imporre un decreto ecclesiastico al di sopra di tutti gli altri decreti. È per questo che l'hanno fatto. Questo è ciò che stanno facendo ora. È come il papato? Assomiglia al papato? Sì, signore. Quindi, ripeto, siamo chiusi al messaggio del terzo angelo. I fatti sono sotto i nostri occhi e siamo chiusi a questo come unico lavoro.

Se vogliamo avere un qualche legame con gli affari pubblici, dobbiamo averlo in un modo diverso da quello che abbiamo avuto finora; e l'unico modo in cui possiamo avere un qualche legame con essi è semplicemente quello di mettere in guardia le persone dal ricevere o ammettere la giustezza di ciò che viene fatto.

Siamo chiusi in quell'unica cosa e non c'è altra via d'uscita. Ogni uomo che da oggi in poi professa di lavorare nel messaggio del terzo angelo, non può portare quel messaggio o dare quel messaggio in nessun altro modo se non nelle parole che quel messaggio pronuncia: "Se qualcuno adora la bestia e la sua immagine".

Ma prima del 1892 nessuno di noi aveva il diritto di dire questo e di mettere in guardia il popolo dall'adorazione dell'immagine, perché l'immagine non era ancora stata creata. Abbiamo detto al popolo che stava per arrivare e che quando sarebbero accadute certe cose, l'immagine sarebbe stata fatta e l'avvertimento sarebbe stato: "Non adoratela". Questo è stato il nostro messaggio, ma ora non lo è più. Non possiamo dirlo loro ora. Non possiamo protestare contro la sua realizzazione; non possiamo farlo ora, quella cosa è fatta. Siamo quindi chiusi a questa cosa. Ripeto: non c'è altra via d'uscita se non quella di predicare il messaggio del terzo angelo così come è scritto: "Se qualcuno adora la bestia e la sua immagine". Ma c'è una parola che viene subito prima: "Il terzo angelo li seguì dicendo a *gran voce*". Che cos'è, dunque, se non il forte grido del messaggio del terzo angelo che arriva proprio ora. Questo non ci mostra forse che quando arriva il momento in cui il messaggio deve essere dato direttamente come si legge nelle parole, il grido forte è proprio in quel momento? Ne abbiamo avuto abbastanza davanti a noi in tutte queste altre cose per dimostrarlo: ma non è forse nelle parole del messaggio stesso che quando il messaggio va al mondo nelle parole in cui viene dato, quello è il grido forte? Perché va in quel modo, con una voce forte.

Ora un'altra riflessione: Quante altre nazioni della terra, oltre a questa, c'erano fino a questo momento che non avevano un'unione tra religione e Stato? Quante nazioni ci sono ora che non ce l'hanno? Nessuna. Ma un'unione tra religione e Stato, un'unione tra Chiesa e Stato, questo è il modo di fare di Satana. Il paganesimo era il modo di fare di Satana, e così il papato. E cosa c'è ora nella nostra nazione? L'immagine del papato.

Con quale strumento Satana fece guerra alla Chiesa di Dio quando nacque Cristo?— Attraverso il paganesimo. Con quale strumento fece guerra alla Chiesa nel deserto? Con il papato. Con quale strumento fa guerra al residuo? Attraverso l'immagine del papato? Vedi Ap. 12. Ma finora l'immagine non era stata fatta. Ora è stata fatta. Finora non aveva nelle sue mani il governo degli Stati Uniti da brandire contro la verità di Dio. Ora ce l'ha. Quanta parte del potere del mondo ha ora Satana nelle sue mani per brandire contro la Chiesa e il sabato di Dio? Ce l'ha tutto. Non è così?

Ora voi e io ci siamo impegnati per anni di professione a rispettare il sabato del Signore. Ci siamo impegnati a farlo. Ma ora a questo si oppone ogni particella di potere che questa terra conosce, e Satana è il capo che esercita il potere. Allora non siamo forse messi di fronte a questo fatto: che se manteniamo la nostra fedeltà al sabato del Signore, dobbiamo farlo di fronte a tutto il potere che questa terra conosce? Allora non ne consegue che per farlo dobbiamo avere con noi un potere che è più grande di tutto il potere che questa terra conosce? Può un uomo, *da solo,* resistere con successo contro tutta la potenza della terra? No, signore. E allora, non siamo forse consapevoli che dobbiamo avere una potenza che lavori per noi che sia più grande di tutte le potenze della terra messe insieme? Non è forse giunto il momento *che* quell'angelo scenda dal cielo con una grande potenza?

L'angelo che scende e che aggiunge la sua voce a quella degli altri fa un forte grido. Siamo dunque al punto in cui quell'angelo *è* sceso con grande potenza, e non dobbiamo temere. Anche se tutta la potenza della terra è contro il sabato del Signore e contro di noi che lo difendiamo, la potenza di Dio è data a chiunque gli sia fedele.

Il messaggio che il Salvatore diede ai suoi discepoli non è forse quello che viene dato a noi? Essi dovevano andare in tutto il mondo e predicare il Vangelo a ogni creatura. Ecco il nostro messaggio. Il Vangelo eterno da predicare "a ogni nazione, stirpe, lingua e popolo". Ap. 14:6. È la stessa cosa. Egli disse loro: "Ogni potere mi è stato dato in cielo e in terra". Qui Gesù Cristo ha un potere *sulla terra* che è più grande di tutte le potenze della terra. Quindi, se Gesù fosse solo nella terra e vivesse sulla terra, come un tempo, avrebbe comunque più potere di tutta la terra. "Mi è stato dato ogni potere in cielo *e in terra*; andate *dunque*". Perché andare? Perché Lui ha il potere.

Andate dunque e insegnate queste cose a tutte le nazioni, ed ecco *che io sono con voi*". È Lui? *È* con noi, fratelli? Smettiamo di dire che *sarà* con noi. Lui non lo dice. Smettiamo di dirlo; non è affatto fede. Diciamo: "Lui dice: "Io sarò con voi"". Gli chiediamo di essere con noi e poi ci chiediamo se lo sia o meno. Lui dice: "Andate, io *sono* con voi". È così? Allora ringraziatelo che è così. Se vi trovate in difficoltà, lasciatevi aiutare da Lui. È compito di Satana presentare difficoltà, sbarrare la strada; ma grazie al Signore, quando il Signore è con noi, Satana non può sbarrare la strada. Può mettere un Mar Rosso davanti a noi, ma noi lo attraverseremo, perché Dio può aprire il mare. Il Signore *è* con noi, e noi vogliamo che sia una cosa più personale del fatto che "sarà", comunque. Noi vogliamo una potenza che sia con noi ogni momento, che operi con noi, in noi e per noi, e vogliamo essere sicuri che sia così. Come possiamo saperlo? Lo dice Lui. Allora diciamolo anche noi.

Due sono i punti che abbiamo notato finora: Uno è che siamo chiusi a dare il messaggio del terzo angelo così come si legge; l'altro è che siamo chiusi a questa cosa, che per quanto possiamo stare in piedi nella nostra fedeltà ai comandamenti di Dio, dobbiamo farlo di fronte a tutta la potenza che questa terra conosce, con Satana che usa questa potenza. E questo ci fa capire che per stare in piedi, per stare in piedi un minuto, abbiamo bisogno di una potenza più grande di tutte le potenze di questo mondo messe insieme. E la cosa più bella è che Lui è in piedi e dice: "Io *sono* con voi". Grazie al Signore.

Ora un'altra riflessione, che forse riempirà il tempo di questa sera, e questi tre punti saranno sufficienti per stasera: Il Congresso ha preso in considerazione il quarto comandamento; ne ha fatto la base e le ragioni della legislazione sulla domenica. Ma è andato oltre. Non ha lasciato che il comandamento rimanesse così com'è. Non ha lasciato il comandamento così come Dio l'ha dato. Non ha lasciato il comandamento così come è scritto nella Bibbia e come è stato messo agli *atti*. Non l'ha lasciato alla Direzione dell'Esposizione Universale per interpretarlo, ognuno per conto suo per quanto riguarda il suo significato. Il Congresso è andato oltre e ha interpretato il quarto comandamento come "il primo giorno della settimana comunemente chiamato domenica", come "il sabato cristiano", "il sabato della nazione" e come quello che dovrebbe essere osservato e onorato, per questa nazione e per il mondo, chiudendo la Fiera la domenica. Allora chiedo: cos'è questo se non il governo degli Stati Uniti che, con un atto definito e deciso, mette la domenica al posto del sabato del quarto comandamento?

Guardiamo ora un po' indietro. Il mistero dell'iniquità era all'opera ai tempi di Paolo. Iniziò l'apostasia; l'apostasia continuò; la chiesa adottò la domenica; ma poteva costringere qualcuno a osservarla? No. Poteva imporre una qualche restrizione, una qualche forza, alle persone che volevano osservare il sabato del Signore, per costringerle a mettere la domenica al posto del sabato del Signore, finché la chiesa rimaneva da sola? No. Ma voleva costringere le persone a osservarla al posto del sabato del Signore. La chiesa apostata voleva che il sabato della domenica fosse tenuto al posto del sabato del Signore e che la gente lo riconoscesse e lo osservasse al posto del sabato. Non poteva farlo da sola.

Cosa fece allora per raggiungere il suo scopo? Si impossessò del potere terreno. Si impadronì del potere dello Stato. Quanto potere rappresentava quel governo nel mondo di allora? L'Impero Romano era allora il potere mondiale; così la Chiesa si assicurò tutto il potere del mondo, e con ciò costrinse la gente a ricevere la domenica invece del sabato del Signore. Non fu forse con quell'atto che riuscì a mettere definitivamente la domenica al posto del sabato del Signore? Ma che cos'è questo se non rendere nulla la legge di Dio? Ha preso il sigillo della Sua legge, il cuore della Sua legge, ciò che Lo rivela, il sigillo che mostra che Egli è ciò che è, lo ha tolto con la forza e ha messo il proprio segno al suo posto. Che cos'era questo se non soppiantare Dio nella mente della gente del mondo? E fu con questo atto che riuscì nel suo intento di rendere nulla la legge di Dio. Questa era la bestia. Questo ha fatto la bestia. Abbiamo predicato per tutti questi anni che il papato ha reso nulla la legge di Dio. E questo è corretto.

Torniamo ora al nostro tempo e alla domanda che ci viene posta. Le chiese protestanti non hanno forse mantenuto a lungo la domenica? Non si sono forse opposte per lungo tempo all'osservanza del sabato del Signore? Ma non potevano costringere nessuno a osservare la domenica invece del sabato del quarto comandamento. In un certo senso, è vero, potevano imporre l'osservanza della domenica negli Stati Uniti. Ma sappiamo, e lo hanno confessato tutti, che tutti gli sforzi compiuti attraverso le leggi statali in questa direzione erano quasi del tutto vanificati dal fatto che il governo nazionale era contrario a tutto ciò, e sappiamo tutti che una delle grandi ragioni dei loro strenui sforzi per far sì che il governo nazionale si impegnasse a favore della domenica era quella di rendere efficaci le leggi statali. Quindi, per rendere effettivo il loro proposito di esaltare la domenica contro il sabato del Signore, queste chiese, il protestantesimo professato, hanno dovuto impadronirsi del governo degli Stati Uniti, del potere di questo governo, come la precedente apostasia si era impadronita del potere del governo romano. E ora l'ha ottenuto. E nell'atto preciso con cui l'ha ottenuto, ha mirato al sabato del quarto comandamento, per eliminarlo e mettere al suo posto la domenica. Allora, con questo atto definitivo, non hanno forse reso nulla anche la legge di Dio? Quando è stato fatto l'altro che ha fatto la bestia! Che cos'è? È l'immagine. Non è forse giunto il momento di dare il messaggio del terzo angelo con le sue stesse parole? "Se uno adora la bestia e la sua immagine e riceve il suo marchio sulla fronte o sulla mano".

Ah, e anche il Signore ci ha mandato una parola proprio ora. "È tempo per te, Signore, di lavorare". Perché? "Perché hanno reso vana la tua legge". Sal. 119:126. Non è forse questa parola la preghiera che Dio ci ha messo in bocca in questo momento? La state offrendo? Vivete giorno per giorno, ora per ora, in presenza del fatto terribile che è tempo che Dio stesso operi, se volete che la sua integrità sia mantenuta in tutto il mondo? *È* un fatto terribile; è una posizione spaventosa. Ci porta al punto di una consacrazione che nessuna anima di noi ha mai sognato prima; al luogo di una tale consacrazione, di una tale devozione, che ci terrà alla presenza di Dio, con il pensiero spaventoso che "È tempo che tu, Signore, operi, perché hanno reso vana la tua legge".

Che cos'è se non una confessione, e anche una confessione appropriata: "Signore, cosa possiamo fare? C'è tutta la potenza della terra contro di noi. Cosa possiamo fare contro questa grande compagnia?". Non è forse la preghiera di Giosafat la nostra preghiera di oggi: "O nostro Dio, non abbiamo forza contro questa grande compagnia che viene contro di noi; non sappiamo cosa fare, ma i nostri occhi sono su di te". Ed essi "stavano davanti al Signore con i loro piccoli, le loro mogli e i loro figli".

Che cosa ci dice di fare ora Gioele? "Fate un digiuno, convocate un'assemblea solenne, radunate la comunità, radunate gli anziani, radunate i bambini e quelli che allattano il seno; lo sposo esca dalla sua camera e la sposa dal suo armadio. I sacerdoti, i ministri del Signore, piangano tra il portico e l'altare e dicano: "Risparmia il tuo popolo, o Signore, e non dare la tua eredità in pasto al biasimo, affinché i pagani dominino su di loro; perché dovrebbero dire tra il popolo: "Dov'è il loro Dio?"".

Siamo impegnati davanti al Signore e al mondo: che dipendiamo da Dio; che Egli ama il Suo popolo; che si manifesta a favore di coloro il cui cuore è rivolto a Lui. Fratelli, c'è anche una parola spaventosa che tocca proprio questo pensiero, che ci è giunta da Australia. È nella testimonianza intitolata "La crisi imminente". Che cosa dice? "Qualcosa di grande e decisivo sta per avvenire, e proprio presto. Se si ritarda, il carattere di Dio e il Suo trono saranno compromessi".

Fratelli, con il nostro atteggiamento disattento e indifferente, mettiamo in pericolo il trono di Dio. Perché non può operare? Dio è pronto. Gli operai di Dio non sono forse pronti? Ma se c'è un ritardo, "il carattere di Dio e il suo trono sono messi in pericolo". È possibile che stiamo per mettere a rischio l'onore del trono di Dio? Fratelli, per amore del Signore e del Suo trono, togliamoci di mezzo. Togliamoci di mezzo. L'unico modo per uscire dalla via di Dio è fuggire verso di Lui. Questo è l'unico modo per uscire dalla Sua strada, ed è lì che Egli ci chiama ora.

Siamo qui. Ci ha dato la preghiera. Oh, se Dio ci ha dato la preghiera, con quanto cuore e con quanta fiducia possiamo presentare la preghiera e noi stessi su di essa. Ci ha dato la preghiera, ci ha detto la parola: "È tempo per te, Signore, di operare, perché hanno reso vana la tua legge".

E poi un'altra cosa: se abbiamo bisogno di qualcosa per essere sicuri che è tutto così, c'è quella parola che è stata letta lo scorso sabato, da quell'ultima parola che è arrivata dall'Australia

> "Fratelli e sorelle, vorrei dirvi qualcosa per risvegliare in voi l'importanza di questo momento, il significato degli eventi che si stanno verificando intorno a noi. Vi indico i movimenti aggressivi che si stanno facendo per limitare la libertà religiosa. Il memoriale di Dio *è stato* abbattuto e al suo posto *si erge* un *falso sabato davanti al mondo*".

Non: sarà abbattuto. Ma "è stato" abbattuto. La testimonianza che è arrivata lo scorso inverno, l'anno scorso, diceva che sarebbe stata fatta una grande mossa "*per esaltare* il falso sabato". E ora? "Il memoriale di Dio è stato abbattuto e al suo posto *si erge un falso sabato* davanti al mondo".

Quanto velocemente si adempie la parola di Dio in questi giorni! Una mail porta la testimonianza che tali cose "saranno"; la mail successiva arriva: "è". Una mail porta una parola del Signore che si stanno facendo sforzi "per fare" tali e tali cose; la mail successiva porta le parole del Signore: quella cosa "è fatta".

Fratelli, non dovremmo forse essere come uomini minuti, pronti a rispondere alla parola di Dio all'istante? Non c'è tempo, dunque, per indugiare un istante. Fratelli, cerchiamo Dio con tutto il cuore. Queste testimonianze che il fratello Prescott ha letto nell'ultima ora, che ci mettono di fronte al pensiero di invocare Dio per il Suo Spirito Santo, non sono forse la prova stessa di tutto il lavoro, di tutto il messaggio e di tutto il resto che abbiamo davanti? Non è forse applicabile il testo che ho preso ieri sera?

> "Il popolo che ora vedrà ciò che presto verrà su di noi da ciò che si sta svolgendo davanti a noi, non avrà più fiducia nelle invenzioni umane e sentirà che lo Spirito Santo deve essere riconosciuto, ricevuto, presentato davanti al popolo".

Ho letto la frase completa ora:—

> "Il memoriale di Dio è stato abbattuto e al suo posto si erge un falso sabato davanti a il mondo; mentre le potenze delle tenebre agitano gli elementi dal basso, il Signore Dio del cielo manda potenza dall'alto per far fronte all'emergenza suscitando le sue agenzie viventi per esaltare la legge del cielo. Ora, proprio ora, è il nostro momento di lavorare nei Paesi stranieri, poiché l'America, la terra della libertà religiosa, *si unirà al papato* per costringere le coscienze degli uomini *a onorare il falso sabato*".

Non per "istituire" il falso sabato, ma per onorare il falso sabato che è stato istituito e che sta davanti al mondo.

Poi ci è giunta questa parola con la data del 30 agosto 1882: Dopo aver citato le Scritture di Apocalisse 3, si legge:—

> "Ricordati dunque da dove sei caduto, ravvediti e fa' le prime opere; altrimenti verrò subito da te e toglierò il tuo candelabro dal suo posto, se non ti ravvedi". Il popolo eletto di Dio ha perso il suo primo amore. Senza questo, tutta la loro professione di fede non salverà un'anima dalla morte. Supponiamo di distogliere l'attenzione da ogni divergenza di opinioni e di ascoltare il consiglio del Vero Testimone. Quando il popolo di Dio umilierà l'anima davanti a Lui, *cercando individualmente il suo Spirito Santo* con tutto il cuore, si udrà da labbra umane una testimonianza come quella rappresentata in questa Scrittura: "Dopo queste cose vidi un altro angelo scendere dal cielo, con grande potenza, e la terra fu illuminata dalla sua gloria". Ci saranno volti illuminati dall'amore di Dio, ci saranno labbra toccate dal fuoco santo che diranno: "Il sangue di Gesù Cristo suo Figlio ci purifica da ogni peccato"".

Fratelli, che questa sia la parola che uscirà da tutte le labbra in questa casa, in questo istituto, in questa chiesa prima che questo istituto e questa conferenza si concludano. Dio non ha forse reso la strada abbastanza chiara? Non l'ha forse resa abbastanza chiara negli eventi che sono davanti ai nostri occhi e dai quali non possiamo nascondere i nostri occhi? Allora apriamo i nostri occhi e i nostri cuori e chiediamo al Signore di entrare, di prendere pieno possesso e di usarci come meglio crede.

Il Messaggio del Terzo Angelo – n. 4

A. T. Jones
Stampato nel Bollettino giornaliero della Conferenza generale, 1 febbraio 1893, pagg. 87–94.

È stata consegnata una domanda.

Domanda:—Gli Stati possono logicamente rifiutarsi di allinearsi alla decisione della Corte Suprema, che definisce la Costituzione nazionale nel suo rapporto con la religione?

Pastore Jones: "No, signore. In realtà gli Stati non hanno bisogno di farlo. La Corte Suprema degli Stati Uniti si è allineata agli Stati. Questo è il modo in cui la cosa è già stata fatta. Questo è il problema.

Inizio la lezione di stasera leggendo Ap 14:9. E il terzo angelo li seguì, dicendo a gran voce: "Se qualcuno adora la bestia e la sua immagine e riceve il suo marchio sulla fronte o sulla mano". Non ho bisogno di presentare altre prove questa sera per dimostrare che siamo nel tempo in cui questo versetto si adempie, se non quella di fare riferimento ai punti che abbiamo menzionato ieri sera. Tre punti distinti, che sono stati notati ieri sera, ci hanno fatto capire che si tratta di un'unica cosa. Questo è l'avvertimento che dobbiamo dare al mondo. E nessuno può dare il messaggio del terzo angelo senza darlo esattamente come è scritto. Ma qual è la conseguenza dell'inosservanza del messaggio di questo versetto? Il vino non mescolato dell'ira di Dio. Qual è la conseguenza successiva? Voglio dire, nell'adempimento di questa profezia, qual è la prossima cosa che dobbiamo aspettarci? [Pubblico: "L'ira di Dio!"] Sì.

Ora siamo arrivati al grido forte, non è vero? Questa parte della profezia è stata raggiunta. Siamo arrivati all'immagine della bestia; *quella* parte è stata raggiunta; la profezia si è adempiuta. Ora, naturalmente, nell'operare dell'immagine della bestia ci sono molte cose che verranno in adempimento, ma tutte queste cose—persecuzioni, miracoli ingannevoli, ecc...—sono semplicemente la conseguenza di ciò che è stato fatto: semplicemente il parlare e l'agire dell'immagine che è già stata fatta. Non dobbiamo cercare ora nessun grande, meraviglioso, marcato movimento nella legislazione o nel governo per adempiere quella parte della profezia, perché l'immagine è fatta. Si è adempiuta. Ciò che avverrà in futuro a livello di legislazione, di lotte e di contese, di tumulti e di guerre, con il male che ne deriverà, è semplicemente il risultato e la conseguenza inevitabile di questo. Che cosa ci sarà dopo nella linea di questa profezia che è qui davanti a noi? Ap. 14:9, 10. [Pubblico: "L'ira di Dio"] Sì.

Potrei porre la domanda in un altro modo, per renderla un po' più chiara. C'è qualche atto legislativo, qualche mossa speciale di questo governo che dobbiamo considerare come l'adempimento di questa profezia in relazione alla creazione dell'immagine della bestia? Che cosa abbiamo cercato per tutto il tempo? Abbiamo cercato una legislazione, una qualche mossa da fare o qualcosa da fare nel o dal governo per creare l'immagine della bestia. Questo era ciò su cui i nostri occhi hanno sempre puntato. Ma ora lo cerchiamo più? [Verità. Ora che questo è stato fatto, tutto ciò che riguarda l'immagine della bestia non è forse *in questo?* E tutto ciò che verrà d'ora in poi riguardo all'immagine della bestia e al suo lavoro, non è altro che le conseguenze di ciò che è ora qui? Tutto ciò che l'immagine deve fare non è forse nell'immagine stessa quando è stata creata? Allora tutto ciò che viene d'ora in poi riguardo all'immagine della bestia è in ciò che è stato fatto, quale grande punto nelle parole del messaggio si trova dopo? [Pubblico: "Le sette ultime piaghe"] Sì. La cosa successiva che segue l'opera dell'immagine della bestia in quella profezia è: le sette ultime piaghe.

Ora mettete insieme le tre cose. *Stavamo* cercando l'immagine della bestia, *poi* le sette ultime piaghe e *infine* la venuta del Signore. L'immagine della bestia è arrivata, non è vero? La venuta del Signore è nel futuro, non è vero? Ma le sette ultime piaghe sono in mezzo. Allora qual è la prossima cosa grande e marcata nella storia di questo mondo, dell'umanità e della salvezza? Le sette ultime piaghe. Stando così le cose, dobbiamo pensare molto seriamente *al luogo in cui* viviamo, non è vero? Dobbiamo anche pensare seriamente *a come* stiamo vivendo.

Qualcuno tra il pubblico.—È necessario modificare la Costituzione?

Pastore Jones.—La Costituzione, niente! No, non abbiamo più una Costituzione. È stata messa da parte. È stata tolta di mezzo. Non possiamo più usarla. Cosa potrebbe fare un emendamento più di quanto è stato fatto? Non vedete che hanno messo da parte la Costituzione? Cosa si può volere da un emendamento?

Ma il pensiero che vorrei farvi notare è che il prossimo grande evento nella storia di questo mondo e nell'opera di salvezza è quello di cui si parla qui nel testo. Questo lo dimostra a prima vista. Guardate di nuovo. Dobbiamo dare questo avvertimento al mondo: "Se uno adora la bestia e la sua immagine e riceve il suo marchio sulla fronte o sulla mano". Questo è l'avvertimento che dobbiamo dare. Ebbene, in vista di cosa viene dato l'avvertimento? [Che cos'è il vino dell'ira di Dio? [Apocalisse 15:1: "Le sette ultime piaghe". Allora non ne consegue che le sette ultime piaghe sono la cosa successiva all'avvertimento? E che l'avvertimento si concluderà con le sette ultime piaghe? E ora siamo al punto in cui l'avvertimento inizia con una voce forte nelle sue stesse parole. Allora ciò che è iniziato e l'opera che è ora nelle nostre mani, non termina forse con il nostro incontro con le sette ultime piaghe? [Quando l'opera di avvertimento sarà terminata, dove saremo? [Pubblico: "Al versamento delle piaghe"].

Ora, siete soddisfatti che sia così? Siete convinti che le sette ultime piaghe siano la prossima cosa che avverrà dopo che avremo dato questo avvertimento al mondo? [Allora, quando ci accingiamo a dare questo avvertimento, non è forse nella natura del caso che lo facciamo in vista delle piaghe che cadranno su coloro ai quali lo diciamo? E che dobbiamo essere fedeli a quel messaggio che stiamo dando, se vogliamo essere protetti quando cadranno le piaghe di cui parla quel messaggio? Ma chi sarà protetto in quel momento? Coloro che hanno "il rivestimento dell'Onnipotente" steso su di loro. E questa copertura dell'Onnipotente è quella di cui ha parlato il profeta Isaia, dicendo: "Io mi rallegrerò grandemente nel Signore, l'anima mia sarà gioiosa nel mio Dio, perché egli mi ha rivestito con le vesti della salvezza, *mi ha coperto con la veste della giustizia,* come uno sposo si adorna di ornamenti e come una sposa si adorna con i suoi gioielli".

Isaia 61:10. Questo è il manto che Dio stende sul suo popolo, che protegge ciascuno dall'ira di Dio, ora e per sempre. Avete questa veste di giustizia?

Ora c'è un'altra cosa. Viviamo in vista di un altro fatto spaventoso, cioè che se il messaggio che stiamo per dare non viene ricevuto, ha come conseguenza spaventosa che il vino dell'ira di Dio verrà ricevuto; così che quando quel messaggio finisce, l'ira di Dio gli succede. Io dico che stiamo vivendo in presenza di questo fatto. E l'opera che deve portare tutti di fronte a questo fatto, come è scritto, è iniziata. Pertanto, *questo non darà alla riforma sanitaria un potere che non ha ancora avuto?* Quando la riforma sanitaria è stata data al popolo di Dio, è stata definita come ciò che serve per adattare il popolo alla traduzione. Questo è il significato della riforma sanitaria. La cosa principale, la grande cosa che Dio intende fare con la riforma sanitaria è preparare il suo popolo alla traduzione. Ma dobbiamo passare attraverso le sette ultime piaghe prima di essere tradotti, e se il sangue di un uomo è impuro e pieno di materiale grossolano sarà in grado di passare attraverso quel periodo, quando l'aria è malata di pestilenza? In effetti non può.

Questo ci mette di fronte ad alcune esperienze più solenni, non è vero? E con una verità più solenne. Molte domande solenni ci sono già state presentate. E, fratelli, ce ne sono molte altre che devono ancora arrivare. Siamo nell'epoca più solenne che abbiamo mai visto. Consideriamolo.

Prendiamo ora i punti che sono già stati presentati nelle diverse lezioni che sono state impartite, i pensieri di ricerca e le esperienze solenni nella nostra professione religiosa, a cui siamo stati portati di fronte. Vorrei sapere come è possibile che uno di noi possa affrontare queste esperienze senza Gesù Cristo? Vorrei che qualcuno lo dicesse. [Certo che non possiamo farlo. Allora, fratelli, facciamo in modo che Egli venga nella Sua pienezza il più presto possibile. Abbiamo bisogno di Lui in ogni momento e ogni lezione successiva ci fa vedere sempre di più il nostro bisogno di Lui.

Ora, poiché ci sono altri due punti che voglio presentare stasera, per il presente scopo ci limiteremo ad abbozzare l'ulteriore lezione delle piaghe.

Quando cade la prima piaga, cade sugli uomini che "avevano ricevuto il marchio della bestia e su quelli che adoravano la sua immagine" (Ap 16:1, 2)—proprio le persone a cui viene dato l'avvertimento di questo messaggio. Poi le piaghe si susseguono in diretta successione, fino alla sesta, sotto la quale gli spiriti maligni radunano "i re della terra e di tutto il mondo", per la battaglia del grande giorno di Dio Onnipotente. Ap. 16:14–16. Questa battaglia si combatte quando viene il Salvatore, perché "vidi la bestia, i re della terra e i loro eserciti, riuniti per far guerra a colui che sedeva sul cavallo e al suo esercito. E la bestia fu presa, e con lei il falso profeta che faceva miracoli davanti a lui, con i quali ingannava quelli che avevano ricevuto il marchio della bestia e quelli che adoravano la sua immagine". Apoc. 19:11, 19, 20. In quel momento il settimo angelo versa la sua ampolla nell'aria e dal tempio del cielo esce una grande voce dal trono che dice: "*È compiuto*". E ci sono voci, tuoni e lampi; e c'è un grande terremoto, come non c'è stato da quando gli uomini sono sulla terra, un terremoto così potente e così grande. Ogni isola fugge e i monti non si trovano più. I cieli si allontanano come un rotolo e ogni monte e ogni isola sono spostati dal loro posto. Ap. 16:17, 18, 20; 6:14. E la bestia e la sua immagine "il Signore consumerà con lo Spirito della sua bocca e distruggerà con lo splendore della sua venuta". 2 Tess.

2:8. E i resti del mondo malvagio che non andarono alla battaglia di Armageddon "furono uccisi dalla spada di colui che sedeva sul cavallo, la quale spada usciva dalla sua bocca". Apoc. 19:21. La spada di colui che siede sul cavallo è lo splendore della venuta del Signore.

Allora gli eventi che sono direttamente e inseparabilmente connessi con la fine del mondo sono gli eventi che seguono l'opera, alla cui realizzazione siamo ora completamente chiusi. Questo è il fatto vivente.

Fratelli, credete che le sette ultime piaghe stiano arrivando, così come è arrivata l'immagine della bestia? [Siete sinceri ora? [Pubblico: "Sì"] Ora abbiamo atteso che l'immagine della bestia venisse. *È arrivata*. Ora cosa dobbiamo aspettarci? Le sette ultime piaghe. Credete che la fine del mondo stia arrivando, con le sette ultime piaghe, con la stessa certezza con cui è stata fatta l'immagine della bestia? [Credete che la fine del mondo arriverà quando verrà la settima piaga? [Allora, fratelli, queste cose hanno un significato per noi in questo momento.

Lasciamo ora questo punto e riprendiamo un'altra riflessione in riferimento al nostro governo e a quali siano le conseguenze, e non possono che essere, di ciò che il governo ha fatto ora; cioè le conseguenze per il governo stesso.

Cominciamo da Atti 17:26, 27. Paolo sta richiamando l'attenzione del popolo su Dio; e dice: "E [Dio] ha fatto di un solo sangue tutte le nazioni degli uomini perché abitino su tutta la faccia della terra, e ha stabilito il tempo prima fissato e i confini della loro dimora". Quindi Dio ha creato questa nazione di uomini per abitare sulla terra e ha stabilito i confini delle abitazioni del popolo di questa nazione e quanto spazio questa nazione dovesse occupare. E ha dato una porzione di tempo a questa nazione. Per quale motivo l'ha fatto? Il versetto successivo recita: "*Affinché cerchino il Signore,* se mai lo cercassero, anche se non è lontano da ognuno di noi". Se dovessero cercarlo e trovarlo? No, non c'è alcun *dubbio*. Se lo cercassero, cosa succederebbe? Lo troverebbero. Se qualcuno lo cerca, lo troverà.

Nel quarto capitolo di Daniele apprendiamo che Dio governa nel regno degli uomini e lo concede a chi vuole. L'idea di Dio riguardo alle nazioni è che esse lo cerchino. Ebbene, quando una nazione rifiuta il Signore, a che cosa gli serve? A nulla. Ma rifiuterà una nazione finché questa lo cercherà? No, signore. Taglierà via una nazione, finché ci saranno persone che cercano il Signore? Non lo fece prima del diluvio. Non lo fece nemmeno a Sodoma e Gomorra. Se avesse trovato dieci persone che cercavano il Signore a Sodoma e Gomorra, non avrebbe distrutto quelle città. Ma non le trovò.

Quando fece la promessa ad Abramo, gli disse: "Sappi per certo che la tua discendenza sarà straniera in un paese che non è il loro e li servirà; li affliggerà per quattrocento anni e giudicherò anche quella nazione, che essi serviranno; e poi usciranno con grandi beni. E tu andrai dai tuoi padri in pace; sarai sepolto in buona vecchiaia. Ma alla quarta generazione essi torneranno qui, *perché l'iniquità degli Amorei non è ancora completa*". Gen. 15:13–16. Dio aveva stabilito dei limiti alla loro dimora? Sì. Per quale motivo lo fece? Perché cercassero il Signore. Finché c'era la possibilità che cercassero il Signore, mantenevano il posto in cui Dio li aveva messi. Il Signore non avrebbe dato la terra ad Abramo, suo amico, né alla discendenza di Abramo, finché ci fossero state persone che avessero cercato il Signore. Il popolo del Signore non poteva occupare, perché l'iniquità degli Amorrei non era ancora completa. Ma quando l'iniquità degli Amorrei fu completa, non ci fu più bisogno di loro.

Quando il Signore stabilisce un popolo sulla terra per cercare il Signore e questo non lo cerca, a cosa serve che rimanga ancora sulla terra? Lasciarli rimanere sulla terra dopo questo fatto significava solo perpetuare l'iniquità senza alcuna utilità. Così il Signore fece entrare il suo popolo in quel tempo e scacciò gli Amorrei. Disse al suo popolo di non fare come gli Amorrei per evitare che la terra li scacciasse come aveva scacciato gli Amorrei. Ma il Suo popolo fece proprio quello che aveva detto loro di non fare. La terra li svuotò e li consegnò nelle mani del re di Babilonia.

Egli aveva stabilito il regno di Babilonia per uno scopo; aveva fissato i confini della loro dimora. A che scopo? Perché cercassero il Signore. Nabucodonosor cercò il Signore ai suoi tempi ed egli proclamò la gloria del Signore, l'onore del Signore e l'esistenza del Signore a tutte le nazioni della terra. Ricordate l'annuncio che fece nel capitolo 4 di Daniele: "Ho pensato bene di raccontare ciò che l'Altissimo ha fatto per me". E raccontò la sua esperienza. Leggiamo fino a dove giunse il suo annuncio.

"Re Nabucodonosor, a tutti i popoli, nazioni e lingue che abitano su tutta la terra: la pace sia moltiplicata per voi. Ho ritenuto opportuno mostrare i segni e i prodigi che il Dio altissimo ha compiuto nei miei confronti. Quanto sono grandi i suoi segni e quanto sono potenti le sue meraviglie! Il suo regno è un regno eterno e il suo dominio è di generazione in generazione".

Il Signore aveva detto a Nabucodonosor che gli aveva dato tutte queste terre circostanti e tutte le nazioni, e che avrebbero dovuto servire lui, suo figlio e il figlio di suo figlio fino a quando non fosse giunto il momento della sua terra, e poi? Molte nazioni si serviranno di lui. Dio aveva stabilito il tempo prima stabilito e il confine della sua dimora, in modo che quando sarebbe arrivato il tempo della sua terra, molte nazioni si sarebbero servite di Babilonia.

Gli succedette il figlio di Nabucodonosor e poi il nipote. Invece di cercare il Signore e onorarlo, Belshazzar prese i vasi della casa del Signore e li usò per i suoi banchetti lascivi, voltando così completamente le spalle a Dio. A che cosa serviva allora il Signore per lui o per la sua nazione? Non ne aveva più bisogno. In quella stessa ora le dita di una mano d'uomo scrissero sul muro alla presenza del re. Il significato delle parole scritte è questo: "Dio ha contato il tuo regno e lo ha terminato. Sei stato pesato nella bilancia e sei stato giudicato insufficiente. Il tuo regno è stato diviso e dato ai Medi e ai Persiani".

Così il Signore fece crescere i Medi e i Persiani. Anche loro cercavano il Signore?

Dio aveva chiamato Ciro per nome prima che salisse lassù. Allora Ciro non conosceva il Signore. Il Signore disse: "Io ti ho chiamato, ma tu non mi hai conosciuto". Ma Ciro trovò il Signore e proclamò il suo nome a tutte le nazioni. Il profeta di Dio a Babilonia portò la parola di Dio a Ciro, e poi vediamo cosa fece Ciro. Primo capitolo di Esdra, dal primo al terzo versetto:

> Ora, nell'anno primo di Ciro, re di Persia, affinché si adempisse la parola del Signore per bocca di Geremia, il Signore agitò lo spirito di Ciro, re di Persia, affinché facesse un proclama in tutto il suo regno e lo mettesse anche per iscritto, dicendo: "*Così dice Ciro*, re di Persia: *Il Signore Dio del cielo* mi ha dato tutti i regni della terra e mi ha incaricato di costruirgli una casa a Gerusalemme, che è in Giuda. Chi c'è tra voi

> di tutto il suo popolo? Il suo Dio sia con lui e salga a Gerusalemme, che è in Giuda, e costruisca la casa del Signore Dio d'Israele (*è lui il Dio*), che è a Gerusalemme".

Ciro trovò il Signore e lo annunciò a tutte le nazioni della terra. Era già stato fatto anche prima dell'arrivo di Ciro. Dario succedette a Belshazzar. Leggiamo in Daniele 6:26, 27, cosa fece Dario: "Io decido che in tutti i domini del mio regno gli uomini tremino e temano davanti al Dio di Daniele, *perché egli è il Dio vivente* e stabile per sempre, il suo regno non sarà distrutto e il suo dominio durerà fino alla fine. Egli libera e soccorre, opera segni e prodigi in cielo e in terra, ha liberato Daniele dal potere dei leoni".

È una splendida proclamazione di Dio, della sua gloria e della sua potenza. Sembrano le parole dello stesso profeta Daniele. Ebbene, i Medi e i Persiani cercarono il Signore e lo trovarono. Ma passiamo ora all›11° capitolo di Daniele e leggiamo: «Anch›io [cioè l›angelo Gabriele] nel primo anno di Dario il Medico, mi presentai per confermarlo e rafforzarlo. E ora ti rivelerò la verità. Ecco, si ergeranno ancora tre re in Persia; il quarto sarà molto più ricco di tutti loro e con la sua forza, grazie alle sue ricchezze, aizzerà tutti contro il regno di Grecia. Si alzerà un re potente, che governerà con grande dominio e farà secondo la sua volontà. E quando si alzerà il suo regno sarà spezzato e sarà diviso ai quattro venti del cielo».

Questa è la Grecia. Ora leggiamo in Daniele 10:20: "Allora egli [Gabriele] disse: "Sai perché vengo da te? Ora tornerò a combattere con il principe di Persia; e quando sarò partito, ecco che verrà il principe di Grecia"".

L'angelo rimaneva lì finché poteva sopportarlo, e quando erano arrivati a un punto tale che non cercavano più il Signore, gli angeli se ne andavano, e quando l'angelo se ne andava, se ne andava anche la Persia. E venne la Grecia. Ma per quale motivo il Signore fondò la Grecia? Perché cercassero il Signore. Leggiamo ora nel capitolo ottavo, versetti 21–23.

> "Il caprone rozzo è il re della Grecia e il grande corno che ha tra gli occhi è il primo re. Ora, essendo questo spezzato, mentre quattro si ergevano per esso, quattro regni si ergeranno dalla nazione, ma non in suo potere. E nell'ultimo tempo del loro regno, *quando i trasgressori saranno giunti al completo, si alzerà* un re dal volto feroce e dall'intelletto oscuro".

Così vedete ogni volta che una nazione cade perché la trasgressione è arrivata al massimo; e i trasgressori arrivano al massimo quando si mettono contro il Signore. È perché la misura della loro iniquità è stata colmata alla fine che viene un altro regno. Si vede quindi che la filosofia dell'intera questione è contenuta in questo versetto: Dio stabilisce le nazioni affinché cerchino il Signore, e quando si rifiutano di farlo e gli voltano le spalle, allora la cosa successiva è che quella nazione lascia il mondo. Non c'è altro da fare.

La nazione che seguì la Grecia fu Roma. E Cristo venne ai tempi di Roma; e il vangelo di Cristo fu predicato a Roma, sebbene fosse terribilmente corrotto. Poi quel vangelo di Cristo fu professato in forma esteriore da una chiesa apostata, che si impadronì del potere del governo romano per costringere la gente a riconoscere la religione romana, per costringere gli uomini a disobbedire al Signore. Che ne fu del governo romano? Fu spazzato via dalla terra.

Per quanto il governo fosse cattivo ai tempi di Tiberio, per quanto fosse cattivo ai tempi di Claudio e ai giorni di Nerone, Dio predicò il Vangelo a Roma e portò moltissime anime alla luce e alla conoscenza del Suo Vangelo. Anche a Nerone stesso il Vangelo fu predicato due volte dall'apostolo Paolo e gli furono aperte le gioie del cielo. Ma quando il Vangelo fu pervertito come era e reso solo un mantello per sancire l'empietà; e invece di cercare il Signore, pervertirono i mezzi stessi che Dio offriva per la salvezza, cosa poteva fare il Signore per un popolo come quello? Il Vangelo è l'unico mezzo che Dio ha per salvare una persona. Ma quando il Vangelo viene preso e usato semplicemente come un mantello per la malvagità, come può il Signore salvare la persona che lo usa? Allora non c'è nulla che possa toccarlo.

Quando questo è stato fatto nell'impero romano dal potere di una chiesa apostata, come ha potuto resistere ancora? Doveva essere spazzato via dalla terra. E ora questa nazione è stata catturata dallo stesso tipo di iniquità. Qui c'è un'apostasia. Le chiese si sono allontanate da Dio e si sono impossessate del potere di questo governo. Si è venduto a loro e ora costringe la gente a disonorare Dio. Qual è la prossima cosa da fare per questa nazione? [Sì, ma prima che il Signore la distrugga, manderà un messaggio a chi si salverà, qual è questo messaggio? [Pubblico: "Il messaggio del terzo angelo"] Sì. E allora questo non ci fa capire di nuovo, stasera, faccia a faccia, che il messaggio del terzo angelo, così come è scritto, è l'unica cosa che può essere data sotto il sole, e che deve essere data per salvare le persone che si salveranno dalla rovina che incombe su questa nazione devota che è stata trascinata e portata in cattività da una chiesa protestante apostata?

Allora la fine del mondo è la cosa successiva. E allora non siamo forse noi, in questo momento, nelle cose che dobbiamo predicare, a occuparci, avvolti e preoccupati, ogni giorno e ogni ora, degli eventi che portano alla fine del mondo? È forse difficile, fratelli, far sì che la gente del mondo si renda conto di questo? È difficile far sì che la gente del mondo veda cosa è diventato delle nazioni che ci hanno preceduto? È difficile far sì che gli stessi uomini del mondo vedano che qui c'è un'unione tra Chiesa e Stato; che la Chiesa ha fatto prigioniero il governo degli Stati Uniti? C'è qualche difficoltà a fargliela capire? Vi dico, fratelli, che quando andiamo con la potenza di Dio, e dichiariamo i fatti positivi così come sono davanti ai loro occhi, e diciamo loro che cosa deve venire fuori da questi fatti, cominceranno a pensare.

Fratelli, c'è più forza, c'è più forza di convincimento, c'è più forza di commozione nella semplice dichiarazione, per fede in Dio, e nelle conseguenze di queste cose come fatto letterale davanti al popolo, che in tonnellate di argomenti. Io e voi andiamo con queste cose che sono sotto gli occhi di tutti, richiamiamo l'attenzione su di esse e mostriamo cosa c'è nel futuro, e diciamo loro nel timore di Dio, e con la Sua grazia e la Sua potenza così come ce la dà, le cose che stanno per arrivare, diciamo loro con fatti reali e con la nostra serietà e devozione a Dio, mostriamo loro che noi stessi crediamo a queste cose, e ci sarà più convinzione che in tonnellate di argomentazioni su questioni dottrinali. Allora predichiamo il messaggio così com'è oggi.

Ora un altro pensiero. Dio aveva una chiesa nel mondo e una nazione nei tempi passati, non è vero? Cristo venne in quella chiesa e in quella nazione. Predicò il vangelo di Dio, rivelato nei suoi principi vivi: il mistero di Dio, Dio con gli uomini, Dio in carne e ossa, Dio negli uomini, speranza di gloria. Lo rivelò loro, ma essi non vollero accoglierlo, lo respinsero. Volevano ucciderlo; lo processarono per blasfemia, davanti a Pilato; ma Pilato non poteva prendere atto del reato di blasfemia, perché era un reato contro la sola legge ebraica. Così Pilato disse: "Prendetelo e giudicatelo secondo la vostra legge". Ma essi risposero: "Noi abbiamo una legge e secondo la nostra legge deve morire". Ma non potevano metterlo a morte senza un decreto dell'impero romano. Pilato disse: "Che cosa devo fare di lui?". Gli dissero: "Crocifiggilo". Pilato: "Devo crocifiggere il vostro re?". Risposero: "Non abbiamo altro re che Cesare".

Quando dicevano questo, non rifiutavano forse in modo assoluto il Signore e si univano a Cesare? Dovevano unirsi a Cesare per fare contro la verità di Dio ciò che non avrebbero potuto fare senza di essa. Quando voltarono le spalle a Dio, lo rifiutarono deliberatamente, e presero Cesare come loro re, e si allearono al potere terreno, di fronte al potere di Dio, allora che cosa poteva fare ancora il Signore per loro come popolo, come chiesa, come nazione? Niente. C'erano individui nella nazione, c'erano individui nella chiesa che temevano Dio e non avevano parte in questa cosa; ma questi, gli uomini rappresentativi della nazione, gli uomini rappresentativi della chiesa, fecero quella cosa. Si unirono, e in se stessi unirono la nazione e la chiesa a Cesare, voltando le spalle a Dio. Allora il Signore non poteva più fare nulla per loro come chiesa o come nazione. Tutto ciò che poteva fare, prima che la sua assoluta e irrimediabile rovina la spazzasse via dal mondo, era chiamare fuori da essa coloro che lo avrebbero accolto. Allora mandò il Suo messaggio, il Suo Vangelo, a quelle persone in quel giorno, e ci furono molti che vennero da quella chiesa apostata alla conoscenza di Dio. Egli chiamò da loro un popolo per il Suo nome. Con il vangelo che Cristo inviò a quella chiesa apostata, vennero radunate persone che sarebbero state salvate, e poi diede loro un avvertimento: dovevano fuggire quando l'intera combinazione sarebbe stata distrutta.

Poi la predicazione del Vangelo continuò; ma ci sono quelle profezie: "Il mistero dell'iniquità sta già operando"; "da voi stessi sorgeranno uomini che diranno cose perverse, per attirare discepoli dietro di loro". In Romani 1:8 si dice che la fede genuina della chiesa di Roma era "di cui si parlava in tutto il mondo". E così, quando prese la via dell'apostasia, divenne famosa per questo in tutto il mondo. La chiesa apostata si opponeva a il sabato del Signore ed era decisa a distruggerlo e a mettere al suo posto il falso sabato, ma non poteva farlo da sola; e cosa doveva fare? Per farlo dovette unirsi a Cesare. Come la chiesa ebraica fece per togliere di mezzo Cristo, il Signore del sabato, così l'apostasia fece per togliere di mezzo il sabato del Signore. Questo la rese Mistero, Babilonia la Grande. Questa è la cosa successiva che viene detta di lei: "E sulla sua fronte era scritto il nome: MISTERO, Babilonia la Grande, LA MADRE DEI FARBUTTI E DELLE ABOMINAZIONI DELLA TERRA". Questa è la chiesa di Roma.

Poi ci fu la Riforma; Dio chiamò il popolo fuori da Roma con Lutero e altri dopo di lui. Ma tutte queste chiese si sono unite a Cesare sull'esempio della madre, in ogni luogo in cui ne hanno avuto la possibilità, tranne la chiesa battista di Rhode Island. Tutte le altre si unirono a Cesare sull'esempio della madre e divennero così sue figlie. Poi sorse la nuova repubblica, che con la sua totale separazione della Chiesa da ogni legame con lo Stato stabilì un nuovo ordine di cose, che è solo l'ordine di cose prescritto dal Signore per il governo. Così, con i suoi principi fondamentali e costituzionali, questa nazione ha escluso tutte le chiese dall'unione con lo Stato. Così è stato fino al 1892. Ma nel 1892, le chiese protestanti professanti degli Stati Uniti seguirono l'esempio dell'apostasia originale della Chiesa di Roma. Per sbarazzarsi del sabato del Signore ed esaltare al suo posto il falso sabato, queste chiese si unirono al potere terreno, al regno degli uomini, a Cesare. Hanno voltato le spalle al Signore; hanno abbandonato il Signore e si sono uniti a un altro; si sono allontanati dalla potenza di Dio e hanno riposto la loro fiducia nel potere degli uomini e nel governo terreno. Queste chiese protestanti professanti degli Stati Uniti hanno voltato le spalle al Signore e si sono unite a Cesare, come certamente fecero la chiesa ebraica e la chiesa romanica prima di loro: e per le stesse ragioni e per lo stesso scopo. E allora? Questo le rende figlie di Babilonia con la stessa certezza con cui la prima grande apostasia fece di Roma Babilonia la madre. E l'hanno anche detto. "La Chiesa cattolica è la madre di tutti noi" e "la Chiesa protestante episcopale è la bella figlia di una bella madre", è ciò che un importante giornale presbiteriano ha pubblicato, dalla penna di un "Doctor of Divinity", qualche tempo fa; e nessuno di loro l'ha mai smentito, per quanto ho visto o sentito.

Lo dicono, ed è così. Finora queste chiese non si erano unite alle potenze della terra. Avevano molte strade sbagliate; facevano molte cose che non erano in armonia con il Vangelo; si erano allontanate da Cristo; ma una donna può lasciare il marito e tuttavia non unirsi a un altro uomo; c'è ancora speranza per lei di tornare da suo marito. Ma quando si è unita a un altro uomo, che cosa succede? Se ne è andata completamente; è davvero un'adultera; non può essere riportata indietro. Sebbene si fossero allontanati da Cristo, non si erano uniti a un altro fino al 1892. Poi si sono deliberatamente uniti a un altro, al governo degli Stati Uniti, e si sono impadroniti del potere di questa nazione. Hanno fatto di questo il loro marito, la loro dipendenza e la loro fonte di aiuto, invece del Signore. Queste chiese non sono forse veramente apostate come la stessa Chiesa papale quando lo ha fatto? Non è forse Babilonia la madre e le figlie complete? Di che cosa è madre? "Delle meretrici e delle abominazioni della terra" (Ap 17:4, 5) e quindi esse stesse sono figlie, è stato detto per loro e nessuna di loro lo ha contestato.

E cosa viene dopo? "Vidi un altro angelo potente scendere dal cielo con grande potenza e la terra fu illuminata dalla sua gloria. E gridava con voce potente dicendo: "Babilonia la grande è caduta, è caduta ed è diventata dimora di demoni, rifugio di ogni spirito maligno e gabbia di ogni uccello immondo e odioso. Poiché tutte le nazioni hanno bevuto del vino dell'ira della sua fornicazione, i re della terra hanno fornicato con lei e i mercanti della terra si sono arricchiti con l'abbondanza delle sue delizie. E udii un'altra voce dal cielo che diceva: "*Uscite da lei, popolo mio*, affinché non siate partecipi dei suoi peccati e *non riceviate le sue piaghe*. Perché i suoi peccati sono arrivati fino al cielo e Dio si è ricordato delle sue iniquità".

E vediamo la settima piaga. Il settimo angelo versò la sua ampolla nell'aria e dal tempio del cielo uscì una voce dal trono che diceva: "È compiuto". E ci furono voci, tuoni e lampi; e ci fu un grande terremoto, come non ce n'erano stati da quando gli uomini erano sulla terra, un terremoto così potente e così grande. E la grande città fu divisa in tre parti, e le città delle nazioni caddero; *e la grande Babilonia si ricordò davanti a Dio, per darle la coppa del vino della ferocia della sua ira*".

A che punto siamo in questa linea? Cosa succederà a Babilonia? I giudizi di Dio. Poi, per opera diretta del messaggio, la cosa successiva sono le sette ultime piaghe, dopo che il nostro lavoro in quella linea è stato compiuto.

Secondo la linea diretta della storia dei rapporti di Dio con le nazioni, la nostra nazione si trova oggi esattamente dove si sono trovate le altre nazioni del mondo quando hanno voltato le spalle a Dio e si sono rifiutate di cercarlo. Sappiamo cosa è successo loro. E come la rovina si abbatte su quelle nazioni, così la rovina attende questa nazione. E l'influenza di questa nazione raggiunge tutto il mondo.

Pertanto, quando la rovina si abbatte su questa nazione, si abbatte anche su tutto il mondo. Quando queste chiese, che dovrebbero chiamare i popoli e le nazioni a cercare il Signore, hanno seguito l'esempio dell'apostasia e hanno abbandonato il Signore, insegnando agli uomini a dipendere dal potere terreno, a cosa servono ancora nel mondo? Nessuna. Allora cosa incombe sulle chiese? Solo la distruzione, attraverso i giudizi di Dio. Ma in esse c'è un popolo di Dio, e prima della caduta e della rovina finale Dio lo chiamerà fuori. Ma ciò che li chiama fuori è il messaggio del terzo angelo, *il forte grido* del messaggio del terzo angelo. Allora dove siamo, fratelli? Siamo nel grido forte. Oh, allora facciamo sentire quella voce forte.

Poi ci sono altre tre righe stasera, altrettanto distinte delle tre di ieri sera, che ci chiudono al messaggio del terzo angelo, come si legge.

Leggerò un brano che si affianca a quello che abbiamo letto ieri sera.

> "Quando il popolo di Dio umilia l'anima davanti a lui, cercando individualmente il suo Spirito Santo con tutto il cuore, si udrà da labbra umane una testimonianza come quella rappresentata in questa Scrittura: 'Dopo queste cose vidi un altro angelo scendere dal cielo con grande potenza e la terra fu illuminata dalla sua gloria'".

Ora ho letto l'altro, che si collega direttamente a questo:—

> "Gesù desidera conferire al suo popolo il dono celeste in larga misura. Ogni giorno salgono a Dio preghiere per l'adempimento della promessa, e non una delle preghiere fatte con fede va perduta. [Cristo è salito in alto, ha condotto in cattività i prigionieri e ha dato doni agli uomini. Quando, dopo l'ascensione di Cristo, lo Spirito scese come promesso, come un vento impetuoso e potente, riempiendo tutto il luogo in cui erano riuniti i discepoli, quale fu l'effetto? Migliaia di persone si convertirono in un giorno. Abbiamo insegnato, abbiamo previsto che un angelo scenderà dal cielo, che la terra sarà illuminata dalla sua gloria. Allora assisteremo a un raduno di anime simile a quello del giorno di Pentecoste.
>
> "Ma l'angelo non porta un messaggio morbido e soave, bensì parole che fanno vibrare i cuori degli uomini fino al profondo. Quell'angelo è rappresentato mentre grida con voce forte, dicendo: "Babilonia la grande è caduta, è caduta ed è diventata dimora di demoni, rifugio di ogni spirito maligno e gabbia di ogni uccello impuro e odioso"; "Uscite da lei, popolo mio, affinché non siate partecipi dei suoi peccati e non riceviate le sue piaghe". Siamo davvero noi, come agenzie umane, a cooperare con gli strumenti divini nel far risuonare il messaggio di questo potente angelo che deve illuminare la terra con la sua gloria?".

Dove siamo? Nel forte grido del messaggio del terzo angelo. Il messaggio dell'angelo è di andare, di chiamare il popolo di Dio fuori da Babilonia. Ma l'angelo scende con un grande potere. Non ci troviamo allora di fronte alla richiesta di quella potenza che dobbiamo avere, di essere rivestiti di potenza dall'alto, la potenza che viene portata dallo Spirito Santo di Dio? Non siamo forse lì? [Allora, fratelli, restiamo lì. Restiamo lì, invocando quella potenza e dipendendo completamente da essa quando arriva.

Il Messaggio del Terzo Angelo – n. 5

A. T. Jones
Stampato nel Bollettino quotidiano della Conferenza generale, 2 febbraio 1893, pp. 108–115.

Trovo che alcuni comincino a essere un po' perplessi per non aver fatto ciò che avevamo concordato la prima sera; oppure non sono arrivati in tempo per concordarlo. La prima sera, sapete, eravamo d'accordo nel sostenere il testo della Scrittura e nel dire che "Se uno pensa di sapere qualcosa, non sa nulla, ma non sa quanto dovrebbe sapere". Alcuni che forse sono arrivati dopo l'inizio di queste lezioni, e altri che non si sono ricordati di attenersi completamente al testo, hanno cominciato a dire così: "Bene, tutte queste cose che hai esposto sono chiare, ma non vedo come si adattino" alle cose che abbiamo sostenuto in precedenza.

Non abbiate paura. Se queste cose sono chiare—e dicono che lo sono—allora guardatele. Se sono nuove, non cercate di mettere vino nuovo in bottiglie vecchie. A tutti coloro che pensano che queste cose siano nuove, dico: non cercate di mettere vino nuovo in bottiglie vecchie. Non potete farlo. Non preoccupatevi di ciò che pensavate prima. Non parlo affatto a caso di queste cose. So cosa sto dicendo e so anche quali altre cose stanno per arrivare. Se avete pensato bene prima, questo vi andrà bene; se non avete pensato bene, non vi andrà bene. Studiamo insieme queste cose. Vi ho forse esposto questioni che non sono fatti reali? [Pubblico: "No"].

Questa settimana stiamo studiando solo il testo con cui abbiamo iniziato. Verranno molte altre cose per le quali non abbiamo ancora preso un testo; ma questa settimana stiamo studiando questo testo: "Il popolo che ora vedrà ciò che presto verrà su di noi *da ciò che si sta svolgendo davanti a noi*, non avrà più fiducia nelle invenzioni umane e sentirà che lo Spirito Santo deve essere riconosciuto, ricevuto, presentato davanti al popolo".

Finora abbiamo visto abbastanza bene ciò che si sta svolgendo davanti a noi e alcune delle cose che presto arriveranno. Prendiamo quello che abbiamo e sfruttiamolo al massimo, e il resto si prenderà cura di sé quando arriverà.

Stasera mi occuperò di un altro studio, proprio sulla stessa linea di ciò che si sta svolgendo davanti a noi. Mi limiterò a richiamare l'attenzione sui fatti, cose che potete vedere voi e che possono vedere tutti coloro che leggono i comuni avvenimenti quotidiani come appaiono sui giornali di tutto il mondo. Voi potete vederli e tutti gli altri possono vederli. In queste lezioni abbiamo già parlato di ciò che si sta svolgendo davanti a noi, che tutti non possono vedere? Possono non credere a ciò che sta per accadere, naturalmente, ma non possono fare a meno di vedere ciò che è davanti a loro.

Quattro anni fa, lo scorso autunno, sono stato incaricato di scrivere una lettura per la settimana di preghiera su "La nostra posizione e il nostro lavoro attuali". In quella lettura ho citato alcuni dei pensieri a cui ho fatto riferimento l'altra sera; ma ora richiamo l'attenzione su questo pensiero in particolare per il nostro studio di stasera. Eccolo.

"Con la nostra Costituzione così com'è, la totale separazione tra Chiesa e Stato e la perfetta libertà religiosa così garantita sono state per cento anni un faro di progresso per tutte le altre nazioni. Il principio americano delle libertà e dei diritti degli uomini ha avuto un'influenza irresistibile sulle altre nazioni in tutte le parti della terra. Questo è l'autentico principio del protestantesimo, che è, in breve, il principio annunciato da Cristo, secondo cui gli uomini devono rendere a Cesare solo ciò che è di Cesare e a Dio ciò che è di Dio.

"Contro questo principio il papato ha costantemente sostenuto che nessuno Stato può esistere senza un'alleanza con la Chiesa; in effetti, gli Stati esistono solo per il sostegno e per il bene della Chiesa. È vero che il principio americano non è stato adottato *nella sua chiarezza* da nessun'altra nazione, ma la sua influenza è stata incalcolabile nel distogliere le menti degli uomini dall'influenza della teoria papale. Ma proprio ora che le altre nazioni, nella loro perplessità, corteggiano l'appoggio di Roma, il papato ne approfitta per riaffermare la teoria papale e per sostenere che queste cose sono un riconoscimento da parte di governanti e governati della correttezza della sua teoria.

"Ora, alla luce di tutto questo, e proprio in questo momento, anzi proprio quest'anno, il 1888, ho menzionato la proposta di emendamento costituzionale e la legge nazionale sulla domenica, che erano allora all'esame del Paese, come proposto dal senatore Blair, in cui il cristianesimo come religione della nazione e la domenica come giorno di riposo dovevano essere riconosciuti, e poi ho continuato come segue:] Quando questo sarà fatto, la sua influenza a favore del papato sarà inestimabile. Allora si dirà che questa nazione, che ha fatto grandi pretese di libertà religiosa e che è stata indicata come modello per i governi della terra, è stata costretta a rovesciare quello che si pensava fosse l'ordine illuminato e ad adottare i principi che la Chiesa ha sempre sostenuto.

"Allora, come questa nazione è stata il modello di libertà, di illuminazione e di progresso per tutte le altre, così quando i suoi principi saranno invertiti, quando le libertà e i diritti degli uomini saranno negati, quando la nazione sarà riportata ai principi del papato nei secoli bui, e la persecuzione per amore della coscienza sarà portata avanti, la reazione sulle altre nazioni sarà tale da confermare e ingrandire infinitamente le pretese e il potere del papato.

E così si adempirà la Scrittura: "Tutti gli abitanti della terra lo adoreranno, i cui nomi non sono scritti nel libro della vita". In questo modo sarà dato di nuovo potere al papato di fare guerra ai santi di Dio, come mostra la Scrittura: Lo stesso corno fece guerra ai santi e prevalse contro di loro, *finché venne l'Antico dei giorni* e il *giudizio fu dato* ai santi dell'Altissimo, e *venne* il *tempo in cui i santi possedettero il regno*". (Dan. 7:21, 22)".

Non avevo ancora trovato questo passo, che ora leggerò da "Chiesa e Stato" di Schaff. Il dottor Philip Schaff, essendo stato in Europa, essendo egli stesso un europeo nato, e non essendo venuto in questo Paese fino a quando non era un uomo adulto; essendo laureato in università europee, e comprendendo gli affari europei meglio di qualsiasi altra persona negli Stati Uniti, e poi venendo qui e comprendendo gli affari degli Stati Uniti in misura considerevole, scrive così nel suo "*Church and State in the United States*", a pagina 83:—

> "Per concludere, dobbiamo fare una breve panoramica sull'influenza del sistema americano sui Paesi e sulle Chiese straniere.
>
> "Nella presente generazione *il principio della libertà religiosa* e dell'uguaglianza, con un corrispondente allentamento del vincolo di unione tra Chiesa e Stato, *ha fatto progressi costanti e irresistibili* tra le *principali nazioni d'Europa,* ed è stato incarnato più o meno chiaramente in costituzioni scritte. ...
>
> "Il successo del principio della libertà religiosa negli Stati Uniti ha stimolato questo progresso senza alcuna interferenza ufficiale. *Tutti i sostenitori* del principio volontario [nel sostegno alle chiese e alla religione] e della *separazione tra Stato e Chiesa in Europa* indicano l'*esempio di questo Paese* come il loro *più forte argomento pratico*".

Pastore Lewis Johnson.—Sappiamo che è così in Scandinavia.

Sì, è noto in tutta Europa. Ma quello che vogliamo sapere è che è così in questo Paese; che questa è l'influenza che il nostro Paese ha sopportato finora; e questo per vedere quale sarà la sua influenza ora che si è girato e sta andando nella direzione opposta.

Ecco la dichiarazione del Dr. Schaff sui principi del papato in relazione all'Impero tedesco, nel 1871:—

> "Il trattato di Westfalia del 1648 ha confermato l'uguaglianza dei diritti delle due Chiese contendenti. Ma il Papa non ha mai acconsentito nemmeno a questa limitata tolleranza e protesterà sempre contro di essa. Il sillabo papale del 1864 condanna la tolleranza religiosa tra le ottanta eresie del tempo. La Chiesa romana non riconosce nessun'altra Chiesa, e non può farlo in modo coerente. Non conosce confini geografici e nazionali e si riunisce intorno al centro comune del Vaticano, "vice-gerente di Dio sulla terra". Deve sottomettersi, naturalmente, a una dura necessità, ma lo fa con una certa protesta". 91, 92.

Quindi, come vedete, i principi del papato sono direttamente opposti ai principi della Costituzione degli Stati Uniti.

Leggerò ancora qualche passo sui principi papali. Leggo da un libro di Gladstone e Schaff, intitolato "*Rome and the Newest Fashions in Religion*", a pagina 113. È dichiarato un errore e condannato come tale dal Papa dire che...

> "Ogni uomo è libero di abbracciare e professare la religione che riterrà vera, guidato dal lume della ragione".

Questo è un errore condannato dalla Chiesa di Roma; ma è la dottrina del governo degli Stati Uniti; è la dottrina della Costituzione degli Stati Uniti.

Un altro errore condannato da Roma è quello di dire che...

> "La Chiesa non ha il potere di avvalersi della forza, né di alcun potere temporale diretto o indiretto". 115.

È un errore condannato dalla Chiesa cattolica. Ma questa è la dottrina della Costituzione degli Stati Uniti. È un principio fondamentale del governo degli Stati Uniti che le chiese non devono avere nulla a che fare con gli affari del governo.

Un altro errore condannato dal papato è quello di dire che "la Chiesa deve essere separata dallo Stato e lo Stato dalla Chiesa". 123.

Tutti questi sono condannati come errori dalla Chiesa cattolica. Ma tutte queste cose esprimono la dottrina stessa della Costituzione degli Stati Uniti, così come i suoi creatori l'hanno stabilita e intesa. E nulla potrebbe mostrare più chiaramente quanto i principi del papato e i principi della Costituzione del governo degli Stati Uniti siano direttamente antagonisti.

C'è un'altra parola che leggerò. È la dichiarazione di Leone XIII nel 1891, su quale sia l'autorità della Chiesa, quale sia il suo diritto. Pagina 868 de "*The Two Republics*". Sta scrivendo a tutto il mondo sulla condizione del lavoro e sulle difficoltà tra lavoro e capitale, tra governi e lavoratori, ecc.

> "È la Chiesa che proclama dal Vangelo quegli insegnamenti grazie ai quali il conflitto può essere posto fine, o almeno reso molto meno aspro; *la Chiesa* impiega i suoi sforzi non solo per illuminare la mente, ma per dirigere con i suoi precetti la vita e la condotta degli uomini; ... e *agisce nella decisa prospettiva* che per questi scopi *si debba ricorrere*, in giusta misura e grado, *all'aiuto della legge e dell'autorità statale*".

Questa è l'ultimissima dottrina della Chiesa papale, esposta ufficialmente e come in ogni altra, in diretto antagonismo con la dottrina della Costituzione degli Stati Uniti *così come recita*, e come era *intesa*, *non* come *è stata fatta intendere* dalla Corte Suprema degli Stati Uniti, il 29 febbraio 1892.

È così che l›influenza che questo governo ha avuto sulle altre nazioni è stata quella di allontanarle dal papato, di allontanarle dalla dottrina del papato. E, come dice il dottor Schaff, questa influenza è stata «costante e irresistibile». Ora, con la decisione della Corte Suprema del 29 febbraio 1892 e con la legislazione del Congresso che riconosce e stabilisce la domenica come sabato cristiano, il governo degli Stati Uniti ha invertito l›ordine. La Costituzione è stata completamente ignorata e scavalcata. Il governo degli Stati Uniti è stasera nelle mani di una gerarchia che, per raggiungere il suo scopo, si è unita al papato.

Per quanto riguarda l'influenza che questo avrà sulle loro nazioni, permettetemi di leggere la testimonianza che si trova nel numero 1 del Bollettino, all'inizio di pagina 16. Essa tocca la questione che abbiamo di fronte questa sera e dice quali sono le conseguenze di questo capovolgimento dell'ordine originale delle cose in questo governo. Tocca la questione che è davanti a noi questa sera e il Signore dice qual è la conseguenza di questa inversione dell'ordine originale delle cose in questo governo

> "Quando l'America, la terra della libertà religiosa, si unirà al papato per costringere le coscienze degli uomini a onorare il falso sabato, *i popoli di ogni paese del mondo saranno portati a seguire il suo esempio*".

Fino a che punto, fratelli, si spingerà l'influenza di questa nazione, ora che si è ribaltata? Che cosa ha fatto il capovolgimento di questa nazione? Ha creato l'immagine della bestia. Allora, dato che, alla luce di questo fatto, le altre lezioni che abbiamo avuto ci mettono di fronte al conferimento di questo messaggio nelle sue parole e nei suoi termini, fino a che punto deve arrivare questo messaggio? Allora, così come questa nazione, dopo essersi girata, condurrà tutte le nazioni del globo sulla strada sbagliata, tornando di fatto ai principi del papato, così è tempo che il messaggio del terzo angelo raggiunga tutte le nazioni del globo.

Questo è il messaggio ora. Allora, siete pronti a partire? Essendo questo il messaggio che deve andare, non è forse necessario che ogni professore di questo messaggio si tenga pronto ad andare fino alle estremità della terra, quando Dio lo chiamerà ad andare? L'influenza di questo messaggio è quella di ricondurre ogni nazione del mondo al papato. L'opera del messaggio del terzo angelo è quella di mettere in guardia tutte le nazioni della terra dal culto del papato e da questa sua immagine che ci riporta al papato. Come è certo che quell'influenza raggiunge ogni nazione del globo, così è certo che questo avvertimento deve arrivare a ogni nazione del globo. Allora ogni uomo è infedele alla fiducia che Dio ci ha dato nel messaggio del terzo angelo, se si trattiene dalla chiamata di Dio ad andare in qualsiasi parte del mondo, non è vero? Allora questo ci porta di nuovo di fronte a una consacrazione come non c'è mai stata tra gli avventisti del settimo giorno. Ci porta di fronte a una consacrazione tale che la casa, la famiglia, la proprietà, tutto è consegnato nelle mani di Dio per lasciare che ci chiami e ci mandi, con i mezzi che abbiamo, dove vuole e faccia di noi quello che vuole. Siete pronti? Non è ora di prepararsi?

Pastore C. L. Boyd.—Sì, sono tutti pronti, fratello Jones.

Pastore Jones.—Bene! Ma è una cosa a cui dobbiamo pensare.

Oggi sono stato costretto a dire a un fratello, mentre parlavo con lui, che queste cose, allo stato attuale, mettono a dura prova la fede reale e concreta più di quanto non sia mai stato fatto finora. Perché è come trovarsi faccia a faccia con noi stessi e dirci e affermare come un fatto convincente e reale che le sette ultime piaghe arriveranno molto presto; che stiamo lavorando in vista di questo fatto; e che la venuta del Signore segue le sette ultime piaghe, in vista delle quali stiamo lavorando; e la venuta del Signore è la fine del mondo. E per me affrontare me stesso e parlare a me stesso in questo modo... vi dico che è una cosa che attira l'uomo. Io trovo che mi attiri. Ebbene, tutto ciò che posso dire, fratelli, è: "Lasciate che attiri". Non posso evitarlo; non lo farei nemmeno se potessi. Non tornerei indietro se potessi. Ma attinge ai punti vitali della fede di un uomo; questo è un dato di fatto. Ebbene, fratelli, lasciate che attiri, fino a quando non ci farà uscire completamente da noi stessi per entrare completamente in Gesù Cristo.

> "Quando l'America, la terra della libertà religiosa, si unirà al papato per costringere le coscienze degli uomini a onorare il falso sabato, i popoli di ogni paese del mondo saranno portati a seguire il suo esempio. Il nostro popolo non è mezzo sveglio per fare tutto ciò che è in suo potere, con le strutture a sua disposizione, per estendere il messaggio di avvertimento a il mondo. Bisogna costruire nuove chiese, organizzare nuove congregazioni. Che la luce risplenda in tutte le terre e in tutti i popoli".

Spero che il fratello Robinson ottenga tutto ciò che ha chiesto per costruire l'opera a Londra; e spero che la sorella White ottenga tutto ciò che chiede per costruire la chiesa in Australia; e il fratello Chadwick ottenga tutto ciò che chiede e tutti gli altri ottengano tutto ciò che chiedono. Per quanto tempo ancora le nostre proprietà saranno utili a qualcosa, quando presto cadranno le sette ultime piaghe? Che valore avrà? A cosa servirà quando cadranno le sette ultime piaghe? Qual è il suo valore?

Ma questo è il punto. Quando arriviamo a dire con vera convinzione, e ci troviamo faccia a faccia con il fatto come un fatto, che le sette ultime piaghe stanno davvero per arrivare e che il Signore sta venendo proprio alla fine di tutto ciò, questo attrarrà i vitali della nostra fede. Farà emergere ciò che è in noi. Se una persona ha una vera fiducia nel messaggio, questo lo rivelerà.

E ci saranno molti mezzi. Non sono affatto preoccupato per i mezzi. Se gli avventisti del settimo giorno che hanno mezzi non si consacrano al Signore e non gli lasciano i loro mezzi, il Signore troverà i mezzi da qualche altra parte. Chiamerà altre persone. Fratelli, è la cosa peggiore che possa capitare a un avventista del settimo giorno che ha mezzi, quando Dio deve passare oltre e trovare qualcun altro che dia ciò che vuole. Un avventista del settimo giorno lasciato a se stesso è l'uomo peggiore di questo mondo. Siamo arrivati a un punto in cui Dio vuole che usiamo tutto ciò che abbiamo. E quando ci crediamo, i nostri mezzi e noi stessi saranno a Suo uso e consumo. La sua opera sarà presto compiuta e allora non avremo più bisogno di mezzi. Questa è la situazione attuale.

Questo governo, così com'*era, allontanava* le nazioni dal papato. Questo governo, così com'*è*, attira tutte le nazioni *verso* il papato. *E il papato lo sa.* E sapendolo, ora sta lavorando proprio per questo e ha le sue—stavo per dire le sue dita—ma no, ci ha messo tutte le sue braccia e sta cominciando a manovrare il governo nel suo interesse. Tutto ciò che il protestantesimo è oggi negli Stati Uniti, e tutte le chiese che hanno lavorato per la legge della domenica, sono solo uno strumento nelle mani del papato.

Quanti di voi hanno visto uno spettacolo di Punch and Judy? [Quelle piccole figure che fanno avanti e indietro, che si muovono su e giù, che vanno avanti e indietro sopra il sipario, sono manovrate da qualcuno dietro il sipario. Non lo vedete. Quei piccoli burattini che si muovono lassù sono esattamente ciò che sono oggi le chiese protestanti nelle mani del papato. Lei è sotto; siede dietro il sipario; lavora i fili; tocca i grilletti. Questi protestanti, nella loro cecità, pensano di fare grandi cose per se stessi; ma sono semplicemente le marionette nelle mani del papato, che lavora come lei desidera, su questo governo e attraverso questo governo, per tutto il mondo.

Ed è giunto il momento di dirglielo. Ma quando arriva il messaggio che li informa, dice loro che "Babilonia è caduta" e che devono uscire da lei, se vogliono sfuggire alle piaghe. E quando saranno chiamati a uscire da lei, dove potranno andare? Tutto il mondo è sotto il controllo del papato—tranne il messaggio del terzo angelo, grazie al Signore! Quello non sarà mai sotto il controllo del papato! Lode al Signore! Tutto il mondo è sotto il controllo del papato e dei suoi principi. Ma quando saranno chiamati ad uscirne, dove potranno andare? Al messaggio del terzo angelo come Dio lo ha dato.

Fratelli, siamo nell'epoca più grandiosa che il mondo abbia mai visto. Oh, che possiamo consacrarci a Dio come si addice a noi che viviamo in questo tempo grandioso!

Vi leggerò un'altra volta una dichiarazione tratta dal Vol. 4, secondo cui un gran numero di ministri si convertirà alla verità del messaggio del terzo angelo sotto il "forte grido". Molti dei ministri che ora pensano che questo lavoro della legge domenicale e tutto il resto vada bene—non vedono cosa c'è sotto—quando il papato comincerà a muoversi un po' più apertamente, si tireranno indietro da tutto questo; si staccheranno da quella cosa. Ma dove possono andare? Al messaggio del terzo angelo. Grazie al Signore! Vi dico, fratelli, che la potenza di Dio farà subito qualcosa. Oh, se potessimo abbandonare ogni cosa a Lui, affinché Egli possa farlo!

Permettetemi di leggere qui gli obiettivi del papato, esposti nelle sue stesse parole. Questo è tratto dal New York *Sun* dell'11 luglio 1892; e se c'è un giornale cattolico ufficiale negli Stati Uniti, questo è il New York *Sun*; non dimenticatelo; non che *il Sun* sia gestito come giornale cattolico, ma è quello. *Il Sun* ha un corrispondente a Roma, in Vaticano, un sacerdote, non so come si chiami. Non si firma con il suo nome, ma scrive con un *nom de plume*. E si può tenere presente che i dispacci al *Sun* da Roma sono sempre diretti. Quindi dico che *The Sun* è virtualmente più rappresentativo del Papato, della Chiesa cattolica in questo Paese, della maggior parte degli organi cattolici, a meno che non si tratti dell›organo del cardinale Gibbons. Questa è la lettera scritta direttamente dal corrispondente *del Sun* da Roma la scorsa estate. La leggo qui. È intitolata "Il papato e la nazionalità, Papa Leone e gli Stati Uniti". Dopo aver parlato di alcune classi della Chiesa cattolica, vescovi, arcivescovi, ecc. e dei loro obiettivi negli Stati Uniti, si legge:—

> "Ma Leone XIII ha un obiettivo ancora più alto. Il suo appello all'unificazione nazionale si fonda su una concezione tradizionale della Santa Sede. "Secondo lui, gli Stati Uniti hanno raggiunto il periodo in cui diventa necessario fondere tutti gli elementi eterogenei in una nazione omogenea e indissolubile. Gli uomini di Stato sono preoccupati, e molto opportunamente, dalla molteplicità di forze centrifughe che minacciano la repubblica di disintegrarsi. I nemici sfruttano questo pericolo latente per accusare i cattolici stranieri di avere la tendenza a formare uno Stato nello Stato. È per questo motivo che il Papa vuole che i cattolici si dimostrino i più illuminati e i più devoti lavoratori per l'unità nazionale e l'assimilazione politica. Alcuni incidenti hanno dato un'immagine negativa della lealtà di alcuni gruppi stranieri. Ogni dubbio su questo argomento dovrebbe scomparire. La Chiesa è sempre stata l'abile collaboratrice di tutti i popoli nell'opera di unità nazionale. È stata lei a costituire, attraverso gli sforzi di papi e vescovi, i grandi organismi politici e le grandi organizzazioni nazionali. Le razze più unite e le popolazioni più solide, politicamente e nazionalmente, sono quelle che hanno sentito più profondamente l'azione salutare del papato e della Chiesa. La Francia è l'esempio tipico di questa legge della storia. Se l'Italia nel Medioevo non approfittò di questo incomparabile beneficio, non fu forse perché gli Stati gelosi interferirono con l'opera di unificazione della Chiesa e dei pontefici romani?
>
> "L'America sente l'urgente necessità di questo lavoro di fusione interna. Formata da un mosaico di razze e nazionalità, vuole essere una nazione, un essere collettivo, uno forte e unito. Ciò che la Chiesa ha fatto in passato per gli altri, lo farà per gli Stati Uniti. ...
>
> "Questa è la ragione per cui la Santa Sede incoraggia il clero americano a custodire gelosamente la solidarietà e a lavorare per la fusione di tutti gli elementi stranieri ed eterogenei in una vasta famiglia nazionale. La Chiesa americana fornisce e deve

> fornire in questo momento la prova che il cristianesimo è la scuola del patriottismo e del sentimento nazionale. Continuando a favorire quest'opera di unificazione, essa formerà la grandezza degli Stati Uniti e dimostrerà fino a che punto la religione e la Chiesa sono i generatori dell'indipendenza politica e patriottica.
>
> "Poiché il pericolo imminente per gli Stati Uniti consiste nel frazionamento della repubblica in partiti centrifughi e ostili, i cattolici appariranno, grazie alla loro cooperazione nella concentrazione nazionale, i migliori figli della terra e i sostenitori dell'unità politica. Il Papa imporrà a tutti il motto americano, *E pluribus unum*, applicato al tema che stiamo trattando.
>
> "Infine, Leone XIII desidera vedere la forza di questa unità. Come tutte le anime intuitive, egli vede negli Stati Uniti uniti e nella loro Chiesa giovane e fiorente *la fonte di una nuova vita per gli europei*. Vuole che l'America sia potente, affinché l'Europa possa riacquistare forza prendendo in prestito un tipo ringiovanito".

E vi dico un'altra cosa proprio qui, fratelli, quando le cose sono arrivate a un punto tale nel governo degli Stati Uniti che il papato può permettersi di esporre i suoi scopi e le sue intenzioni in modo così chiaro, vi dico che sono abbastanza lontani. Il papato non parla apertamente finché non sa di essere in vantaggio. Lavora sempre sottotraccia e in segreto fino a quando non arriva il momento di scattare e non scatta finché non è pronta. E quando gli affari degli Stati Uniti sono così sotto il controllo del papato da poter parlare così, apertamente, al popolo degli Stati Uniti, allora le cose sono in una forma soddisfacente per il papato.

> "*L'Europa osserva con attenzione gli Stati Uniti*. Alcune cose lì possono spaventare alcuni, ma l'attrazione generale è invincibile. Bryce, Claudio, Fanet, Carlies e tutti gli storici e pubblicisti hanno l'inclusività del record. D'ora in poi avremo bisogno di autori che si pongano su questo terreno: "Cosa possiamo e cosa dobbiamo prendere in prestito dagli Stati Uniti per la nostra riorganizzazione sociale, politica ed ecclesiastica?"".

Fino al 1892 cosa poteva prendere in prestito da questo governo una nazione europea o qualsiasi altra nazione per la riorganizzazione ecclesiastica? Cosa aveva a che fare questo governo con gli affari ecclesiastici? La Costituzione era assolutamente contraria a tutto questo. Ma ora che la Costituzione è stata scavalcata, il papato può cominciare a chiedere: "Cosa possiamo prendere in prestito dagli Stati Uniti per la nostra riorganizzazione ecclesiastica?". Ma l'esempio è stato dato e la cosa è stata fatta, il che ha messo gli Stati Uniti in una posizione in cui il papato *può* prendere in prestito dagli Stati Uniti l'esempio e l'influenza per la riorganizzazione ecclesiastica in Europa e in tutte le altre nazioni. E lo sta facendo. Lo sta prendendo in prestito e lo sta usando per i suoi scopi.

> E dal punto di vista particolare del Papa: "Quali sono gli esempi che questi cattolici americani ci danno?". Il problema è difficile; ma nella sua peregrinazione e nella sua immensa varietà affascina tutte le menti forti e lungimiranti.
>
> "La risposta dipende in larga misura dallo sviluppo dei destini americani. Se gli Stati Uniti riusciranno a risolvere i molti problemi che ci affliggono, l'Europa seguirà il loro esempio, e questa *effusione di luce segnerà una data nella storia non solo degli Stati Uniti, ma dell'intera umanità. Res vestra agitur* è ciò che potremmo dire agli

americani. Ecco perché il Santo Padre, ansioso di pace e forza, collabora con passione all›opera di consolidamento e sviluppo degli affari americani. Secondo lui, la Chiesa deve essere il crogiolo prescelto per plasmare e assorbire le razze in una famiglia unita. Ed è soprattutto per questo che si adopera per la codificazione degli affari ecclesiastici, affinché questa lontana componente della cristianità possa infondere nuovo sangue nel vecchio organismo»...

Fratelli, può qualcuno al mondo chiudere gli occhi di fronte a ciò che sta avvenendo davanti a noi? Questo che sta avvenendo davanti al mondo intero? Qualcuno può vedere ciò che sta avvenendo davanti a lui? Sappiamo che cosa sta per accadere su di noi con quello che sta accadendo davanti a noi?

Ma il papato non si limita a proclamare il suo proposito: lo segue rapidamente con un colpo di mano per attuarlo. Quel rappresentante speciale del Papa, quella Delegazione Apostolica "permanente" che è stata istituita in questo Paese solo l'altro giorno, cosa significa? Monsignor Satolli è venuto in questo Paese come rappresentante personale del Papa per assistere agli esercizi di apertura dell'Esposizione Universale, una buona scusa. In teoria è venuto come chiunque altro sarebbe venuto in missione speciale. Ma quando è arrivato qui, doveva rimanere per un po'; temporaneamente come delegato del Papa. Ma c'era una parte della Chiesa cattolica che cominciò a dire: "Non lo vogliamo". Allora il Papa lo stabilì semplicemente per sempre. Questo è il resoconto del New York *Sun* del 15 gennaio 1892.

"Roma, 14 gennaio—Il Papa ha deciso di istituire una delegazione apostolica permanente negli Stati Uniti e ha nominato Mons. Satolli come primo delegato. Una decisione che il Vaticano considera una risposta sufficiente all'opposizione a Mons. Satolli e alla sua missione.

La Propaganda invierà tramite il Rev. F. Z. Rooker i documenti che autenticano il nuovo potere conferito a Mons. Satolli come delegato permanente.

Si dice che Papa Leone sia molto interessato alla situazione in America e che desideri porre fine alle differenze ecclesiastiche esistenti. A questo scopo il Papa sta preparando un'enciclica all'episcopato americano, consigliando armonia e unione.

Washington, 14 gennaio—Mons. Satolli, l'ablegato pontificio, ha ricevuto oggi all'Università Cattolica il seguente messaggio via cavo dal dottor O'Connell, il Segretario americano della Propaganda, che ha accompagnato Mons. Satolli in questo Paese ed è recentemente tornato a Roma:

Roma, 14 gennaio 1893.

Mons. Satolli:

La delegazione apostolica è stabilita in modo permanente negli Stati Uniti e lei è confermato come primo delegato.

O'Connell.

Sono state inoltre ricevute informazioni che confermano l'annuncio che il Rev. F. Z. Rooker di Albany è stato formalmente nominato Segretario della delegazione apostolica, e che è partito da Roma per New York ed è senza dubbio il portatore della bolla papale che istituisce la delegazione e conferma tutti i poteri di Mons. Satolli.

San Paolo, 14 gennaio—Alla domanda sull'istituzione di una delegazione apostolica negli Stati Uniti, questo pomeriggio, l'arcivescovo Ireland ha detto: "Sì, è stata istituita una delegazione apostolica permanente negli Stati Uniti e Mons. Satolli è stato nominato primo delegato apostolico". Il decreto è stato emesso a Roma ieri sera. Ho ricevuto io stesso un cablogramma dalla Città Eterna a questo proposito. Ne sono felice. Le controversie che hanno agitato i cattolici americani per qualche tempo sono finite e la pace regnerà.

"Mons. Satolli è arrivato in questo Paese come Abilitato Pontificio, termine che indica una missione temporanea e poteri alquanto limitati. Da alcune parti sono state subito sollevate obiezioni contro di lui, la sua autorità è stata messa in discussione o negata, è stato chiesto il suo richiamo, la sua missione è stata dichiarata un fallimento. A tutti i clamori di questa natura il Papa dà una risposta rapida ed efficace. Dichiara che avremo una delegazione apostolica permanente negli Stati Uniti. È talmente soddisfatto del lavoro svolto dall'Ablegato che, come perfetto riconoscimento dei diritti di Mons. Satolli, lo nomina primo delegato apostolico.

"Leone XIII è un uomo dal carattere fermo: le opposizioni rafforzano la sua determinazione. Tutto ciò che è accaduto dopo l'arrivo di Mons. Satolli dimostra ancora più chiaramente la necessità di un rappresentante del Papa dotato di poteri ben definiti ed estesi. Per i cattolici Roma è il tribunale supremo; ma Roma è piuttosto lontana. È necessaria una mano vicina, che in qualsiasi momento possa allungare la mano e dire al mare di calmarsi. Se alcuni uomini avessero cercato il modo più efficace per rendere evidente agli occhi di tutti la necessità di un delegato in America, non avrebbero potuto adottare, per dimostrare la loro tesi, argomenti più efficaci del metodo che hanno di fatto perseguito. Dio sia ringraziato per tutto ciò che è stato fatto.

"La Chiesa cattolica in America è ora completamente organizzata e ha indossato il mantello della perfetta statura. Ha sul proprio territorio un tribunale supremo, un ramo della Corte d'Appello di Roma, che trae da quest'ultima la sua vita, ma che è in grado di agire immediatamente. Questo è il governo della patria per i cattolici americani, nella misura in cui cattolici lontani da Roma possono avere un governo della patria. Oltre alla nostra energia e alla nostra ispirazione, avremo in tutte le nostre imprese la direzione e l'impulso, diretti come mai prima, del capo sovrano della Chiesa. I cattolici avranno una consapevolezza più pratica di ciò che significa l'unità della Chiesa e la supremazia papale. L'autorità remota si riduce a volte a una teoria speculativa o a un bell'ideale; l'autorità attuale è una prova vivente. Mette alla prova l'obbedienza e allo stesso tempo aggiunge nuova forza per il bene.

"Per quanto riguarda il Paese in generale, il popolo americano accoglierà con favore il riconoscimento che un elemento religioso così importante come quello cattolico ha aggiunto questa nuova gloria al suo curriculum, questa nuova forza infusa nella sua vita.

"Inoltre, una conoscenza più approfondita del funzionamento del papato sarà interessante e salutare; dissiperà molti pregiudizi di vecchia data. Il papato apparirà a tutti noi nella sua vera luce, armonizzandosi magnificamente con le aspirazioni della democrazia moderna e accelerando la marcia di tutto ciò che è utile, buono ed elevato nel progresso moderno. Le nubi del vecchio fogismo, che si dice siano appese intorno al trono di Pietro, esistono solo nel fiume annebbiato del pregiudizio religioso o nei recessi oscurati di menti ristrette e cieche.

"Non esistono in Vaticano. La mente più lungimirante e liberale del mondo di oggi è quella di Leone; il cuore più gentile e generoso è il suo. Né i cattolici né i protestanti d'America lo conoscono abbastanza. È dovere di tutti studiarlo; è dovere particolare dei cattolici avvicinarsi a lui e seguire più lealmente la sua guida spirituale".

Ci sono altre cose che sono accadute in relazione alla questione del denaro pubblico alle chiese. La Chiesa cattolica sta ricevendo quasi tutto, perché i metodisti, i battisti e gli episcopaliani si sono rifiutati di ricevere altri soldi dal governo. E i principali ministri della Chiesa presbiteriana stanno cercando di convincere questa chiesa a rifiutarsi di ricevere altri soldi dal governo. Presto, quindi, la Chiesa cattolica riceverà denaro, quasi esclusivamente, dall'erario pubblico: quasi 400.000 dollari all'anno. Allora i protestanti staranno a guardare e permetteranno ai cattolici di avere quel denaro senza sollevare una meravigliosa opposizione? Ma non servirà a nulla per loro protestare contro di essa. Se protestano contro di essa in quanto incostituzionale, la Chiesa cattolica può semplicemente rispondere:—

"Questa è una nazione cristiana: La Corte Suprema ha deciso che questa è una nazione cristiana. E per dimostrarlo, la Corte ha citato il decreto di Ferdinando e Isabella, che erano solo cattolici, e che mandarono Colombo, che era un cattolico, a scoprire nuovi mondi, per portarli a Dio e alla religione cristiana. E l'unica religione che Ferdinando e Isabella o Colombo intendevano o avevano a che fare era quella *cattolica*. Quando la Corte Suprema cita quel decreto per dimostrare che questa è una nazione cristiana, dimostra che è una nazione cristiana *cattolica*. Questa è l'argomentazione che la Chiesa cattolica può avanzare, *e i protestanti non possono contestarla con successo*. I protestanti non possono negare la *costituzionalità* dell'argomento, perché hanno usato la decisione della Corte Suprema per i loro interessi, per i loro scopi in legislazione domenicale. Hanno approvato la decisione come giusta; e quando hanno usato la decisione per i loro scopi, non possono tornare indietro quando il papato la usa per i *suoi* scopi. Sono presi in trappola con la stessa fermezza con cui mai nulla è stato preso, e l'unico modo per uscirne è che il Signore Gesù Cristo li liberi dall'iniquità della trappola, tramite il messaggio del terzo angelo. Non è forse ora che ricevano questo messaggio?

I cattolici hanno condotto l'ultima campagna proprio su questo tema. Il presidente Harrison cercò per tutta la sua amministrazione di fermare lo stanziamento di denaro per le chiese. La Chiesa cattolica si è opposta ai suoi sforzi durante tutta la sua amministrazione. Cercò di impedire la sua nomina a Minneapolis, ma non ci riuscì; poi, quando fu nominato Cleveland, esercitò tutta la sua influenza a favore di Cleveland, che fu eletto.[1]

Il Presidente Harrison cercò di bloccare lo stanziamento, ma non ci riuscì e fu costretto a confessare, tramite il senatore Dawes, che gli era impossibile farlo. Ebbene, se è stato impossibile

---

1 Per i dettagli, si veda *Sentinel Library* n. 53, pp. 48–54.

interromperlo da parte di un'amministrazione che era assolutamente contraria, come è possibile interromperlo da parte di un'amministrazione che era assolutamente contraria, come è possibile interromperlo da parte di un'amministrazione che l'ha iniziato, che è favorevole e che è stata sostenuta dalla Chiesa cattolica su questa unica questione?

Allora in che mani è il governo degli Stati Uniti stasera? Nelle mani della Chiesa cattolica, che lo tiene e lo terrà nonostante tutto ciò che i protestanti possono fare. Ma non l'avrebbe mai ottenuto se i protestanti fossero stati davvero protestanti e non si fossero messi nelle sue mani. Il falso protestantesimo ha tradito il governo degli Stati Uniti, fondato sui principi di Dio, nelle mani del papato, e lì rimarrà nonostante loro.

Ecco una parola che il fratello Conradi ha dato oggi, tratta da un giornale della Germania. Si tratta del vanto che la Chiesa cattolica sta facendo nei confronti della Germania. La Germania, si sa, è il grande modello di nazione protestante d'Europa. Questo è tratto da un giornale cattolico; quindi è la voce dei cattolici su questa questione.

> "I giornali cattolici in Germania dichiarano apertamente che presto il potere sarà nelle loro mani e la Germania tornerà alla fede cattolica. Poiché sono stati stanziati due milioni e mezzo di dollari per una cattedrale protestante a Berlino, hanno detto che non c'è problema, perché presto diventerà comunque cattolica".

Queste cose avvengono davanti al mondo, il mondo le vede e le legge. Fratelli, Dio non ci ha dato una parola da dire su questo argomento? Ecco una parola al riguardo. Parlando del papato, nel capitolo di "*Great Controversy*", Vol. IV, su "*The Character and Aims of the Papacy*", pagina 579, si dice: "Può leggere ciò che sarà". Quando lei con la sola luce della saggezza che Satana può dare, la saggezza raccolta solo dalla sua esperienza malvagia, la saggezza raccolta solo dalla sua storia, quando lei con questo può vedere ciò che deve essere, non diventa un popolo a cui Dio parla, per vedere anche ciò che deve essere?

Qui ci sono gli eventi e c'è la parola di Dio che, poiché questa nazione si è allontanata dai principi che Dio ha dato, l'influenza con cui ha irresistibilmente allontanato le nazioni dal papato, le riporterà tutte al papato. Questo eleva il papato al posto più alto che abbia mai occupato su questa terra. E in quel posto si compie, e in quel posto si compie, la parola pronunciata in Apocalisse 18:7: "Ella dice in cuor suo: "Io siedo come una regina, non sono vedova e non vedrò alcun dolore"".

Le nazioni a cui era sposata si sono allontanate in passato, una dopo l'altra, dai tempi di Napoleone, una dopo l'altra, fino a quando non ne rimane più nessuna e lei siede desolata, vedova, senza un solo marito a cui si era legata per tutti questi anni. Che cosa? Qui c'era la nazione più grande, la più giovane di tutte, in piedi davanti al mondo, nel vigore dei principi che Dio ha stabilito per le nazioni, e stava trascinando tutte queste nazioni, lasciandola sempre più desolata. Allora, e per questo motivo, ha rivolto le sue lusinghe a questa nazione per sedurla al suo seguito, alla fornicazione e all'adulterio con lei. E attraverso un protestantesimo falso e apostata, ci è riuscita. E ora che ha riunito a sé questa nazione, in questo modo riunisce a sé tutte le altre, e poi è così felice di tutto ciò che si glorifica e vive deliziosamente, e si congratula gioiosamente con se stessa, dicendo: "Siedo una regina, non sono vedova e non vedrò alcun dolore".

E poi? "*Perciò le sue piaghe verranno* in un giorno solo, morte, lutto e carestia; e sarà completamente bruciata dal fuoco, perché forte è il Signore Dio che la giudica".

Allora questi eventi, queste cose che il papato sta facendo stasera, ci mettono di fronte ai giudizi di Dio sulle nazioni della terra. E vediamo cosa sta per arrivare su di noi, da ciò che sta avvenendo davanti a noi. Non è forse giunto il momento di dire alle persone che non sanno queste cose, che queste cose sono così? Non è forse giunto il momento? Alcuni dicevano: "Mi sembra che non potrei mai più predicare un sermone o fare una lettura della Bibbia nel modo in cui l'ho fatto io, sugli Stati Uniti in profezia". Grazie al Signore! Ringraziate il Signore che non potete. Ringraziate il Signore che sapete dove si trovano gli Stati Uniti nella profezia e che non potete usare vecchie cose secche. Vogliamo gli Stati Uniti come sono ora nella profezia, ed è questo che vogliamo. Non potete darli? [E la gente non vede che è così? Se crederanno a ciò che sta per accadere, non è questo il problema. Ma dovranno ricorrere alla loro ragione e alla loro esperienza nella vita quotidiana per negare che si tratti di un fatto.

"Perciò le sue piaghe verranno in un giorno, morte, lutto e carestia; e sarà completamente bruciata dal fuoco, perché forte è il Signore Dio che la giudica". Ma qual è il fuoco che la brucia? "E allora sarà rivelato quell'empio che il Signore consumerà con lo spirito della sua bocca e distruggerà con lo splendore della sua venuta". "Perché il nostro Dio è un fuoco che consuma" la malvagità. Ringraziamo il Signore che lo sia. Ma fratelli, Egli è una gloriosa salvezza per coloro che sono liberi dall'iniquità. Lascia che Egli ci purifichi dall'iniquità ora, affinché quando apparirà la sua gloria non saremo consumati, ma trasformati nella sua stessa gloriosa somiglianza. Questo è ciò che Egli vuole. E i re della terra, che hanno commesso fornicazione e hanno vissuto deliziosamente con lei, la piangeranno e si lamenteranno per lei, quando vedranno il fumo del suo rogo, stando lontani per la paura del suo tormento, dicendo: "Ahimè, ahimè, quella grande città, Babilonia, quella potente città, perché *in un'ora* è giunto il tuo giudizio".

Non so se quell'"ora" sia un tempo profetico, quindici giorni o una breve stagione indefinita. Ma che si tratti di un tempo profetico o di un breve periodo indefinito non è rilevante per la discussione di questa sera, perché in ogni caso mostra che *il tempo è estremamente breve* dal momento in cui si congratula con se stessa per il fatto che tutte le nazioni sono tornate a lei—il tempo è estremamente breve—fino a quando i giudizi di Dio vengono su di lei e su tutte le nazioni. E quando questo avverrà, il popolo di Dio sarà liberato.

Allora, fratelli, dove siamo? Siamo in presenza dell'imminente giudizio di Dio. Allora, agiamo come se fosse così. Agiamo come se fossimo lì.

Il Messaggio del Terzo Angelo – n. 6

A. T. Jones
Stampato nel Bollettino quotidiano della Conferenza generale, 3 febbraio 1893, pp. 121–129.

Questa sera propongo di fare una specie di riassunto di ciò che abbiamo fatto durante la settimana, e poi di trarne un'ulteriore lezione. La prima sera dopo il resoconto dell'udienza, che ha gettato le basi per tutto il nostro studio successivo—martedì sera—abbiamo ripreso e notato tre punti particolari; mercoledì sera altri tre e ieri sera un altro. I tre punti della prima sera, come ricorderete, ci hanno portato alla consegna del messaggio del terzo angelo, come si legge nelle parole. "Se uno adora la bestia e la sua immagine e ne riceve il marchio sulla fronte o sulla mano, berrà il vino dell'ira di Dio". E questo dimostra di per sé che è arrivato il momento in cui l'immagine è presente e che il marchio deve essere ricevuto, perché l'avvertimento è contro l'adorazione della bestia e della sua immagine e contro il ricevere il suo marchio sulla fronte o sulla mano.

Il primo dei tre punti era che ora siamo tagliati fuori dal lavoro come lo abbiamo condotto finora e, nel lavoro del messaggio, siamo tagliati fuori dalla predicazione del messaggio stesso, come è in parole. In secondo luogo, questo dimostra che l'immagine è fatta e che ciò porta tutto il potere terreno nelle mani del nemico del messaggio del terzo angelo e della causa di Dio, per essere esercitato contro il popolo di Dio e l'opera di Dio. Perciò chi vuole stare dalla parte di Dio deve avere un potere più grande di tutto il potere del mondo. Il terzo punto è che, citando il quarto comandamento nella legislazione e interpretando tale comandamento come il primo giorno della settimana comunemente chiamato domenica, mettendo così la domenica al posto del sabato del quarto comandamento, è altrettanto letteralmente vero che le chiese protestanti di questo Paese, con il potere di questo governo, hanno reso nulla la legge di Dio, per quanto possa farlo il potere terreno, come lo fu l'azione del papato nell'apostasia originale, unendosi al governo per fare la stessa cosa. E quando ciò è avvenuto, Dio ci ha messo in bocca queste parole: "È tempo per te, Signore, di operare, perché hanno reso vana la tua legge". E questo ci porta a pensare che, poiché tutta la potenza della terra si oppone a Dio, al suo sabato e al suo popolo che lo osserva, questo popolo, per poter resistere, deve avere una potenza più grande di tutta la potenza della terra, e questo ci ha portato a quel versetto: "È tempo per te, Signore, di lavorare, perché hanno annullato la tua legge". Abbiamo quindi bisogno della potenza di Dio. La nostra preghiera quotidiana è: "Signore, è ora che tu operi"; non possiamo fare nulla.

Il primo punto della lezione successiva è che questo messaggio viene dato in vista del fatto che le piaghe devono venire su coloro che rifiutano il messaggio: "Se uno adora la bestia e la sua immagine e riceve il suo marchio sulla fronte o sulla mano, berrà il vino dell'ira di Dio". La prima piaga viene riversata su coloro che ricevono il marchio della bestia; e sotto la sesta piaga i re della terra vengono radunati per la battaglia del grande giorno di Dio Onnipotente. Nel tempo di quella battaglia viene il Signore e la fine del mondo. E il settimo angelo versò la sua ampolla nell'aria; e si udì una gran voce dal tempio del cielo, dal trono, che diceva: "È fatta". E vi furono voci, tuoni e lampi; e vi fu un grande terremoto, quale non vi fu da quando gli uomini erano sulla terra, un terremoto così potente e così grande".

Poi, nella storia delle nazioni che ci hanno preceduto, quando una nazione non cercava più il Signore, ma voltava le spalle a Dio e si metteva contro Dio, allora non c'era più posto per loro nel mondo. La rovina era l'unica cosa che seguiva. Come questo governo ha fatto, la rovina è l'unica cosa che seguirà qui.

A proposito, questa sera stavo sfogliando le "Testimonianze speciali" e c'è un passaggio così espressivo su questo punto che lo riporto qui. È a pagina 16 della Testimonianza speciale ai ministri e ai comitati di conferenza. Si tratta di questo:—

> "Il mondo cristiano ha accolto il figlio del papato, lo ha cullato e nutrito, sfidando così Dio, rimuovendo il suo memoriale e istituendo un sabato rivale".

Quando è stato fatto? Quando hanno rimosso il Suo memoriale; sfidando Dio, rimuovendo il Suo memoriale e istituendo un falso sabato. Ecco la parola che abbiamo letto l'altro giorno.

> "Il memoriale di Dio è stato abbattuto e al suo posto si erge un falso sabato davanti al mondo".

Ma questo è stato fatto dalle chiese che si sono assicurate il potere di questo governo per rendere efficace la loro opera. Allora cosa è stata trascinata a fare questa nazione dalle chiese protestanti apostate di questo paese? Quando Belshazzar sfidò Dio prendendo i vasi sacri della casa di Dio e prostituendoli al suo culto lascivo, allora non c'era più bisogno di quel governo in questo mondo. Quindi questo governo è stato portato nello stesso luogo, e la rovina è la cosa successiva. Ma la rovina di questa nazione è la rovina del mondo, perché l'influenza della nazione si ripercuote sul mondo, e la rovina si compie alla venuta del Signore, e la venuta del Signore è quando si combatte la grande battaglia. E noi siamo proprio in presenza di questa battaglia.

E poi la chiesa ebraica apostata si è unita a Cesare per sbarazzarsi del Signore. La chiesa romanica apostata si è unita a Cesare per sbarazzarsi del sabato del Signore; e le chiese apostate ora si sono unite a Cesare per sbarazzarsi del sabato del Signore. E l'unica cosa che Dio poteva fare per la chiesa ebraica apostata, quando si è unita a Cesare, era distruggerla. Ma prima di distruggerla, chiamò tutti coloro che sarebbero stati suoi. La chiesa ebraica era chiesa e nazione in una, così che quando fu distrutta, la lezione fu posta davanti al mondo, sia per le chiese che per le nazioni. Sia la nazione ebraica che la chiesa ebraica avevano voltato le spalle a Dio.

Quando la chiesa ebraica mise Dio fuori strada, fu la nazione ebraica a fare la stessa cosa. Quando ciò avvenne, la nazione doveva essere distrutta; ma anche la chiesa doveva essere distrutta; e così l'effetto di questa cosa sulla chiesa e sulla nazione fu lo stesso: fu la rovina.

Quando la Chiesa romana ha seguito la stessa strada, ha rovinato l'Impero romano; e quando questa nazione ha seguito la stessa strada, l'unica cosa che rimane è la rovina, e la rovina della nazione è anche la rovina della Chiesa. Ma prima di questa imminente rovina, il messaggio dice: "Uscite da lei, popolo mio, affinché non siate partecipi dei suoi peccati e non riceviate le sue piaghe".

Ieri sera abbiamo notato che il papato ha il compito di riportare tutte le nazioni sotto la sua influenza; e quando le ha raggiunte e si congratula con se stessa dicendo: "Siedo come regina, non sono vedova e non vedrò alcun dolore", che cosa arriva subito? Le piaghe.

Allora a questa nazione accadrà la stessa cosa che è accaduta alle altre nazioni quando si sono allontanate da Dio; e noi siamo proprio nel vortice degli eventi che portano a tutto questo. Sta per accadere la stessa cosa che è accaduta alle altre nazioni quando si sono dimenticate di Dio.

Ci sono sette punti distinti, ognuno dei quali ci porta agli eventi del messaggio del terzo angelo, che è quello di salvare le persone che saranno salvate prima della fine del mondo. Non si tratta di punti costruiti, non ce n'è nemmeno uno; ognuno di essi è semplicemente la conseguenza di cose che sono sotto gli occhi di tutti in questo mondo. Questo era il testo con cui iniziare: "Il popolo che ora vedrà ciò che sta per arrivare su di noi da ciò che si sta svolgendo davanti a noi, non avrà più fiducia nelle invenzioni umane e sentirà che lo Spirito Santo deve essere riconosciuto, ricevuto, presentato al popolo". Quindi, tutto ciò che ho cercato di fare in queste lezioni che abbiamo tenuto, è prendere ciò che sta davanti a noi nel mondo e vedere ciò che presto verrà su di noi; non semplicemente ciò che deve venire su di noi, ma ciò che *presto* verrà su di noi, ed è destinato a farlo. Non c'è scampo alle cose che tutti nel mondo possono vedere e devono vedere, che i loro occhi siano aperti o meno; che credano o meno a ciò che sta per accadere, non è questo il punto; non possono fare a meno di vedere ciò che vedono. Non c'è scampo per loro se non con il messaggio del terzo angelo.

Ora seguiamo questo fatto un po' più da vicino, per capire cosa significhi per noi. Abbiamo scoperto che tutto il potere di questa terra è ora sotto l'influenza del papato. Vedete che è così. Ma chi comanda il papato? Chi sta lavorando contro la Chiesa di Dio? Satana. Da chi operava quando Cristo era sulla terra? Dal drago. Da chi operava quando la Chiesa era nel deserto? La bestia. Da chi opera contro il resto? Dall'immagine. Con il drago, con la bestia e con il falso profeta, l'immagine. Questi sono i tre strumenti attraverso i quali fa guerra alla Chiesa di Dio, dalla nascita di Cristo fino alla fine del mondo.

Allora tutte le potenze di questa terra sono nelle mani di Satana per essere esercitate contro la Chiesa. Quanto tempo pensate che ci vorrà prima che si compia quel versetto in cui si dice che Satana opera con ogni potere? Ce l'ha, non è vero? Tutto il potere che la terra conosce, tutto il potere che c'è nel regno dove si trova Satana, tutto il potere che c'è su questa terra, ora è nelle sue mani. Egli opererà con tutta la potenza. "Anche lui, la cui venuta è dopo *l'opera di Satana con ogni potenza*, segni e prodigi bugiardi e con ogni inganno di iniquità". Perché ha questa potenza? Non è forse per usarlo? Credete allora che resterà a lungo inattivo, soprattutto quando il popolo di Dio invoca Dio e si consacra a Lui? È questo che fa arrabbiare Satana: i comandamenti di Dio vengono osservati e la testimonianza di Gesù Cristo viene manifestata.

Allora ha in mano quel potere da esercitare contro la Chiesa di Dio, contro Dio, il Suo sabato e coloro che rispettano il Signore e il Suo sabato, perché questo è il segno della fedeltà al Signore.

Ebbene, chiunque voglia essere fedele a Dio, ripeto, deve farlo di fronte a tutta la potenza che c'è nel mondo, a tutta la potenza che il mondo conosce di ogni tipo possibile. Allora, fratelli, la cosa che voi e io dobbiamo decidere in questo momento è se andare avanti o no. Dobbiamo decidere se andare oltre o fermarci qui. Così come decidiamo di stare alla professione che abbiamo fatto, così come decidiamo di stare alla legge di Dio e alla fedeltà alla nostra professione, dobbiamo deciderlo di fronte a tutta la potenza che questo mondo conosce, con Satana in possesso di questa potenza e che la usa. Allora dobbiamo mantenere la nostra fedeltà a Dio e alla sua legge, contro ogni considerazione di qualsiasi sostegno o protezione terrena. Non è forse vero che le persone che devono attenersi alla legge di Dio dipendono solo da Dio, perché non c'è nient'altro sotto il sole da cui dipendere.

Dobbiamo mettere in guardia la gente del mondo contro questa potenza e contro il suo operato, e attirarla lontano da essa verso Dio. Posso fare questo con una certa forza, se ho qualche legame con il mondo o con la mondanità? [Se posso avere uno spirito mondano, una disposizione e un'inclinazione mondana, voglio sapere come farò ad avvertire il popolo di separarsi completamente dal mondo? Come si fa ad avere abbastanza forza nelle mie parole per indurre qualcuno a farlo? Potete dirmelo? Può dire come può farlo? Non mi interessa se sei un ministro o meno, se sei solo un avventista del settimo giorno, o anche solo un avventista del settimo giorno *professante*; non è necessario che tu sia un ministro, ma solo un avventista del settimo giorno *professante* per rispondere a questa domanda; voglio sapere come farai a far sì che la professione valga qualcosa, o abbia un qualche potere sulle persone di questo mondo, se sei in qualche modo legato a questo mondo nello spirito, nella mente, nel pensiero, nei desideri, nelle inclinazioni? No, signore; un pelo, un legame con il mondo sottile come un capello, vi priverà del potere che deve esserci in questa chiamata per mettere in guardia il mondo contro il potere malvagio del mondo, in modo che se ne separi completamente.

Allora, fratelli, se vogliamo che il nostro messaggio abbia una qualche forza da questo momento in poi, cosa dobbiamo fare? Dobbiamo staccarci da tutto ciò che questo mondo conosce. Siete pronti? Non basta chiedervi se siete *pronti,* ma voglio chiedervi: "È fatta?". È fatto? [Congregazione: "Sì"].

Questa è una splendida immagine che il fratello Porter ha letto un po' di tempo fa: il profeta cercava coloro che danno questo messaggio, ma guardava *troppo in basso*. L'angelo disse: "Guarda più in alto". Grazie al Signore, sono al di sopra del mondo. È quello il loro posto. Al di sopra del mondo, su un fondamento che Dio ha stabilito perché possano camminare. E tutti coloro che sono così in basso da dover guardare al mondo per vederli, non possono dare il messaggio del terzo angelo. Noi dobbiamo essere al di sopra del mondo. Allora liberatevi, fratelli.

Allora, fratelli, è arrivato il momento, come mai prima d'ora in questo mondo, in cui ci si deve separare dal mondo. "Vi ho scelti dal mondo", dice Gesù. Ora che ci ha scelti, cerchiamo di giorno in giorno che ci ordini. Cristo disse ai suoi discepoli: "Vi ho scelti e vi ho ordinati". Ora ci ha scelti; vediamo che ci ha ordinati all'opera che ha per noi; e l'opera è quella di portare la parola di Dio contro tutta la potenza che questo mondo conosce, e di separare un popolo dal mondo, così interamente separato a Dio, da ignorare completamente la potenza di questo mondo e tutte le sue connessioni.

Questo ci porta di nuovo alla consacrazione, non è vero? Grazie al Signore. E possiamo attenerci al messaggio del terzo angelo, ma non possiamo sostenerlo, non possiamo averne lo spirito, né compiere l'opera, senza questa consacrazione.

Ora c'è un'altra cosa. Le persone che si attengono alla legge di Dio non saranno considerate molto bene, in tutto e per tutto. No, signore. Non saranno lodate, accarezzate, considerate molto, corteggiate e corteggiate. No, signore. Forse è meglio che legga un brano a questo proposito. Leggerò da "*Great Controversy*", Vol. IV, p. 590

> "Il grande ingannatore persuaderà gli uomini che coloro che servono Dio sono la causa di questi mali. La classe che ha provocato il dispiacere del Cielo addebiterà tutti i suoi problemi a coloro la cui obbedienza ai comandamenti di Dio è un continuo rimprovero ai trasgressori. Si dichiarerà che gli uomini stanno offendendo Dio con la violazione del sabato domenicale, che questo peccato ha portato calamità che non cesseranno finché l'osservanza della domenica non sarà rigorosamente applicata, e che coloro che presentano le rivendicazioni del quarto comandamento, distruggendo così la riverenza per la domenica, sono disturbatori del popolo, impedendo il loro ripristino del favore divino e della prosperità temporale. In questo modo, l'accusa che era stata mossa in passato contro il servo di Dio sarà ripetuta, su basi altrettanto ben consolidate. Quando Achab vide Elia, Achab gli disse: "Sei tu quello che turba Israele? Ed egli rispose: "Non sono io che ho turbato Israele, ma tu e la casa di tuo padre, perché avete abbandonato i comandamenti del Signore e avete seguito Baalim". Quando l'ira del popolo sarà suscitata da false accuse, esso seguirà nei confronti degli ambasciatori di Dio un comportamento molto simile a quello che l'Israele apostata seguì nei confronti di Elia".

Ancora una volta leggiamo a pagina 592, come segue:—

> "Coloro che onorano il sabato biblico saranno denunciati come nemici della legge e dell'ordine, come se avessero infranto i vincoli morali della società, avessero causato anarchia e corruzione e avessero richiamato i giudizi di Dio sulla terra. I loro scrupoli di coscienza saranno tacciati di ostinazione, testardaggine e disprezzo dell'autorità. Saranno accusati di disaffezione verso il governo. I ministri che negano l'obbligo della legge divina presenteranno dal pulpito il dovere di prestare obbedienza alle autorità civili come ordinato da Dio. Nelle aule legislative e nelle corti di giustizia, gli osservanti dei comandamenti saranno travisati e condannati. Verrà data una falsa colorazione alle loro parole e verrà data la peggiore interpretazione alle loro motivazioni".

In "Testimonianza" n. 32, pag. 208, ho letto una testimonianza resa nel 1885, sette anni fa:—

> "Mentre gli uomini dormono, Satana organizza attivamente le cose affinché il popolo del Signore non abbia misericordia o giustizia".

Come ci si può aspettare che si abbia misericordia o giustizia quando tutto il potere dei governi della terra è nelle mani del papato, gestito da Satana? Come ci si può aspettare giustizia? E come ci si può aspettare giustizia quando tutto il potere di questa terra è messo contro il popolo di Dio da Satana stesso? Non possiamo aspettarcela. Questo ci porta al punto che dobbiamo essere così completamente tagliati fuori da questo mondo che non ci aspetteremo alcuna protezione;

non ci aspetteremo alcuna giustizia, nemmeno alcuna misericordia, da esso. Se arriverà, sarà solo la misericordia di Dio ad attirarlo nonostante noi stessi. Quando ci troviamo nella posizione in cui l'unica misericordia che possiamo aspettarci dalla terra è quella che Dio trae da essa, allora dov'è la nostra dipendenza? Solo in Dio.

Non saremo affatto accarezzati e valorizzati. Allora, stando così le cose, ogni tipo di rimprovero sarà fabbricato e diffuso contro di noi. Vorrei sapere come farà qualcuno a rimanere fedele al messaggio del terzo angelo e a compiere l'opera di quel messaggio, che si preoccupa particolarmente di ciò che la gente dice di lui, che ha molto rispetto per la reputazione o che fa affidamento sulla reputazione? Non può farlo. Ma grazie al Signore, Dio ha qualcosa di *molto migliore da cui dipendere*: *il carattere*. Non dimentichiamo che Gesù, il nostro esempio in questo mondo, "non si è fatto nessuna reputazione".

Ora, questo stabilisce che le persone che devono dare il messaggio del terzo angelo e rimanere fedeli a Dio nel mondo, devono farlo solo in *base al carattere*, e nessuna questione di reputazione può mai entrare nel calcolo. Nessuna questione di reputazione, di come o cosa gli uomini possano pensare o dire, può più entrare nei nostri calcoli. Mai. Perché la reputazione non salverà un uomo. Se un uomo ha intenzione di avere un qualche rispetto per la reputazione, se questa entra nella sua mente, allora è meglio che rinunci a tutto, perché non può averla se si attiene al messaggio del terzo angelo.

Allora proprio ora, stasera, fratelli, è il momento di rinunciare a tutte queste professioni, perché così facendo sarete di sollievo ai vostri fratelli. Se avete intenzione di scendere a compromessi con questa cosa, è meglio che lo facciate subito, perché più andrete avanti e poi scenderete a compromessi, più renderete le cose difficili per i vostri fratelli. Perciò, a meno che non stiate andando dritti per la vostra strada, fermatevi stasera, andate dall'altra parte e finitela; e lasciate liberi gli altri che stanno andando dritti. Siamo giunti alla separazione delle strade e lasciamo che ognuno decida di non dipendere da nulla di ciò che è in questo mondo; che nessuna considerazione che questo mondo può presentare, possa entrare nel calcolo. Nessuna questione di reputazione o di ciò che gli uomini penseranno, entrerà mai nel calcolo. Quando tutta la potenza del mondo si oppone a coloro che mantengono la loro fedeltà a Dio, allora il *carattere di Gesù Cristo* vale diecimila volte diecimila *reputazioni* che chiunque può fabbricare.

Ma la reputazione è una cosa importante agli occhi del mondo: con Dio la reputazione non conta nulla. La reputazione è tutto ciò che Satana ha da offrire. È tutto ciò su cui può costruire. E l'affermazione che viene spesso citata è abbastanza corretta da parte dell'uomo nella cui bocca è stata messa dallo scrittore che l'ha predicata: "Il tesoro più caro che i tempi mortali possono offrire è la reputazione senza macchia". Per lui andava bene così, perché la reputazione era tutto ciò che aveva. Poi continuò dicendo che aveva perso la sua e che era molto addolorato, dicendo: "Oh, la mia reputazione, la mia reputazione! Ho perso la mia reputazione". E quando l'aveva persa, ovviamente, non aveva più nulla da sostenere. Era completamente fuori. Non aveva un *carattere*, vedete, ma solo la reputazione su cui fare affidamento. Questo sentimento viene da lui molto correttamente, dal personaggio nella cui bocca è stato messo da chi l'ha scritto; ma è una menzogna, è una menzogna. Il tesoro più prezioso che i tempi mortali offrono non è la *reputazione* senza macchia: il tesoro più prezioso che i tempi mortali o immortali offrono è il *carattere* senza macchia; e l'unico carattere senza macchia che sia mai apparso in questo mondo è il carattere di Gesù Cristo. E questo carattere Egli viene a donarlo a voi e a me, un dono gratuito e benedetto da parte di Colui che lo ha creato.

Allora, fratelli, lasciate che tutte le questioni di reputazione vadano al vento: è quello il loro posto. Perché la reputazione è instabile come il vento, mentre il carattere è fisso come l'eternità. Allora lasciamo andare tutte le questioni di reputazione. Dobbiamo avere il carattere; dobbiamo avere quel carattere che ci renderà idonei al giudizio. Allora, anche se Satana, con tutta la sua potenza, riuscirà ad appiopparci la peggiore reputazione che possa inventare, grazie al Signore avremo un carattere che resisterà al giudizio. Allora possiamo permetterci di lasciar perdere sia il mondo che la reputazione. In Gesù Cristo abbiamo qualcosa di meglio.

Non è tutto. C'è un'altra fase. Sta arrivando il momento in cui chiunque si attenga al messaggio del terzo angelo, il sabato del Signore, e mantenga la sua fedeltà a questo, non potrà comprare o vendere nulla in questo mondo. Allora ogni persona che si professa avventista del settimo giorno, che ha una professione del messaggio del terzo angelo, deve decidere ora se intende attenersi a quel messaggio contro tutte le questioni e le considerazioni di proprietà o di possesso in questo mondo.

Nessuna questione, nessun calcolo di proprietà o di interessi commerciali in questo mondo può entrare nei nostri calcoli o nel nostro lavoro, ora. Nessuna questione di questo tipo può entrare nei calcoli di un Avventista del Settimo Giorno da questo momento in poi. Se lo fa, tanto vale che si fermi qui; perché se lascio che le domande se posso avere tanto, o come si concluderà questo affare e se perderò con questo mezzo o guadagnerò con quest'altro, se rimango fedele al sabato—se lascio che tali domande entrino nei miei calcoli, allora è meglio che lasci che gli interessi di proprietà abbiano il loro posto e vadano avanti, e che sia finita. Ma dove vanno a finire questi affari, queste proprietà, su cui mi sto interrogando ed esitando? Tutto va verso la distruzione. Allora, se c'è una corda che mi lega a quella cosa, quando se ne andrà, dove andrò? Supponiamo che quel filo sia grande solo come un capello di seta, mi porterà con sé? Sì. Allora, fratelli, è il momento di separarsi. Così siamo arrivati di nuovo alla separazione delle strade.

D'ora in poi chi si atterrà al messaggio del terzo angelo dovrà farlo, e *lo* farà senza calcolare che qualsiasi questione di profitto, di denaro, di proprietà o di qualsiasi altra cosa del genere avrà mai il peso di una piuma o di un capello per quanto riguarda il modo in cui agirà rispetto al messaggio del terzo angelo. È così. È così. Perché c'è la dichiarazione che "Nessuno potrà comprare o vendere, se non chi ha il marchio, il nome della bestia o il numero del suo nome". "Se *uno* adora la bestia e la sua immagine e riceve il suo marchio sulla *fronte* o sulla *mano*". Non è necessario che ci creda. Ma la legge dice: "Osserva la domenica"; e se lo fa, cosa succede? Ha fatto un compromesso con Satana e ha accettato il segno di Satana, invece che di Cristo. Ha messo Satana al di sopra di Cristo e sta obbedendo alla potenza del mondo e non alle parole di Cristo. E quanto potere sul mondo avrà quell'uomo per salvarsi?

L'uomo che scende a compromessi con le leggi domenicali al punto da interrompere il lavoro e osservare la domenica perché lo dice la legge, continuando a pensare di osservare il sabato, ha messo Satana al di sopra di Cristo. Sta facendo affidamento su un potere terreno; ma nelle mani di chi è questo potere? Nelle mani di Satana. Allora, secondo la sua professione e le sue azioni, non dipende da Satana tanto quanto da Cristo? Sono soci? No, signore. Allora non lasciamolo entrare in società, fratelli. Nessun uomo che si attenga al messaggio del terzo angelo permetterà a Satana di entrare in una partnership del genere.

Il sabato non è forse un segno di ciò che Dio è per l'uomo? Non è forse un segno del vero Dio; e Dio non è forse *ciò che è*? Allora, non è forse un segno di *ciò che* Dio è, oltre che di *ciò* che è? Allora il sabato è un segno di ciò che Dio è oltre che di *ciò* che è, che cos'è? È il Signore, il Signore Dio, misericordioso e benevolo, longanime e abbondante in bontà e verità, che conserva la misericordia per migliaia di persone, perdonando l'iniquità, la trasgressione e il peccato. Egli è la nostra vita.

Bene. Allora il sabato è il segno di ciò che Dio è per l'uomo che gli crede. Ma dove troviamo Dio? Dove si può trovare Dio? In Gesù Cristo. "Nessuno conosce il Padre se non il Figlio e *colui al quale il Figlio lo voglia rivelare*". Allora per noi Cristo è Dio. Per questo mondo e per tutte le creature intelligenti, Cristo è Dio. Allora il sabato non è forse il segno di ciò che Cristo è per l'uomo? Allora quando lo osserviamo, è il segno di ciò che Cristo è per noi. Allora per me osservare la domenica perché lo dice la legge significa dire che la domenica è per me tanto quanto il sabato: Ma questo è solo per dire che Satana è per me tanto quanto Cristo. E quando è così, Cristo non è molto per me. Quando Cristo è così poco per me da mettere il segno del potere del papato, che è solo il segno del potere di Satana, sullo stesso piano del segno di ciò che Cristo è per me, *allora Cristo non è nulla per me.* Se Cristo non è tutto, che cos'è? "Egli è tutto e in tutti". Se non è tutto per me, allora che cos'è per me? Non è niente. Questo ci porta di nuovo al fatto che ora, fratelli, dobbiamo opporci a questo segno contro ogni considerazione che la terra possa menzionare.

Non è ancora tutto. C'è un'altra riflessione in questo versetto

> "E aveva il potere di dare vita all'immagine della bestia, affinché l'immagine della bestia parlasse e facesse uccidere quanti non volevano adorare l'immagine della bestia".

Verrà poi il momento in cui chi si opporrà alla fedeltà al messaggio del terzo angelo si vedrà comminare la pena di morte; la sua vita sarà persa, e dichiarata persa dalle potenze di questa terra alla cui portata si trova. Allora, può una questione di vita entrare nei nostri calcoli ora? Può, fratelli, un uomo valutare il valore della sua vita ora, e far sì che questo abbia un peso nei suoi calcoli nel messaggio del terzo angelo, per decidere se resistere o meno? Vale la pena di pensare a queste cose. Questo è il loro significato. Se permetto che la mia vita pesi in qualche modo nei miei calcoli di fedeltà al messaggio del terzo angelo, allora a cosa serve che io vada avanti con questo messaggio? Perché non fermarsi qui stasera? Il fatto è che, come è stato detto, questa vita sarà persa se rimango fedele al messaggio. Quindi, se vogliamo che questa domanda abbia un peso, è meglio che ci fermiamo qui e la facciamo finita.

E non sapete che la pena di morte è di per sé in ogni passo, anche il primo, che viene compiuto nella persecuzione? È certamente presente. Non c'è a parole, non c'è in una pena pronunciata, ma c'è: perché quando il governo si impegna a far rispettare le leggi religiose, è sempre per salvare il governo, sempre per la salvezza del governo, e questa legge sulla domenica del Congresso è già stata dichiarata a questo scopo. Ora, le persone che non obbediscono alle leggi domenicali, naturalmente, vengono multate, e non pagano la multa—gli osservanti del sabato non lo fanno, naturalmente. Devono andare in prigione per pagare la multa, scontano la pena e vengono rimessi a posto. Poi tornano a lavorare la domenica. Poi vengono multati di nuovo, vengono incarcerati per scontare la multa e poi vengono di nuovo messi a riposo. La domenica tornano a lavorare, naturalmente quando arriva, e la multa è più pesante, e la detenzione è più lunga. Ma tutto ciò non impedisce il lavoro domenicale, che è l'unico obiettivo. Non vedete quindi che, man mano che si applicheranno pene più pesanti senza raggiungere ciò che il governo vuole, alla fine dovrà semplicemente arrivare alla pena più pesante, che è la morte. Allora la pena di morte è *in* ogni legge domenicale che sia mai stata fatta su questa terra, di per sé, proprio come la legge deve essere applicata ed eseguita. Per questo motivo lo storico Gibbon disse al mondo, più di cento anni fa, che...

> "È necessario che gli autori della persecuzione riflettano prima se sono decisi a sostenerla fino all'estremo. Essi eccitano la fiamma che si sforzano di spegnere; e diventa presto necessario castigare la contumacia, oltre che il crimine, del trasgressore. La multa, che egli non può o non vuole pagare, espone la sua persona alla severità della legge, e il suo disprezzo per le pene più leggere suggerisce l'uso e l'opportunità della pena capitale".

Perciò lo storico ha richiamato l'attenzione delle nazioni e dei governanti di tutto il mondo affinché, prima di intraprendere la strada della persecuzione, considerino se sono pronti a sostenerla con la pena capitale. Se non lo erano, era meglio non iniziare. È così nella natura delle cose, e c'è la prova che sarà così nella pratica delle cose.

Non è forse evidente da queste parole che il popolo che sarà fedele al messaggio del terzo angelo, fedele alla legge di Dio e al suo sabato, dovrà farlo senza che il calcolo della vita stessa entri nel suo conto? Non è così? [Pubblico: "Sì"].

Un'altra cosa: quando tutti i sostegni e le protezioni terrene vengono tolti; quando tutte le questioni di reputazione, a cui il mondo pensa tanto, vengono tolte; quando tutte le questioni di proprietà o di affari di qualsiasi tipo vengono tolte; e quando tutte le questioni di vita vengono tolte; quanto rimane? Quanto c'è di mondano o di mondano in quell'uomo? Quando ha fatto i conti e ha messo da parte tutte le considerazioni sul sostegno terreno o sulla protezione terrena, persino sulla misericordia o sulla giustizia; quando ha fatto i conti e ha messo da parte tutte le domande su ciò che gli uomini pensano o dicono sull'argomento; ha fatto i conti e ha messo da parte tutte le domande sulla possibilità di avere proprietà o di comprare o vendere, o di fare questo, quello o quell'altro; ha fatto i conti e ha messo da parte tutte le questioni di calcolo se la sua vita gli sarà cara o se entrerà nel conto in qualche modo; quando tutte queste cose sono state eliminate dal conto, quanto c'è di mondo nei calcoli di quell'uomo? [Pubblico: "Nessuno"].

Allora la Bibbia, la parola di Dio, non ha forse messo ogni Avventista del Settimo Giorno di fronte a questo calcolo e non lo ha chiamato a prendere questa decisione? [Allora è tempo che ognuno di noi cominci a pensare molto seriamente. È tempo di pensare seriamente. Ma grazie al Signore, non dobbiamo avere paura del nostro nemico. Il Signore non permetterà mai a voi o a me di rimanere chiusi in un luogo da cui non si aspetta di tirarci fuori in modo molto più glorioso che se non fossimo mai entrati. Il Signore non chiede a voi o a me di intraprendere un percorso che richieda la rinuncia a qualcosa, ma che al posto di ciò che si perde ci dia ciò che vale infinitamente di più. Quando ci chiede di essere fedeli alla sua verità, che ci esclude da ogni considerazione di sostegno o protezione terrena, allora ci dice semplicemente: "Ecco tutta la potenza del cielo e della terra per voi". "Ogni potere mi è stato dato in cielo e in terra"; e "Io sono con voi"; ecco la copertura dell'Onnipotente stesa su di voi; venite con me; "L'eterno Dio è il tuo rifugio, e sotto di te ci sono le braccia eterne"; "Non temere". Questa è la Sua parola, non è vero? Leggiamola un po' più approfonditamente per coglierne il riferimento diretto. In Isaia 51 troviamo una preghiera che il Signore ci dice di rivolgere a Lui.

"Svegliati, svegliati, prendi forza, o braccio del Signore; svegliati, come nei giorni antichi, nelle generazioni di un tempo. Non sei tu che hai tagliato Rahab [l'Egitto] e ferito il drago? Non sei tu che hai asciugato il mare, le acque del grande abisso, che hai fatto delle profondità del mare una via per il passaggio dei riscattati? Perciò i riscattati del Signore ritorneranno e verranno con canti a Sion; una gioia eterna sarà sul loro capo; otterranno letizia e gioia, e il dolore e il lutto scompariranno".

Come andranno a Sion? Con il canto. Allora cominciamo subito. Perché il Signore non vuole che andiamo con il capo chino e che ci nascondiamo come se avessimo paura di essere visti e non avessimo un posto nel mondo. "Alzate gli occhi e levate il capo, perché la vostra redenzione si avvicina!", ha detto Gesù. *Apparteniamo* a questo mondo, ognuno di noi, finché Dio non avrà finito con noi, e Satana stesso non potrà farci alcun danno finché il Signore non avrà finito con noi, e anche allora non potrà farci alcun danno. Allora continuiamo a cantare per la nostra strada. Siamo contenti di farlo.

"Io, proprio io, sono colui che ti consola; chi sei tu che hai paura di un uomo che morirà e del figlio dell'uomo che sarà reso come erba?".

E noi professiamo di credere in Dio! Ci atteniamo alla legge di Dio, abbiamo il sabato del Signore e questo ci rivela chi è Dio, che è il vero Dio, è il Dio vivente e il Re eterno, che alla sua ira la terra tremerà, che con la sua parola può far nascere i mondi e con la sua parola farli crollare; e qui ci sono alcuni *uomini* che sono proprio come l'erba e che spariranno in poco tempo, e dicono che se lo fate andrete in prigione, e se persistete fino all'ultimo sarete messi a morte. E noi ci spaventiamo per questo! Ma il Signore non ha forse ragione nel porre una domanda del genere? "Chi sei tu che hai paura di un uomo che deve morire?". È questo che vuole sapere. Non è una domanda giusta? "Io, proprio io, sono colui che ti consola; chi sei tu che hai paura di un uomo che morirà e del figlio dell'uomo che sarà reso come erba?". Non vedete l'insulto dell'idea che chiunque professi di credere nel Signore debba agire in questo modo? Il Signore dice che non dipende da Lui.

Leggiamo ancora. "E dimentichi il Signore, il tuo Creatore, che ha disteso i cieli e ha posto le fondamenta della terra; e temi continuamente ogni giorno a causa della furia dell'oppressore, come se fosse pronto a distruggere? E dov'è la furia dell'oppressore?". Grazie al Signore. Proprio ora la furia dell'oppressore sta per esplodere. Ebbene, perché dovremmo temere di fronte a lui come se fosse in grado di distruggere? Elia non fu forse attaccato e scacciato e dovette fuggire per salvarsi? Ma quando ebbe fatto un lungo viaggio e fu stanco e si sdraiò per riposare e si addormentò per la stanchezza, ecco che un angelo del Signore si fermò accanto a lui, lo toccò e gli disse: "Alzati, Elia, e mangia". Ed egli trovò una torta cotta sui carboni e una brocca d'acqua alla sua testa. Ringraziare il Signore.

Elia non era forse perfettamente al sicuro? Fratelli, non vale la pena di essere scacciati, per avere un angelo che faccia questo? Cosa preferireste, non essere scacciati o non avere un angelo che viene a stare accanto a voi in questo modo? Non temiamo allora. Elia si sdraiò e si addormentò di nuovo, proprio come Pietro quando fu condannato a essere ucciso. Perché no? A cosa serviva preoccuparsi? Elia si coricò e si addormentò, e l'angelo venne a svegliarlo per la seconda volta e gli fece visita. Gli disse di nuovo: "Alzati, Elia, e mangia, perché il viaggio è troppo lungo per te! Fratelli, Dio ci darà il pane per il viaggio. Se il viaggio è troppo grande, ci darà il pane due volte prima di partire. Vi dico, fratelli, che è ora di cominciare a fidarsi del Signore. Facciamolo ora. Lui lo dice. In un altro luogo dice: "Il pane gli sarà dato; le sue acque saranno sicure". È così.

"L'esule prigioniero si affretta per essere sciolto, per non morire nella fossa e per non far mancare il suo pane. Ma io sono il Signore, il tuo Dio, che ha diviso il mare, le cui onde ruggiscono: Il Signore degli eserciti è il suo nome. Ho messo le mie parole sulla tua bocca e ti ho coperto con l'ombra della mia mano, per piantare i cieli e gettare le fondamenta della terra e dire a Sion: "Tu sei il mio popolo"". Isa. 51:14–16.

Allora, fratelli, accogliamolo. E allora non dobbiamo temere l'oppressione o le difficoltà, o se possiamo comprare o vendere qualcosa, perché il Signore ha qualcosa di molto meglio.

Poi sulla reputazione. Lasciamo perdere. Egli dà un carattere—un carattere che Egli stesso ha tessuto dall'infanzia alla tomba—che è completo sotto ogni aspetto; e dice: "Prendetelo e indossatelo, e verrete alla mia cena di nozze". Questo è il carattere e questo è il rivestimento che Egli stende sul Suo popolo, in modo che le piaghe non possano toccarlo e che nessuna potenza del nemico possa vincerlo o contaminarlo. "Esulterò grandemente nel Signore, l'anima mia sarà lieta nel mio Dio, perché mi ha rivestito con le vesti della salvezza, mi ha coperto con la veste della giustizia". Isaia 61:10. Ringraziare il Signore.

E sulla vita. Quando Egli chiede a voi e a me di prendere una posizione di fedeltà alla sua legge, che perderà la nostra vita, che metterà in pericolo la nostra vita affinché qualche potere terreno ce ne privi. E allora? Beh, Lui dice semplicemente: "Lascia andare quella vita. Tanto svanirà tra poco; qui ce n'è una che durerà per tutta l'eternità. Quando chiede a voi e a me di intraprendere un percorso di fedeltà alla sua legge che metterà in pericolo e perderà questa vita vuota, svanente e mortale, dice: "Ecco la vita eterna da cui cominciare". "Chi crede nel Figlio ha vita eterna". "Questo è il bilancio: Dio ci ha dato la vita eterna e questa vita è nel suo Figlio". Ce l'ha data? "Colui che ha il Figlio" avrà la vita prima o poi? [Chi ha il Figlio *ha la* vita". Come possiamo avere il Figlio senza di esso? Cristo è morto? No, è vivo. Quindi, quando abbiamo Lui, abbiamo la vita che è in Lui.

Vedete a cosa si arriva quando un uomo che professa di avere Cristo non crede di avere la vita che è in Cristo, che è la vita eterna. Che tipo di Cristo è? Un Cristo senza vita? No. Cristo non è morto. Non è forse questo che da anni ci risuona nelle orecchie da parte della voce che ha parlato così a lungo per il Signore? "Fratelli, Cristo non è nella tomba nuova di Giuseppe con una grande pietra rotolata alla porta del sepolcro. No, è risorto! Egli vive! Egli vive! Ditelo con la lingua e con la penna".

Allora, poiché Lui vive e non fa altro che vivere per sempre, quando ho Lui, ho un Salvatore vivente. "Chi ha il Figlio ha la vita". Che tipo di vita c'è in Lui? Solo la vita eterna. Quindi, quando ho Lui, ho la vita che è Sua, e questa è la vita eterna, proprio come dice Lui. Ma, come ci ha spiegato il fratello Haskell nelle sue lezioni, non possiamo avere quella vita senza rinunciare a questa. Nel farlo, incontriamo Gesù Cristo. Questa era la lezione di oggi; non vedete? Rinunciate a questa vita e ne avrete una molto migliore. Questo è il momento. Ma se mi aggrappo a questa vita, quando non ci sarà più, cosa mi resterà? [Congregazione: "Niente"].

Perciò l'uomo o la donna che hanno solo questa vita da cui partire, non devono iniziare con il messaggio del terzo angelo, perché quando arriva la prova che questa vita è in gioco, si attaccherà ad essa. Questo è il pericolo. Un uomo non può affrontare ciò che il messaggio del terzo angelo deve affrontare, con la sola vita che ha. Non può farlo. Perché è tutto ciò che ha, e si atterrà ad essa, quando sarà messa in pericolo. Ma chi lascerà andare questa vita, non la considererà di nessun valore, e prenderà quella vita che si misura con la vita di Dio, quella vita che *è* la vita di Dio, avrà una vita che non potrà mai essere messa in pericolo. Quell'uomo è al sicuro. Può andare ovunque il messaggio lo chiami. Perché Colui che è la vita del messaggio, è la vita di colui che manterrà la sua fedeltà a questo messaggio.

Poi: "Portando sempre nel corpo la morte del Signore Gesù, affinché anche la vita di Gesù si manifesti nel nostro corpo. Perché noi che viviamo siamo sempre consegnati alla morte". Non è forse così da questo momento in poi? Non è forse una verità vivente, da questo momento in poi, che coloro che stanno al messaggio del terzo angelo sono sempre "consegnati alla morte", proprio come lo furono gli apostoli stessi? Sempre "consegnati alla morte", e questo in tutti i nostri calcoli. Viviamo continuamente faccia a faccia con essa.

Allora, fratelli, al posto della potenza della terra, su cui non possiamo fare affidamento e che è decisamente contraria a noi, Dio ci dà *la potenza di Dio.*

Invece della reputazione, Dio ci dà *il carattere.*

Invece delle cose terrene—ricchezze terrene, case, terre, proprietà, affari o cose del genere—Dio ci dà Gesù Cristo, nel quale sono nascosti tutti i tesori della sapienza e della conoscenza, e "in lui siete completi". Dio lo ha designato erede di tutte le cose, e noi siamo eredi di Dio e coeredi con Gesù Cristo, se vogliamo soffrire con lui per essere glorificati insieme. Lui è erede di tutte le cose e noi siamo eredi comuni. Allora quanto ci appartiene? [Allora che cosa abbiamo? Tutto quello che ha Dio. Allora non siamo ricchi?

Invece di questa vita che le potenze della terra vorrebbero toglierci, Dio ci dà la sua vita. Quando ci chiede di prendere posizione in fedeltà a Lui e alla Sua causa, il Signore dice semplicemente: "Ecco la vita eterna per cominciare".

Allora, fratelli, il Signore non ci ha armato completamente? Allora indossiamo subito l'armatura di Dio. È questo che si vuole: essere forti nel Signore e nella potenza della Sua forza. "Perché non lottiamo contro la carne e il sangue, ma contro i principati, contro le potenze, contro i dominatori delle tenebre di questo mondo, contro la malvagità spirituale nelle alte sfere. Perciò prendete tutta l'armatura di Dio, affinché possiate resistere nel giorno malvagio e, dopo aver fatto tutto, rimanere in piedi".

È lì che il Signore vuole che stiamo, ed è questo che vuole che facciamo. E dice: «Non ti lascerò mai e non ti abbandonerò mai». Ecco dove siamo. Ora cosa farete? «Scegliete oggi chi volete servire» e quale strada seguire.

Il Messaggio del Terzo Angelo – n. 7

A. T. Jones
Stampato nel Bollettino quotidiano della Conferenza generale, 5 febbraio 1893, pp. 147–153.

Venerdì sera alcuni si sono chiesti se non stessi rendendo le cose piuttosto forti; ma credo che dopo quello che il fratello Porter ha letto poco fa dalle "Testimonianze", tutti saranno d'accordo nel dire che era proprio così. Non voglio che pensiate, fratelli, che sto inventando cose da dire qui solo perché siete voi. Se dovessi predicare dalla sera di lunedì scorso a un popolo che non ha mai sentito parlare di Avventisti del Settimo Giorno, né del messaggio del terzo angelo, gli predicherei esattamente quello che ho detto a voi; perché non so cos'altro dare ora se non il messaggio del terzo angelo. Non so cos'altro fare alle persone, ovunque io predichi, se non metterle di fronte al loro bisogno della potenza di Dio. Perciò non vi sto ancora dicendo nulla che non avrei detto a nessuno. Forse dopo un po' di tempo dirò a voi qualcosa che non avrei detto ad altri, perché forse alcuni di noi hanno fatto cose che altri non avrebbero fatto; ma questo è l'unico motivo.

Ora diamo ancora una volta uno sguardo a un riassunto delle lezioni che abbiamo ricevuto. Abbiamo scoperto che non c'è nulla che ci sostenga in questo tempo se non la *potenza* di Dio. Abbiamo scoperto che nulla ci soddisferà, nulla farà per noi, se non il *carattere* di Dio. Abbiamo scoperto che, per quanto riguarda i mezzi e gli affari di questo mondo, non possiamo più dipendere da nulla di tutto ciò, ma solo *dalle cose che Dio* ci dà. Abbiamo scoperto che per quanto riguarda la vita stessa, non possiamo più contare su di essa; l'unica cosa che ci appagherà, l'unica cosa da cui possiamo dipendere, l'unica cosa che risponderà alla nostra domanda—la domanda delle persone che ora si schiereranno per il Signore—è *la vita* migliore di questa, la vita eterna, la *vita di Dio*.

Allora, per prima cosa, nulla ci sosterrà se non la potenza di Dio. E dove troviamo la *potenza* di Dio? In Gesù Cristo. "Cristo è la potenza di Dio e la sapienza di Dio", ecco cos'è. Dove troviamo il *carattere* di Dio? In Cristo. Dove troviamo tutte le cose, le grandi cose di Dio? In Cristo. Dove troviamo una vita migliore di questa? La vita di Dio, in Cristo.

Allora, che cosa dobbiamo predicare al mondo se non Cristo? Da cosa dobbiamo dipendere, se non da Cristo? Allora qual è il messaggio del terzo angelo se non Cristo? Cristo è la potenza di Dio; Cristo è la ricchezza inestinguibile di Dio; Cristo è la giustizia di Dio; Cristo è la vita di Dio; Cristo è Dio! Questo è il messaggio che ora dobbiamo dare al mondo. Non è così? Allora di cosa ha bisogno il mondo? Di Cristo. Ha bisogno di qualcos'altro? No. C'è qualcos'altro? No. "In lui abita corporalmente tutta la pienezza della Divinità e voi siete completi in lui".

Come ho detto poco fa, se avessi predicato a un popolo che non aveva mai sentito parlare del messaggio del terzo angelo, se avessi predicato a loro da lunedì sera, avrei predicato proprio come ho fatto io, e li avrei portati faccia a faccia con Gesù Cristo proprio come abbiamo fatto noi. Tra l'altro, c'è un'intera congregazione di infedeli che si trova in quel luogo e che sta aspettando di invitarmi a parlare la prossima volta, e questo è ciò che devo dire loro. Un'intera congregazione—che non è altro che infedele—mi ha dato l'opportunità di parlare loro già tre volte, e ho parlato di queste cose proprio come sono davanti agli uomini; e loro hanno già chiesto: "Cosa dobbiamo fare?". E uno di loro ha detto: "Beh, ci ha detto tutte queste cose, ed è tutto chiaro; ma non ci ha detto cosa fare". "Beh", dissi, "non ho avuto il tempo di dirvi cosa fare stasera. Datemi una possibilità e vi dirò cosa fare". Essi dissero: "Va bene"; e io lo farò.

Quando arriverà quel momento, mi propongo di dire loro cosa fare: Propongo di dire loro proprio quello che ho detto a voi: se vogliono opporsi a questo movimento della Chiesa e dello Stato, devono mettere da parte tutte le idee di dipendenza terrena, devono mettere da parte tutti i pensieri di ricchezza o di possesso o qualsiasi altra cosa del genere, e tutte le idee o i pensieri di vita. E possono vederlo. E poi dirò loro che non possono permettersi di farlo a meno che non trovino qualcosa di meglio, e la cosa migliore è Gesù Cristo, e devono avere Lui, altrimenti non possono stare in piedi. Perché, fratelli, il mondo è pronto ad ascoltare il messaggio, *quando lo riceviamo;* il mondo è pronto ad ascoltarlo e lo ascolterà.

Ebbene, Cristo è la potenza di Dio, Cristo è la sapienza di Dio, Cristo è la ricchezza inestimabile di Dio e Cristo è la vita di Dio. Questo è ciò che dobbiamo predicare. E cos'è che riassume tutto questo in una cosa sola? Cosa lo esprime? Il Vangelo. Che cosa significa predicare il Vangelo? È predicare il mistero di Dio, che è Cristo negli uomini, speranza di gloria. Che cosa ci ha dato Dio per dare al mondo se non "il vangelo eterno da predicare a ogni razza, nazione, lingua e popolo"? Ap. 14:6. Non è forse questo il punto di partenza del messaggio? E poi, quando gli uomini non riceveranno il Vangelo eterno e non adoreranno Colui che ha fatto il cielo e la terra, il mare e le sorgenti delle acque, chi adoreranno? La bestia e la sua immagine. "Babilonia è caduta, è caduta"; e poi il messaggio del terzo angelo dice che adoreranno la bestia e la sua immagine. Quindi, ora, gli uomini adorano la bestia e la sua immagine, oppure adoreranno Dio. Questo è deciso. Secondo il messaggio così com'è, e secondo il tempo in cui ci troviamo, l'unica cosa che gli uomini di questo mondo possono adorare è Colui che ha fatto il cielo e la terra, il mare e le fonti d'acqua, oppure la bestia e la sua immagine; non ci sono vie di mezzo. I tre messaggi sono semplicemente un triplice messaggio. Nelle testimonianze speciali, in quella indirizzata "Ai fratelli che occupano posizioni di responsabilità", leggiamo a pagina 15:—

> "Mentre tenete saldo il vessillo della verità, proclamando la legge di Dio, fate in modo che ogni anima ricordi che la fede di Gesù è collegata ai comandamenti di Dio. Il terzo angelo è rappresentato mentre vola in mezzo al cielo, *simboleggiando* l'opera di coloro che hanno proclamato i messaggi del *primo, del secondo* e del *terzo* angelo; *tutti sono collegati tra loro*".

Quindi, la cosa che apre e che copre tutti questi messaggi è il Vangelo eterno.

Abbiamo fatto riferimento una o due volte alla Chiesa ebraica, come illustrazione della situazione in cui ci troviamo. Abbiamo scoperto che quella chiesa aveva voltato le spalle a Dio e si era unita a Cesare, per mettere fuori strada Cristo e per eseguire il loro pensiero su di lui. Allora il Signore chiamò fuori da quella chiesa e da quella nazione tutti coloro che gli avrebbero ubbidito, tutti coloro che lo avrebbero servito, prima che la nazione fosse distrutta e compì quell'opera attraverso quei pochi discepoli che credettero in Gesù quando Egli ascese al cielo. Erano stati con Gesù tre anni e mezzo; avevano predicato. Avevano persino compiuto miracoli nel Suo nome. Li aveva mandati a predicare, dicendo: "Il regno dei cieli è vicino"; ed era così importante il loro messaggio che se il luogo non li avesse accolti, avrebbero dovuto scuotere la polvere dai loro piedi prima di andarsene.

Tuttavia, prima che potessero predicare il Vangelo che Egli aveva dato loro da predicare, quando salì al cielo disse: "Rimanete a Gerusalemme finché non siate rivestiti di potenza dall'alto". Non avremmo forse pensato che, essendo stati con Cristo tre anni e mezzo, ascoltandolo, amandolo, studiando con Lui e con Lui, essendo stati istruiti da Lui per tutto questo tempo e avendo persino predicato, si sarebbe naturalmente supposto che fossero adatti a portare il Vangelo al mondo? Ma no; Egli disse: "Rimanete a Gerusalemme". "Ecco, io mando su di voi la promessa del Padre mio; ma restate a Gerusalemme finché non siate rivestiti di potenza dall'alto". Luca 24:49.

Quanto potere era arruolato contro di loro e contro il messaggio che dovevano predicare? Tutta la potenza del mondo. Perché la chiesa di Dio, la chiesa professata di Dio, quell'intera nazione, si era unita a Cesare, il cui potere riempiva il mondo. Tutta la potenza del mondo era alleata contro di loro. La chiesa e la nazione di Dio si erano alleate al potere e lo avevano schierato contro Dio e il nome di Cristo. Eppure, questo Cristo che avevano crocifisso e che avevano fatto del loro meglio per allontanare dal mondo e dalle menti degli uomini, i suoi discepoli dovevano andare a predicare proprio quel nome e quella persona, e che solo la fede in Lui poteva salvarli. E dovevano predicare questo di fronte a tutta la potenza che il mondo allora conosceva.

Ebbene, non molto tempo prima, solo circa dodici giorni o due settimane prima che Gesù dicesse loro questo, Pietro si spaventò con una ragazza e negò di conoscere Cristo. Una ragazza cominciò a dire: "Ti ho visto con quel galileo". "No, non l'hai visto; no, non lo conosco". Lui si avvicinò al fuoco, lei lo guardò meglio e disse: "Tu sei uno di loro". "No, non lo sono; no; non l'ho mai conosciuto". E poi, per dimostrarlo, imprecò e giurò. Era pronto ad affrontare tutto il potere del mondo? No. Aveva bisogno di conoscere un tipo di vita e di avere in mano qualcosa che una ragazza non potesse spaventarlo, prima di poter affrontare il mondo. Non è così? E Gesù ha detto a tutti loro: "Voi tutti mi abbandonerete e fuggirete questa notte". "No, non lo faremo", dissero tutti; e Pietro disse: "Anche se tutti ti abbandonano, io non lo farò". Gesù disse: "Prima del canto del gallo mi rinnegherai tre volte, Pietro". "Anche se dovessi morire con te, non ti rinnegherò". "E così dissero tutti". Ma lo abbandonarono, non è vero? Matteo 26:31–35.

Allora vediamo che per quanto riguarda loro stessi e la loro opera, e per quanto riguarda il potere che si opponeva alla loro opera, ci troviamo esattamente nella situazione in cui si trovavano loro quando Gesù ascese al cielo. Ci troviamo esattamente in quel luogo in cui tutta la potenza di questa terra è alleata contro il messaggio che dobbiamo dare al mondo, e quindi abbiamo bisogno, proprio come loro, di essere dotati di potenza dall'alto. Perciò è un fatto letterale che ci troviamo esattamente dove si trovavano loro quando Gesù ascese al cielo e disse al tema di indugiare finché non avessero ottenuto quella potenza.

Così, quando ascese, disse, come riportato in Atti 1:8: "Riceverete potenza dopo che lo Spirito Santo sarà sceso su di voi". Allora per cosa dovevano aspettare? Per lo Spirito Santo. Che cosa doveva portare loro? La potenza. Che cosa li avrebbe dotati di potenza? Lo Spirito Santo. Non ho bisogno di leggere i riferimenti delle piccole testimonianze speciali e di "*Gospel Workers*", che il fratello Prescott ha letto qui, che riguardano le stesse cose; come le parole del Signore ci dicono che proprio come i discepoli stavano facendo questo, anche noi ora dovremmo fare la stessa cosa; come dovremmo essere riuniti in compagnie che pregano per lo Spirito Santo; e come ci vollero dieci giorni di ricerca di Dio per portarli nel luogo in cui potevano offrire una preghiera efficace e ricevere ciò che chiedevano, perché chiedevano con quella fede costante che avrebbe ricevuto ciò che veniva chiesto.

Non ho nemmeno bisogno di rileggere i passi che ho letto dalle Testimonianze manoscritte, secondo cui quando il popolo di Dio cercherà individualmente il Suo Spirito Santo con tutto il cuore, si udrà dalle labbra umane la testimonianza che adempie quella parola: "Vidi un altro angelo scendere dal cielo, dotato di grande potenza, e la terra fu illuminata dalla sua gloria"; e "Le preghiere salgono ogni giorno per l'adempimento di questa promessa" di essere rivestiti di potenza. Abbiamo quindi la parola del Signore che le preghiere salgono ogni giorno. Le vostre sono tra queste? Le mie sono tra quelle? Ora verrà il giorno in cui l'ultima preghiera necessaria per ottenere questa benedizione sarà salita. E allora? Arriverà. Il diluvio scoppierà e si riverserà lo Spirito Santo, il giorno di Pentecoste. Ora, notate, la parola è: "Le preghiere salgono a Dio ogni giorno" per questa promessa, "non una di quelle preghiere fatte con fede va perduta". Ecco la beatitudine di questa promessa, vedete. Sì, quando Dio ci dice di pregare per una cosa, ci spalanca la porta per pregare per quella cosa con la più perfetta fiducia di riceverla. Quando ci dice di pregare per una cosa, spalanca la porta e non c'è una sola cosa che impedisca alla preghiera di trovare alloggio lì. Qual è la Sua parola per noi? Che non una sola delle preghiere fatte con fede va perduta.

Ebbene, uno di questi giorni l'ultima preghiera necessaria sarà depositata lì e la benedizione sarà riversata. E chi la riceverà? Coloro le cui preghiere sono salite a Dio per riceverla. Non m'importa se quell'uomo si trova nel centro dell'Africa e l'effusione è qui a Battle Creek; egli la riceverà, perché con le nostre preghiere si apre il canale tra noi e la fonte della benedizione e, se teniamo aperto quel canale con le nostre preghiere, quando lo Spirito verrà effuso raggiungerà il luogo da cui partono le preghiere con la massima sicurezza, perché il canale è aperto.

Allora, fratelli, potremmo mai avere un incoraggiamento maggiore per le preghiere che, come vediamo da tutto ciò che ci circonda, dobbiamo offrire? Potremmo mai essere più incoraggiati a offrire queste preghiere con tutto il cuore e con perfetta fiducia?

C'è una parola in "*Gospel Workers*" che vorrei leggere, che parla chiaramente di questa questione, a pagina 370, 371. Parlando degli apostoli, si legge

> "Essi aspettavano l'adempimento della promessa e pregavano con particolare fervore. È proprio questa la linea di condotta che dovrebbe essere seguita da coloro che partecipano all'opera di proclamazione della venuta del Signore sulle nubi del cielo; perché un popolo deve essere preparato a resistere nel grande giorno di Dio.

> Sebbene Cristo abbia promesso ai suoi discepoli che avrebbero ricevuto lo Spirito Santo, ciò *non ha eliminato la necessità della preghiera*".

Certo che no. Questo apre la strada alla preghiera. Quando Dio non ha promesso una cosa, sono libero di pregare per quella cosa? No, perché dobbiamo chiedere secondo la Sua volontà. Ma quando Dio ha promesso, devo fare altro che pregare? Questo è il bello.

> "Pregavano tanto più intensamente: continuavano a pregare di comune accordo". Anche coloro che sono ora impegnati nell'opera solenne di preparare un popolo alla venuta del Signore devono continuare a pregare. I primi discepoli erano concordi. Non avevano speculazioni, né teorie curiose da avanzare su come sarebbe arrivata la benedizione".

Ora, il pensiero che cerco è questo: "Non avevano speculazioni, né teorie curiose da avanzare su come sarebbe arrivata la benedizione promessa". Questo significa noi adesso. Non dobbiamo avere teorie curiose sul modo in cui arriverà. Se qualcuno comincia a dire: "Sta arrivando come nel giorno di Pentecoste; il suono del vento impetuoso sarà proprio così e così; le lingue di fuoco sembreranno proprio così", eccetera, eccetera, eccetera; e quindi si regola così e dice: "Questo è il modo in cui verrà la prossima volta, e così saprò quando verrà". Chi misura la questione in questo modo, non la riceverà mai. Ciò di cui avevano bisogno era di mettere il loro cuore a posto davanti a Dio, e non era affar loro come il Signore avrebbe adempiuto alla sua promessa. E questo è esattamente ciò di cui abbiamo bisogno, e non è affar *nostro* come il Signore adempirà la sua promessa. Non vuole che siamo noi a imporglielo e a dire: "Lo Spirito Santo deve venire in questo modo, altrimenti non sarà lo Spirito Santo". Allora se avete avuto qualche teoria in merito, annientatela questa sera e lasciate che le vostre teorie rimangano sempre annientate. Non abbiamo il diritto di fissare nella nostra mente il modo in cui il Signore farà le cose. Questa era la loro situazione; questa è la nostra situazione; e, fratelli, come certamente la promessa si è adempiuta per loro, così certamente si adempirà ora per coloro che stanno pregando per la stessa cosa. Non sappiamo quanto tempo ci vorrà.

Un'altra cosa: dovevano predicare. Che cosa? Il Vangelo. E Paolo definisce più volte il Vangelo come il mistero di Dio nascosto da secoli e generazioni, ora reso manifesto ai suoi santi. Essi predicarono quel vangelo, quel mistero di Dio; e che cos'è? "Cristo in voi, speranza di gloria"; "Cristo, potenza di Dio e sapienza di Dio"; "Le imperscrutabili ricchezze di Dio". "Cristo e il suo crocifisso". Ecco cos'era; nient'altro che questo.

E Paolo la definisce nel 6° capitolo di 2 Cor. "come non avere nulla e tuttavia possedere tutto". Versetto 10. Non vedete la condizione di povertà dell'uomo che si aggrappa a ciò che ha in mano in questo mondo? Non vedete la condizione di povertà di quell'avventista del settimo giorno che ora si aggrappa a ciò che ha in questo mondo? Deve avere molto di più, altrimenti non supererà mai il periodo di difficoltà. Ma quando lasciamo perdere tutto e ci consideriamo senza nulla, cosa succede? Cosa avremo? "Tutte le cose". Allora non possono toglierci nulla; le persone che si trovano in questa condizione, non possono essere private di nulla. È così? [Certo, è così. Non possono toglierci il potere, vero? Non possono toglierci il carattere. Poi non possono toglierci le ricchezze; e non possono toglierci la vita, perché *Cristo* è la nostra vita e non possono togliercela. Quindi, quando siamo in questa posizione, abbiamo la vittoria sul mondo e su tutto il suo potere, tanto per cominciare.

Ora, un'altra frase in questo stesso contesto: "Non avendo nulla eppure possedendo tutto; *essendo povero ma facendo arricchire molti*". Questo è il nostro lavoro nel mondo: arricchire le persone. Come Gesù si è fatto povero perché noi fossimo arricchiti, così noi ci facciamo poveri perché molti altri diventino ricchi. E così, quando abbiamo Cristo, solo Cristo, nient'altro che le imperscrutabili ricchezze di Cristo, possiamo rendere ricchi tutti coloro che accetteranno il dono gratuito delle ricchezze.

Predicavano il mistero di Dio: "Cristo in voi, speranza di gloria". Ma è sorto un altro mistero, che ha cominciato a manifestarsi mentre essi predicavano. Il mistero che dovevano predicare "era stato nascosto da secoli e generazioni"; ora si manifestava come mai prima nel mondo. Ma mentre essi predicavano quel mistero, apparve l'opera di un altro mistero, e quel mistero di iniquità sorse e nascose di nuovo il mistero di Dio—dopo la morte degli apostoli, quel mistero di iniquità sorse e si diffuse nel mondo e nascose di nuovo il mistero di Dio dai secoli e dalle generazioni. Non è così? Ma quando arriviamo al decimo capitolo dell'Apocalisse, un angelo è rappresentato in piedi con un piede sul mare e l'altro sulla terra, e grida con voce forte: "e giurò, da parte di Colui che vive nei secoli dei secoli, che ha creato il cielo e le cose che vi sono, la terra e le cose che vi sono, il mare e le cose che vi sono, che non ci sarebbe stato più tempo; ma nei giorni della voce del settimo angelo, quando comincerà a suonare, il mistero di Dio sarà finito".

Ultimamente mi sono chiesto se non sia intenzionale il modo in cui è stato posto, cioè che il mistero di Dio sia finito, invece di *essere* finito. Avrebbe dovuto essere finito molto tempo fa. Le "Testimonianze" ce lo hanno detto. Ma a causa della nostra diligenza, della nostra pigrizia, della nostra lentezza nel credere a Dio, non è finito; eppure ha detto che *doveva* essere finito. *Ora*, grazie al Signore, sarà davvero terminato. Se parlasse ora direbbe: "sarà", naturalmente. Ma il punto è che quando la voce del settimo angelo comincerà a suonare, il mistero di Dio si presenterà al mondo. Che cos'è? "Cristo in voi, speranza di gloria". Questo è il vangelo eterno, questo è il messaggio del terzo angelo. Allora non vedete come Dio ha stabilito che il messaggio del terzo angelo, il mistero di Dio, trionferà sul mistero dell'iniquità; e che, come certamente il mistero dell'iniquità ha attirato l'attenzione del mondo, e ha attirato lo sguardo delle nazioni, e la meraviglia degli uomini, altrettanto certamente il mistero di Dio attirerà l'attenzione delle nazioni, e la meraviglia degli uomini? Lo farà.

Passiamo ora al libro di Gioele e rileggiamo il secondo capitolo. Ci sono alcune cose che vogliamo studiare. La prima parte, ricordate, fino al dodicesimo versetto, escluso il dodicesimo, è un'immagine della venuta del Signore. Se andate alla Testimonianza (Vol. 1, p. 180) che parla dello "Scuotimento", troverete questo capitolo dato dallo Spirito del Signore come riferimento su cui si basa l'idea. Si applica al tempo dello scuotimento, e lo scuotimento prepara il forte grido.

"Suonate la tromba in Sion e date l'allarme sul mio monte santo; tutti gli abitanti del paese tremino, perché il giorno del Signore viene, perché è vicino; un giorno di tenebre e di oscurità, un giorno di nubi e di fitte tenebre, come il mattino che si stende sui monti; un popolo grande e forte; non c'è mai stato un popolo simile, né ci sarà mai più dopo di esso, fino agli anni di molte generazioni. Davanti a loro c'è un fuoco che li divora e dietro di loro una fiamma che li brucia; il paese è come il giardino di Eden davanti a loro e dietro di loro un deserto desolato; sì, e nulla potrà sfuggire loro. Il loro aspetto è come l'aspetto di cavalli; e come cavalieri, così correranno. Come il rumore di carri sulle cime dei monti, come il rumore di una fiamma di fuoco che divora le stoppie, come un popolo forte schierato in battaglia. Davanti al loro volto i popoli saranno molto addolorati; tutte le facce si oscureranno. Correranno come uomini forti, si arrampicheranno sulle mura come uomini di guerra, marceranno ognuno per la sua strada, non romperanno i loro ranghi, non si spingeranno l'un l'altro, cammineranno ognuno per la sua strada, e quando cadranno sulla spada, non saranno feriti. Correranno di qua e di là per la città, correranno sulle mura, si arrampicheranno sulle case, entreranno come ladri dalle finestre. La terra tremerà davanti a loro; i cieli tremeranno; il sole e la luna si oscureranno e le stelle ritireranno il loro splendore; e il Signore farà sentire la sua voce davanti al suo esercito, perché il suo accampamento è molto grande; perché è forte colui che esegue la sua parola; perché il giorno del Signore è grande e molto terribile; e chi può sopportarlo?". Il parallelo è Ap 19:11–18.

"Perciò anche ora, dice il Signore, rivolgetevi a me con tutto il cuore, con digiuno, con pianto e con lutto; stracciatevi il cuore e non le vesti e rivolgetevi al Signore vostro Dio, perché egli è benevolo e misericordioso, lento all'ira e di grande bontà, e si pente del male. Chi sa se tornerà e si pentirà e lascerà dietro di sé una benedizione: un'offerta di cibo e un'offerta di bevanda al Signore vostro Dio?".

Chi *di noi* sa se, quando una persona cerca il Signore con tutto il cuore, il Signore tornerà o meno e lascerà dietro di sé una benedizione? Se sappiamo che lo farà, allora andiamo avanti. C'è tutto l'incoraggiamento del mondo; così come sappiamo che lo farà, non c'è nulla che ci impedisca di cercarlo con tutto il cuore, perché sappiamo che darà la benedizione. Accettiamola.

"Suona la tromba in Sion, santifica un digiuno, convoca un'assemblea solenne: radunate il popolo, santificate la comunità, riunite gli anziani, radunate i bambini e quelli che allattano le mammelle; lo sposo esca dalla sua camera e la sposa dal suo armadio".

Quante persone ci sono in Sion? Il popolo, la congregazione, i bambini, gli anziani, i bambini, gli sposi e le spose. Quanti ne chiama? [Sì, tutti. A cosa ci chiama? A cercare il Signore con tutto il cuore. Allora facciamolo. Siamo nel tempo.

I sacerdoti, i ministri del Signore, piangano tra il portico e l'altare; dicano: "Risparmia il tuo popolo, Signore, e non dare la tua eredità in pasto alla vergogna, perché i pagani la dominino": Perché dovrebbero dire tra il popolo: "Dov'è il loro Dio?"".

I pagani non hanno forse le cose in pugno, tanto da proporsi di governare su di noi? E si propongono di cancellare il sabato del Signore e di dominare il mondo.

Credo di avere qui una parola che forse è meglio leggere. A pagina 17 della testimonianza intitolata "Ai fratelli in posizioni responsabili", leggo queste parole: "Il falso sabato verrà fatto rispettare da una legge oppressiva. Satana e i suoi angeli sono ben svegli e intensamente attivi, lavorando con energia e perseveranza attraverso strumenti umani per realizzare il *suo scopo di cancellare la conoscenza di Dio*".

Di che cosa è segno il sabato? Che Egli è il Signore nostro Dio e il Signore che santifica il suo popolo. Ebbene, quando si toglie di mezzo quel segno con cui Egli è conosciuto dal popolo, lo si *toglie dalla conoscenza del popolo.* Questo è ciò che vogliono. E questo è stato fatto. Ho letto prima: "Il memoriale di Dio è stato abbattuto e al suo posto sta un falso sabato davanti al mondo". Tutta la potenza della terra è ora arruolata in questo affare. Così si propongono di cancellare la conoscenza di Dio dal mondo. Perciò *dobbiamo* cercare il Signore con tutto il cuore, affinché i pagani non si impongano su di noi. Vediamo ora cosa farà il Signore.

"Allora il Signore sarà geloso della sua terra e avrà pietà del suo popolo. Sì, il Signore risponderà e dirà al suo popolo: "Ecco, io vi manderò grano, vino e olio e ne sarete saziati"".

Che cosa manderà? Che cos'è l'"olio"? "L'olio della gioia per il lutto", "la gioia nello Spirito Santo". Che cos'è il "vino"? Jotham ci ha detto "il vino che rallegra il cuore di Dio e degli uomini". La gioia, dunque, Egli la darà. E che cos'è il "grano"? Il frumento, il grano, da cui proviene il nostro pane, per sostenere la vita e fornire *forza.* Anche la forza, dunque, Egli darà. Allora ringraziamo il Signore. Egli ci manderà forza, gioia e letizia.

Ma a chi lo manderà? Quando il popolo sarà radunato e la congregazione riunita, i bambini e i neonati, gli anziani, gli sposi e le spose, i ministri, quando saremo riuniti come dice la testimonianza, "in compagnia", cercando Dio con tutto il cuore, allora è certo che Egli farà ciò che dice. Andiamo avanti come mai prima d'ora. È una cosa meravigliosa quando il Signore promette che *saremo soddisfatti* di ciò che darà. Non è secondo la nostra misura. Quanto si accontenta Dio che noi ci accontentiamo? Niente di meno di tutto quello che ha, perché ha dato proprio questo in Gesù Cristo; e non vuole che ci fermiamo al di sotto di tutto quello che ha. Proprio come ha letto il fratello Haskell in quella benedetta testimonianza di questa mattina—ricordate che cosa meravigliosa era—che quando veniamo come mendicanti, senza avere alcun merito, allora tutto è nostro in un dono eterno.

"E non vi renderò più un rimprovero tra i pagani: Ma allontanerò da te l'esercito del Nord e lo caccerò in un paese arido e desolato, con la faccia rivolta verso il mare d'oriente e la parte posteriore verso l'estremità del mare, e la sua puzza salirà e il suo cattivo odore salirà, perché ha fatto grandi cose".

Il margine di questo versetto dice: "Si è magnificato per fare grandi cose". Chi è che "si è magnificato per fare grandi cose"? Chi ha nelle sue mani tutto il potere del mondo? Satana. È lui che pensa di fare grandi cose. Vediamo ora cosa farà il Signore proprio in quel momento.

"Non temere, o terra; rallegrati ed esulta, perché *il Signore farà grandi cose*".

Perché, fratelli, dovremmo essere le persone più felici del mondo che Satana debba fare grandi cose; perché ne consegue inevitabilmente che quando Satana deve fare grandi cose Dio sta facendo cose così grandi, che Satana deve sforzarsi per salvare il suo credito. Ma anche in questo caso non può salvare il suo credito, anche se si è vantato davanti al mondo e alle nazioni di avere tutto il potere, il suo caso diventa così disperato che alla fine deve venire lui stesso. Ma noi possiamo essere più felici che mai, perché allora *Gesù* viene *di persona.* Ma quando è che il Signore farà grandi cose? Quando questo, Satana, si sarà magnificato per fare grandi cose.

"Non temete, bestie della campagna, perché i pascoli del deserto germogliano, l'albero dà i suoi frutti, il fico e la vite danno la loro forza. *Rallegratevi dunque, figli di Sion*, ed esultate nell'Eterno, il vostro Dio!".

Perché dovremmo scoraggiarci? A cosa serve? Che senso ha? Gesù ha detto: "Alzate il capo!" e questo dice: "Rallegratevi e gioite"; e poi lo ripete. "Rallegratevi dunque, figli di Sion, ed esultate nel Signore vostro Dio". Facciamolo. Fratelli, vi dico solo che non so fare altro che rallegrarmi, perché me lo dice il Signore. E questa è la parola di Dio come qualsiasi altra parte della parola di Dio. E la potenza creatrice è in queste parole come in qualsiasi altra per metterci la gioia e per metterci l'esultanza, ed è la gioia, è l'esultanza nel Signore.

"Perché vi ha dato la pioggia precedente in modo moderato, e farà scendere *per voi* la pioggia, *la prima e l'ultima,* nel primo mese", o, come al primo, come leggono alcune versioni.

Quella della Pentecoste è stata una cosa moderata rispetto a ciò che Dio sta per fare? Si. Ha dato la pioggia precedente in modo moderato.

Ma in questo momento ci sarà una doppia porzione. Se quella era moderata, cosa pensate che sarà questa? Non possiamo immaginare cosa fosse. Lasciate che vi legga una parola nel Vol. IV, p. 611:—

> "Il movimento dell'Avvento del 1840–44 è stato una gloriosa manifestazione della potenza di Dio; il messaggio del primo angelo è stato portato in tutte le stazioni missionarie del mondo, e in alcuni paesi c'è stato il più grande interesse religioso a cui si sia assistito in qualsiasi terra dopo la Riforma del XVI secolo; ma *questi saranno di gran lunga superati dal potente movimento sotto l'ultimo avviso del terzo angelo*".

Un'altra testimonianza che non è mai stata stampata dice che ciò avverrà all'improvviso come nel '44, e con "dieci volte la potenza".

Ma ora, a proposito della Pentecoste, leggiamo dalla stessa pagina (611, del Vol. IV) quanto segue:—

> "Le profezie che si sono adempiute nell'effusione della prima pioggia all'apertura del Vangelo, si adempiranno di nuovo nell'ultima pioggia alla sua chiusura".

Ora, vedete che ci sono profezie che riguardano solo l'ultima pioggia; ma *anche* le profezie che riguardano la prima pioggia devono essere adempiute, nel dare l'ultima pioggia. Allora vedete che sarà doppia.

> "Ecco i tempi di ristoro che l'apostolo Pietro attendeva quando disse: 'Pentitevi dunque e convertitevi, affinché i vostri peccati siano cancellati (nel giudizio istruttorio), quando verranno i tempi di ristoro dalla presenza del Signore; ed egli manderà Gesù'".

Significa che dobbiamo pentirci e convertirci? "Beh", dice uno, "mi sono convertito vent'anni fa". Va bene, convertitevi anche adesso. Io mi sono convertito quasi diciannove anni fa, ma non vale lo stesso (schiocco delle dita) se non mi converto adesso. Non serve a nulla guardare indietro". Uno dice: "Vuoi dire che non mi sono convertito?". Oh no, non intendo dire nulla del genere. Ma voglio dire che se dipendete da quella conversione che c'è stata nel passato, non serve a nulla. Se non sapete più come pentirvi, prendete Gesù Cristo e lo saprete. Chiunque abbia ricevuto il Signore Gesù Cristo è una nuova creatura.

> "E i pavimenti saranno pieni di grano, e i grassi trabboccheranno di vino e di olio. E vi restituirò gli anni che la locusta ha mangiato, il tarlo, il bruco e il palmerino, il mio grande esercito che ho mandato in mezzo a voi. Mangerete in abbondanza, sarete saziati e loderete il nome del Signore, vostro Dio, che ha fatto meraviglie con voi; e il mio popolo non si vergognerà mai".

Allora lodate il Signore. Ci rimprovereranno, ci chiameranno per nome, ci renderanno come la sporcizia e il sudiciume della terra e il disprezzato dei disprezzati, ma Dio ha detto: "Il mio popolo non sarà mai svergognato". E significa proprio questo. Ma non si ferma qui. Lo dice ancora:

> "E saprete che io sono in mezzo a Israele e che sono il Signore vostro Dio e nessun altro; e il mio popolo non si vergognerà mai".

Perché, vi dico, fratelli, cos'è che il Signore non ha messo in quel capitolo per noi? Vedete l'incoraggiamento, la beatitudine, le promesse! E quando è necessario che Egli ripeta che "non saremo mai svergognati", significa che, a ben vedere, ogni cosa sulla terra avrà lo scopo di farci svergognare. Ma Dio ha promesso con la sua parola che ciò non avverrà, e noi non dovremo mai vergognarci.

> "E avverrà in seguito che io effonderò il mio Spirito su ogni carne; e i vostri figli e le vostre figlie profetizzeranno, i vostri vecchi sogneranno sogni, i vostri giovani vedranno visioni!".

Grazie al Signore, non si accontenterà ancora a lungo di un solo profeta! Ne avrà altri. Con uno solo ha fatto un'opera meravigliosa. E dopo aver fatto un'opera così grande con uno, che cosa farà quando ne avrà molti?

> "E anche sui servi e sulle ancelle in quei giorni effonderò il mio Spirito. E mostrerò meraviglie nei cieli e sulla terra, sangue, fuoco e colonne di fumo. Il sole sarà trasformato in tenebre e la luna in sangue, prima che venga il grande e terribile giorno del Signore. E avverrà che chiunque invocherà il nome del Signore sarà liberato; perché sul monte Sion e a Gerusalemme ci sarà la liberazione, come ha detto il Signore, *e nel resto che il Signore chiamerà*".

Dove avverrà la liberazione? "Nel residuo che il Signore chiamerà". Ma contro chi sta facendo guerra Satana? Il resto. Contro chi ha radunato tutte le potenze della terra? Il resto. Dove sta dirigendo tutte le sue forze e i suoi sforzi? Contro il resto. E proprio lì c'è la liberazione. Fratelli, il posto migliore al mondo per essere, è proprio dove il diavolo sta spendendo tutti i suoi sforzi, perché lì c'è la liberazione. È lì che si trovano la grazia e la potenza di Gesù Cristo, e Satana deve radunare tutte le sue schiere per poter dare spettacolo. Quello è il posto migliore sulla terra, perché lì c'è Cristo, lì c'è Dio e "il mio popolo non si vergognerà mai".

Fratelli, sono *molto* contento di queste cose. Sono felice come non mai di ciò che il Signore dice in quel capitolo, perché è tutta verità presente, vedete. Ogni versetto è proprio adesso e racconta cose meravigliose. Egli sta per fare cose meravigliose e tutto ciò che ci chiede è di cercarlo con tutto il cuore per avere tutto. Se lo cerchiamo con metà del cuore, non possiamo avere tutto. Vogliamo cercarlo con *tutto il* cuore per avere *tutto quello* che Lui ha. Facciamo quello che dice il Signore: "Rallegratevi ed esultate, figli di Sion", perché "il Signore farà grandi cose", "non sarete mai svergognati" e c'è liberazione "nel resto" contro cui il diavolo sta combattendo con tutte le sue forze.

Il Messaggio del Terzo Angelo – n. 8

A. T. Jones
Stampato nel Bollettino quotidiano della Conferenza generale, 6 febbraio 1893, pp. 164–170.

Le prove ci sono state date, dimostrando in continuazione che siamo in presenza degli eventi che porteranno alla fine del mondo. La Bibbia e le dichiarazioni dirette del Signore ci hanno dimostrato più volte che questo è il momento in cui dobbiamo avere il potere con cui solo il messaggio può essere dato al mondo, per salvare coloro che saranno salvati dalla rovina che deriva dagli eventi che ci circondano. Fratelli, i pericoli che ci minacciano per quanto riguarda la fine del mondo, le persecuzioni e le cose che vengono dall'esterno, sono, e sono sempre, ben poca cosa rispetto ai pericoli che incombono su ogni individuo nella sua esperienza individuale. [Voci dal pubblico: "È così"].

Il pericolo più grande che c'è in questa congregazione e nel nostro popolo ovunque, è che non vedano le cose che li riguardano individualmente, ma guardino più alle cose che sono fuori. Guarderanno più alle cose esterne e alle loro prove che a vedere se il loro cuore è a posto con Dio. Guarderanno più a queste cose come a una sorta di teoria, che ad avere un Cristo vivente dentro di sé, affinché tutte queste cose siano realtà vive all'esterno e noi possiamo essere preparati ad affrontarle nel timore di Dio e nella salvezza di Dio. Questo è il pericolo più grande, come ho detto, che c'è in questa congregazione che è qui, e potremmo allargare la congregazione fino ad accogliere tutti i professi sabbatici del mondo.

E ora siamo arrivati, nello studio di questo argomento, allo studio di quella parte di esso che arriva fino a voi e a me come individui, le cose che voi e io dobbiamo fare e le cose di cui abbiamo bisogno da Dio; guardare a queste cose e agire su di esse, in vista della salvezza di Dio che è interessata in queste cose a voi e a me. Per me, da quello che so e da quello che so di sapere, questa lezione e la prossima sono le più temibili di tutte quelle a cui sono stato portato finora. Non le ho scelte e le temo; ma, fratelli, come ci ha detto l'altra sera il fratello Prescott, non serve a nulla trascurare nulla; non serve a nulla manomettere queste cose; non serve a nulla vederle con leggerezza; non serve a nulla camminare in questi giorni con gli occhi chiusi, senza sapere qual è la nostra situazione. Non serve a nulla che la verità di Dio susciti le nostre aspettative, perché suscita le aspettative degli uomini, e che ci aspettiamo che le cose arrivino, ma le difficoltà nel nostro cuore e nella nostra vita ci impediscono di fare del bene quando arrivano. È inutile per noi fare così, vero?

Ripeto che le lezioni a cui sono giunto e che dovranno essere impartite—questo è assodato—sono per me le più temibili, per la realtà delle cose che raccontano, per la situazione in cui ci mettono, di tutte quelle con cui ho avuto a che fare finora nel mio insegnamento personale. Allora posso dire di nuovo: lo temo; lo temo per alcune conseguenze che temo avranno, perché non vengono accolte come dovrebbero, con il cuore e la mente sottomessi davanti a Dio, chiedendo a Lui solo se queste cose sono così. Alcune cose potrebbero non essere piacevoli da ascoltare per tutti, come non lo sono per me. Si applicano così personalmente a noi come individui. Ma, fratelli, nella posizione in cui ci troviamo, nella situazione in cui ci troviamo e nel timore di Dio, bisogna farlo.

E come sarà fatto, vi chiedo, per cominciare, di non mettermi qui sopra come uno che è separato da voi e al di sopra di voi, che vi parla dall'alto in basso e che mi esclude dalle cose che possono essere presentate. Io sono con voi in tutte queste cose. Io, come voi, ho bisogno di essere preparato a ricevere ciò che Dio ha da darci, come chiunque altro sulla terra. Perciò vi prego di non separarmi da voi in questa faccenda. E se vedete colpe che avete commesso, io vedrò colpe che ho commesso, e vi prego di non biasimarmi se vengono portate alla luce cose che mettono in luce colpe che avete commesso; vi prego di non biasimarmi come se vi stessi giudicando o trovando colpe. Mi limiterò a esporre i fatti, e voi che avete parte in queste cose saprete che si tratta di un fatto per voi stessi; così come quando si tratta di me e di me stesso in queste cose, saprò che si tratta di un fatto che mi riguarda. Quello che voglio, fratelli, è semplicemente cercare Dio con voi con tutto il cuore, [Congregazione: "Amen"] e avere tutto fuori dai piedi, affinché Dio possa darci quello che ha per noi.

Non cercherò, e non dovete aspettarvi che lo faccia, di andare molto veloce, perché sarò disposto a procedere con la lentezza necessaria per considerare attentamente tutte queste cose. Ci vorranno queste lezioni per presentare ciò che ho in mente. Quindi studiamo semplicemente queste cose insieme.

Inizierò con il pensiero da dove ci siamo fermati ieri sera. Abbiamo pensato che è arrivato il momento in cui Dio ha promesso di dare la prima e la seconda pioggia. È arrivato il momento in cui dobbiamo chiederla e aspettarcela. E possiamo tenere a mente la lezione e la testimonianza che il fratello Prescott ci ha portato l'altra sera, sullo stesso argomento.

Stasera ho letto il passo a cui ho fatto riferimento ieri sera, ma non avevo qui il libro. È in "Il ministero di Pietro e la conversione di Saulo", a pagina 9. Dopo aver raccontato dell'effusione dello Spirito Santo e del giorno di Pentecoste, e dei risultati nella conversione delle anime, ecc.

> "Questa testimonianza sull'istituzione della Chiesa cristiana ci viene data non solo come una parte importante della storia sacra, ma anche come una lezione. Tutti coloro che professano il nome di Cristo dovrebbero aspettare, guardare e pregare *con un cuore solo. Tutte le differenze dovrebbero essere eliminate e l'*unità e il tenero amore reciproco *dovrebbero* pervadere il tutto. *Allora* le nostre preghiere potranno salire insieme al nostro Padre celeste con fede forte e sincera. *Allora* potremo attendere con pazienza e speranza l'adempimento della promessa".

Quando si arriva a quel "poi"? Quando aspettiamo, vegliamo e preghiamo con un cuore solo, e tutte le differenze sono state eliminate, l'unità e l'amore tenero degli uni verso gli altri pervadono il tutto.

Perciò, fratelli, se ci sono divergenze tra voi e una qualsiasi persona su questa terra, che sia presente o meno in questo Istituto, è tempo per voi e per me di toglierle di mezzo. Se la persona non è qui, in modo che possiate andare da lui e discuterne, scrivetegli e raccontategli tutto, ditegli la vostra posizione e cosa state facendo. Non avete più alcuna responsabilità nei suoi confronti, che la riceva o meno. Avete agito nel timore di Dio in ciò che Egli *vi* ha detto di fare. [Domanda da parte di qualcuno del pubblico: "Intende la gente del mondo, tutti?"] Sì, dico tutti, perché se ci sono dei peccati tra me e le persone che sono fuori, loro lo sanno, e queste differenze ostacoleranno il nostro avvicinamento a loro quando andremo con il messaggio, anche se Dio dovrebbe persino darci il suo Spirito Santo nell'effusione dell'ultima pioggia. Qualsiasi differenza, qualsiasi inimicizia, qualsiasi cosa di questo tipo che c'è tra me e qualcuno del mondo, non vedete che mi impedirà di avvicinarmi a lui con il messaggio?

Se abbiamo imbrogliato la gente e non siamo stati onesti nei nostri rapporti con la gente, e non siamo stati onesti nelle nostre transazioni davanti al mondo, perché per il bene della nostra anima, fratelli, raddrizziamo le cose. E qui a Battle Creek, forse ci sono persone che hanno cose di questo tipo da fare verso la gente di questa città, intendo la nostra gente, verso la gente di questa città. Le nostre riunioni si svolgono in questa città per la gente di questa città; e ci è stato detto qui nell'istituto che ci si aspetta che quando la benedizione di Dio verrà su questa riunione, sarà portata alla gente di questa città, e che essi condivideranno con noi questa cosa. Allora vorrei dire agli avventisti del settimo giorno di questa città: "Raddrizzate le cose storte, per il bene della vostra anima; e per il bene delle anime che Dio vuole salvare in questa città, raddrizzatevi. Se avete imbrogliato la gente, andate a confessarlo e restituite ciò che avete rubato. Se nelle vostre transazioni commerciali non siete stati onesti, se avete ottenuto qualcosa in modo arraffone, eliminate la malvagità. Siate retti al cospetto di Dio.

Ecco la parola a noi:—

> "Tutte le differenze devono essere eliminate e l'unità e il tenero amore reciproco devono pervadere il tutto".

Questo è ciò che facevano i discepoli quando cercavano il Signore in quei dieci giorni. Hanno messo da parte tutte le differenze. Ora, non credete che in quei dieci giorni gli altri discepoli, che erano così invidiosi di Giacomo e Giovanni quando andarono a chiedere al Salvatore, per mezzo della loro madre, di farli sedere uno da una parte e l'altro dall'altra di Lui nel regno di Dio, e al resto dei discepoli non piaceva, non credete che abbiano messo da parte tutte quelle cose, le abbiano confessate, ne abbiano discusso tra loro e si siano resi conto loro stessi di quanto fosse meschino tutto questo?

Il Salvatore prese quel bambino e disse: "Chiunque sarà il più grande nel regno dei cieli diventerà come questo bambino e sarà il servo di tutti". Queste cose furono messe da parte; le differenze e le invidie per paura che uno fosse più grande degli altri discepoli nel regno di Dio, furono tutte messe da parte. E qui abbiamo la parola che queste cose sono tra noi: l'ambizione per il posto, la gelosia per la posizione e l'invidia per la situazione; queste cose sono tra noi. È giunto il momento di eliminarle; è giunto il momento che ognuno scopra quanto in basso può stare ai piedi di Cristo, e non quanto in alto nella Conferenza, o nella stima degli uomini, o quanto in alto nel Comitato della Conferenza, o nel Comitato della Conferenza Generale. La questione non è affatto questa.

> "Tutte le differenze devono essere eliminate e l'unità e il tenero amore reciproco devono pervadere il tutto".

Poiché questo riguarda in particolare noi, come fratelli e sorelle nella Chiesa, se conosciamo una qualche differenza tra noi e chiunque in questo mondo, dobbiamo toglierla di mezzo. Non importa quanto costa; non ha nulla a che fare con questo. Non può costare la vita se lo facciamo; costerà la vita se non lo facciamo; questo è deciso. E quando questo è fatto, "allora le nostre preghiere possono salire insieme al nostro Padre celeste con fede forte e sincera". Sì, signore; quando sapete di essere chiari agli occhi di Dio, per quanto è possibile per voi togliere di mezzo tra voi e i vostri fratelli, e ogni cosa confessata a Dio che Egli ha mostrato, e ci teniamo davanti a Lui come i peccatori erranti, impotenti e disfatti che siamo, e vediamo il nostro bisogno di ciò che Egli ha da dare, allora ci sono tutte le Sue promesse, e sono per noi, e sappiamo che sono le *nostre* promesse; Allora possiamo fare affidamento su di esse e "allora le nostre preghiere possono salire insieme al nostro Padre celeste con fede forte e sincera. Allora potremo attendere con pazienza e speranza l'adempimento della promessa".

Questo è ciò che c'è da fare ora. Quando questo sarà fatto, quando tutte le differenze saranno eliminate e prevarrà l'unità e ognuno cercherà l'unità di cuore e di mente, allora Dio ha promesso che ci vedremo da vicino. Il momento è arrivato; facciamolo.

Ancora una volta leggo a pagina 9:—

> "La risposta può arrivare con velocità improvvisa e con forza travolgente; oppure può essere ritardata per giorni e settimane, e la nostra fede può essere messa a dura prova. Ma Dio sa come e quando rispondere alla nostra preghiera. *La nostra* parte di lavoro consiste nel metterci in contatto con il canale divino. Dio è responsabile della *sua* parte dell'opera".

Proprio come il pensiero si è presentato ieri sera: quando il canale è aperto e le nostre preghiere salgono come descritto, allora il canale è aperto e quando lo Spirito di Dio viene riversato, raggiungerà l'intera lunghezza del canale aperto.

> "La *nostra* parte di lavoro consiste nel metterci in contatto con il canale divino. Dio è responsabile della *sua* parte dell'opera. Egli è fedele e ha promesso. La cosa grande e importante per noi è essere di un solo cuore e di una sola mente, mettendo da parte ogni invidia e malizia, e come umili supplicanti, vegliare e aspettare. Gesù, nostro rappresentante e capo, è pronto a fare per noi ciò che fece per coloro che pregavano e guardavano il giorno di Pentecoste".

Ecco un altro pensiero che merita la nostra profonda considerazione:—

> "Gesù è disposto a impartire coraggio e grazia ai suoi seguaci oggi come lo era ai discepoli della Chiesa primitiva. Nessuno dovrebbe invocare avventatamente l'opportunità di combattere con i principati e le potenze delle tenebre".

Dobbiamo affrontare la questione con attenzione, con deliberazione. Dobbiamo essere sicuri e non affrontare la gara finché non sappiamo che Dio è con noi, con la potenza e la grazia di Dio per dare coraggio e forza per affrontare le potenze con cui dobbiamo trattare. Questa gara che ci sta davanti non è una cosa leggera.

> "Quando Dio chiederà loro di impegnarsi nel conflitto, sarà il momento giusto; allora darà ai deboli e agli esitanti un'audacia e un'affermazione al di là di ogni loro speranza o aspettativa".

Quindi, ciò che il Signore vuole che facciamo è cercarlo e poi, quando ci manda, andiamo solo con la sua potenza e la sua grazia. A pagina 11 leggo:—

> "I discepoli e gli apostoli di Cristo avevano un senso profondo della propria inefficienza e con l'umiliazione e la preghiera univano la loro debolezza alla sua forza, la loro ignoranza alla sua sapienza, la loro indegnità alla sua giustizia, la loro povertà alla sua inesauribile ricchezza. Così rafforzati ed equipaggiati, non esitarono nel servizio al loro Maestro".

Ma che attrezzatura è questa! Pensate a questo equipaggiamento! Forza, saggezza, giustizia, ricchezza! Sono proprio queste le cose di cui abbiamo bisogno di fronte alle cose che sono contro di noi: perché non possiamo fare alcun calcolo su nessun potere della terra, né sulla reputazione che gli uomini daranno, né su nessuna ricchezza che questo mondo potrebbe fornire, né su nessuna considerazione di esso o della vita. Ecco quindi quasi le stesse cose che abbiamo considerato in una lezione precedente.

Ma come ottennero la forza? Riconoscendo la loro debolezza, confessando la loro debolezza. Come ottennero la saggezza? Confessando la loro ignoranza. Come ottennero la giustizia? Confessando la loro indegnità. Come hanno ottenuto la ricchezza, una ricchezza inesauribile? Confessando la loro povertà.

Questa è la situazione in cui ci troviamo: inefficienti, ignoranti, poveri, indegni e ciechi. Non è forse proprio questo che ci dice il messaggio di Laodicea: che siamo miseri, miserabili, poveri, ciechi e nudi e non lo sappiamo? Qualcuno lo stava leggendo l'altro giorno e ha toccato la parola "cecità", e subito la mia mente è corsa al nono capitolo di Giovanni e all'ultimo versetto. Volgetevi tutti a quello, se volete. Giovanni 9:41. È alla fine del racconto della guarigione di quell'uomo dalla cecità e della restituzione della vista all'uomo che era nato cieco. Cosa dice questo versetto?

> "Gesù disse loro: "Se foste ciechi, non avreste peccato; ma ora dite: "Vediamo"; perciò il vostro peccato rimane".

Quando Gesù dice a voi e a me che siamo ciechi, la cosa da fare è dire: "Signore, siamo ciechi". Egli disse a quelle persone che erano cieche e loro *erano* cieche; ma loro dissero che non era così. *Invece era* così. Se avessero confessato la loro cecità, avrebbero visto Dio nella guarigione di quell'uomo dalla sua cecità. Allora, fratelli, la cosa che dobbiamo fare è avvicinarci al messaggio di Laodicea e dire che ogni parola che Egli dice è vera. Quando dice che voi e io siamo miserabili, ditegli: "È così, *sono* miserabile; miserabile, è così, *sono* miserabile; povero, è così; *sono* povero, un perfetto mendicante, non sarò mai nient'altro al mondo; cieco, *sono* cieco e non sarò mai nient'altro; nudo, è così; e non lo so, è così anche questo. Non lo so affatto, come dovrei saperlo". E allora gli dirò ogni giorno e ogni ora: "Signore, è tutto così; ma, oh, invece della mia miseria, dammi la tua stessa soddisfazione; invece della mia miseria, dammi il tuo stesso conforto; invece della mia povertà, fornisci tutte le tue stesse ricchezze; invece della mia cecità, sii tu la mia vista; invece della mia nudità, oh rivestimi della tua stessa giustizia; e ciò che non so, Signore, insegnamelo". [Congregazione: "Amen"].

Fratelli, quando arriveremo con un solo cuore e una sola mente in quel luogo, non avremo alcuna difficoltà a pentirci. Non sarà difficile pentirsi e non mancherà il pentimento. Il versetto successivo si realizzerà: "Quanti amo, li rimprovero e li castigo; siate dunque zelanti e ravvedetevi".

La difficoltà di non essere in grado di pentirsi è che non abbiamo confessato che ciò che il Signore ci ha detto è la verità. Quando so di essere miserabile, allora so di aver bisogno di qualcosa che mi soddisfi, e so che nient'altro che il Signore può darmelo, e non dipendo da nient'altro che da Lui; e se non ho Lui, perché è solo miseria. Ogni momento in cui non ho Lui è solo miseria; ogni momento in cui non ho il Suo conforto è solo miseria; ogni momento in cui non ho una dipendenza assoluta dalle Sue ricchezze inestimabili—le ricchezze inestimabili di Cristo—sono completamente povero, un mendicante completo; e ogni momento in cui non vedo e non confesso di essere cieco e di avere Lui come vista, sono in peccato; Lui lo dice.

Ora dici di vedere; quindi il tuo peccato rimane. E ogni momento in cui non vedo la mia nudità e non dipendo solo e assolutamente da Lui e dalla Sua giustizia per vestirmi, certamente sono rovinato, completamente rovinato, e ogni momento in cui comincio a dire: "Ora so tante cose", no, non le so affatto. Ebbene, la cosa che devo fare è dire: "Signore, io non lo so; io dipendo da Te per insegnarmi tutto, anche per insegnarmi che sono miserabile, povero, cieco e nudo, e che ho bisogno di tutte queste cose". E quando gli dirò tutto questo, Lui mi darà tutto ciò di cui ho bisogno. Lo farà. Questa è la nostra situazione.

Ecco un passo nel Vol. 1 dell'edizione regolare delle "Testimonianze", a pagina 353, che ci porta davanti a una cosa meravigliosa: "Il fatto è che il testo è stato pubblicato in un'edizione regolare delle "Testimonianze".

> "Alla trasfigurazione Gesù è stato glorificato dal Padre. Lo sentiamo dire: "Ora il Figlio dell'uomo è glorificato e Dio è glorificato in Lui". Così, prima del suo tradimento e della crocifissione, fu rafforzato per le sue terribili sofferenze. Man mano che i membri del corpo di Cristo si avvicinano al periodo dell'ultimo conflitto, "il tempo dei guai di Giacobbe", cresceranno in Cristo e parteciperanno in larga misura al suo Spirito. Quando il terzo messaggio si gonfierà fino a diventare un grido forte, e quando una grande potenza e gloria accompagneranno l'opera conclusiva, il popolo fedele di Dio parteciperà a quella gloria. *È l'ultima pioggia che li rianima e li rafforza per superare il tempo delle difficoltà.* I loro volti risplenderanno della gloria della luce che accompagna il terzo angelo".

A cosa serve il grido forte? Per rafforzarci nel momento della difficoltà. Dove siamo? [È iniziato il grido? [Per che cosa è iniziato? Per compiere un'opera per noi, per permetterci di resistere nel momento della difficoltà.

Ora un po' più avanti per quanto riguarda la richiesta di unità. È questo che abbiamo davanti a noi, è questo appello al grido forte, all'ultima pioggia, è questo che ci rafforza per il tempo dei problemi. Ed è già iniziato. C'è la parola. Questa è l'unica cosa importante: essere di un solo cuore e di una sola mente.

Ora, da questa testimonianza che non è ancora stata pubblicata, leggerò alcuni passaggi:—

> "È il peccato, in qualche forma, che porta la discordia e la disunione. Gli affetti hanno bisogno di essere trasformati, bisogna fare un'esperienza personale della potenza rinnovatrice di Cristo. Nel quale abbiamo la redenzione per mezzo del suo sangue, il perdono dei peccati, secondo le ricchezze della sua grazia". L'apostolo, parlando ai credenti cristiani, chiamati dalla grazia di Dio, dice: "Se camminiamo nella luce, come lui è nella luce, abbiamo comunione gli uni con gli altri e il sangue di Gesù Cristo, suo Figlio, ci purifica da ogni peccato". Qui ci sono delle condizioni chiaramente enunciate. Se camminiamo nella luce come Lui è nella luce, il risultato è sicuro: avremo comunione gli uni con gli altri. Tutte le gelosie, le invidie e i sospetti maligni saranno eliminati. Vivremo come davanti a un Dio santo".

Cioè, vivremo ora, oggi, ogni giorno, vivremo come al cospetto del Dio santo, perché le nostre preghiere salgono a Lui per portare la Sua presenza con l'effusione del Suo Spirito Santo. E possiamo andare avanti con noncuranza in questo modo, sapendo che ci sono invidie e gelosie e supposizioni maligne?

> "È diventato fin troppo comune assecondare le nostre tendenze ereditarie e le nostre inclinazioni naturali, anche nella nostra vita religiosa. Queste non possono mai portare pace e amore nell'anima, perché ci portano sempre lontano da Dio, dalla sua luce. Chi segue me non camminerà nelle tenebre, ma avrà la luce della vita". Quando sorgono divergenze tra fratelli sulla comprensione di un punto della verità, c'è una regola biblica da seguire. In spirito di mansuetudine e di amore per Dio e per gli altri, i fratelli si riuniscono e, dopo aver pregato seriamente, con il sincero desiderio di conoscere la volontà di Dio, studiano la Bibbia con lo spirito di un bambino, per vedere quanto possono avvicinarsi senza sacrificare nulla se non la loro dignità egoistica. Dovrebbero considerarsi come se fossero in presenza dell'intero universo di Dio, che osserva con intenso interesse come il fratello cerca di vedere da vicino il fratello, per capire le parole di Cristo, affinché siano facitori della parola e non solo uditori".

Che cosa sta facendo l'universo di Dio, fratelli? Sta guardando per vedere voi e me essere fratelli, vuole vederci essere fratelli. Stanno guardando per vedervi essere fratelli nella Chiesa—fratelli e sorelle davvero. Vogliono vederci guardare negli occhi. Ora, fratelli, non lasciamo che guardino invano.

> "Quando ricordate la preghiera di Cristo, affinché i suoi discepoli siano una cosa sola come lui era una cosa sola con il Padre, non vedete con quanta attenzione tutto il cielo osserva lo spirito che manifestate gli uni verso gli altri? Coloro che affermano di essere salvati dalla giustizia di Cristo, cercano con tutte le loro capacità di rispondere alla preghiera del Salvatore, vogliono forse addolorare lo Spirito Santo di Dio assecondando i propri sentimenti non consacrati, lottando per la supremazia e stando il più lontano possibile?... Le ore solenni e importanti che ci separano dal giudizio non devono essere impiegate nella guerra con i credenti".

Fratelli, cosa dobbiamo fare per mordere e guerreggiare gli uni contro gli altri? Il diavolo sta facendo la guerra ai nostri fratelli. Lasciamoglielo fare. Amiamo i nostri fratelli; stiamo dalla parte dei nostri fratelli. Quando un Avventista del Settimo Giorno, addirittura, attacca uno dei nostri fratelli, difendiamolo. Difendiamolo nel timore di Dio. La reputazione di mio fratello è importante per me, perché se uno attacca la reputazione di mio fratello a me, attaccherà la mia a mio fratello. Se io ascolto le storie e tutte queste cose sui miei fratelli, perché gli altri non dovrebbero ascoltarle su di me? No, signore, fratelli, abbiamo a cuore la reputazione dei nostri fratelli. Siamo al fianco dei nostri fratelli l'uno con l'altro. Abbiamo il diritto di rimproverare i raccontatori che vengono da voi e da me e vogliono dire questo, quello o quell'altro sui fratelli. Abbiamo il diritto di rimproverarlo come spirito di Satana, che è. "Le ore solenni e importanti... Importanti cosa? Giorni o anni? No, signore. "Le *ore* solenni e importanti". I giorni sono passati. Siamo in ore; e non passerà molto tempo, se non abbiamo ancora raggiunto il momento, in cui le *ore* saranno finite e i *minuti* cominceranno a diminuire.

> "Le ore solenni e importanti che ci separano dal giudizio non devono essere impiegate nella guerra con i credenti; questa è l'opera di Satana, che l'ha iniziata in cielo e l'ha portata avanti con energia incessante da quando è caduto. Ma se vi mordete e divorate l'un l'altro, fate attenzione a non essere consumati l'uno dall'altro". Che non ci sia in nessuno di voi un cuore malvagio di incredulità. È giunto il tempo in cui si deve sentire il grido della sentinella fedele che chiama i suoi compagni di guardia: "Che ne è della notte?" e si sente rispondere: "Viene il mattino e anche la notte"".

La risposta non deve essere: "Non so che cosa della notte". La risposta non deve essere: "Beh, penso che tu stia andando troppo avanti", "penso che tu stia andando troppo veloce", "penso che tu sia estremo". Questa non deve essere la risposta. Quando si chiede: "Sentinella, che ne sarà della notte?", l'unica risposta che Dio accetterà è: "Viene il mattino e anche la notte".

> "Non sarebbe bene che noi individualmente esaminassimo attentamente la nostra posizione davanti a Dio alla luce della Sua santa parola e vedessimo il nostro particolare pericolo?".

Non vedere quanto siamo bravi, non vedere quanto siamo migliori dei nostri fratelli, ma "vedere il *nostro* particolare pericolo". Qual è il *mio* pericolo? È sufficiente che *io* lo veda, che stia attento alla mia malvagità e non a quella degli altri.

> "Dio non si separa dal suo popolo, ma è il suo popolo che si separa da Dio con le proprie azioni. E non conosco peccato più grave agli occhi di Dio di quello di nutrire gelosia e odio verso i fratelli e di rivolgere contro di loro le armi della guerra".

Come potrebbero esserci peccati più gravi? Non è forse l'azione stessa di Satana?

> "Indico ai miei fratelli il Calvario. Vi chiedo: qual è il prezzo dell'uomo? È il Figlio unigenito del Dio infinito. È il prezzo di tutti i tesori celesti".

Questo è il prezzo dell'uomo. Allora possiamo noi due lasciarci alle spalle un uomo che Dio apprezza in questo modo? Uno per il quale Dio ha dato tutti i tesori dell'universo. Posso metterlo in secondo piano e considerarlo di scarso valore? No, signore; vale tutto quello che Dio ha pagato per lui. È quello che Dio ha pagato per voi. Vi considererò piccoli, meschini e scadenti? No, signore. Chiedo a Dio la grazia di poterti considerare un valore pari a quello che Lui ha pagato per te. E non permetterò che gli Avventisti del Settimo Giorno, persino, vi sminuiscano nella mia stima; non lo farò. No, signore. Non lo farò. Come potrei, se amo Cristo, che ha pagato il prezzo? Fratelli, ciò che si vuole è l'amore di Cristo nei nostri cuori, e allora ameremo tutti coloro che Egli ama come li ha amati all'inizio.

> "Il male è sempre in guerra contro il bene. E poiché sappiamo che il conflitto con il principe delle tenebre è costante e deve essere severo, siamo uniti nella guerra".

Sì, signore, ho bisogno del sostegno di tutti coloro che Cristo ha acquistato. Ne ho bisogno nella guerra; ne ho bisogno per avere successo nella guerra. Ne ho bisogno. E, fratelli, mi impegno davanti a Dio che per Sua grazia avrete il mio sostegno nella vostra guerra. Se sarete sconfitti, vi solleverò. Se fallirete, vi dirò: "Abbi coraggio, fratello". Se cadrete, vi dirò: "C'è da rialzarsi". Fratelli, ciò che Dio vuole è che ci amiamo l'un l'altro come Lui ci ha amati, e noi ci ameremo l'un l'altro come Lui ci ha amati; quando abbiamo *Lui—il Suo* amore nei nostri cuori—*non possiamo* fare nient'altro, e non lo faremmo nemmeno se potessimo.

> "Cessate di fare la guerra a quelli della vostra stessa fede. Che nessuno aiuti Satana nella sua opera. Abbiamo tutto quello che possiamo fare in un'altra direzione".

Fratelli, restiamo uniti oggi, perché è l'opera di Dio che vuole fare con noi.

> "Una pietà passiva non è sufficiente per questo tempo; la passività deve manifestarsi dove è necessaria, *nella pazienza, nella gentilezza e nella tolleranza.* Ma dobbiamo portare un deciso messaggio di avvertimento al mondo. Il Principe della Pace ha proclamato così la sua opera: "Non sono venuto a portare la pace sulla terra, ma una spada". Il male deve essere attaccato, la falsità e l'errore devono apparire nel loro vero carattere, il peccato deve essere denunciato e la testimonianza di ogni credente nella verità *deve essere unica.* Tutte le vostre piccole differenze che suscitano lo spirito combattivo tra fratelli, sono espedienti di Satana per distogliere le menti dalla grande e temibile questione che abbiamo davanti".

Dobbiamo permettere a Satana di imbrogliarci? Fratelli, sapete che nelle cose di questo mondo è brutto essere imbrogliati; ma quando un uomo vi imbroglia nel modo più meschino e infinitesimale, vi sentite peggio che se lo avesse fatto in qualsiasi altro modo, non è vero? [Ora Satana suscita queste piccole differenze che non hanno una particella di merito o di principio, se fossero portate all'estremo. Tuttavia, egli attira i nostri sguardi su queste cose e crea una grande agitazione nella Chiesa, distogliendo così la nostra mente da queste questioni spaventose che incombono sulle nostre teste. Ora, è già abbastanza brutto essere imbrogliati, ma quando ci lasciamo imbrogliare in un modo così meschino, piccolo e insignificante, è peggio. Allora smettiamo.

> "La vera pace arriverà tra il popolo di Dio quando, attraverso lo zelo unito e la preghiera sincera, la falsa pace, che esiste in larga misura, sarà disturbata. ... Coloro che sono sotto l'influenza dello spirito di Dio non saranno fanatici, ma calmi, fermi, privi di stravaganze. Ma tutti coloro che hanno avuto la luce della verità che brilla chiara e distinta sul loro cammino, facciano *attenzione a* come gridano: "Pace e sicurezza". *Fate attenzione a* come fate la prima mossa per sopprimere i messaggi della verità. *Fate attenzione* all'influenza che esercitate in questo momento. Coloro che professano di credere alle verità speciali per questo tempo devono essere convertiti e santificati dalla verità. Come cristiani siamo stati creati depositari della verità sacra e non dobbiamo tenere la verità nel cortile esterno, ma portarla nel santuario dell'a-

> nima. Allora la chiesa avrà una vitalità divina in tutto il suo insieme. Il debole sarà come Davide e Davide come l'angelo del Signore".

Allora confessiamo la nostra debolezza e scopriamo al più presto che siamo deboli. "I deboli saranno come Davide", e la loro debolezza è unita alla forza di Cristo.

> "Una sola domanda sarà assorbente: chi si avvicinerà di più alla somiglianza con Cristo?".

Questo è l'unico punto, non chi sarà il più grande nella Conferenza, o chi sarà il più grande nella Chiesa, o chi avrà questa o quella posizione nella Chiesa, o nel Comitato della Conferenza. Non è questo. Ma: "Chi si avvicinerà di più alla somiglianza di Cristo?".

> "Chi farà di più per conquistare le anime alla giustizia? *Quando questa è l'ambizione dei credenti, la* contesa ha fine; *la preghiera di Cristo è esaudita*".

Fratelli, questo è il punto in cui ci troviamo.

> Quando lo Spirito Santo fu riversato sulla Chiesa primitiva, "tutta la moltitudine di coloro che avevano creduto era di un solo cuore e di una sola anima". *Lo Spirito di Cristo li rese una cosa sola.* Questo è il frutto della permanenza in Cristo. Ma se il frutto che portiamo è il dissenso, l'invidia, la gelosia e la lotta, non è possibile che stiamo vivendo in Cristo".

Poi quel passaggio che ho letto una o due volte:—

> "Gesù desidera conferire in larga misura il dono celeste al suo popolo. ... Quanto grande e diffuso deve essere il potere del principe del male, che può essere soggiogato solo dalla potente forza dello Spirito. L'infedeltà a Dio, la trasgressione in ogni sua forma, si è diffusa nel nostro mondo. *Coloro che vorrebbero conservare la loro fedeltà a Dio, che sono attivi nel suo servizio*, diventano il bersaglio di ogni asta e arma dell'inferno".

Questo ci porta alla lezione delle sere precedenti, ovvero che non possiamo stare in piedi se non abbiamo Cristo.

> "Se coloro che hanno avuto una grande luce non hanno una fede e un'obbedienza corrispondenti, diventano presto lievitati dall'apostasia prevalente; un altro spirito li controlla. Pur essendo stati esaltati in cielo in termini di opportunità e privilegi, si trovano in una condizione peggiore dei più zelanti sostenitori dell'errore".

"Coloro che hanno avuto una grande luce", se "non hanno corrisposto alla fede e all'obbedienza", "sono in una condizione peggiore dei più zelanti sostenitori dell'errore". Questo siamo io e voi. Il giudizio inizia nella casa di Dio. Quando quei messaggeri attraversarono la città per colpire e uccidere completamente, gli fu consigliato di iniziare dagli uomini antichi davanti alla casa (Ez 9:5–7); e se noi siamo in una condizione peggiore "dei più zelanti sostenitori dell'errore", allora il giudizio *deve* iniziare da noi.

> "Ci sono molti che si sono così preparati all'inefficienza morale nella grande crisi".

Ci fermeremo qui con questa lezione e la riprenderemo alla prossima lezione, visto che il tempo è scaduto.

Il Messaggio del Terzo Angelo – n. 9

A. T. Jones
Stampato nel Bollettino quotidiano della Conferenza generale, 7 febbraio 1893, pp. 178–185.

Alcuni hanno detto che non riescono a capire come un uomo possa riconoscersi miserabile, povero, cieco e nudo, e non saperlo, e allo stesso tempo gioire nel Signore. Ebbene, vorrei sapere come può farlo chiunque altro. Vorrei sapere come fa un uomo a gioire nel Signore quando pensa di essere a posto con se stesso. Lo sai? Non riesco a immaginarlo. Ma quando un uomo sa di essere ciò che il Signore dice che è, e lo riconosce, e poi scopre che il Signore è così buono che lo prenderà così com'è, e lo adatterà a stare alla presenza di Dio per tutta l'eternità, allora quell'uomo ha qualcosa per cui gioire. Non può fare altro.

Perché, fratelli, il Signore non ci salva perché siamo così buoni, ma perché *Lui* è così buono. Non dimenticatelo. Non ci salva e non ci benedice nell›opera di Dio perché siamo così buoni, ma perché *Lui* è buono e noi siamo cattivi. E la cosa più bella è che ci benedice così tanto quando siamo così cattivi. E la gioia dell›intera faccenda è che Egli ci salva e ci fa riflettere la sua immagine, per quanto cattivi siamo. *È qui* che viene la gioia.

Ebbene, per quanto riguarda la comprensione di questo, non posso capirlo, ma so che è così, e questo è tutto ciò che mi interessa. Ci vorrà l'eternità per spiegarlo in modo che possiamo capirlo; ma finché so che *è così*, non ho intenzione di preoccuparmi di *come* il Signore possa farlo o se io possa capirlo. E voi? [Congregazione: "No"].

C'è un altro punto da tenere a mente: coloro che non riescono a vedere che è così. Fratelli, ripetete al Signore che è così e poi lo vedrete. Non lo capirete, ma lo vedrete. Non riuscirete a capire *come* possa essere, ma riuscirete a vedere che è un dato di fatto: è l'unico modo per farlo. Posso vederlo finché me ne tengo lontano? No. È una cosa che riguarda il cuore, e non si può vedere con gli occhi; si deve vedere con il cuore, ed è solo lo Spirito di Dio che dà il balsamo agli occhi che permette di vederlo. Ecco qualcosa che non lo *spiegherà*, ma forse vi aiuterà a capire un po' meglio l'idea. Nella "Testimonianza n. 31", a pagina 44, leggo queste parole: "La testimonianza di Dio non è una cosa che si può spiegare, ma forse vi aiuterà a capire meglio l'idea.

"Siete in Cristo? No, se non vi riconoscete peccatori erranti, impotenti e condannati".

Questo è ciò che alcuni fratelli dicono di non riuscire a vedere. Dicono: "Non riesco a capire come, se sono in Cristo, devo riconoscermi un peccatore impotente e disfatto; pensavo che se fossi stato in Cristo, allora avrei potuto ringraziare il Signore di essere buono, senza peccato, completamente perfetto, santificato e tutto il resto". Ma no. Lo è. Quando siete in Cristo, *Lui* è perfetto, è giusto, è santo e non sbaglia mai, e *la sua santità vi viene imputata, vi viene* data. La sua fedeltà, la sua perfezione *è mia*, ma *io* non sono *questo*.

Forse si può capire meglio questo pensiero attraverso la parola che tutti conosciamo, in 1 Cor. 1:30: "Il quale (Cristo) da Dio ci è stato fatto sapienza, giustizia, santificazione e redenzione". Allora dov'è la mia giustizia? In Cristo. Dov'è la mia sapienza? In Cristo. Dov'è la mia santificazione? In Cristo. Dov'è la mia redenzione? In Cristo.

Oh sì, *ma* quando vengo a Lui per la saggezza e gliela chiedo e Lui me la dà, non posso vantarmi e dire: "Sono saggio"? No, non è vero. Nel momento in cui lo dico, sono uno sciocco più grande di quanto non lo sia mai stato prima in questo mondo. Perché cedendo al Signore, Egli si è degnato di starmi accanto e di darmi *la sua* saggezza, affinché mi conduca e mi guidi nelle vie della saggezza e affinché io cammini nella via giusta. Avendo fatto questo, posso poi *vantarmene* e dire: "Ora sono saggio"? Non capite, nella natura delle cose, che sarebbe la più grande sciocchezza che mi abbia mai colpito. *È stato Lui* a farlo; mi ha aiutato, mi ha dato *la sua* saggezza, è *stato* la mia saggezza. Quando non camminavo con saggezza, mi ha dato la sua saggezza; la sua saggezza mi ha guidato, la sua saggezza si è impadronita della mia mente e del mio cuore e mi ha guidato e mantenuto nelle vie della saggezza. Allora *Lui* è la mia saggezza e *io* non ho alcuna saggezza, ma la *Sua* saggezza. Non capite? Ora prendete le cose in questo modo e poi saprete che è un dato di fatto.

"Ti guiderò con il *mio* occhio". Quando dice che mi guida con il *suo* occhio, rispondo che è il *suo* occhio a guidare voi e me, e non i nostri occhi. Allora l'unica cosa da fare è lasciarsi andare, completamente, completamente, e lasciarsi andare a Lui, completamente e completamente, affinché Lui sia tutto e in tutti noi.

Perciò *Egli* è la nostra sapienza, la nostra santificazione, la nostra redenzione e la nostra giustizia. Egli è la mia soddisfazione dove sono misero; Egli è il mio conforto dove sono miserabile; Egli è la mia vista dove sono cieco; Egli è la mia ricchezza dove sono povero; Egli è la mia conoscenza dove non so.

E ora, a proposito del pensiero di ieri sera, alcuni hanno pensato che mi stessi spingendo troppo oltre. Potrebbero dire: va bene quando Lui dice: "Sei un miserabile", io dico che sono un miserabile. Quando Lui dice: "Sei povero", io dico che sono povero. Quando dice: "Sei cieco", dico: "Sono cieco". E quando dice: "Non lo sai", devo dire: "Lo *so*"? No, no. Quando Lui dice: "Tu non lo sai", io devo dire: "Io *non* lo so". Non mettete delle costruzioni sulla Sua strada. Quando dico che sono miserabile, miserabile, povero, cieco e nudo e Lui dice che non lo so, dico: "Signore, non lo so". Questo ci porta dritti al testo con cui abbiamo iniziato quella sera: "Se qualcuno *pensa di sapere qualcosa, non sa ancora nulla* di ciò che dovrebbe sapere". Non so ancora, finché ho riconosciuto questa cosa, non so ancora quanto sono miserabile, povero, cieco e nudo, se Lui mi mostrasse così come sono. Se prendiamo il messaggio di Laodicea così come Egli lo pronuncia, riceveremo tutto ciò che Egli ha in esso. Allora, fratelli, è a questo che è destinato. È proprio questo lo scopo del messaggio di Laodicea. Lasciate che faccia la sua opera a modo suo. Guardate qui. Notiamo questa testimonianza nel Vol. 1, alle pagine 186 e 187. È stata resa nel 1859

> "Mi è stato mostrato che la testimonianza ai Laodicesi si applica al popolo di Dio nel momento attuale e che il motivo per cui non ha compiuto un'opera maggiore *è la durezza del loro cuore*. Ma Dio ha dato al messaggio il tempo di compiere la sua opera. Il cuore deve essere purificato dai peccati che per tanto tempo hanno escluso Gesù. *Questo messaggio pauroso farà la sua opera*. Quando è stato presentato per la prima volta, ha portato a un attento esame del cuore".

Questo è ciò che farà in questo momento. Lasciamo che faccia il suo lavoro allora. Ma è passato un po' di tempo da quando è stato presentato per la prima volta. Leggo ancora:—

> "I peccati furono confessati e il popolo di Dio si agitò ovunque. Quasi tutti credevano che questo messaggio sarebbe terminato con il forte grido del terzo angelo. Ma non vedendo la potente opera compiuta *in breve tempo*, molti hanno perso gli effetti del messaggio".

Vi rinunciarono, come dice questa testimonianza, non ancora pubblicata: "Non è un'idea che si possa fare, ma un'idea che si possa fare.

> "I peccati di Israele devono essere giudicati prima. Ogni peccato deve essere confessato al santuario, *poi l'opera si muoverà*, deve essere fatta *ora*. L'ultima pioggia sta arrivando su coloro che sono puri—tutti, quindi, la riceveranno come prima. Nessuno riceve l'ultima pioggia se non chi fa tutto il possibile. Cristo ci aiuterà. Tutti possono essere vincitori per la grazia di Dio attraverso il sangue di Gesù. Tutto il cielo è interessato all'opera. Gli angeli sono interessati.
>
> "Dio può fare di loro un'armata contro i loro nemici. *Vi arrendete troppo in fretta. Lasciate andare* troppo presto quel braccio! Il braccio di Dio è potente. Satana lavora in diversi modi per rubare la mente a Dio. Vittoria, vittoria! Dobbiamo averla su ogni errore. Un solenne sprofondamento in Dio. Preparati. Metti in ordine la tua casa".

Ma quando è stata presentata per la prima volta, poiché non svolgeva l'opera "in breve tempo", hanno detto: "Il tempo non è arrivato", e così hanno rinunciato e l'hanno persa. Di nuovo leggo da Testimonianza, Vol. 1, pagina 186:—

> "Ho visto che questo messaggio non avrebbe compiuto la sua opera in pochi mesi. È stato concepito per *risvegliare* il popolo di Dio, per *scoprire i suoi errori* e per indurlo a uno *zelante pentimento*, *affinché sia* favorito *dalla presenza di Gesù* e *sia preparato per il forte grido* del terzo angelo. Questo messaggio colpì il cuore e portò a una profonda umiltà davanti a Dio. Gli angeli furono inviati in ogni direzione per preparare i cuori increduli alla verità".

È lì che ci troviamo. Mentre questo messaggio ci prepara al grido forte, Dio manda angeli ovunque per preparare le persone alla verità. E quando usciremo da questa Conferenza con questo messaggio così com'è ora, il popolo lo sentirà.

> "La causa di Dio cominciò a sollevarsi e il suo popolo era consapevole della propria posizione. Se il consiglio del Vero Testimone *fosse stato ascoltato appieno*, Dio avrebbe agito per il Suo popolo con maggiore potenza. Tuttavia, gli sforzi compiuti da quando è stato dato il messaggio sono stati benedetti da Dio e molte anime sono state portate dall'errore e dalle tenebre a gioire nella verità. Dio metterà alla prova il Suo popolo".

Il punto particolare che volevo leggere è questo, che è per prepararci affinché "possiamo essere favoriti dalla presenza di Gesù ed essere adatti al forte grido del terzo angelo". Allora cos'è che ci prepara al forte grido del terzo angelo? Il messaggio di Laodicea.

Ora, fratelli, il passo che stavo leggendo ieri sera ci dà la ragione per cui è così importante avere questa unzione degli occhi con il salvifico per gli occhi *proprio adesso*. Ieri sera avevo semplicemente letto il passo. Lo rileggerò ora per un ulteriore utilizzo.

> "Se coloro che hanno avuto una grande luce, non hanno una fede e un'obbedienza corrispondenti, diventano presto lievitati dall'apostasia prevalente; un altro spirito li controlla. Pur essendo stati esaltati in cielo in termini di opportunità e privilegi, si trovano in una condizione peggiore dei più zelanti sostenitori dell'errore. Molti si sono così preparati all'inefficienza morale nella grande crisi".

Vi siete "preparati" all'inefficienza morale in questo periodo? L'ho fatto?

> "Sono esitanti e indecisi. Altri che non hanno avuto una luce così grande, che non si sono mai identificati con la verità, sotto l'influenza dello Spirito risponderanno alla luce quando questa risplenderà su di loro. La verità che ha perso il suo potere su coloro che hanno a lungo trascurato il suo prezioso insegnamento, appare bella e attraente a coloro che sono pronti a camminare nella luce".

Quello che vogliamo studiare ora è il punto che *molti* si sono "preparati all'inefficienza morale in questa grande crisi". Vogliamo sapere a cosa corrisponde questa "inefficienza morale", qual è il pericolo e come ci siamo finiti, non è vero? Se mi trovo in quel posto, non voglio forse sapere cosa significa questa "inefficienza morale", qual è il pericolo che comporta e come ci sono finito dentro? La difficoltà sta nel portare le persone dove vedranno ciò di cui hanno bisogno. Il Signore ci porterà fuori ogni volta. Ci mostra la strada. Ma la prima cosa da fare è capire il pericolo e poi come ci siamo finiti dentro. Studiamo questo aspetto. Andiamo avanti, e vogliamo farlo con lo stesso spirito con cui abbiamo studiato questa lezione ieri sera, perché è tutta una lezione.

In Testimonianze speciali, "*Danger in Adopting Worldly Policy in the Work of God*", pagina 5, ho letto queste parole:—

> "Già nel 1882 sono state presentate al nostro popolo testimonianze di estremo interesse su punti di vitale importanza, per quanto riguarda l'opera e lo spirito che dovrebbe caratterizzare i lavoratori. Poiché questi avvertimenti sono stati trascurati, gli stessi mali che essi indicavano sono stati coltivati da molti, ostacolando il progresso dell'opera e mettendo in pericolo molte anime... Coloro che sono autosufficienti, che non sentono la necessità di una preghiera e di una vigilanza costanti, *saranno irretiti*. Le sentinelle di Dio devono diventare *partecipi della natura divina* attraverso una fede viva e una preghiera sincera, altrimenti si troveranno a lavorare per Dio, ma in realtà a servire il principe delle tenebre".

Questa è una posizione spaventosa in cui trovarsi. Una persona che pensa di "lavorare per Dio" e invece è al servizio del nemico! Chi si troverà in questa posizione? Chi non ha una fede sincera, chi non ha ceduto tutto e non ha Cristo, cioè chi non ha ascoltato il messaggio di Laodicea.

Inoltre:—

> "Poiché i loro occhi non sono unti con il salvifico celeste, la loro intelligenza sarà accecata e ignoreranno i meravigliosi espedienti del nemico".

Fratelli, siamo nel tempo, e lo saremo da questo momento fino alla fine del mondo, in cui possiamo essere portati in qualsiasi ora o giorno in un luogo in cui, se aspettiamo di ragionare, siamo perduti. Prenderemo la parte sbagliata; proprio come se aspettassimo di ragionare, prenderemo la parte sbagliata. Possiamo discernerlo solo grazie a quel celestiale balsamo per gli occhi grazie al quale "Conoscerete la verità" e, non appena la cosa viene suggerita, potete vedere la strada davanti a voi. Ci troveremo in luoghi in cui la causa di Dio, in cui l'onore della causa di Dio dipenderà da ciò che voi o io diremo; e i vantaggi che il nemico può avere su di noi, dipenderanno da ciò che voi o io diremo. E in questi tempi, che sono continui, se voi e io non vediamo e non abbiamo lo Spirito celeste che ci dà la parola giusta da dire, diremo la parola sbagliata, e questo getterà tutti i nostri fratelli sulla difensiva, e ogni anima di noi sarà in svantaggio, perché il nemico sta arrivando a quel punto in cui scruta ogni posizione che prendiamo.

Il nemico sta osservando ogni posizione che prendiamo, al solo scopo di pervertirla e di metterci in una posizione di svantaggio. Voi e io abbiamo bisogno di qualcosa di più della saggezza umana o della nostra ragione per sapere come prendere la posizione giusta. Ci troveremo in posti in cui l'onore della causa dipenderà da noi. Verranno poste domande che non avete mai sentito in vita vostra. Davanti a un comitato, a un'assemblea legislativa o a qualcosa del genere, in un luogo in cui Dio ci ha chiamati e ci ha dato l'opportunità di diffondere la luce e la verità, potrebbe essere posta una domanda che non avete mai sentito in vita vostra. Dovrete sapere in quel *momento* quale risposta dare, non avrete il tempo di pensarci o ragionarci sopra. Verranno poste domande per le quali, se vi prendete del tempo e vi soffermate a ragionare, è probabile che la ragionevolezza della cosa appaia esattamente l'opposto di ciò che lo Spirito di Dio direbbe al riguardo; perché le Sue vie non sono le nostre vie.

E, fratelli, non sto parlando a caso: Alcune di queste cose sono state effettivamente fatte, e oggi voi e io siamo in svantaggio, e ci sono pesi che sono stati messi su di voi e su di me e che dovremo sopportare, proprio a causa della cecità di alcuni Avventisti del Settimo Giorno. Ecco dove ci troviamo. E quando i nostri nemici si impadroniranno di queste cose, se purtroppo lo faranno, e le porteranno contro di voi e contro di me per compromettere la nostra posizione quando sosteniamo la verità come è in Cristo, dovremo semplicemente ripudiare il tutto e dichiarare che non è la verità, anche se proviene da un Avventista del Settimo Giorno. È una posizione spaventosa in cui trovarsi. Non voglio metterti lì, non voglio che tu mi metta lì e so che tu non vuoi mettermi lì. Allora sia tu che io abbiamo bisogno dell'unzione celeste per sapere cosa dire e cosa fare in un momento. "Ungi i tuoi occhi perché tu possa vedere".

Qui, a pagina 7, c'è la parola:—

> "Coloro che credono nella verità devono essere come sentinelle fedeli sulla torre di guardia, o Satana suggerirà loro ragionamenti speciosi, ed essi daranno voce a opinioni che tradiranno sacre e sante confidenze".

Ma quale sacra e santa fiducia abbiamo? La causa di Dio, l'opera del messaggio del terzo angelo, non è forse l'unica fiducia che abbiamo? Allora, quando voi e io tradiamo le sacre e sante confidenze, cosa tradiamo? Tradiamo il messaggio del terzo angelo. E tradiamo ogni fratello che abbiamo, mettendolo in una posizione di svantaggio, vendendolo nelle mani del nemico. Vorrei sapere perché io e voi non abbiamo bisogno di camminare dritti.

[Una voce: Non c'è un passaggio in cui si dice che lo Spirito di Dio ci dirà cosa dire?]

Pastore Jones: Esattamente, ed è proprio questo il punto. Questa esortazione è che dobbiamo dipendere dallo Spirito di Dio, ed essere sicuri di averlo; non trascurare gli insegnamenti dello Spirito di Dio, né la via dello Spirito di Dio. A pagina 13 si fa riferimento a Elia: "Non è un'esortazione a dipendere dallo Spirito di Dio e ad essere sicuri di averlo.

> "Elia si indebolisce davanti al re? Si rannicchia, si rannicchia e ricorre alle lusinghe per placare i sentimenti del sovrano infuriato? Israele ha pervertito la sua strada e ha abbandonato il sentiero della fedeltà a Dio, e ora il profeta, per preservare la sua vita, deve tradire la sacra e santa fiducia? Profetizza cose facili per compiacere il re e ottenere il suo favore? Eluderà la questione? Nasconderà al re la vera ragione per cui i giudizi di Dio si abbattono sulla terra d'Israele?".

Che cosa significa per noi? Non siamo forse nel tempo di Elia? Non dobbiamo essere scacciati come lo fu Elia? Il fuoco non scenderà forse dal cielo *contro* la verità come scese lì per la verità di Dio? Non saremo forse scacciati e protetti dagli angeli come lui? E non saremo tradotti come lui? Non siamo forse in piedi come lui? Allora non dobbiamo avere la *fede* che aveva lui? C'è una parola molto importante per noi su questo argomento nella "Testimonianza n. 32", a pag. 139:—

> "È sempre così che Satana trionfa? Oh, no! La luce riflessa dalla croce del Calvario indica che deve essere compiuta un'opera più grande di quella che i nostri occhi hanno ancora visto. "Il terzo angelo, che vola in mezzo al cielo e annuncia i comandamenti di Dio e la testimonianza di Gesù, rappresenta la nostra opera. Il messaggio non perde nulla della sua forza nel volo dell'angelo, perché Giovanni lo vede aumentare in forza e potenza fino a quando tutta la terra sarà illuminata dalla sua gloria. Il cammino del popolo di Dio che osserva i comandamenti è in avanti, sempre in avanti. Il messaggio di verità che portiamo deve andare alle nazioni, alle lingue e ai popoli. Presto andrà a gran voce e la terra sarà illuminata dalla sua gloria".

Ora la parola viene, non che è presto per andare, ma che è "iniziata" e "va" a gran voce.

> "Ci stiamo preparando per questa grande effusione dello Spirito di Dio? Le agenzie umane devono essere impiegate in quest'opera. Lo zelo e l'energia devono essere intensificati; i talenti che stanno arrugginendo a causa dell'inattività devono essere messi al servizio. La voce che dice: "Aspettate, non lasciatevi imporre dei pesi" è la voce delle spie codarde. Ora vogliamo Caleb, che si spinga al fronte, capi d'Israele che con parole coraggiose facciano un rapporto forte a favore di un'*azione immediata*".

Chi entrò nella terra di Canaan? [Gli uomini che dissero di poter entrare. E poiché Dio era con loro, entrarono nel paese quando tutti gli altri caddero nel deserto. Andarono con i loro fratelli in via di estinzione, mentre vagavano a causa della loro incredulità per tutti i trentotto anni. Ma Dio aveva promesso: "Entrerete". Chi entrerà ora nel paese? Non ci è stata forse letta la testimonianza che, come Israele era ai confini di Canaan, così siamo noi? Chi entrerà? Coloro che "fanno una forte relazione a favore di un'azione immediata". Essi entreranno; Dio lo dice. Può darsi che i dubbiosi e i timorosi indugino e facciano indugiare la causa di Dio, ma non temete: Dio ha promesso che entreremo; i Caleb entreranno. Questo è deciso.

> "Quando il popolo egoista, facilone e in preda al panico, temendo alti giganti e mura inaccessibili, chiede a gran voce di ritirarsi, si faccia sentire la voce dei Caleb, anche se i vigliacchi stanno con le pietre in mano, pronti a colpirli per la loro testimonianza".

Perché siamo qui? Nelle lezioni che abbiamo seguito finora abbiamo capito che non dobbiamo avere paura di tutte le potenze di questo mondo e delle potenze dei nemici che si oppongono a noi e alla causa di Dio. Lo abbiamo visto nelle lezioni qui riportate. Ora questo ci porta al punto in cui dobbiamo essere fedeli al messaggio di Dio e non temere nemmeno gli avventisti del settimo giorno codardi. Questo è il punto in cui Dio vuole che stiamo. Vuole che sappiamo qual è il messaggio ora. Vuole che diamo il messaggio così com'è ora, e se ci sono quelli che vi picchiano con pietre e bastoni in mano, e vi rimproverano o cose del genere, ringraziate Dio che ora è il momento di "agire immediatamente".

Un'altra parola o due da questa Testimonianza speciale, pag. 6

> "Mi è stato mostrato che le follie di Israele ai tempi di Samuele si ripeteranno tra il popolo di Dio oggi, a meno che non ci sia una maggiore umiltà, meno fiducia in se stessi e più fiducia nel Signore Dio d'Israele, il sovrano del popolo".

Nello stesso capitolo leggo ancora:—

> "Devono essere sbozzati dai profeti con rimproveri, avvertimenti, ammonizioni e consigli, affinché siano modellati secondo il modello divino".

A pagina 4 ho letto ancora:—

> "Il mondo non deve essere il nostro criterio. Lasciamo che il Signore lavori; lasciamo che la voce del Signore sia ascoltata. Coloro che sono impegnati in un qualsiasi settore dell'opera di trasformazione del mondo non devono allearsi con coloro che non conoscono la verità. Il mondo non conosce il Padre o il Figlio e non ha alcun discernimento spirituale sul carattere del nostro lavoro, su ciò che dobbiamo o non dobbiamo fare. Dobbiamo obbedire agli ordini che vengono dall'alto. Non dobbiamo ascoltare i consigli o seguire i piani suggeriti dai non credenti. I suggerimenti di coloro che non conoscono l'opera che Dio sta compiendo in questo tempo saranno tali da indebolire il potere degli strumenti di Dio. Accettando tali suggerimenti, il consiglio di Cristo viene vanificato".

Perché questo avvertimento? C'è un pericolo se seguiamo le vie del mondo? Se non ci fosse un pericolo, Dio non ci avrebbe detto che c'è. C'è il pericolo che ci alleiamo con le organizzazioni mondane o che ne prendiamo il modello? Una persona fonda un'organizzazione mondana e *si* mette a capo di essa, e poi, visto che ha un po' di successo grazie alla "temperanza" o alla "moralità" o a qualcosa del genere, pensiamo di doverla imitare e di doverne seguire i progetti.

Dio ha qualcosa di meglio. Vuole che ascoltiamo i piani che vengono dall'alto. Ci ha detto molto tempo fa che, sebbene alcune di queste organizzazioni possano avere cose di per sé abbastanza buone—la temperanza è stata menzionata come una di esse—ma finché sono alleate al marchio della bestia, alle istituzioni domenicali, che lavorano per questo, e per leggi che costringono le persone e forzano la coscienza, non possiamo unirci a loro. Questa testimonianza c'è stata per tutti gli otto anni che conosco; nove anni ormai quasi. Ciò che il Signore vuole siamo *noi*, e la domanda da porsi in questo momento è: ci vuole? Ci vuole per usarci? Saremo pienamente sottomessi alla Sua volontà, ascolteremo gli ordini dall'alto e obbediremo a questi ordini?

C'è una parola su questo punto nel Vol. I delle Testimonianze, a pag. 183, che parla della causa quando inizia il grido forte: "Il grido è un'altra cosa".

> "Tutti sembravano avere un profondo senso della loro indegnità e manifestavano un'intera sottomissione alla volontà di Dio".

A pagina 2 della Testimonianza, "*Danger of Adopting Worldly Policy in the Work of God*", leggo queste parole:—

> ""Ho qualcosa contro di te, perché hai abbandonato il tuo primo amore. Ricordati dunque da dove sei caduto, ravvediti e compi le prime opere; altrimenti verrò subito da te e toglierò il tuo candelabro dal suo posto, se non ti ravvedi". Colui che pianse sull'Israele impenitente, constatando la loro ignoranza di Dio e di Cristo, il loro Redentore, guardò al cuore dell'opera di Battle Creek. [Ma, fratelli, ora siamo a Battle Creek e questo significa noi. Questo stesso Redentore sta guardando a noi"]. Il popolo era in grave pericolo, ma alcuni non lo sapevano. L'incredulità e l'impenitenza accecavano i loro occhi e confidavano nella saggezza umana per guidare gli interessi più importanti della causa di Dio".

E dalla Testimonianza intitolata "Ai fratelli in posizioni di responsabilità", a pag. 10, leggo queste parole:—

> "L'apostasia originale è iniziata con l'incredulità e la negazione della verità. Dobbiamo fissare l'occhio della fede su Gesù. Quando arriveranno i giorni, come sicuramente accadrà, in cui la legge di Dio sarà resa nulla, lo zelo dei veri e dei leali dovrebbe aumentare con l'emergenza, e dovrebbe essere più caldo e deciso, e la loro testimonianza dovrebbe essere più positiva e inflessibile".

E a pagina 12 leggiamo:—

> "Ci sono persone che si sono vantate della loro grande prudenza nel ricevere la "nuova luce", come la definiscono; ma sono accecate dal nemico e non riescono a discernere le opere e le vie di Dio. La luce, la preziosa luce, viene dal cielo e loro si schierano contro di essa. E poi? Questi stessi accetteranno messaggi che Dio non ha mandato, e *così diventeranno persino pericolosi per la causa di Dio*, perché stabiliscono falsi standard".

E ancora,

> "Hanno bisogno dell'unzione celeste per comprendere ciò che è luce e verità".

Questo significa per voi e per me. Soprattutto per me. Vi dico che una buona cosa da fare, se non l'avete ancora fatto, è leggere l'articolo della prima pagina della Rivista del 7 febbraio. Parla in modo esauriente di questo argomento. Leggerò alcune frasi

> "Metterci in una posizione in cui sembriamo cedere è una posizione nuova per questo popolo. È una nuova esperienza, un allontanamento dai principi a cui abbiamo aderito, che ci hanno reso ciò che siamo oggi, un popolo che Dio ha prosperato, un popolo che ha il Signore degli eserciti con sé. ... Voi che avete un legame con le cose sacre, Dio vi chiede di stare attenti a dove mettete i piedi. Egli vi ritiene responsabili

della luce della verità, affinché essa risplenda al mondo con raggi chiari e distinti. Il mondo non vi aiuterà mai con i suoi espedienti a far risplendere la vostra luce... Tutti coloro che detengono la verità dovrebbero tenerla con rettitudine e apprezzarne il valore e la sacralità... Abbiamo bisogno della saggezza e dell'abilità divine per migliorare ogni occasione che la provvidenza di Dio preparerà per la presentazione della verità".

Migliorare l'opportunità, non tradirla, né fallire quando l'opportunità viene offerta perché non si è preparati. Per cosa siamo qui se non siamo preparati? Cosa siamo io e voi come ministri—come ministri avventisti del settimo giorno, ministri che portano il messaggio del terzo angelo—per cosa siamo qui, se non siamo preparati, quando Dio ci chiama e ci dà un'opportunità?

"Non permettiamo che la paura dell'uomo, il desiderio di patrocinio, oscurino un raggio della luce del cielo. Se le sentinelle della verità dovessero ora mancare di lanciare l'avvertimento, sarebbero indegne della loro posizione di portatori di luce al mondo; ma se lo stendardo dovesse cadere dalle loro mani, il Signore susciterà altri che saranno fedeli e leali.

"Richiederà il coraggio morale di compiere l'opera di Dio senza esitazioni. Chi lo fa non può dare spazio all'amor proprio, a considerazioni egoistiche, all'ambizione, all'amore per l'agio o al desiderio di evitare la croce. ... Alcuni possono non essere apparentemente coinvolti nel conflitto da una parte o dall'altra. Non sembrano schierarsi contro la verità, ma non si schierano coraggiosamente per Cristo, per paura di perdere i propri beni o di subire un rimprovero. *Tutti costoro sono annoverati tra i nemici di Cristo*".

È giunto il momento in cui gli amici di Cristo devono essere conosciuti. E se è un Avventista del Settimo Giorno a essere messo in discussione per la sua posizione in Cristo e nel messaggio, fate conoscere la vostra amicizia in Cristo stando al suo fianco.

Ora abbiamo qualche minuto per parlare di come ci siamo trovati in questa posizione, di come questi pericoli ci siano venuti addosso.

Vi ricordate l'altra sera, mentre leggevo il secondo capitolo di Gioele, che uno dei fratelli, quando ho letto il 23° versetto, il fratello Corliss ha richiamato l'attenzione sul margine. Ve lo ricordate? E io dissi che avremmo usato il margine in un altro momento. Ora giratevi tutti e leggete il margine. Il versetto 23 dice: "Rallegratevi dunque, figli di Sion, ed esultate nel Signore, vostro Dio, perché vi ha dato *la pioggia precedente*, moderatamente". Qual è il margine? "Un maestro di giustizia". Vi ha dato "un maestro di giustizia". Come? "Secondo la giustizia". "Ed Egli farà scendere per voi la pioggia"; e allora che cosa sarà? Quando ha dato la pioggia precedente, che cos'era? "Un maestro di giustizia". E quando darà l'ultima pioggia, cosa sarà? "Un maestro di giustizia". Come? "Secondo la giustizia". Allora non è proprio quello che la testimonianza ci ha detto in quell'articolo che vi è stato letto più volte? "Il forte grido del terzo angelo", l'ultima pioggia è già iniziata, "nel messaggio *della giustizia di Cristo*". Non è forse quello che ci ha detto Gioele molto tempo fa? Non ci è stato impedito di vedere? Non avevamo forse bisogno dell'unzione? Fratelli, di che cosa mai abbiamo tanto bisogno? Quanto dovremmo essere contenti che Dio abbia mandato il suo Spirito nei profeti per mostrarci, quando noi non vedevamo! Quanto dovremmo essere infinitamente felici per questo!

Ebbene, quest'ultima pioggia—il grido forte—secondo la testimonianza e secondo la Scrittura, è "l'insegnamento della giustizia" e "secondo la giustizia". Ora, fratelli, quand'è che questo messaggio della giustizia di Cristo è iniziato con noi come popolo? [Uno o due presenti: "Tre o quattro anni fa"] Quali sono stati, tre? O quattro? [Congregazione: "Quattro"] Sì, quattro. *Dove* è stato? [Cosa hanno rifiutato i fratelli a Minneapolis? [Che cos›è questo messaggio di giustizia? La Testimonianza ci ha detto che cos›è: il forte grido, l›ultima pioggia. Allora cosa hanno rifiutato i fratelli in quella posizione di paura in cui si trovavano a Minneapolis? Hanno rifiutato l›ultima pioggia, il forte grido del messaggio del terzo angelo.

Fratelli, non è un peccato? Naturalmente i fratelli non sapevano di farlo, ma lo Spirito del Signore era lì per dire loro che lo stavano facendo, non è vero? Ma quando hanno rifiutato il forte grido "l'insegnamento della giustizia" e lo Spirito del Signore, tramite il Suo profeta, è stato lì a dirci cosa stavano facendo, che cosa è successo? Oh, allora hanno semplicemente messo da parte questo profeta con tutti gli altri. Questa è stata la cosa successiva. Fratelli, è tempo di pensare a queste cose. È tempo di pensare con sobrietà, di pensare con attenzione.

A pagina 8 di "*Danger in Adopting Worldly Policy in the Work of God*", leggo quanto segue.

> "Come Intercessore e Avvocato dell'uomo, Gesù guiderà tutti coloro che sono disposti a farsi guidare, dicendo: "Seguitemi verso l'alto, passo dopo passo, *dove splende la chiara luce del Sole della giustizia*". Ma non tutti seguono la luce. Alcuni si allontanano dal sentiero sicuro, che ad ogni passo è un sentiero di umiltà. Dio ha affidato ai Suoi servi un messaggio per questo tempo; ma questo messaggio non coincide in ogni particolare con le idee di tutti gli uomini di spicco, e alcuni criticano il messaggio e i messaggeri. *Osano persino respingere le parole di rimprovero inviate loro da Dio attraverso il Suo Spirito Santo*".

Sapete chi è stato. Non voglio che guardiate a qualcun altro. Sapete se siete stati voi stessi a farlo o meno. E, fratelli, è giunto il momento di riprendere questa sera ciò che abbiamo rifiutato. Nessuna anima di noi ha mai potuto sognare la meravigliosa benedizione che Dio ha avuto per noi a Minneapolis e di cui avremmo goduto in questi quattro anni, se i cuori fossero stati pronti a ricevere il messaggio che Dio ha inviato. Saremmo stati quattro anni avanti, saremmo stati nel mezzo delle meraviglie del grido forte, questa sera. Lo Spirito di profezia non ci ha forse detto in quel momento che la benedizione pendeva sulle nostre teste? Ebbene, fratelli, lo sapete. Ognuno per sé—non dobbiamo iniziare a esaminarci l'un l'altro, esaminiamo noi stessi. Ognuno per sé sa che parte ha avuto in quella vicenda; ed è giunto il momento di sradicare l'intera faccenda. Fratelli, è giunto il momento di sradicare l'intera faccenda. Tra poco leggerò un altro passo a questo proposito.

Di nuovo leggo:—

> "Quale riserva di potere ha il Signore per raggiungere coloro che hanno messo da parte i suoi avvertimenti e i suoi rimproveri e hanno *accreditato le testimonianze dello Spirito di Dio a una fonte più alta della saggezza umana?* Nel Giudizio, cosa potete offrire a Dio, voi che avete fatto questo, come scusa per esservi allontanati dalle prove che vi ha dato che Dio era nell'opera? Dai loro frutti li riconoscerete". Non vorrei ora

riepilogare davanti a voi le prove fornite negli *ultimi due anni* dei rapporti di Dio con i Suoi servitori scelti".

Questa testimonianza fu resa nell'autunno del 1890, il 3 novembre. A due anni di distanza da questa data, torniamo all'autunno del 1888, nel mese di novembre, e ciò avvenne a Minneapolis, proprio nel momento in cui fu fatta questa cosa. Ci sono una mezza dozzina di fratelli in questa casa, sì, forse una dozzina, che, in un'altra occasione, dopo Minneapolis, in un Istituto, hanno sentito lo Spirito di Dio rimproverare e criticare apertamente lo spirito di Minneapolis che era in quell'Istituto dove ci trovavamo, e hanno detto chiaramente che era "lo spirito di Satana". Questo accadde la primavera successiva, dopo che Minneapolis era passata.

Ma io continuo:—

> "Ma la prova attuale della sua opera vi è stata rivelata, e *ora siete obbligati a credere.* Non potete trascurare il messaggio di avvertimento di Dio, non potete rifiutarlo o trattarlo con leggerezza, se non a rischio di una perdita infinita. La cavillosità, il ridicolo e il travisamento possono essere assecondati solo a spese dello svilimento della vostra stessa anima. L'uso di queste armi non vi fa ottenere vittorie preziose, ma sminuisce la mente e separa l'anima da Dio. Le cose sacre vengono abbassate al livello di quelle comuni e si crea una condizione di cose che piace al principe delle tenebre e allontana lo Spirito di Dio. La cavillosità e la critica lasciano l'anima priva della rugiada della grazia come le colline di Gilboa erano prive di pioggia. Non si può avere fiducia nel giudizio di coloro che indulgono nel ridicolo e nel travisamento. Non si può attribuire alcun peso ai loro consigli o alle loro risoluzioni. Dovete avere le credenziali divine prima di fare movimenti decisivi per plasmare l'opera della causa di Dio.
>
> "Accusare e criticare coloro di cui Dio si serve, significa accusare e criticare il Signore che li ha mandati. Tutti devono coltivare le proprie facoltà religiose per avere un giusto discernimento delle cose religiose. Alcuni non hanno saputo distinguere tra l'oro puro e il semplice luccichio, tra la sostanza e l'ombra".

Prima di leggere il prossimo paragrafo, voglio leggere due paragrafi di questa testimonianza che non è ancora stata pubblicata.

> "Le false idee che sono state ampiamente sviluppate a Minneapolis non sono state completamente sradicate da alcune menti. Coloro che non hanno fatto un profondo lavoro di pentimento sotto la luce che Dio si è compiaciuto di dare al Suo popolo da quel momento, non vedranno le cose chiaramente e saranno pronti a chiamare i messaggi che Dio manda, un'illusione".

Fratelli, quale pericolo più grande potrebbe esserci davanti a noi di quello in cui siamo stati portati dal corso qui indicato e contro il quale ci mette in guardia, il pericolo di tradire sacre e sante confidenze, il pericolo di tradire i nostri fratelli e di portarli in luoghi e posizioni in cui dovranno sopportare pesi spaventosi che il nemico porrà su di noi e con cui ci perseguiterà?

C'è un'altra affermazione sullo stesso argomento, che leggerò:—

> "Dovremmo essere l'ultimo popolo sulla terra ad assecondare in minima parte lo spirito di persecuzione contro coloro che portano il messaggio di Dio al mondo. Questa è la caratteristica più terribile dell'incostituzionalità che si è manifestata tra

noi dopo la riunione di Minneapolis. Un giorno si vedrà nel suo vero aspetto, con tutto il carico di dolore che ne è derivato".

Fratelli, Dio si sta dando da fare in questo senso. È tempo per voi e per me di cercare il Signore ora, mentre la misericordia ancora indugia, affinché possiamo essere in grado di vedere il peso della sventura in tutta la sua enormità, mentre c'è ancora la misericordia per liberarci da essa. Dio ci chiama a sé.

Ora questo paragrafo aggiuntivo nelle Testimonianze speciali:—

> "I pregiudizi e le opinioni che prevalevano a Minneapolis non sono affatto morti; i semi piantati lì in alcuni cuori sono pronti a germogliare e a portare un raccolto simile. Le cime sono state tagliate, ma le radici non sono mai state estirpate e portano ancora il loro frutto empio per avvelenare il giudizio, pervertire le percezioni e accecare la comprensione di coloro con cui siete in contatto, riguardo al messaggio e ai messaggeri. Quando, attraverso una confessione approfondita, distruggerete la radice dell'amarezza, vedrete la luce nella luce di Dio. *Senza questo lavoro approfondito non riuscirete mai a ripulire le vostre anime"*.

Fratelli, volete così ripulire le vostre anime e aprire la strada al Signore per inviare il Suo Spirito nell'effusione dell'ultima pioggia?

> "È necessario studiare la Parola di Dio con uno scopo, non per confermare le proprie idee, ma per portarle ad essere tagliate, per essere condannate o approvate, in quanto sono o non sono in armonia con la Parola di Dio. La Bibbia deve essere la vostra compagna costante. Dovreste studiare le Testimonianze, non per scegliere alcune frasi da usare a vostro piacimento, per rafforzare le vostre affermazioni, mentre ignorate le affermazioni più chiare date per correggere il vostro corso d'azione. "C'è stato un allontanamento da Dio tra di noi, e l'opera zelante di pentimento e di ritorno al nostro primo amore, così essenziale per la restaurazione a Dio e la rigenerazione del cuore, non è ancora stata fatta. L'infedeltà ha fatto breccia nelle nostre file, perché è di moda allontanarsi da Cristo e dare spazio allo scetticismo. Il grido del *cuore* di molti è stato: "Non vogliamo che quest'uomo regni su di noi". Baal, Baal, è la scelta. La religione di molti tra noi sarà *la religione dell'Israele apostata*, perché amano la loro strada e abbandonano la via del Signore. *La vera religione*, l'*unica religione della Bibbia*, che insegna il perdono solo attraverso i meriti di un Salvatore crocifisso e risorto, *che sostiene la giustizia attraverso la fede del Figlio di Dio*, è stata ignorata, criticata, ridicolizzata e rifiutata. È stata denunciata come portatrice di entusiasmo e fanatismo. *Ma è la vita di Gesù Cristo nell'anima, è il principio attivo dell'amore impartito dallo Spirito Santo*, che da solo renderà l'anima feconda di buone opere. L'amore di Cristo è la forza e la potenza di ogni messaggio di Dio che sia mai uscito da labbra umane. Quale futuro ci attende, se non riusciamo a raggiungere l'unità della fede?".

Questa era la domanda che ci è stata posta ieri sera, l'unità della fede. Quando i primi discepoli si sono riuniti come una sola persona, hanno pregato come una sola persona e hanno visto le cose allo stesso modo, allora lo Spirito Santo è sceso su di loro e questo è ciò che ci viene proposto ora.

Fratelli, non dico queste cose per trovare colpe o per condannare; ma le dico nel timore di Dio, affinché ognuno di noi sappia da che parte sta. E se c'è qualche radice di Minneapolis che si è attardata in questi quattro anni, o se c'è qualche radice che è stata colta in questi quattro anni, vediamo di sradicare qui e ora l'intera faccenda e di prostrarci ai piedi di Cristo con un solo appello: "Sono miserabile, misero, povero, cieco e nudo, e non lo so". Ecco dove siamo.

So che alcuni l'hanno accettata. Altri l'hanno rifiutata completamente. Voi sapete la stessa cosa. Altri hanno cercato di porsi a metà strada e di ottenerla in quel modo; ma non è così che si ottiene, fratelli, non è così che si riceve. Hanno pensato di seguire una via di mezzo e, anche se non l'hanno accolta esattamente, o non si sono impegnati esattamente in essa, sono stati disposti ad andare da qualsiasi parte la marea si sia girata all'ultimo; da qualsiasi parte il corpo si sia girato, sono stati disposti ad andare.

Da allora altri hanno visto che Dio sta portando avanti il corpo della causa proprio su questa linea e si sono proposti di seguire il corpo, visto che lo vedono muoversi in quella direzione. Fratelli, dovete avvicinare la giustizia di Gesù Cristo al vostro cuore. Ogni uomo ha bisogno di avere la giustizia di Dio più vicina a sé che soppesare le cose e fare compromessi tra le parti, altrimenti non vedrà e non conoscerà mai la giustizia di Dio.

Altri l'hanno apparentemente favorito e ne hanno parlato favorevolmente quando tutto era così; Ma quando nella ferocia di questo spirito—questo spirito descritto lì come spirito persecutore—quando questo spirito si sollevava nella sua ferocia e faceva guerra al messaggio della giustizia per fede, invece di stare in piedi nobilmente, nel timore di Dio, e dichiarare di fronte a quell'attacco, "è la verità di Dio e io ci credo nella mia anima", inizierebbero a cedere e, in modo apologetico, offrirebbero scuse per coloro che lo predicano, come se si trattasse di una questione che riguarda solo le persone, da tenere in considerazione per l'ammirazione.

Fratelli, la verità di Dio non ha bisogno di scuse. L'uomo che predica la verità di Dio non ha bisogno di scuse. La verità di Dio vuole la vostra *fede*, ecco cosa vuole. Tutto ciò di cui ha bisogno la verità di Dio è che voi e io la crediamo, la accogliamo nei nostri cuori e la sosteniamo di fronte a tutti gli attacchi che possono essere fatti contro di essa; e che si sappia che sostenete i messaggeri che Dio manda a predicare, non perché sono certi uomini, ma perché *Dio li manda* con un messaggio.

Questo, tuttavia, è solo un esempio. Ci saranno cose che verranno e che saranno più sorprendenti di quelle che videro a Minneapolis, più sorprendenti di qualsiasi cosa abbiamo visto finora. E, fratelli, ci sarà richiesto di ricevere e predicare *questa* verità. Ma se voi e io non avremo sradicato dal nostro cuore ogni fibra di quello spirito, tratteremo quel messaggio e il messaggero da cui è stato inviato, come Dio ha dichiarato che abbiamo trattato quest'altro messaggio.

Leggerò il resto di questa testimonianza nel "Volume 1" delle Testimonianze, alle pagine 186 e 187, e poi chiuderò per questa sera.

> "Dio mette alla prova il suo popolo. Gesù li sopporta con pazienza e non li fa uscire dalla sua bocca in un momento. L'angelo disse: "Dio sta pesando il suo popolo". Se il messaggio fosse stato di breve durata come molti di noi pensavano, non ci sarebbe stato tempo per sviluppare il carattere. Molti si muovevano in base ai sentimenti,

> non ai principi e alla fede, e questo messaggio solenne e spaventoso li agitava. Ha agito sui loro sentimenti e ha eccitato le loro paure, ma non ha compiuto l'opera che Dio aveva previsto. Dio legge il cuore. Per evitare che il Suo popolo si inganni su se stesso, dà loro il tempo di smaltire l'eccitazione e poi li mette alla prova per vedere se obbediranno al consiglio del Vero Testimone".

Quindi, non stanchiamoci di cercare Dio in questa Conferenza, e se la benedizione non arriva in un giorno, o in una settimana, o in un mese, continuiamo sulla strada, perché Dio ha detto che arriverà.

Ancora una volta leggo a pagina 187:—

> "Dio conduce il suo popolo passo dopo passo. Lo porta a diversi punti, calcolati per manifestare ciò che c'è nel cuore. Alcuni resistono in un punto, ma cadono in quello successivo. Ad ogni punto avanzato il cuore viene messo alla prova e provato un po' più da vicino. Se il popolo di Dio che si professa si oppone a questa grande opera, *dovrebbe convincersi che ha un lavoro da fare per vincere,* se non vuole essere vomitato dalla bocca del Signore. L'angelo disse: *"Dio avvicinerà sempre di più la sua opera* per mettere alla prova *ogni suo* popolo". Alcuni sono disposti a ricevere un punto; ma quando Dio li porta a un altro punto di prova, si *tirano indietro,* perché scoprono che colpisce direttamente qualche idolo caro".

Tutto questo l'ho visto io stesso in singoli casi, più e più volte, dopo la Conferenza di Minneapolis.

> "Qui hanno l'opportunità di vedere cosa c'è nei loro cuori che esclude Gesù. Essi apprezzano qualcosa di più alto della verità e i loro cuori non sono preparati a ricevere Gesù. Gli individui vengono messi alla prova per un certo periodo di tempo per vedere se sacrificheranno i loro idoli e ascolteranno il consiglio del Vero Testimone. Se qualcuno non si purifica obbedendo alla verità e superando il proprio egoismo, il proprio orgoglio e le proprie passioni, *gli angeli di Dio hanno l'incarico di dire:* "Sono uniti ai loro idoli, lasciateli stare" e passano al loro lavoro, lasciando questi individui con i loro tratti peccaminosi non sottomessi al controllo degli angeli del male. Coloro che sono all'altezza di *ogni punto, resistono a ogni prova* e la superano, *costi quel che costi,* hanno ascoltato il consiglio del Vero Testimone, e *riceveranno l'ultima pioggia,* e quindi saranno adatti *alla traduzione*".

Fratelli, è questo il punto in cui ci troviamo. Comportiamoci di conseguenza. Ringraziamo il Signore che sta ancora trattando con noi, per salvarci dai nostri errori, per salvarci dai nostri pericoli, per tenerci lontani da percorsi sbagliati e per versare su di noi l'ultima pioggia, affinché possiamo essere tradotti. Questo è il significato del messaggio: traduzione per voi e per me. Fratelli, accogliamolo con tutto il cuore e ringraziamo Dio per questo.

Il Messaggio del Terzo Angelo – n. 10

A. T. Jones
Stampato nel Bollettino quotidiano della Conferenza generale, 9 febbraio 1893, pp. 200–208.

"Ti consiglio di comprare da me oro provato nel fuoco, perché tu sia ricco; e vesti bianche, perché tu sia vestito e non appaia la vergogna della tua nudità; e ungi i tuoi occhi con unguenti, perché tu possa vedere. Tutti quelli che amo, li rimprovero e li castigo; sii dunque zelante e ravvediti. Ecco, io sto alla porta e busso; se qualcuno ascolta la mia voce e apre la porta, io entrerò da lui, mi fermerò a mangiare con lui ed egli con me". Apoc. 3:10–20.

Questo è il consiglio che vogliamo studiare stasera. Io ti consiglio. Chi è questo? [Come viene chiamato nel 14° versetto? [Sarà un buon consigliere, vero? Il testimone fedele e veritiero, l'inizio della creazione di Dio, viene a consigliare voi e me. Non è una bella condiscendenza, considerando il luogo da cui proviene il Consigliere? Quello che abbiamo studiato durante le varie lezioni passate, quello che ci è venuto incontro in modo così costante e così completo da qualche giorno a questa parte, la parola inviata alla chiesa di Laodicea su ciò che siamo e su come non lo sappiamo, ci è arrivata da ogni punto della bussola, non è vero, negli ultimi giorni? È venuto da ogni parte e da ogni bocca che ha parlato" e il Signore con tutto il resto ha parlato direttamente a noi nella parola che è stata letta ieri proprio su questo. Ebbene, suppongo che ora tutti siano pronti a confessare che ciò che Egli dice è così. Quindi non ripeterò nulla di tutto ciò stasera.

Ce lo ha detto e ora, se confessiamo che è così, saremo pronti a seguire il suo consiglio e ad apprezzarlo, e ne trarremo profitto, perché sono solo le persone che Egli consiglia. Coloro che ricevono la Sua testimonianza; coloro di cui si parla poco prima; Egli consiglia coloro che sono poveri, miseri, miserabili, ciechi e nudi e non lo sanno; coloro che sono tiepidi: ecco le persone a cui viene dato questo consiglio. Ebbene, dopo essere stati portati a quel punto dalla parola e dalla testimonianza, e in tutti i modi in cui il Signore ha trattato con noi in questi giorni passati, in tutte le lezioni che ci sono state impartite, allora Egli si abbassa e ci consiglia. Non è così? Allora, fratelli, non tardiamo a seguire questo consiglio come abbiamo fatto con gli altri. Non siamo così lenti ad adottare questo consiglio, come lo siamo stati ad adottare l'altro.

Ebbene, allora Egli viene come consigliere da questo momento in poi. Non è così? [Congregazione: "Sì"] Allora quando volete sapere se dovete vendere la vostra proprietà, suppongo che andrete a chiedere a vostro fratello cosa fare? [Quando vuoi sapere cosa fare, vai a chiedere a un altro uomo cosa fare, vero? Perché, quando voglio sapere cosa fare, come fa un uomo a dirmelo, quando, se fosse al mio posto, dovrebbe fare la stessa domanda su cosa fare? Come posso ottenere aiuto da lui, se lui stesso non sa cosa farebbe se non fosse al mio posto, e anche in quel caso dovrebbe chiedere consiglio a se stesso?

Forse è questo il modo in cui farei io: Sono solo un comune membro della chiesa e devo andare dall'anziano della chiesa, o da qualcuno di più importante, e chiedergli cosa fare.

Ma supponiamo che voglia saperlo da solo, suppongo che debba chiedere al presidente della conferenza cosa fare.

Pastore Boyd.—"Non c'è sicurezza nella moltitudine dei consiglieri?".

Ma se il presidente della Conferenza volesse sapere e avesse bisogno di chiedere, allora dovrebbe chiedere al presidente della Conferenza generale, suppongo. Ma se il presidente della Conferenza generale volesse sapere, a chi dovrebbe chiedere? [Supponiamo che vogliate sapere se vendere la vostra proprietà, o fare una cosa o un'altra, a chi chiederete? A qualcuno? [Congregazione: "Chiedete al Signore"] Oh, beh, potete chiedere al Signore, no? Quindi, noi gente comune possiamo ottenere la nostra conoscenza dal Signore senza passare attraverso una mezza dozzina di persone come gli altri cattolici? Possiamo? [Congregazione: "Sì"] È così? [Nella Chiesa cattolica la gente comune non può arrivare al Signore se non attraverso il sacerdote, e il sacerdote attraverso il vescovo; e il vescovo attraverso l'arcivescovo; e l'arcivescovo attraverso il cardinale, e il cardinale attraverso il papa? È questo il modo in cui il popolo del Signore deve fare? No, signore. Non è il metodo di Dio. Quando si vuole sapere una cosa, la si chiede al Signore. Egli è il vostro Consigliere ed è il mio Consigliere. E quando sarà il vostro consigliere, *allora*, fratello Boyd, "nella moltitudine dei consiglieri c'è sicurezza", e *non fino ad allora*; perché allora avremo il consiglio del Maestro delle Assemblee. E quando Egli è il Consigliere di ciascuno di noi e ci consultiamo insieme ed *Egli* è in mezzo a noi, allora c›è sicurezza nella moltitudine dei consiglieri.

Troverete una frase nel *Gospel Workers*, come questa:—

> "Dobbiamo consigliarci insieme ed essere sottomessi gli uni agli altri, ma *allo stesso tempo* dobbiamo esercitare la capacità che Dio ci ha dato, per imparare ciò che è verità. Ognuno di noi deve guardare a Dio per ottenere l'illuminazione divina". "Dopo aver ricevuto il consiglio dei saggi e dei giudiziosi, c'*è ancora un consigliere* la cui saggezza è infallibile. Non mancate di presentare il vostro caso davanti a Lui e di implorare le sue indicazioni. Egli ha promesso che se mancherete di saggezza e la chiederete a Lui, ve la concederà con liberalità e non vi farà rimproveri". Pp. 129, 257.

Allora vi chiedo di nuovo, da questa notte in poi: è Lui il vostro consigliere? È Lui il nostro consigliere individuale? [E la parola che abbiamo sentito dal fratello Underwood su questo stesso argomento, specialmente nella vendita di proprietà, "se ci fosse più di questo cercare il Signore per la Sua guida, ci sarebbe più della Sua direzione". Avremmo di più di Lui nel nostro lavoro e nei nostri consigli. Perché mai si è fatto nostro consigliere, se non si aspettava che avessimo il suo consiglio? E allora diamoci da fare.

Qual è il Suo nome? [Il modo in cui è stampato è: "Meraviglioso, Consigliere, Dio potente, Padre eterno, Principe della pace". Questo è il nome con cui sarà chiamato. Qual è la prima parte del Suo nome? [La seconda parte? [Qual è la parte successiva? [Dio potente. La seconda parte? [Padre eterno. E l'ultima? [Egli è "Meraviglioso" e Consigliere; non è forse un meraviglioso consigliere? [Direi di sì. Ricorderete anche l'altro passo, "meraviglioso nel consiglio". E cos'altro? "Eccellente nell'operare". Non dimenticate che quando viene come consigliere, è lì anche come operaio, e il consiglio che dà è come operaio e come operaio eccellente, che compie l'opera, "perché è Dio che opera in voi, sia per volere che per fare il suo beneplacito".

Così ora abbiamo questo consigliere, il testimone fedele e veritiero, il consigliere meraviglioso, meraviglioso nel consiglio ed eccellente nell'operare. Poi, quando abbiamo cercato questo consiglio e lo abbiamo ottenuto, Egli ci accompagna nell'esecuzione del consiglio, oltre ad essere presente all'inizio per darlo. Non è così? Se non abbiamo imparato questo, è inutile che andiamo avanti, a meno che non dipendiamo pienamente dalla Sua potenza, dal Suo carattere, dalla Sua giustizia e dalla Sua vita. Perché se ci fosse un'altra considerazione e un'altra strada da percorrere, tanto varrebbe rinunciare subito e fermarsi. In questo caso, senza di Lui non potremmo andare avanti. Molto bene, dunque, Egli è il Consigliere meraviglioso; meraviglioso nel consiglio ed eccellente nell'operare, e dice: "Io sono con te per consigliare; io sono con te per eseguire".

"Ti consiglio di comprare da me l'oro provato nel fuoco". Altre Scritture, oltre a questo passo, dimostrano che nulla ci soddisfa se non l'oro che resiste alla prova del fuoco. Vi ricorderete di 1 Pietro 1:4, 5, che parla della speranza vivente alla quale Dio ci ha generati mediante la risurrezione di Gesù Cristo dai morti; e di come siamo custoditi dalla potenza di Dio mediante la fede fino alla salvezza. Come siamo custoditi? [Per mezzo di che cosa? *Per* mezzo della fede. Per mezzo di che cosa? *Per* mezzo della salvezza. Quando? [Potremmo ora leggere: "Pronti per essere rivelati", e potremmo fermarci qui, e sarebbe così, perché siamo arrivati all'"ultimo tempo". Ma questa speranza. Come siamo custoditi? [Per mezzo di che cosa? Per mezzo della fede. E che cosa fate? Vi rallegrate molto. E voi? Voglio sapere ora, è così? [Sì, sì. "Per questo vi rallegrate molto". È così? Allora perché ve ne andate in giro con il viso abbattuto? È giunto il momento di credere alle Scritture. Abramo ha creduto a Dio e gli è stato riconosciuto come giustizia. Il Signore l'ha detto ed egli si è rallegrato molto di questo. È così anche stasera, che ci rallegriamo molto? [Sì.]

"Per questo vi rallegrate molto, anche se ora, per un periodo, se necessario, siamo nella tristezza a causa di molteplici tentazioni". Che cosa significa "molteplici"? [Siamo in molte tentazioni e ci rallegriamo molto per tutto questo tempo. Com'è possibile? *Può* essere, perché lo dice Dio. Ed è così, vero? È l'unico modo in cui so che può essere, perché Lui dice che è così. A cosa serve questo? "Che la prova della vostra fede è molto più preziosa dell'oro che perisce, anche se viene provato con il fuoco". [La fede... Dovete aspettarvi che la vostra fede sia provata come con il fuoco? Dovete aspettarvi che la vostra fede sopporti quella prova come l'oro che passa attraverso il fuoco? [Sì.]

Approfondiamo l'argomento. Che cura hanno gli uomini in questo mondo dell'oro che perisce! Molti accumulano una grande quantità d'oro, e vengono costruiti grandi edifici—depositi sicuri, poi hanno una piccola cassa, e la chiudono a chiave, la mettono in una cassa più grande, e la chiudono a chiave, e la mettono in una grande cassaforte con molte casse, e la chiudono di nuovo, e poi un grande cancello d'acciaio chiude il tutto, e viene chiuso a chiave, e una guardia ci gira intorno tutta la notte per controllare che sia al sicuro. Centinaia di persone in queste grandi città si prendono cura dell'oro che perisce. Lasciate che vi dica, fratelli e sorelle, che la prova della vostra fede, non mi importa quanto debole possa essere, è più preziosa agli occhi del nostro Consigliere Meraviglioso, è più preziosa agli occhi di Dio, di tutto l'oro e i gioielli in tutti i depositi di sicurezza che ci sono sulla terra.

Non temete che se ne dimentichi. Come lo chiama? Più prezioso dell'oro che perisce. Chi è che lo dice? Il Consigliere Meraviglioso, il Signore stesso. Ringraziamolo allora perché considera la nostra fede debole e tremante in questo modo. Allora, fratelli, non abbiamo qui uno dei più grandi incoraggiamenti possibili che il Signore possa offrire? Non so perché le persone si lamentino della loro fede debole. A volte si dice: "Non ho fede". Il Signore dice che ce l'hai e io dico: "Ringrazialo per quello che hai". Non mi interessa quanto poco avete, anche se è come un seme di senape; ringraziate Lui che ce l'avete, e ringraziate Lui che per Lui è più prezioso di tutto l'oro e le ricchezze di questa terra. Questo è il modo in cui il Signore considera la vostra fede.

Non dovete mettere in dubbio se avete o meno la fede. Dio dice che ce l'avete, ed è così.

Leggiamo Romani 10:6–8: "Ma la giustizia della fede dice così: "Non dire in cuor tuo: "Chi salirà in cielo?" (cioè far scendere Cristo dall'alto) o "Chi scenderà negli abissi?" (cioè far risorgere Cristo dai morti). (cioè di far risorgere Cristo dai morti). Ma che cosa dice? La parola è vicina a te, anche nella tua bocca e nel tuo cuore, cioè la parola di fede che noi predichiamo".

Allora è giusto lamentarsi e chiedersi se abbiamo fede o no? Non è così. Dio ha piantato la fede in ogni cuore che nasce in questo mondo, per mezzo di quella Luce che illumina ogni uomo che viene nel mondo. Dio farà sì che questa fede cresca a dismisura e ci rivelerà la Sua giustizia man mano che crescerà, "di fede in fede". Ma da dove viene la fede? Dio ce l'ha data. Chi è l'autore della fede? Cristo; e la luce che illumina ogni uomo che viene nel mondo è Gesù Cristo. Questa è la fede che è nel cuore di ogni uomo. Se ognuno usa la fede che ha, non avrà mai mancanza di fede, ma se non usa la fede che ha, come diavolo farà ad averne altra?

Allora abbiamo fede, non è vero? E la prova della vostra fede è "più preziosa" di tutto l'oro che sia mai esistito su questa terra. Ricordate, è più prezioso agli occhi di Dio. Non che l'oro sia prezioso ai suoi occhi: non è questo il pensiero. È più prezioso agli occhi di Dio di quanto lo sarebbe tutto l'oro *agli occhi di un uomo.* Quanto sarebbe prezioso tutto l'oro se un uomo lo avesse tutto? Non si riterrebbe ricco? Non se ne vanterebbe meravigliosamente? Allora non dimenticate che la prova della fede che avete, per quanto piccola possa essere, è più preziosa agli occhi di Dio di quanto lo sarebbe tutto l'oro di questo mondo agli occhi di un uomo. Quindi, "la prova della vostra fede, essendo molto più preziosa dell'oro che perisce, anche se viene provato con il fuoco", è preziosa agli occhi di Dio. Chi è il più interessato a questo processo? [Certamente! Perché non riesco a esprimere quanto sia prezioso ai suoi occhi. La mia idea di quanto sia prezioso ai suoi occhi è tanto lontana dalla realtà quanto i miei pensieri sono lontani dai suoi pensieri. Di conseguenza, Egli è la persona più interessata in tutto l'universo alla prova della nostra fede, all'opera della nostra fede e a tutto il suo processo. Non è forse un suo dono? Non è forse nel suo interesse? Questa è la vera luce in cui dobbiamo vedere la questione.

Poi leggiamo ancora: "Anche se è stato provato con il fuoco, può essere trovato per la lode, l'onore e la gloria all'apparizione di Gesù Cristo, che voi non avete visto, ma che amate". Non è così? Lui dice di sì, ed è così. "Nel quale, pur non vedendolo, credendo, gioite con gioia indicibile e piena di gloria". Non è così? Certamente. Ma, fratelli, penso spesso a quel versetto: "Colui che *non avete visto*, voi amate" e, credendo che sia così, mi chiedo che cosa sarà quando *lo vedremo.* E la cosa più bella è che non dovremo aspettare a lungo. [Congregazione: "Lode al Signore"].

C'è un altro passaggio a cui farò riferimento, che si trova nel 12° versetto del 4° capitolo di 1 Pietro: "Amati". Chi? "Amati". È così? Chi è che lo dice? Il Consigliere. Chiama voi e me "amati". Perché, fratelli, come possiamo essere altro che le persone più felici della terra, quando Dio ci parla così? Viene e si fa chiamare Consigliere Meraviglioso, vuole consigliarci e parlare con noi, e la prima parola che dice è: "Amato". Molte volte abbiamo pensato che quando l'angelo si rivolse direttamente a Daniele e disse: "O uomo molto amato", si trattasse di una dichiarazione del tutto personale; non può essere più personale di quanto lo sia questa per me e per voi. Viene Lui stesso e dice: "Amato".

Poi, "non pensate che la prova del fuoco che deve mettervi alla prova sia strana, come se vi fosse accaduta una cosa strana". La parola che ci viene rivolta ora, fratelli, è "amati". Usiamo la parola in questo senso. Amati, dobbiamo trattare d'ora in poi le prove del fuoco come se fossero estranee? Non c'è nulla di strano. Allora non ci sorprenderà quando le incontreremo. Sapete che molte persone sono un po' diffidenti e timide, e quando incontrano un estraneo all'improvviso sono del tutto fuori di sé. Ora, se voi e io saremo diffidenti e timidi nei confronti delle prove—uno di questi giorni ci troveremo faccia a faccia con qualcuno di loro, uno di quelli più coraggiosi—e allora, se saremo diffidenti e timidi, saremo messi in imbarazzo. Ma così come è certo che qualcuno viene messo fuori combattimento da una prova, altrettanto certo è che il nemico ha la vittoria in quel caso. Questo è il modo in cui vuole prenderci alla sprovvista, in modo da farci trasalire e perdere il controllo anche solo per un momento, per poi scagliare i suoi dardi infuocati e ferirci.

Il Signore viene a consigliarci così: "Non pensare che sia strano". Quindi, quando incontreremo queste prove infuocate, non incontreremo un estraneo. Vedete? Le conosceremo, le conosceremo. Non importa quanto una persona sia timida o diffidente, quando incontra un conoscente non si stupisce di un incontro improvviso; non si scompone, ma è felice di incontrare il suo conoscente. Allora il Signore vuole che conosciamo così bene le prove infuocate che, per quanto le incontriamo all'improvviso, possiamo dire: "Va bene; sono contento di conoscerla, signore; la conosco; venga con noi". Quando ci dice questo, non dobbiamo pensare che le prove del fuoco siano strane, "come se ci accadesse qualcosa di strano". Non dobbiamo incontrarli e trattare con loro come estranei, ma come conoscenti; non solo, ma dobbiamo incontrarli come aiutanti verso Sion.

Giacomo ci ha detto molto tempo fa: "Fratelli miei, considerate ogni gioia" quando cadiamo in diverse tentazioni. Come ci ha chiamati? "Fratelli miei". Giacomo 1:2. Qui ci chiama "fratelli miei", mentre in altri luoghi siamo chiamati "amati". Cosa significa "diversi"? Diversi. Come lo chiama Pietro? "Molteplici". Allora, fratelli miei, considerate una gioia quando cadiamo in "diversi", diversi, diversi e diversi tipi di tentazioni. Da queste diverse definizioni si evince quindi che il pensiero è: "Siate felici quando cadete in *ogni* tipo di tentazione"; e non ne considereremo nessuna strana, perché le considereremo tutte come delle conoscenze.

Leggiamo inoltre: "Ma rallegratevi, in quanto": sarete partecipi? No, ma "rallegratevi, in quanto partecipi delle sofferenze di Cristo". Questo è il punto. In Giacomo dice: "Fratelli miei". Leggiamo ora un testo che li collega entrambi. Eb. 2:10–12

> "Perché a lui, per il quale sono tutte le cose e per mezzo del quale sono tutte le cose, nel portare molti figli alla gloria, è piaciuto rendere perfetto il capitano della loro salvezza attraverso le sofferenze. Infatti, sia colui che santifica sia coloro che sono santificati sono tutti di una sola persona; per questo non si vergogna di chiamarli *fratelli*".

È per questo che ci chiama fratelli e che dobbiamo considerare una gioia quando cadiamo in diverse tentazioni, perché Lui è stato lì, le ha affrontate tutte, ha affrontato ogni tentazione fino in fondo, è passato attraverso tutte queste cose *per* noi. Poi torna e ci dice: "Le attraverserò *con* voi". Prima le ha attraversate da solo *per* noi; ora le attraversa *con noi*. "Ho calpestato il torchio da solo e nessuno del popolo era con me". Ma grazie al Signore, Dio era con lui, perché "il Padre non mi ha lasciato solo". Grazie al Signore che ha avuto il coraggio regale di farlo da solo, confidando che solo il Padre fosse con lui. E oh, quanto è buono, non ci chiede di provare da soli. No, Lui viene e dice: "Io vi accompagnerò in tutte queste prove". Fratelli miei, Lui verrà con voi. Ecco perché non dobbiamo considerarle strane. Egli ci chiama suoi fratelli, è passato attraverso tutte queste prove e le conosce bene, quindi non dobbiamo considerarle estranee.

Cristo è estraneo alle prove? No. Quante prove ha affrontato? Tutte. Quante prove che voi incontrerete mai, Lui le ha affrontate? Tutte. Fino a che punto ha sopportato la contesa su ciascuna delle tentazioni? Con chi era in lotta su queste cose? Satana. Satana conosce più trucchi, prove e tentazioni di quante un uomo possa mai incontrare da solo, non è vero? E le ha provate tutte con "mio fratello", non è vero? Ha provato ogni tentazione su Gesù. Fino a che punto del suo sforzo ha dovuto provare ognuna di esse con Gesù? Non ha forse dovuto esercitare tutta la potenza che conosce su ogni singolo punto delle tentazioni e delle prove di Gesù? Satana non ha forse provato su di lui tutto ciò che conosce, in tutti i modi che poteva inventare, e non lo ha forse provato nella misura più ampia possibile? Ebbene, non ha forse esaurito su Cristo tutta la sua riserva di inganni, di tentazioni e di prove? E non ha forse esaurito tutto il potere che può usare in ognuna di queste prove e tentazioni? Sì. Allora, quando sono in Gesù e quando Lui è in me, che potere ha Satana per colpirmi? [Quanti trucchi ancora sa fare con me? Non ce ne sono. Non vedete, dunque, che quando siamo in Cristo *abbiamo* la vittoria; l'abbiamo *adesso*. Vittoria non è l'unica parola; abbiamo il trionfo, e lo abbiamo ora.

Ora 2 Cor. 2:14: "Ora grazie a Dio". Quando? "Ora". "Che ci fa sempre trionfare". Quando? "Sempre". È così? ["Ci fa sempre trionfare in Cristo e rende manifesto il sapore della sua conoscenza". Come? "Da noi". È così? "E rende manifesto il sapore della sua conoscenza attraverso di noi". Dove? [Pensateci. Quando?—Ora e sempre, ecco quando. Come?—Per mezzo di noi. Dove? Ovunque. Allora vorrei sapere per quale motivo al mondo non abbiamo la vittoria in Cristo. Vorrei sapere per quale motivo al mondo non siamo conquistatori ora. "Questa è la vittoria che vince il mondo, la nostra fede". È così? Sì, è questa la vittoria. Cristo è la nostra vittoria; la sua vittoria è la mia vittoria, non è vero? Sì. Allora, quando siamo in Lui siamo perfettamente al sicuro, non è vero? Siamo al sicuro finché siamo in Lui? Sì, lo siamo.

Non ricordate che nei tempi antichi c'erano le città di rifugio e quando accadeva un incidente, come quando un'ascia si staccava dal manico e colpiva un uomo uccidendolo, e c'era un altro uomo presente come amico che magari non aveva il tempo di riflettere deliberatamente, ma si infuriava e si vendicava subito. Cosa doveva fare quell'uomo? Doveva solo partire con tutte le sue forze verso la città di rifugio, e forse anche l'altro uomo lo seguiva con tutte le sue forze. Ma se fosse riuscito a entrare, cosa sarebbe successo? Era al sicuro, l'altro uomo non poteva toccarlo ed era perfettamente libero. E se uscisse dalla città? Se usciva e l'altro uomo lo trovava, il suo sangue era sulla sua testa. Era responsabile. Ma era al sicuro finché rimaneva nel rifugio. E doveva rimanere lì fino alla morte del sommo sacerdote. Quando il sommo sacerdote morì, l'uomo era perfettamente libero, poteva uscire ovunque e l'altro uomo non poteva assolutamente toccarlo, per quanto lo volesse.

Parlando di Abramo, si dice: "Grazie a due cose immutabili, in cui è impossibile che Dio menta, potremmo avere una forte consolazione per chi si è rifugiato". Abbiamo fatto del male. Abbiamo peccato. Qual è il salario del peccato? La morte? La morte. Allora chi ci segue? La morte. Chi aveva il potere della morte? Satana. Allora chi ci insegue? Satana. E noi siamo fuggiti per rifugiarci nella speranza che ci è stata data. Dove si trova questa speranza? [In Cristo. Chi è il nostro rifugio? [Chi è la nostra città di rifugio? [Chi è il nostro nemico? [Satana; la morte.]

Ora, quando siamo in Cristo, il nostro rifugio, Satana può toccarci? Non può. Come lo sapete? Lo dice la parola stessa. Se usciamo prima della chiusura del sacerdozio, cosa succede? Satana può, e ci colpirà, e il nostro sangue sarà sul nostro capo. Se usciamo prima che il sacerdozio si chiuda, non abbiamo protezione ed egli ci prenderà. Se quell'uomo fosse rimasto in città per dieci o quindici anni sarebbe diventato abbastanza forte per affrontare il suo nemico, non è vero? Avrebbe fatto esperienza e quindi avrebbe potuto dire: "Ora sono abbastanza forte, non ho paura di nessun nemico; ora posso uscire". Ora posso uscire, sto bene. Quell'altro se n'è andato e ha dimenticato tutto". Ma non è in grado di affrontare il nemico, vero? Dove può incontrare il nemico da solo? In città. E in città non deve affatto incontrarlo, vero? [Le mura della città incontrano il nemico. Lo scudo della fede che spegne tutti i dardi infuocati del malvagio—lo scudo della fede che è Gesù Cristo—è le mura della nostra città di rifugio, e i dardi infuocati del nemico non possono assolutamente superarlo.

Allora la nostra forza e la nostra sicurezza per sempre è solo all'interno del nostro rifugio, non è vero? E poi, quando il sacerdozio si chiude, possiamo andare ovunque in questo universo, ma non al di fuori di Cristo. Allora possiamo andare ovunque e il nemico può farci del male? No, signore. Restiamo nella Città, fratelli; restiamo nel rifugio in cui siamo fuggiti, dove è la nostra sicurezza. E quando siamo lì, non abbiamo forse la vittoria? Sì, signore; in Lui abbiamo la vittoria. Allora possiamo affrontare la tentazione con gioia. Perché, abbiamo la vittoria prima di incontrare la tentazione, non è vero? Allora non possiamo essere felici? Non preferireste avere una battaglia quando sapete di avere la vittoria prima di iniziare, piuttosto che non averla affatto? Allora facciamo un po' di battaglie di questo tipo. Suvvia, a che serve avere paura? La vittoria *è* nostra.

Naturalmente, se entriamo calcolando di essere frustati, è meglio non combattere. Chi entra pensando di essere frustato, è meglio che scappi prima di cominciare. Il Signore non vuole che facciamo una lotta del genere. Il nostro Fratello non ha fatto una lotta del genere. No, signore. E non propone che lo facciamo. Vuole che conosciamo la nostra vittoria: Vuole che conosciamo la nostra fiducia. Vuole che conosciamo la nostra forza; vuole che conosciamo il potere che è nostro e vuole che conosciamo il nostro dovere; e allora, quando la sfida arriverà, sapremo come affrontarla. La affrontiamo in Lui; la affrontiamo con Lui. Lo affrontiamo con lo scudo della fede, e i dardi infuocati del nemico si placano e non ci sono dubbi. Poi è nella sofferenza che incontriamo la potenza, la vittoria e la presenza elevante di Cristo. Quando arrivano le prove, stiamo con Lui e sappiamo che non possiamo stare senza di Lui. "Conta su tutto ciò la gioia"; facciamolo. Quando arrivano le prove infuocate non pensate che sia strano, come se vi fosse capitata una cosa strana, ma rallegratevi. "Rallegratevi perché siete partecipi delle sofferenze di Cristo, affinché, quando la sua gloria sarà rivelata in voi, possiate rallegrarvi anche voi di una gioia immensa".

Allora abbiamo bisogno di oro provato nel fuoco per affrontare queste prove, non è vero? Abbiamo bisogno di qualcosa che resista alle prove che verranno, e questo è ciò che abbiamo imparato prima. "Coloro che sopportano ogni prova hanno ascoltato la testimonianza del Vero Testimone e riceveranno l'ultima pioggia per essere tradotti". Fratelli, non c'è forse molto buonumore nel pensare che è per questo che l'ultima pioggia deve preparare la traduzione? Ora, dove cadrà l'ultima pioggia e quando? Ora è il tempo della seconda pioggia: e quando è il tempo del grido forte? [A che cosa deve prepararci? [Mi rallegra il fatto che le prove che il Signore ci sta dando ora sono per prepararci alla traduzione. E quando viene e parla a voi e a me, è perché vuole tradurci, ma non può tradurre il peccato, vero? Allora l'unico scopo che ha nel mostrarci la profondità e l'ampiezza del peccato è che ci salvi da esso e ci traduca. Allora, dobbiamo scoraggiarci quando ci mostra i nostri peccati? No, anzi, ringraziamo il Signore perché vuole tradurci e vuole farlo a tal punto da voler togliere di mezzo i nostri peccati il prima possibile. Fratelli, crediamo al Signore sempre e comunque.

Allora, abbiamo bisogno di qualcosa che, quando viene provato, sopporti una prova severa come quella che l'oro deve sopportare per essere purificato nel fuoco. Cosa ci dice il Consigliere di procurarci? Cosa ci dice di comprare? [Proprio quello che ci serve adesso per affrontare le prove che stanno per arrivare—no, le prove che *sono qui:* non ci interessa quello che sta per arrivare, ci serve adesso: ci serve per affrontare le prove che sono qui, ed è proprio quello che dice il Consigliere: "Comprate da me, ne ho in abbondanza". Egli ha una scorta, perché l'ha prodotta: Ha l'oggetto che sosterrà la prova, perché l'ha già sostenuta: ha sostenuto tutte le prove che saranno mai più richieste a qualcuno. La prova è nata nelle sue sofferenze. Attraverso le sofferenze l'oro viene purificato, reso bianco, provato e perfezionato e dimostrato come articolo genuino. Ne abbiamo la definizione dallo Spirito del Signore. L'oro provato nel fuoco è amore, è "fede e amore". Leggete Gal 5:6: "perché in Gesù Cristo non vale la circoncisione né l'incirconcisione, ma la *fede* che opera *per mezzo dell'amore*". In altri luoghi si parla di "fede e obbedienza". Che cos'è l'obbedienza? [In "*Steps to Christ*", p. 64: "L'*obbedienza* non è una semplice osservanza esteriore, ma *il servizio dell'amore*". Quindi, quando la testimonianza parla di fede e obbedienza, si tratta semplicemente di "fede che opera per mezzo dell'amore". Le espressioni della testimonianza "fede e obbedienza" e "fede e amore" significano la stessa cosa dell'espressione della Scrittura "fede che opera per mezzo dell'amore". Sono semplicemente modi diversi di esprimere la fede genuina e spirituale, perché in Cristo non c'è altro che la "fede che opera per mezzo dell'amore".

L'obbedienza è il servizio dell'amore, e Gesù ci dice di comprare da Lui l'oro provato nel fuoco, che è fede e amore, la fede che opera per mezzo dell'amore, il vero articolo di fede. Cos'è che deve essere provato con severe prove di fuoco? La vostra *fede*, che è più preziosa dell'oro, anche se viene provata nel fuoco. Allora, vedete, poiché la fede di ogni uomo deve essere così provata, ha bisogno della fede che ha resistito alla prova. Poi abbiamo la testimonianza: "Ecco quelli che osservano i comandamenti di Dio e che *hanno fede in Gesù*"? No, il "*hanno*" non c'è. Essi osservano i comandamenti di Dio e hanno fede in Gesù. Questo è l'articolo genuino; questa è la fede che, in Lui, ha resistito alla prova. Questa è la fede che ha affrontato tutte le prove infuocate che Satana conosce, e tutta la potenza che Satana può mettere in campo, quella fede ha resistito alla prova. Quindi, Egli viene e ci dice: "Comprate da me quella fede che ha resistito alla prova, 'l'oro provato nel fuoco'". Quindi, nell'espressione "comprate da me quella fede che ha resistito", non è forse la stessa linea di pensiero che abbiamo imparato in "Sia in voi questa mente che era anche in Cristo Gesù"?

Quando in me c'è la mente che c'era in Lui, questa mente non farà in me proprio quello che ha fatto in Lui? In che modo serviamo la legge di Dio? "Con la mente servo la legge di Dio". Rm 7,25. Cristo in questo mondo, ogni momento ha servito la legge di Dio. Come lo ha fatto? Con la mente. Con quale processo mentale lo ha fatto? Per fede. Allora, non dice forse a voi e a me di acquistare da lui la fede di Gesù? La fede di Gesù non ha forse osservato perfettamente i comandamenti di Dio, in ogni momento? E non è forse questa la fede che opera per mezzo dell'amore? L'amore è l'adempimento della legge. Non è forse questo il messaggio del terzo angelo, quando dice: "Vieni a comprare da me oro provato nel fuoco (amore e fede) e vesti bianche (giustizia di Cristo) per essere vestito, affinché non appaia la vergogna della tua nudità"? Vediamo quindi come la mente che era in Cristo sopporterà tutte le prove che questo mondo può portare. La mente di Cristo non è forse la stessa ieri, oggi e sempre? La mente di Cristo in Lui si comporterà in modo diverso dalla mente di Cristo in me o in qualsiasi altro uomo? No. La mente di Cristo era la mente di chi? [Dio era in Lui nella carne.

Come possiamo comprare? Leggete Isa. 55:1: "Tutti quelli che hanno sete". Fratelli, non siamo forse diventati piuttosto assetati per tutto ciò che il Signore ha detto negli ultimi giorni? Conosco fratelli che sono venuti da me a parlare e stavano per morire di sete, erano quasi pronti a morire di sete. Allora queste parole sono per voi e per me. "Ho!" Pensate, vuole richiamare l'attenzione della gente, quindi chiama a gran voce: "Tutti quelli che hanno sete vengano alle acque", "Venite".

Quando disse a Pietro: "Vieni", Pietro poteva venire? Si. Cosa, venire sull'acqua? [Sì, con quella parola Pietro camminò sull'acqua. Poi, quando dimenticò la parola e pensò che stava per affondare, disse: "Signore, salvami". Non poteva prenderlo, vero? Ha iniziato, ma ha dimenticato la potenza della parola, la fede è scivolata, e ha pensato che non potesse raggiungerlo, e ha gridato: "Signore, salvami". E il Signore stese la mano. Non aspettò che Pietro lo raggiungesse, ma stese la mano e lo sollevò. Fratello o sorella mia, se hai trovato il coraggio di iniziare con la parola "vieni" e hai dimenticato la sua forza, e la tua fede è scivolata a causa della tempesta che ti circondava, puoi dire: "Signore, salvami", ed Egli tenderà la Sua mano e salverà.

"Venite alle acque e chi non ha denaro venga". Ci dice di comprare, e chi non ha denaro, Lui si occuperà dell'acquisto, farà in modo che otteniamo l'articolo. E questo è anche ciò che disse a coloro che pensavano di avere denaro e non sapevano di non averne. Ma questo significa noi, significa voi e me. E viene con queste parole, "amati" e "fratelli". "Senza denaro, comprate e mangiate, venite a comprare vino e latte senza denaro e senza prezzo". La stessa cosa si trova in Isa. 52:3: "Poiché così dice il Signore: "Vi siete venduti per nulla e sarete riscattati senza denaro"". Come possiamo recuperare quando ci siamo venduti? Che cosa abbiamo ottenuto? Niente. Ora, se Egli ci chiedesse qualcosa da restituire, come potremmo farlo? Ci siamo venduti per niente, e se ci costa qualcosa tornare indietro, questo significa la rovina eterna, non è vero? Dobbiamo quindi concentrarci su quell'unica cosa che non ci costa nulla recuperare. "Vi siete venduti per nulla e per nulla sarete riscattati". *Al Signore*, però, è costato qualcosa. Gli è costato tutto. Ma tutto questo ce lo dà, in modo che non ci costi nulla. Il prezzo è stato pagato, ma non da noi.

"Perché spendete denaro per ciò che non è pane, e il vostro lavoro per ciò che non soddisfa? Ascoltatemi con diligenza, mangiate ciò che è buono e lasciate che la vostra anima si diletti nel grasso. Tendete gli orecchi e venite a me; ascoltate e l'anima vostra vivrà". Che cosa dovete fare perché la vostra anima viva? [*Ascoltate*, fratelli? Avete ascoltato l'invito? Vivete? Avete sentito parlare della potenza creatrice e del potere miracoloso di Gesù Cristo; dopo averlo sentito, vivete in base ad esso? Vivete in Lui, per Lui e a Lui?

Nel deserto Mosè sollevò un serpente e loro cosa dovevano fare? "Guardate e vivrete". E come il serpente fu innalzato nel deserto ed essi dovettero vivere, così il Figlio dell'uomo fu innalzato affinché chiunque guardasse a Lui vivesse. Ma qui si dice: "*Ascoltate* e vivrete". Dio aveva stabilito il piano per cui avremmo dovuto *parlare* e vivere, ma Mosè lo ha rovinato.

Nel 20° capitolo di Numeri leggiamo che il Signore disse a Mosè, quando il popolo mormorava per l'acqua, di andare a "*parlare* alla roccia" ed essa avrebbe fatto scaturire l'acqua. Mosè salì e disse: "Ascoltate, ribelli: dobbiamo forse farvi uscire l'acqua da questa roccia?". E *colpì* la roccia due volte. Fu allora che rovinò la splendida figura di Dio, che Egli avrebbe voluto istituire, secondo cui tutto ciò che dovevamo fare era parlare. Perché la roccia *era stata colpita* quando erano entrati nel deserto.

La cronaca dice che, quando il popolo aveva sete, il Signore disse a Mosè di salire sull'Oreb e che si sarebbe fermato davanti a lui sulla roccia. Gli disse di colpire la roccia con la verga che aveva in mano, affinché il popolo potesse bere. Egli lo fece e l'acqua sgorgò. Che cos'era quella roccia? [Voce: "Cristo"].

Allora perché ha colpito la roccia una seconda volta? Cristo non deve morire una seconda volta per voi e per me. Il Signore voleva mostrarcelo in quella splendida figura che stava per allestire, ma Mosè dimenticò la sua parola. Non gli credette e pensò di dover fare come prima. Dimenticò che il Signore aveva detto: "Va' e *parla* alla roccia", così la *colpì* e rovinò la figura. Allora Dio gli disse: "Poiché non mi hai creduto per santificarmi agli occhi dei figli d'Israele, non farai entrare questa comunità nel paese che ho dato loro". Fratelli, il Signore stesso non può impedirci di peccare quando non gli crediamo. Non dimenticatelo. Il Signore non voleva che Mosè facesse quello che ha fatto, ma Mosè non ha creduto al Signore. Perché il Signore non gli ha impedito di peccare? Non poteva, visto che Mosè non gli ha creduto. Allora, ogni volta che Dio ci parla, dobbiamo prenderlo per quello che dice. Allora ci impedirà di peccare.

Quella notte Cristo disse ai suoi discepoli che tutti lo avrebbero abbandonato e sarebbero fuggiti. Essi dissero: "No, non lo faremo. No, signore. Vi sbagliate. Pietro disse: "Anche se tutti ti abbandonano, io non lo farò". Prima del canto del gallo, lo rinnegò tre volte, sebbene avesse detto: "Anche se dovessi morire con te, non ti rinnegherò". Chi aveva ragione? Cristo. E tutti dissero la stessa cosa, ma tutti fuggirono a causa della loro incredulità. Se avessero creduto a ciò che aveva detto, sarebbero fuggiti? Non avrebbe salvato il gregge? Fratelli, quello che vogliamo fare è credere al Signore. Senza dubbio Mosè pensava che, quando il Signore gli disse di parlare alla roccia, *intendesse* dire come aveva fatto prima: vai e *colpiscila*. Avrebbe dovuto ascoltare le *parole* del Signore. Questo vale per voi e per me. "Considera ciò che *dico* e il Signore ti darà comprensione di ogni cosa". Quindi, quello che dobbiamo fare è *guardare* e vivere; *ascoltare* e vivere; *parlare* e vivere; facciamolo. La roccia è stata colpita, parlate ed Egli emetterà l'acqua della vita. Fratelli, questo viene dal nostro Consigliere. "Ascoltate e le vostre anime vivranno, e io stabilirò con voi un patto eterno, le sicure misericordie di Davide".

E ancora: "Comprate da me oro provato nel fuoco e vesti bianche per essere rivestiti". E ricordate la descrizione che abbiamo già avuto di questa veste. Si tratta di "quella veste tessuta nel telaio del cielo, in cui non c'è un solo filo di fattura umana". Fratelli, quella veste è stata tessuta in un corpo umano. Il corpo umano—la carne di Cristo—era il telaio, non è vero? Quell'abito è stato tessuto in Gesù; nella stessa carne che avete voi e io, perché ha preso parte della stessa carne e dello stesso sangue che abbiamo noi. La carne che è vostra e mia, che Cristo ha portato in questo mondo, era il telaio in cui Dio ha tessuto l'abito per voi e per me da indossare nella carne, e vuole che lo indossiamo ora, così come quando la carne sarà resa immortale alla fine!

Qual era il telaio? Cristo nella sua carne umana. Che cosa è stato fatto lì? [La veste della giustizia." Ed è per tutti noi. La giustizia di Cristo, la vita che ha vissuto per voi e per me, che stiamo considerando questa sera, è la veste. Dio Padre era in Cristo per riconciliare il mondo a sé. "Il suo nome sarà chiamato Immanuel", cioè "Dio con noi". Ora, Egli vuole che quella veste sia nostra, ma non vuole che dimentichiamo chi è il tessitore. Non siamo noi stessi, ma è Lui che è con noi. Era Dio in Cristo. Cristo deve essere in noi, proprio come Dio era in Lui, e il suo carattere deve essere in noi, proprio come Dio era in Lui, e il suo carattere deve essere tessuto e trasformato in noi attraverso le sofferenze, le tentazioni e le prove che incontriamo. E Dio è il tessitore, ma non senza di noi. È la cooperazione del divino e dell'umano—il mistero di Dio in voi e in me—lo stesso mistero che era nel Vangelo e che è il messaggio del terzo angelo. Questa è la parola del Consigliere Meraviglioso.

[Sì, ma non diventerà nostro senza di noi. Così siamo condotti attraverso queste prove e tentazioni ardenti a essere partecipi del carattere di Cristo, e queste prove e tentazioni che incontriamo ci rivelano il nostro carattere e l'importanza di avere il suo, in modo che attraverso queste stesse tentazioni che Lui ha attraversato, diventiamo partecipi del suo carattere, portando nel corpo la giustizia della vita del Signore Gesù Cristo.

Naturalmente l'abito è stato tessuto senza di noi, e la bellezza sta nel fatto che noi dobbiamo avere quell'abito completo come Lui. Dobbiamo crescere in Cristo, finché non giungeremo tutti all'unità della fede. È sempre lo stesso messaggio, finché non giungeremo tutti all'unità della fede e della conoscenza del Figlio di Dio, fino all'uomo perfetto, "fino alla misura della statura della pienezza di Cristo".

Quanto dobbiamo essere alti di carattere prima di lasciare questo mondo? Quanto Cristo. Quale deve essere la nostra statura? Quella di Cristo. Dobbiamo essere uomini perfetti che raggiungono "la misura della statura della pienezza di Cristo".

Chi è il tessitore? [Nell'occhio di chi è il disegno? Di Dio. Molte volte, fratelli, i fili sembrano tutti aggrovigliati quando li guardiamo. Le maglie sembrano tutte fuori forma e non c'è simmetria nella figura, non c'è bellezza nel disegno che vediamo. Ma il disegno non è opera nostra. Non siamo noi i tessitori. Anche se i fili si aggrovigliano e la navetta si intasa, e noi sappiamo come si svolge il lavoro, chi manda la navetta? Dio manda la navetta e questa passerà. Non importa se i fili si aggrovigliano e non si vede nulla di bello. Dio è il tessitore; può districare i fili? Certamente li districherà.

Quando cerchiamo la simmetria del disegno e vediamo che è tutto sbagliato, i colori mescolati e i fili tirati di qua e di là, e la figura sembra rovinata, chi sta facendo la figura? Dio, naturalmente. Di chi è il telaio che contiene il disegno della figura nella sua completezza? E chi è il disegno? Cristo è il modello, e non dimenticate che "nessuno conosce il Figlio se non il Padre". Io e voi non possiamo modellare la nostra vita sul modello. Non lo conosciamo. Non riusciamo a vedere abbastanza chiaramente per discernere colui che modella il modello, o per sapere come modellarlo correttamente anche se fossimo noi a tesserlo. Fratelli, Dio sta tessendo. Egli porterà avanti questo processo. Dio vede il disegno nella sua completezza prima che sia fatto. Ai suoi occhi è perfetto, mentre ai nostri occhi sembra tutto ingarbugliato e disordinato.

Fratelli, lasciamo che sia Lui a tessere. Lasciate che Egli porti avanti il Suo benedetto piano di tessere attraverso tutta la nostra vita e la nostra esperienza il prezioso modello di Gesù Cristo. Sta arrivando il giorno, e non è lontano, in cui l'ultima navetta sarà passata, l'ultimo filo sarà posato, l'ultimo punto della figura sarà raggiunto completamente e sigillato con il sigillo del Dio vivente. Lì aspetteremo solo Lui, per essere simili a Lui perché Lo vedremo così com'è.

Fratelli, non è forse un meraviglioso consigliere? Oh, prendiamo il Suo consiglio questa sera. Prendiamo la fede benedetta che è stata provata e tutto ciò che ci dice, perché è tutto nostro. Dio ce l'ha data. È mia. È vostra. Ringraziamolo e rallegriamoci.

Il Messaggio del Terzo Angelo – n. 11

A. T. Jones
Stampato nel Bollettino quotidiano della Conferenza generale, 13 febbraio 1893, pp. 242–246.

Il punto in cui ci siamo trovati nelle Scritture, ricordate, in questa serie di lezioni, è il consiglio del Vero Testimone, la seconda cosa che ci dice di comprare. L'altra sera abbiamo studiato la prima. "Ti consiglio di comprare da me l'oro provato nel fuoco, affinché tu possa essere ricco". Questo è stato il nostro studio dell'ultima lezione; il nostro studio di stasera inizia con la cosa successiva: "Ti consiglio di comprare da me vesti bianche, affinché tu sia vestito e non appaia la vergogna della tua nudità".

Che cos'è questa veste? [Di chi è la giustizia? [Di chi è? [Di chi dobbiamo cercare? [Che cos'è la giustizia? [La rettitudine è un'azione giusta? [Congregazione: "Sì"] [Voce: "Tutti i tuoi comandamenti sono giustizia"] Cosa sono per noi? Che cosa dicono? [Qualcuno ha detto: "Fate"] Lo dicono? I comandamenti richiedono un'azione, vero? [Il primo di tutti i comandamenti è: "Amerai il Signore, tuo Dio, con tutto il tuo cuore, con tutta la tua anima, con tutta la tua mente e con tutta la tua forza"; e il secondo è simile: "Amerai il tuo prossimo come te stesso; su questi due comandamenti poggiano tutta la legge e i profeti". La rettitudine è dunque il fare bene; questo è abbastanza chiaro.

Di chi dobbiamo cercare la giustizia? [Di chi dobbiamo avere? [Di chi dobbiamo avere la giustizia di Dio? [Ma di chi è la giustizia in Cristo? [Cristo non ha fatto nulla da sé; dice: "Da me stesso non posso fare nulla". Giovanni 5:30. Di chi è il bene che facciamo in Cristo? [Di Dio."] "Dio era in Cristo". 2 Cor. 5:19. Di chi è la giustizia che dobbiamo avere? [Congregazione: "Di Dio"] È così? [Congregazione: "Sì, signore"] Volete attenervi a questo per una settimana? [Congregazione: "Sì, signore". [L'anziano Wm. Hutchinson ha detto: "Per tutta la vita"] Va bene; ma se alcune persone in questo pubblico si atterranno a questo per una settimana, sarò felice. E lo saranno anche loro, perché ci sono alcuni qui che non vi si attengono affatto. Non ce l'hanno, non lo sanno, e ce ne sono anche molti; e per questo motivo, vogliamo capire chiaramente, all'inizio, che tipo di vestiario dobbiamo comprare; che cosa cerchiamo. Di chi è il diritto di fare che dobbiamo avere? [Di chi dobbiamo cercare la giustizia? Questo è ciò che dobbiamo scoprire in questa lezione.

Ora, richiamando l'attenzione su un pensiero che abbiamo studiato in precedenza, con il quale iniziare direttamente questo studio stasera, cioè che cosa è questa giustizia per noi ora, torniamo a quel passo in Gioele, il secondo capitolo e il 23° versetto, e notiamo anche la lettura marginale. "Rallegratevi dunque, figli di Sion, ed esultate nell'Eterno, il vostro Dio, perché egli vi ha dato la prima pioggia con moderazione, e farà scendere per voi la pioggia, la prima e l'ultima".

Il nostro studio in proposito è stato pubblicato nel Bollettino n. 7, pag. 183.[1]

---

1 Si veda la pagina 125 di questo libro.

Qual è il margine? "Vi ha dato la pioggia precedente?". Che cosa significa? "Un maestro di giustizia"."Vi ha dato la pioggia precedente moderatamente". Che cosa significa "moderatamente"? Che cos'era la pioggia precedente a Pentecoste? "Un maestro di giustizia". "Vi ha dato un maestro di giustizia secondo la giustizia". Era questa la pioggia precedente? Ed Egli vi darà "la pioggia, quella precedente e quella successiva", come la prima. Quale sarà l'ultima pioggia? "Un maestro di giustizia", di nuovo. Secondo che cosa? [Congregazione: "La giustizia"] Ma qual è un'altra espressione per indicare l'ultima pioggia? [Qual è un'altra espressione per indicare la pioggia finale? [Che cos'è l'ultima pioggia nel messaggio del terzo angelo? [Che cos'è l'ultima pioggia in relazione alla caduta di Babilonia? È il conferimento di quella potenza e di quella gloria con cui l'angelo di Ap 18 scende e illumina la terra.

Leggiamo ora alcuni passaggi di quelli che abbiamo già avuto per cogliere definitivamente il nesso. A pagina 58 del Bollettino, nella lezione del fratello Haskell, abbiamo letto queste parole, tratte dalla Rivista del 22 novembre.

> "Il tempo della prova è alle porte, perché il forte grido del terzo angelo è già iniziato nella rivelazione della giustizia di Cristo. ... Questo è l'inizio della luce del terzo angelo, la cui gloria riempirà tutta la terra".

Un altro passaggio a pagina 16 del Bollettino, in quella Testimonianza che è stata letta:—

> "Tuttavia l'opera sarà interrotta nella giustizia".

Quale "opera sarà interrotta nella giustizia"? [Congregazione: "L'opera di Dio"].

> "Il messaggio della giustizia di Cristo deve risuonare da un capo all'altro del mondo. *Questa è la gloria di Dio* che chiude l'opera del terzo angelo".

Che cos'è questo messaggio della giustizia di Cristo che abbiamo letto prima in questi altri luoghi? "Questo è l'inizio della luce del terzo angelo, la cui gloria riempirà tutta la terra". Ora, "Questa è la gloria di Dio che chiude l'opera del terzo angelo". Allora, quando siamo arrivati a quel tempo, che tempo abbiamo raggiunto? [Siamo arrivati al momento in cui Dio chiuderà l'opera. Questa è la gloria che chiude l'opera del messaggio.

Ora, un'altra cosa: qual è la prima espressione che abbiamo appena letto? "La taglierà in giustizia". Quando questo messaggio della giustizia di Dio—la giustizia di Dio, che è per fede in Gesù Cristo, la giustizia di Dio—sarà ricevuto e potrà essere portato avanti dal Suo popolo, cosa significherà per l'opera di Dio sulla terra?

Poi, quando arriviamo al tempo dell'ultima pioggia, al grido forte, all'angelo che scende dal cielo con quella grande potenza, a tutte queste cose che si uniscono, come dicono le parole del Signore, siamo semplicemente portati allo stesso punto in cui siamo stati portati dallo studio delle cose che sono davanti a noi e che ci ha portato a vedere ciò che sta per arrivare su di noi. La linea di studio che abbiamo seguito—studiare le cose che sono davanti a noi per vedere ciò che presto verrà su di noi—ci ha portato di fronte a sei o sette eventi diversi che ci hanno fatto capire proprio questo: che ora è il momento in cui l'opera sarà chiusa a breve, e siamo nel mezzo delle scene che chiudono la storia di questo mondo. Ecco queste diverse espressioni nella Testimonianza dello Spirito di Dio, messe insieme, che mostrano che da quel lato è la stessa cosa.

Ebbene, l'ultima pioggia è il grido forte del messaggio del terzo angelo; è l'inizio di quel messaggio di gloria che illumina la terra. Ma l'ultima pioggia è l'insegnamento della giustizia. Quando il messaggio della giustizia di Dio, in quanto tale, è arrivato a noi come popolo? [Dove? [A Minneapolis. Sì. Questo punto è stato sollevato l'altra sera e può essere riletto nel Bollettino n. 7, pag. 183. Non so se possiamo affermarlo più chiaramente di quanto abbiamo fatto quella sera.

Il messaggio della giustizia di Cristo è il grido forte. È l'ultima pioggia. Abbiamo già pregato per l'ultima pioggia qui a questa Conferenza, non è vero? E voi? [Cosa stavate cercando quando la vostra preghiera è stata esaudita? Siete pronti ora a ricevere l'ultima pioggia? Abbiamo pregato qui per l'ultima pioggia. Ora c'è il collegamento. Le testimonianze ci dicono cos'è e Gioele ci dice cos'è. Ora vi chiedo semplicemente: siete pronti a ricevere l'ultima pioggia? Cioè, siete pronti a ricevere il messaggio di Dio di giustizia, secondo la giustizia. Esaminiamo questo punto un po' più avanti. Gioele dice, secondo il margine, che è un maestro di giustizia, che porta l'insegnamento della giustizia *secondo la giustizia*. Di chi è l'idea di giustizia? [Di Dio? No, della mia. [Sì, la mia va bene! [Perché? Se ricevo la giustizia di Cristo secondo la mia idea, non è sufficiente? Non è forse ricevere l'ultima pioggia? Non è forse ricevere la giustizia di Cristo? [Ma questo è il problema di molte persone che hanno ascoltato il messaggio della giustizia di Cristo. Hanno ricevuto il messaggio della giustizia di Cristo *secondo la loro idea* di ciò che è la sua giustizia, e non hanno affatto la giustizia di Cristo.

Ora, chiediamoci di nuovo: come dobbiamo riceverlo? Come deve essere dato? "Secondo la giustizia". E come dobbiamo riceverlo? "Secondo giustizia". È data "secondo giustizia" e noi dobbiamo riceverla "secondo giustizia". Dobbiamo riceverla come è stata data.

Ma soffermiamoci ancora su questo pensiero; e non ho nemmeno fretta di allontanarmene. Quando riceviamo l'insegnamento della giustizia "secondo giustizia", dobbiamo riceverlo secondo l'idea che Dio ha della giustizia e non secondo la nostra misura. Chi pensa di ricevere il messaggio della giustizia di Cristo secondo la propria idea, lo perde completamente. Dobbiamo riceverlo secondo l'idea di Dio, e nient'altro che l'idea di giustizia di Dio, nient'altro che questo, è giustizia.

C'è un'altra riflessione che abbiamo fatto l'altra sera: quando è stata presentata quattro anni fa e da allora alcuni l'hanno accettata così com'era stata data e sono stati felici della notizia che Dio aveva una giustizia che avrebbe superato il giudizio e sarebbe stata accettata al Suo cospetto. Una giustizia che è di gran lunga migliore di qualsiasi cosa che gli uomini possano fabbricare con anni e anni di duro lavoro. Le persone avevano quasi consumato le loro anime, cercando di fabbricare un grado di giustizia sufficiente per superare il tempo dei problemi e incontrare il Salvatore in pace quando verrà; ma non ci erano riusciti. Questi furono così felici di scoprire che Dio aveva già fabbricato una veste di giustizia e l'aveva offerta come dono gratuito a chiunque l'avesse presa, che avrebbe risposto ora, al tempo delle piaghe, al tempo del giudizio e per tutta l'eternità, che la ricevettero volentieri così come Dio l'aveva data, e ringraziarono di cuore il Signore per questo. Altri non volevano averci niente a che fare, ma rifiutavano tutto. Altri ancora sembravano assumere una posizione intermedia. Non la accettavano completamente, ma non la rifiutavano apertamente. Pensavano di assumere una posizione intermedia e di seguire la folla, se la folla andava in quella direzione. E *questo* è il modo in cui speravano di ricevere la giustizia di

Cristo e il messaggio della giustizia di Dio. Altri hanno deliberatamente scontato il messaggio di circa il cinquanta per cento e *lo* hanno considerato la giustizia di Dio. E così, tra la resa e l'accettazione deliberata, aperta e libera, e il rifiuto aperto, deliberato e positivo, i compromessi si sono dispersi da allora; e coloro che hanno assunto questa posizione di compromesso non sono meglio preparati stasera a discernere qual è il messaggio della giustizia di Cristo di quanto non lo fossero quattro anni fa.

Alcuni di questi fratelli, dopo la riunione di Minneapolis, li ho sentiti dire "amen" alla predicazione, a dichiarazioni che erano assolutamente pagane, e non sapevano che si trattava della giustizia di Cristo. Alcuni di coloro che all'epoca si opposero così apertamente e votarono con la mano alzata contro di essa, da allora ho sentito dire "amen" a dichiarazioni che erano apertamente e decisamente papali come la stessa Chiesa papale può dichiarare. Ne parlerò in una di queste lezioni e richiamerò la vostra attenzione sulla dichiarazione della Chiesa cattolica e sulla sua dottrina della giustificazione per fede. Lo farò presente in una prossima lezione e vi farò vedere qual è la dottrina della Chiesa cattolica sulla giustificazione per fede. "Perché", dice uno, "non sapevo che la Chiesa cattolica credesse nella giustificazione per fede". Oh, sì, ci crede. Sì, è proprio così: lo si può leggere nei suoi libri. Uno dice: "Pensavo che credessero nella giustificazione per opere". È così e non credono in nient'altro, ma lo fanno passare sotto il titolo di giustificazione per fede. E non sono gli unici al mondo a farlo (intendo i membri della Chiesa cattolica). Non sono gli unici a farlo.

Faccio quindi appello a tutti affinché ci riuniamo ora e mettiamo da parte tutto, ogni nozione preconcetta, ogni pensiero su come questa o quella opinione sia o debba essere, e ci riuniamo ora per ascoltare il messaggio della giustizia di Cristo e studiarlo nel timore di Dio, pregando con tutto il cuore, affinché Egli possa, in questa Conferenza, darci l'Insegnante di giustizia secondo la Sua idea di giustizia. Questo è ciò che vogliamo.

E fratelli, se preghiamo perché lo faccia, certamente lo farà. E poi quando ci manda, tramite il Suo Spirito, l'insegnamento del messaggio della Sua giustizia, prendiamolo esattamente come ce lo dà, e non scartiamolo nemmeno un po', non importa se ci toglie tutto quello che abbiamo sempre pensato fosse l'idea giusta a riguardo; non abbiamo nulla a che fare con questo. All'inizio di questo istituto, quando siamo venuti qui a studiare, abbiamo deciso di stare su questa piattaforma: se qualcuno di noi pensava di sapere qualcosa, non sapeva nulla di ciò che avrebbe dovuto sapere. Ciò è applicabile a questo argomento, a coloro che lo hanno ricevuto, con la stessa certezza (anche se forse non nella stessa misura) di coloro che non lo hanno ricevuto. Perché chi l'ha ricevuta non può vantarsi ora e dire: "Ora sono a posto, non ho bisogno di imparare nulla". Se qualcuno si mette in questa posizione, è quello che ha più bisogno di imparare di tutti.

Quindi, quello che vogliamo fare è mettere da parte ogni pensiero di questo tipo, ogni deduzione che abbiamo fatto su di esso, ogni sconto che abbiamo fatto su di esso, ogni forma che abbiamo dato ad esso, e venire, come ha detto Cristo, "come bambini piccoli", chiedendo qual è il regno di Dio; perché il regno di Dio è giustizia, pace e gioia nello Spirito Santo. Chi non vuole accogliere il regno di Dio come un bambino, dice Gesù stesso, non può entrarvi. E se veniamo con quello che abbiamo già imparato e cerchiamo di incastrarlo su quello, non si adatterà a quello. Se veniamo e cerchiamo di plasmare tutto ciò che Egli ci darà ora, sulla nostra concezione di ciò che abbiamo, rovineremo tutto e ci escluderemo da tutto. Per questo motivo, il testo ci accompagna ancora: "Se uno pensa di sapere qualcosa, non sa ancora nulla di ciò che dovrebbe sapere". Questo ci appartiene.

Ora, prendendo questo pensiero un po' più in là. L'ultima pioggia, questo messaggio, è la giustizia di Dio, che è per fede in Gesù Cristo. Questo è il grido forte; ma questo messaggio è l'insegnamento della giustizia *secondo la giustizia*, e questo significa l'idea di Dio della giustizia, e non la nostra. *La mia idea* di giustizia di Dio—la mia idea nella sua massima estensione—è l'idea di giustizia di Dio? [Allora quando mi faccio l'idea più ampia possibile della giustizia di Dio, e sono soddisfatto di quella, e dico che è quella a salvarmi, di chi è la giustizia che mi salva? [Certo, perché quando misuro le sue idee con le mie e lo rendo simile a me stesso, lo confino all'interno della mia comprensione e sono io stesso il mio salvatore, perché questo non lo rende più grande di me. Lo capite? [Congregazione: "Sì, signore"].

Sì, infatti, dobbiamo ricevere questo messaggio, quest'ultima pioggia, questa giustizia di Dio, secondo le Sue idee e nel Suo modo; e quando la dice, quando la dà, dobbiamo accoglierla e ringraziarLo per questo, senza chiederci come viene, o cose del genere, ma accogliendola così come la dice, così come la dà, e lasciarGli fare quello che vuole nel portarla avanti nel mondo. Perché cos'è la rettitudine? Il fare bene. Di chi è la giustizia che dobbiamo avere? [Allora è la rettitudine di Dio che dobbiamo avere; non è la nostra rettitudine; è la sua idea di rettitudine e non la nostra idea di rettitudine: non è la nostra idea di rettitudine, è la sua idea di rettitudine. È, infatti, il Suo stesso giusto agire quando fa le cose. Per questo motivo, vi esorta a cedere a Lui tutto di noi stessi e a lasciare che sia Lui a fare ciò che vuole con ciò che gli appartiene. È Lui che deve fare. Noi dobbiamo essere strumenti. "Consegnatevi come strumenti di giustizia". Le vostre membra come strumenti di giustizia. Consegnate a chi? A Dio. Lui usa gli strumenti. Rm 6,13. Glielo permetterete? [Congregazione: "Sì, signore"] Lo farete per una settimana? [Congregazione: "Sì, signore."]

Ora un altro pensiero che ci conduce così. Sappiamo che è solo l'idea di Dio; questa è la vera idea di questa giustizia di Dio. Posso allora afferrare la Sua idea di giustizia con la *mia mente?* [Posso avere una mente che l'afferri e che sia in grado di afferrarla? Sì. C'è una mente nell'universo che può afferrare l'idea di giustizia di Dio? Sì, c'è una mente nell'universo che può comprendere l'idea di giustizia di Dio? Di chi? Di Cristo. Allora questo non chiude voi e me al fatto che senza la mente di Gesù Cristo non abbiamo e non possiamo avere la giustizia di Dio? Non mi interessa quanta teoria possa avere un uomo sulla giustizia di Dio; non mi interessa quanto possa dire di credere nella giustizia di Dio; non mi interessa quanto possa dire di credere nella giustificazione per fede, se non ha la mente di Cristo stesso, non capisce l'idea di Dio della giustificazione per fede e non può dirla.

Nessun uomo può afferrare la giustizia di Dio senza la mente di Gesù Cristo, che solo tra tutte le menti dell'universo può afferrarla, comprenderla o conoscerla. È così? [Ma posso trasformare la mia mente nella mente di Cristo? Non è vero? Rifatta, rinnovata e trasformata nella mente di Cristo? [Congregazione: "No, signore"] [Qualcuno tra il pubblico ha citato il testo: "Sia in voi questa mente che era anche in Cristo Gesù"]. Va bene; lo permetterete? Lo farete? È questo che avete deciso di fare? [Questa è la cosa da cui partire, non è vero? Chiariamo questo punto, e penso che a quel punto l'ora per lo studio di questa sera sarà scaduta; che l'unico modo possibile in cui chiunque in questo mondo può conoscere la giustizia di Dio, può ricevere la giustizia di Dio, può ricevere l'insegnamento di questa giustizia secondo giustizia, ... l'unico modo, l'unico modo possibile, in cui qualsiasi uomo in questo mondo può riceverla, o conoscerla, è avere la mente di Cristo stesso.

Ecco un'espressione che daremo, di per sé abbastanza corretta, secondo cui i comandamenti di Dio sono il riflesso, la trascrizione, l'espressione della giustizia di Dio. I dieci comandamenti sono la manifestazione scritta, in lettere, della volontà di Dio. Rm 2,17–18: "Ecco, tu sei chiamato Giudeo, riposi nella legge, ti vanti di Dio, conosci la sua volontà e approvi le cose più eccellenti, essendo istruito dalla legge". Quindi la legge è l'espressione della volontà di Dio, che esprime ciò che è la volontà di Dio che deve essere fatto nel modo giusto. I dieci comandamenti accetteranno che qualcuno faccia qualcosa che non corrisponda all'idea che Dio ha di ciò che è giusto fare? No. Allora i dieci comandamenti richiedono semplicemente una misura di rettitudine come la mente di Dio misura, come la Sua volontà esprime. Allora, se i dieci comandamenti richiedono proprio questo e non accettano nulla al di sotto di esso, come si possono soddisfare i requisiti dei dieci comandamenti nella vita di un uomo in questo mondo che non ha la mente di Dio? Non si può fare.

Dove troviamo questa mente? [Allora è possibile per un uomo, con qualsiasi mezzo, rendere ai dieci comandamenti ciò che essi richiedono e che solo loro accettano, senza avere la mente di Gesù Cristo stesso? [Ebbene, posso avere la mente di Cristo senza il resto di Lui? No, non posso. Quindi, poiché non posso avere la mente di Cristo senza il resto di Lui, ne consegue che devo avere la presenza personale di Cristo stesso.

Cos'è che porta a voi e a me la presenza personale di Gesù Cristo? Lo Spirito di Dio. Leggiamo due testi, uno in Giovanni e uno in Efesini, e credo che questo sia tutto ciò che avremo il tempo di leggere stasera. Giovanni 14:18: "Non vi lascerò senza conforto: Verrò da voi". Non ci lascia senza conforto, cioè senza un consolatore. Quindi dice: "Io verrò da voi"; ma quando viene da noi così, non siamo senza un Consolatore. Allora viene a noi per mezzo del Consolatore, che è lo Spirito Santo.

Ora passiamo a Ef. 3:16, 17. Leggiamolo insieme con attenzione. Questa è la preghiera: "Che Egli vi conceda, secondo le ricchezze della sua gloria, di essere rafforzati con forza dal suo Spirito nell'uomo interiore, affinché Cristo abiti nei vostri cuori". [Naturalmente la fede è lì. Ma c'è un doppio legame con l'affermazione centrale: primo, rafforzati con forza dal Suo Spirito nell'uomo interiore, affinché Cristo abiti nei vostri cuori, ma Egli abita nel cuore per fede.

Riceviamo la promessa dello Spirito attraverso la fede; ma cosa lo *porta*? Lo Spirito di Dio; e quando lo abbiamo, Cristo abita nel cuore. Poi è lo Spirito Santo che porta la presenza personale di Gesù Cristo; e nel portare la sua presenza personale a noi, porta se stesso. Poi è la mente di Cristo, grazie alla quale possiamo comprendere, investigare e godere delle cose profonde di Dio che Egli raggiunge e porta alla nostra comprensione e ce le pone davanti nella loro semplicità. Questo è ciò che dobbiamo avere per avere la presenza di Cristo, per avere la giustizia di Cristo, per avere l'ultima pioggia, per poter dare un forte grido.

Il Messaggio del Terzo Angelo – n. 12

A. T. Jones
Stampato nel Bollettino quotidiano della Conferenza generale, 14 febbraio 1893, pp. 257–266.

Ieri sera siamo arrivati a questo: che per avere la giustizia di Dio—che è l'ultima pioggia, che è la preparazione al grido forte—dobbiamo avere solo la mente di Cristo; non può venire in nessun altro modo. È proprio questo il consiglio che ci viene dato nelle Scritture: "Sia in voi questa mente che era anche in Cristo Gesù". Fil. 2:5, 6. Qual è la cosa che il testo mostra che la mente di Cristo fa? Che cosa ha fatto in Lui? Ha "svuotato se stesso". Quando questa mente è in noi, cosa farà? La stessa cosa. Ci svuoterà di noi stessi. Allora il primo pensiero che il testo dà è che la mente di Cristo svuota di sé colui nel quale si trova.

Quando la mente che era in Cristo si è svuotata, cosa è successo? Dio lo ha riempito. Quando la mente che era in Lui è in noi e fa in noi ciò che ha fatto in Lui—ci svuota di sé—che cosa riempirà il posto? Dio in Cristo ci riempirà. Allora Dio in Cristo dimora in noi. Ma questo toglie di mezzo l'io.

Quale mente c'è in noi per cominciare? La mente del sé. Cosa fa questa mente? Esalta il sé. Che tipo di mente abbiamo all'inizio? La mente naturale. Un uomo ha una mente naturale e deve avere un'altra mente. Deve avere la mente che era in Cristo; ma la mente che è in Cristo non fa altro che svuotare di sé colui in cui risiede. Pertanto, poiché abbiamo una mente da cui partire e *dobbiamo* averne *un'altra*, mentre quest'altra svuota di sé colui in cui si trova, non ne consegue inevitabilmente che la mente da cui partiamo *è una mente solo di sé?*

Dio ha creato l'uomo per cominciare, al vero inizio nell'Eden. Dio ha messo in quell'uomo la mente di se stesso? [Di chi era la mente di quell'uomo? La mente di Dio. Il fratello Haskell ci ha letto nelle sue lezioni la meravigliosa saggezza che era in Adamo e quella saggezza era di Dio e si rifletteva nella vita di Adamo—la sua mente, i suoi pensieri, il suo intero assetto che rifletteva il Creatore. Quando Dio disse: "Facciamo l'uomo a nostra immagine e somiglianza", significava molto di più della *forma;* significava che se voi e io avessimo potuto vedere Adamo ed Eva così come erano usciti dalla mano di Dio, avremmo visto l'immagine di Dio riflessa e saremmo stati indotti a pensare a qualcuno dietro di loro, molto più indietro di loro e molto superiore a loro. Chi è? Dio.

Ma non rimasero come Dio li aveva fatti. Satana entrò nel giardino. Dio aveva detto loro alcune parole, le *sue* parole, l'espressione della *sua mente*, il suo *pensiero* riguardo a loro. Se avessero ricevuto quelle parole, se avessero conservato quelle parole e i pensieri di Dio in quelle parole, di chi avrebbero conservato la *mente*? Di Dio. Quando è arrivato quell'altro, Satana, e ha detto loro altre parole, esprimendo i suoi pensieri e il prodotto della sua mente ed essi hanno accettato e ceduto a quello: allora di chi hanno ricevuto i pensieri e di chi hanno ricevuto la mente? [Congregazione: "di Satana"].

Non c'è bisogno di risalire alle profondità dell'esperienza di Satana; sappiamo tutti che cosa ha causato la sua caduta. Che cos'è stato? [Ma era l'io la radice dell'orgoglio; l'io è la radice di tutto; l'orgoglio è solo il frutto dell'io. Satana ha guardato se stesso prima di diventare orgoglioso di se stesso. Se avesse guardato il volto di Colui che siede sul trono, non sarebbe mai diventato orgoglioso. Avrebbe riflesso l'immagine di Colui che siede sul trono, come si manifesta in Gesù Cristo. Ma quando ha distolto lo sguardo dal volto di Colui che siede sul trono e l'ha rivolto a se stesso, allora si è inorgoglito; ha considerato quanto fosse bello e il suo cuore si è innalzato per la *sua* bellezza e ha cominciato a *darsi* credito per quello che era. Ciò che era veniva da Dio. Ma Lucifero *si attribuì* il merito di tutto ciò che era e di ciò che era. Non si considerava forse autoesistente, mettendosi di fatto al posto di Dio? Ma tutto proveniva da se stesso, e questo è il pensiero di tutto. Disse: "Sarò come Dio, sarò come l'Altissimo". Si sarebbe messo al posto di Cristo; e chi si mette al posto di Cristo si mette al posto di Dio, perché Dio è in Cristo.

Allora, stando così le cose, essendo questa la mente di Satana, quando venne dai nostri primi genitori ed essi ricevettero quella mente, che mente era? La mente di se stessi, perché è la mente di Satana che è se stesso; e fu posta davanti a loro la stessa ambizione che egli pose davanti a se stesso e che fece di se stesso ciò che è: Non morirete di certo, perché Dio sa che nel giorno in cui ne mangerete, i vostri occhi si apriranno e sarete come dèi, conoscendo il bene e il male". E quando la donna vide che l'albero era buono da mangiare e che era piacevole agli occhi e che era un albero da desiderare per diventare saggi". Da desiderare per fare cosa? Per rendere una persona saggia. Saggio come? Come Dio; "sarete come Dio", sapendo più di quanto non sappiate ora; sapendo cose del genere. Oh sì, allora quell'albero è un albero da desiderare per portarmi quella conoscenza, per darmi quella saggezza, e quest'albero è il canale attraverso il quale posso realizzare l'obiettivo di essere come Dio. Questo è quanto. Allora qual è la mente che è in noi? [La mente naturale è la mente di Satana; è sempre l'io.

Il Signore non ha lasciato le cose come stanno. Il Signore non si è fermato lì. Se si fosse fermato lì, non ci sarebbe mai potuto essere nella mente di nessun uomo in questo mondo un impulso diverso da quello di Satana stesso, perché l'intera mente naturale è solo di sé e di Satana. Ma Dio disse: "Io romperò tutto questo"; "Porrò inimicizia tra te e la donna, e tra la tua discendenza e la sua discendenza". Dio ha messo l'inimicizia, l'odio contro il potere di Satana, l'odio contro le cose che sono in quella mente. Dio ha piantato quell'odio lì, e questa è la fonte di ogni impulso al bene, al giusto o a qualsiasi altra cosa di questo tipo che possa entrare nella mente di un uomo in questo mondo.

Ma quando Dio ha messo l'odio per il male, esso genera anche il *desiderio* di qualcosa di migliore di questo male che odiamo. Ma qual è questa cosa migliore? Qual è l'oggetto di questo desiderio? [Perché Gesù Cristo e la sua presenza, la mente di Dio, tornano nel luogo da cui sono stati portati via. L'immagine di Dio torna nel luogo da cui è stata bandita da questo inganno di Satana. Cristo è l'immagine di Dio, l'immagine espressa della sua persona, e quando riceviamo Gesù Cristo nella sua pienezza, l'immagine di Dio ritorna al suo posto. Pertanto, la sua eliminazione dell'inimicizia rende libera la volontà, la scelta, in modo che l'uomo possa scegliere quest'altra mente. Questa è la Luce che illumina ogni uomo che viene nel mondo. Se un uomo seguirà quella luce troverà Gesù Cristo, come Abramo, come Cornelio, come tutti coloro che seguiranno quel raggio di luce. Così Egli è il Desiderio di tutte le nazioni. Aggeo 2:7. Cristo è questo.

L'uomo che trova quell'odio per il male, quel desiderio di qualcosa di migliore, quella volontà di fare il bene, è questo il fare il bene? [Può fare il bene da cui è attratto, da quell'impulso? [Leggiamo in Romani e vediamo cosa succede. Rm 3, 10: "Come sta scritto: "Non c'è nessun giusto, nessuno"". E il dodicesimo versetto: "Tutti sono usciti di strada, tutti sono diventati inutili; non c'è nessuno che faccia il bene, nessuno". È così? [Allora come possiamo parlare di un pagano che fa il bene? *Fa del* bene? "Non c'è nessuno che faccia il bene, nessuno". [Ma se ha Cristo, non è un pagano. Stiamo parlando dei pagani.

No, anche questo non è necessario. Non c'è bisogno di andare dai pagani per informarsi; basta andare dai Giudei. Ecco uno che era un ebreo, come voi e io. Romani 7:14: "Sappiamo infatti che la legge è spirituale, ma io sono carnale, venduto sotto il peccato". La mente carnale è la mente naturale. Di chi è la mente naturale? Di Satana, cioè la mente di se stessi; è la mente di Satana. Leggiamo ancora. "Perché quello che faccio, non lo permetto". Qual è il motivo per cui non permetto quello che faccio? Qual è il problema? Perché non lo permetto? Perché so che è sbagliato. Non è buono. Se fosse buono, non potrei permetterlo? "Quello che faccio, non lo permetto". Che cosa si fa allora? Il bene? No, il *non bene*. Il male. Il male.

"Perché ciò che vorrei, non lo faccio". Che cosa farebbe? [Quello che vorrei non lo faccio. Cosa *avrebbe fatto*? [Che cosa *ha fatto*? [Congregazione: "Sbagliato"] Allora, su entrambi i punti, che cosa è stato fatto? Il male.

"Ma ciò che odio, lo faccio". Cosa odiava? Il peccato. Odiava il male, lo sbagliato, il cattivo. Ma cosa faceva? Il male. Ha fatto il male, ha sbagliato, ha fatto il male.

Allora quanto *bene* fa l'uomo naturale? Nessuna. Anche se odia il *male*, quanto *bene* fa? Nessuna. *Vorrebbe* fare il bene; ma quanto del bene che *vorrebbe* fa davvero? Nessuna. È così? [È così, perché lo dice la Bibbia. Allora a cosa serve parlare di un pagano che fa il bene, o di un ebreo che fa il bene, o di un uomo che fa il bene, che ha solo la mente naturale e che *è* solo un uomo naturale? Non si tratta di dire nulla su ciò che *sa*; non si tratta di dire se ha impulsi al bene o meno; non è questa la questione. Ha sempre avuto questi impulsi, non è vero? Aveva la conoscenza del bene, tanto da odiare le cose cattive che faceva.

Pensate a questo. C'era l'uomo naturale: c'era un uomo come voi, come me e come ogni altro uomo nato in questo mondo. Aveva impulsi al bene; aveva la conoscenza del bene; odiava il male; ma cosa *faceva?* Non cosa pensava? Non cosa sapeva? Ma cosa ha *fatto*? Ha fatto il *male*. Non si tratta di ciò che *sapeva*. Ha *fatto* qualcosa di diverso dal male? No. *Sapeva* qualcos'altro, sapeva meglio, non è vero? [Allora non facciamo passare la nostra giusta *conoscenza* per una giusta *azione*. Non facciamo passare la nostra giusta conoscenza per una giusta azione. *Conoscere* il bene non significa *fare* il bene. Quindi non ha fatto nulla di buono. Chi è? Siamo io e voi, l'uomo naturale. Sono io? Sì. Senza la mente di Cristo sono io? Sì. Allora, anche se professo di credere in Cristo, se non c'è la mente di Cristo stesso, sono io? Sì. È così per voi? [Bene, allora andiamo insieme.

"Se faccio ciò che non vorrei, acconsento alla legge che è buona. Ora non sono più io a farlo". No. Ho detto che *non l'avrei fatto*. Ho detto che lo odiavo e ho dichiarato che non l'avrei mai più fatto. Ma l'ho fatto. Poi, quando l'ho odiato, e ho deciso e ristabilito, e ho deciso che non l'avrei mai più fatto, eppure *l'ho fatto*, qual è il problema con me? Avevo la *conoscenza*, ma non il *potere*. Ora il vangelo di Cristo, "che è Cristo in voi", è *potenza*; è la potenza di Dio per chiunque creda.

Allora, l'uomo naturale non è libero, vero? [Non è in una condizione tale da poter *fare* ciò che *vorrebbe*, anche con l'intelletto corrotto e la mente offuscata che ha. Non può vivere all'altezza dei suoi standard. Ma *quello* che vorrebbe fare è *come lo vede lui*, è come Dio vorrebbe *che* lo facesse? [O come lo farebbe Dio? [Di chi è il *diritto di fare*? [Sì, perché la giustizia di Dio è quella che dobbiamo avere. E la giustizia è il fare bene. Quindi è la giustizia di Dio che dobbiamo avere. Allora la nostra comprensione è molto bassa, anche con la luce che Dio ha fatto brillare nei nostri cuori. Allora dov'è la *buona azione* di un uomo in questo mondo che non ha la mente di Gesù Cristo?

"So infatti che in me (cioè nella mia carne) non abita alcuna cosa buona, perché la volontà è presente in me, ma non trovo come eseguire ciò che è buono". Che cos'è che è presente in noi? La *volontà* di fare il bene. Allora che cosa ha fatto quel porre l'inimicizia contro Satana, che cosa ha fatto? Non è forse il rendere l'uomo libero di volere? Si. Era qualcosa di più di questo? [Ora pensateci bene; intendo dire su questo punto. Ci sono altre cose in esso, naturalmente; ma questo ha fatto qualcosa di più per l'uomo per permettergli *di fare* cose giuste e glorificare Dio, ha fatto qualcosa di più per lui che liberare la sua *volontà*, affinché potesse *scegliere* quale padrone avere? [Ha messo lì l'odio e gli ha dato la conoscenza di qualcosa di meglio. Gli dà l'odio per il male, lo porta verso il bene; ma lo rende capace di *fare* il bene? [Congregazione: "No"].

Ora, un'altra riflessione. Egli odia il male e dichiara che non lo farà mai; eppure, contro la sua volontà e contro tutto il suo essere, lo fa. Ma cos'è e chi è che lo fa veramente? [Congregazione: "'Il peccato che abita in lui'"] E chi lo governa? [Chi è il padrone di quell'uomo? [Congregazione: "Satana"].

Quando l'uomo viene liberato dalla mente carnale, dalla mente di se stesso e di Satana, chi controlla quell'uomo? Chi è il suo padrone? [Congregazione: "Cristo"] Sì. Colui che lo libera. È Cristo Gesù. Poi, quando ci liberiamo dalla padronanza di Satana, ci leghiamo a un altro Maestro. Il dominio di Satana è schiavitù e rovina: Il dominio di Cristo è libertà e vita eterna, gioia eterna e prosperità eterna.

Ora portiamo questo pensiero un po' più avanti. Quando avevamo la mente di Satana e lui comandava, abbiamo detto che non avremmo fatto quelle cose malvagie, ma proprio quelle sono state fatte. Chi le ha fatte? [Abbiamo detto che avremmo fatto così e così. Non l'abbiamo fatto. Chi ci ha impedito di farlo? [Ma ora in Cristo siamo liberi da lui: abbiamo l'altra mente. Diciamo che faremo questo. Chi lo fa? [Mentre nella mente naturale ci *rifiutiamo*, e chi lo fa? [Congregazione: "Satana"] E quando nella mente di Cristo, *scegliamo* e chi lo fa? [Congregazione: "Cristo"] È così? [È Dio che opera in voi il volere e il fare, per il suo beneplacito.

Questa riflessione sarà approfondita in un altro momento, ma vogliamo che sia presentata questa sera.

"Perché il bene che vorrei non lo faccio, ma il male che non vorrei lo *faccio*. Ora, se faccio ciò che non vorrei, non sono più io a farlo, ma è il peccato che abita in me. Trovo quindi una legge per cui, quando vorrei fare il bene, il male è presente in me. Perché io mi diletto della legge di Dio nell'uomo interiore: Ma vedo un'altra legge nelle mie membra, che lotta contro la legge della mia mente e mi porta in cattività alla legge del peccato che è nelle mie membra. O misero uomo che sono! Chi mi libererà dal corpo di questa morte?". Qual è la condizione dell'uomo che ha solo la mente naturale? [Congregazione: "Miserabile"] Sì, e in cattività. E quanto più intenso è l'odio per il male, tanto più miserabile è la condizione; perché non c'è liberazione da esso, in nulla che l'uomo possa fare da sé. E allora, chi può liberare? "Ringrazio Dio per mezzo di Gesù Cristo, nostro Signore". "Non c'è dunque alcuna condanna per coloro che sono in Cristo Gesù, che non camminano secondo la carne ma secondo lo Spirito".

Ora, Romani 8:6, 7: "Perché l'essere di mente carnale è morte". Qual è la condizione dell'uomo che ha solo una mente naturale? [Ma avere una mente spirituale è vita e pace. Perché la mente carnale (la mente naturale) è inimicizia con Dio". [No; *è* inimica contro Dio"] No, non è inimica con Dio, ma *è* essa stessa inimica. *È* "inimico contro Dio, perché non è soggetto alla legge di Dio", finché l'uomo non si converte? [Non può essere? Dio non può rendere la mente soggetta alla sua legge? [Ora, il Signore non può rendere la mente che è in voi e in me—la mente naturale—non può renderla soggetta alla sua legge? [Che cos'è questa mente? È inimicizia contro Dio. Il Signore non può rendere ciò che *è* inimico *contro di* Lui, non può renderlo amore *per* Lui? [Congregazione: "No"].

Ecco il punto: se fosse inimico, allora potrebbe essere riconciliato, perché la cosa che lo renderebbe inimico sarebbe la fonte del problema. E quindi, tolta la fonte del problema, la cosa che è inimica si riconcilia. Siamo inimicizia, ma quando Lui toglie l'inimicizia, siamo *riconciliati* con Dio. In questa questione della mente carnale, però, non c'è niente in mezzo; è la *cosa stessa.* Questa è la radice.

Allora *non può essere* soggetta alla legge di Dio. L'unica cosa che si può fare con essa è *distruggerla*, *sradicarla*, *bandirla*, *annientarla*. Di chi è la mente? [È la mente di Satana. È la mente di se stessi e di Satana. Allora, cosa può fare un uomo sulla via della giustizia? Che cosa si può fare in lui, nella via della giustizia, finché non c'è quell'altra mente? [Ebbene, questa è la mente che c'è in tutti gli uomini. Vediamo ora come questa mente carnale, questo uomo naturale, opera in materia di giustizia, in materia di giustificazione.

Romani, primo capitolo, ce lo dice, versetti 20–22: "Poiché le cose invisibili di lui, fin dalla creazione del mondo, si vedono chiaramente e si comprendono dalle cose fatte, cioè la sua potenza eterna e la sua divinità; così che essi sono senza scusa, perché, pur avendo conosciuto Dio, non lo hanno glorificato come Dio e non ne sono stati riconoscenti; ma sono diventati vani nella loro immaginazione e il loro cuore insensato si è ottenebrato. Professandosi saggi, sono diventati stolti". Chi fu il primo abitante di questo mondo che professò di seguire la sapienza su suggerimento di se stesso, su suggerimento di Satana? Eva. Fu la prima a cercare la saggezza in questo modo. Che cosa ottenne? [Divenne una sciocca. E *tutti noi siamo lì.* Chi guida la mente naturale? Satana. Chi la fa funzionare? Satana. Poi, quando quelli di cui parla qui, si allontanarono da Dio, divennero stolti, "e cambiarono la gloria di Dio incorruttibile in un'immagine simile all'uomo corruttibile, agli uccelli, alle bestie a quattro zampe e agli esseri striscianti", questo è il paganesimo.

Quindicesimo capitolo di Gibbons "*Decline and Fall of the Roman Empire*", paragrafo 17; egli dice dei pagani nella ricerca dell'immortalità dell'anima:

> "Nell'indagine sublime, la loro ragione era stata spesso guidata dalla loro immaginazione, e la loro immaginazione era stata spinta dalla loro vanità".

Segnatelo. Ragione di quale tipo di mente? [Guidata dall'immaginazione di quale tipo di mente? [E l'immaginazione guidata dalla vanità di quale tipo di mente? [Non è forse questa la mente di Satana? La vanità è la radice dell'indagine e l'io la radice della vanità. Questo è il miglior commento a questo versetto della Scrittura che si possa trovare al mondo. Leggo ancora:—

> "Quando consideravano *con compiacimento* l'estensione dei *propri poteri mentali,* quando esercitavano le varie facoltà della memoria, della fantasia e del giudizio, nelle speculazioni più profonde o nei lavori più importanti, e quando riflettevano sul *desiderio di fama*, che li trasportava in epoche future, ben oltre i vincoli della morte e della tomba; non erano disposti a confondersi con le bestie dei campi o a supporre che *un essere, per la cui dignità nutrivano la più sincera ammirazione,* potesse essere limitato a un punto della terra e a pochi anni di durata."

Che cos'è se non la descrizione della carriera di Satana quando ha iniziato? La sua ragione spinta dalla sua immaginazione; la sua immaginazione guidata dalla sua vanità, che vedeva con compiacimento l'estensione dei propri poteri mentali; il desiderio di fama al di là di quella di Dio, non volendo permettere che una persona per la cui dignità nutriva la più sincera ammirazione potesse essere adeguatamente confinata a un posto subordinato nell'universo di Dio. Non è forse questa una descrizione esatta dell'umanità in una condizione pagana, scritta da un filosofo che guarda alla questione solo dal lato dell'uomo? Potrebbe esistere una descrizione più chiara dell'operato di Satana nella sua carriera originale?

E allora?

> "Con questa favorevole predisposizione chiamarono in aiuto la scienza, o meglio il linguaggio, della metafisica. Ben presto scoprirono che, poiché nessuna delle proprietà della materia si applica alle operazioni della mente, *l'anima umana* deve *di conseguenza* essere una *sostanza distinta dal corpo,* pura, semplice e spirituale, incapace di dissolversi e suscettibile di un grado molto più elevato di virtù e felicità *dopo la liberazione dalla sua prigione corporea.* Da questi speciosi e nobili principi, i filosofi che hanno seguito le orme di Platone hanno dedotto una conclusione molto ingiustificabile, poiché *hanno affermato* non solo l'immortalità futura, ma anche *l'eternità passata dell'anima umana, che* erano troppo inclini a considerare *come una porzione* dello spirito *infinito* e *autoesistente, che pervade* e *sostiene l'universo*".

Che cos'è se non la mente di Satana? Autoesistente, come Dio. Uguale a Dio. Che cos'è allora se non l'azione nell'uomo di quella stessa mente che in Lucifero, in cielo, aspirava a essere uguale a Dio? La mente che vuole esaltare se stessa fino all'uguaglianza con Dio. Questa è la mente naturale. Questa è la mente che è naturale in ogni uomo del mondo. Questa è la mente di Satana. E questo è il lavoro di questa mente naturale nel paganesimo aperto e sfacciato. Non ha forse bisogno di un'altra mente, anche quella di Gesù Cristo, che non ha pensato di essere uguale a Dio, ma ha svuotato se stesso? Per questo Dio lo ha altamente esaltato.

Ebbene, abbiamo visto l'idea pagana in modo aperto, ampio e crudo, così com'è. Ora vediamo cos'è questa stessa cosa, come si presenta al mondo, professando di essere la giustificazione per fede. Ed è così che si manifesta nel papato. Il papato è l'incarnazione stessa di Satana e di questa mente egoistica. Infatti, egli "*si* oppone e si esalta al di sopra di tutto ciò che è chiamato Dio o che è adorato". E tutto questo sotto il nome e la forma del cristianesimo; tutto questo come contraffazione della verità.

Ho qui un libro intitolato "Credenza cattolica". Porta l'*imprimatur* di John Cardinal McCloskey, Arcivescovo di New York, e di Henricus Eduardus, Card. Archiep. Westmonastery; scritto dal "Molto Rev. Joseph Faa Di Bruno, D. D., Rettore Generale della Pia Società delle Missioni; Chiesa del SSmo Salvatore in Onda, Ponte Sisto, Roma, e Chiesa Italiana di San Pietro, Hatton Garden, Londra, E.C.; curato dal Rev. Louis A. Lambert, Autore di "Note su Ingersoll", ecc.

Ne leggerò alcuni brani. E, affinché possiate avere le due cose—la verità della giustificazione per fede e la sua falsità—una accanto all'altra, leggete ciò che dice questo e poi ciò che Dio dice in "*Steps to Christ*". È anche nelle Testimonianze e in tutta la Bibbia, naturalmente. Voglio che vediate qual è l'idea cattolica romana della giustificazione per fede, perché negli ultimi quattro anni ho dovuto incontrarla tra gli Avventisti del Settimo Giorno professanti. Queste stesse cose, queste stesse espressioni che si trovano in questo libro cattolico, su cosa sia la giustificazione per fede e su come ottenerla, sono proprio le espressioni che gli avventisti del settimo giorno professanti mi hanno fatto su cosa sia la giustificazione per fede.

Voglio sapere come facciamo voi e io a portare un messaggio a questo mondo, mettendolo in guardia dall'adorazione della bestia, quando per nostra stessa professione ne sosteniamo le dottrine. Si può fare? [E quindi richiamo la vostra attenzione su questo stasera affinché possiate vedere di cosa si tratta; e affinché, se possibile, sapendo cos'è all'inizio, sapendo che è papale, sapendo che è la bestia, lo lasciate andare perché è quello, anche se non siete pronti a credere nella giustificazione per fede, anzi, anche se non riuscite a vederlo, come alcuni non riescono a vedere, come Dio lo dà. Ora, se scopriamo che è papale, spero che coloro che l'hanno sostenuta o comunque espressa, qualunque cosa abbiano sostenuto, siano disposti a lasciarla andare in ogni modo. A pagina 74 di quest'opera leggo quanto segue

> "Nel caso di persone adulte, sono richieste alcune disposizioni da parte del peccatore per essere idoneo a ottenere questa grazia abituale e permanente della giustificazione".

Deve prepararsi a riceverla. Deve fare qualcosa per rendersi adatto a riceverla. Mentre leggo ogni affermazione di questo libro, leggerò poi il suo contrario. Così ora, alle pagine 26 e 27 di "*Steps to Christ*", leggo quanto segue

> "Se vedete la vostra peccaminosità, non aspettate di migliorarvi. Quanti sono coloro che pensano di non essere abbastanza bravi per venire a Cristo. Pensate di diventare migliori con i vostri sforzi? ... Solo Dio ci aiuta. Non dobbiamo aspettare persuasioni più forti, opportunità migliori o temperamenti più santi. Non possiamo fare nulla da soli. Dobbiamo venire a Cristo così come siamo". E Romani 4:5.

Questa è la giustificazione per *fede*. L'altra cosa è la giustificazione per opere. Questa è di Cristo, quella è del diavolo. Una è la dottrina di Cristo della giustificazione per fede: l'altra è la dottrina del diavolo della giustificazione per fede. È ora che gli avventisti del settimo giorno capiscano la differenza. [Congregazione: "Amen!"]

Sempre dall'opera cattolica:—

> "L'uomo può disporre di se stesso solo con l'aiuto della grazia divina, e le disposizioni che mostra non hanno in alcun modo effetto o merito di giustificazione: *servono solo a prepararlo*".

"No, non credo nella giustificazione per opere; ma dobbiamo fare qualcosa per essere preparati ad essa. Dobbiamo mostrare le nostre buone intenzioni in qualsiasi modo. Dobbiamo prendere dei buoni propositi prima di iniziare, in ogni modo; qualcosa che ci prepari".

Che cosa dice Dio? A pagina 33 di "*Steps to Christ*" leggo:—

> "Egli sta corteggiando con il suo tenero amore i cuori dei suoi figli erranti. Nessun genitore terreno potrebbe essere così paziente con i difetti e gli errori dei suoi figli, come lo è Dio con coloro che cerca di salvare".

Cosa fa? "*Cerca* di salvare". Questo è il modo di fare di Dio. Oh, no, Egli aspetta che gli uomini si preparino per essere salvati. Questo è il modo di Satana.

Ho continuato a leggere "*Steps to Christ*".

> "Nessuno potrebbe supplicare più teneramente il trasgressore. Nessuna bocca umana ha mai rivolto all'errante suppliche più tenere di quelle che rivolge Lui. Tutte le sue promesse, i suoi avvertimenti, non sono che il respiro di un amore impronunciabile. Quando Satana viene a dirvi che siete un grande peccatore, guardate al vostro Redentore e parlate dei suoi meriti. Ciò che vi aiuterà è guardare alla Sua luce. Riconoscete il vostro peccato, ma dite al nemico che "Gesù Cristo è venuto nel mondo per salvare i peccatori" e che potete essere salvati dal suo amore impareggiabile". E Giovanni 3:16.

Questa è la giustificazione per fede, *questa* è la giustificazione per opere, *questa* è Gesù Cristo, *questa* è Satana.

Poi, in quest'opera cattolica, si dice che bisogna fare molte cose per avere queste disposizioni: "Un *atto* di fede, ... un *atto* di timore di Dio, un *atto* di speranza, ... un *atto* di pentimento, ... un *proposito* di accostarsi al Sacramento della *Penitenza*".

Queste sono cose che vi preparano ad essere giustificati per essere salvati. A pagina 76 di questa stessa opera, leggo:—

> "Abbiamo continuamente bisogno di grazie reali per compiere atti buoni, *sia prima* che *dopo* essere stati giustificati".

Le buone azioni devono essere compiute prima di essere giustificati, per renderci idonei ad essa.

> "Le buone azioni, tuttavia, compiute con l'aiuto della grazia prima della giustificazione non sono, *in senso stretto*, meritorie, ma servono *a spianare la strada* verso la giustificazione, a *commuovere* Dio".

Essi "servono a smuovere Dio". Questo è proprio lo spirito duro e ferreo che il diavolo afferma che c'era nel Signore quando ha iniziato, in cielo, che Dio era un tiranno; che Dio non vuole che il suo popolo sia libero, che le sue creature siano libere; che si siede lì e vuole che tutto vada proprio così, senza alcuna ragione, giudizio, libertà o qualcosa del genere; deve essere "mosso" dalle sue creature. Questa è la dottrina che Satana ha inserito nell'idea del sacrificio da allora fino ad oggi. Dio ha stabilito dei sacrifici per mostrare all'uomo, per trasmettere all'uomo, ciò che Dio è disposto a fare per l'uomo; che Dio si sta sacrificando per lui. Ma Satana ha fatto cambiare idea e l'uomo ha dovuto fare questo per mettere Dio di buon umore; che il Signore è arrabbiato con lui, e il Signore vuole punirlo; e ora dobbiamo sacrificare per pagarlo in modo che non ci faccia del male, e dobbiamo "commuoverlo" per giustificarci.

Leggiamo cosa dice il Signore a questo proposito: "*Steps to Christ*", pagine 57 e 58. Parlando della parabola del figliol prodigo e di come, quando il vagabondo era ancora molto lontano, il padre ebbe compassione di lui, corse, gli cadde sul collo e lo baciò, si legge:—

> "Ma anche questa parabola, per quanto tenera e toccante, non riesce a esprimere l'infinita compassione del Padre celeste. Il Signore dichiara per mezzo del suo profeta: "Ti ho amato di un amore eterno, perciò ti *ho attirato con amorevolezza*". Mentre il peccatore è ancora lontano dalla casa del Padre, sprecando le sue sostanze in un paese straniero, il cuore del Padre si strugge per lui; e ogni desiderio risvegliato nell'anima di tornare a Dio, non è altro che la tenera supplica del suo Spirito, che corteggia, implora, attira il vagabondo verso il cuore d'amore di suo Padre.
>
> "Con le ricche promesse della Bibbia davanti a voi, potete lasciare spazio al dubbio? *Potete credere* che *quando* il povero peccatore *desidera tornare*, desidera abbandonare i suoi peccati, il Signore lo trattenga severamente dal venire ai suoi piedi per pentirsi? *Via questi pensieri!* Nulla può ferire di più la vostra anima che avere una simile concezione del nostro Padre celeste".

Chi vuole fare del male alla nostra anima? [Chi vuole fare più male all'anima? Satana. Cosa c'è di più dannoso per l'anima di quella dottrina contenuta in quel libro, secondo cui dobbiamo metterci in disposizioni, in schemi mentali, e prendere buoni propositi e tutte queste cose per "muovere" Dio ad avere pietà di noi e a salvarci. Cosa può ferire di più l'anima che pensare che Dio trattenga severamente il peccatore finché la povera anima perduta non fa qualcosa per smuoverlo? Quale cosa più dolorosa si potrebbe credere? La risposta del Signore è: "Non c'è nulla che possa ferire l'anima più di una simile concezione". Allora, da dove può venire questa dottrina? [Eppure viene fatta passare sotto il titolo e l'idea di giustificazione per fede! Non c'è fede in questo. Via, dice il Signore. E che tutto il popolo dica: "Amen".

Ancora una volta leggo da "Credenza cattolica":—

> "Ma se con l'aiuto della grazia attuale, le opere buone sono compiute da una persona che si trova in stato di grazia giustificante, allora sono gradite a Dio e *meritano* un *aumento di grazia* sulla terra e un *aumento di gloria in cielo*".

Cosa dice il Signore? Pagina 61, "*Steps to Christ*". È nel capitolo intitolato "La prova del discepolato". Sta parlando a coloro che sono discepoli; sta parlando alle stesse persone a cui parla l'altro libro. Che cosa dice?

"Mentre non possiamo fare nulla per cambiare il nostro cuore o per metterci in armonia con Dio; mentre *non dobbiamo assolutamente confidare in noi stessi* o nelle *nostre buone opere*, la nostra *vita rivelerà* se la grazia di Dio abita in noi".

Vedete quindi che l'idea di Dio è che quando sarà lì, si mostrerà attraverso di noi. L'altra idea, quella di Satana, è che dopo aver fatto convertire il Signore, facciamo qualche opera buona che sia "meritoria" e saremo al sicuro in questo mondo; avremo "un aumento di grazia" su questa terra, "e un aumento di gloria in cielo". Questo è il fondamento stesso dei meriti dei "santi", da cui il papa trae le indulgenze da dare a coloro che non hanno abbastanza meriti propri.

Ora, ciò che ho appena letto da quest'opera cattolica è in un capitolo sulla giustificazione, predicando la retta dottrina sulla giustificazione. Qui (pagina 365) passa in rassegna la dottrina della giustificazione per fede, *condannando i protestanti che vi credono.* Vediamo, fratelli, se saremo protestanti o cattolici. Vediamo se saremo cristiani o papisti. Vediamo se crediamo in Gesù Cristo o in Satana. Questo è ciò che dobbiamo capire ora, e sapere di averlo capito, prima di iniziare a dare il messaggio del terzo angelo. Leggo:—

"Come nelle rivoluzioni i capi cercano di conquistare il popolo con l'esca dell'indipendenza promessa, così al tempo della cosiddetta riforma—che fu una rivoluzione contro l'autorità della Chiesa e l'ordine nella religione—sembra che lo scopo dei riformatori fosse quello di ingannare il popolo con il pretesto di renderlo indipendente dai sacerdoti, nelle cui mani il nostro Salvatore ha posto l'amministrazione dei sette sacramenti del perdono e della grazia".

"Cominciarono, quindi, a scartare cinque di questi Sacramenti, tra cui il Sacramento dell'Ordine, in cui vengono ordinati i sacerdoti, e il Sacramento della Penitenza, in cui viene concesso il perdono dei peccati al penitente. ... Hanno quindi ridotto, come sembra, a una mera questione di forma i due Sacramenti che professavano di mantenere, cioè il Santo Battesimo e la Santa Eucaristia. Per rimediare a questo rifiuto e *permettere a ciascuno di* prescriversi da solo e di *procurarsi da solo* il perdono dei peccati e la grazia divina, *indipendentemente dai sacerdoti*".

Pastore Jones.—È vera questa dottrina? È vero che un uomo può avvicinarsi a Dio da solo, indipendentemente dai sacerdoti? [Che cosa dice il Signore? "*Steps to Christ*", p. 117:—

"Le relazioni tra Dio e ogni anima sono così distinte e piene come se non ci fosse un'altra anima per la quale Egli ha dato il suo amato Figlio".

Grazie al Signore. Ora continuo a leggere nel libro cattolico:—

"Indipendentemente dai sacerdoti e dai sacramenti, hanno inventato un *mezzo esclusivo*, mai conosciuto dalla Chiesa di Dio e *tuttora rifiutato* da tutte le Chiese orientali e *dai cattolici romani in tutto il mondo,* con il quale i seguaci di Lutero si sono arrischiati a dichiarare che ogni individuo può assicurarsi il perdono e la giustificazione da solo, indipendentemente dai sacerdoti e dai sacramenti.

"Hanno elaborato un nuovo *dogma, che non si trova in nessuno dei Credo* o nei Canoni di nessun Concilio generale; intendo il nuovo dogma della *giustificazione per sola fede, o per sola fede*".

Questo è il "nuovo dogma" che è condannato dal papato; non è in nessuna delle credenze che ha. A pagina 366 leggo ancora:—

> "Con l'aggiunta della *sola* parola, i protestanti professano di escludere tutte le opere esteriori, cerimoniali, pie o caritatevoli, le opere di obbedienza o di penitenza e le buone azioni morali di qualsiasi tipo, come *mezzi per ottenere la* giustificazione o come *condizioni per* ottenerla".

"Oh, sì, devi fare qualcosa per spianare la strada; devi fare qualcosa per uscire dal posto in cui ti trovi", in modo da poter essere giustificato. Devi sollevarti un po' e poi il Signore si commuoverà, ti accoglierà e ti giustificherà. Questa è la dottrina di Satana. Dobbiamo essere protestanti o cattolici? Questa è la domanda. [Dobbiamo proclamare il messaggio del terzo angelo contro l'adorazione della bestia e della sua immagine o dobbiamo essere noi stessi parte della bestia e della sua immagine? Questa è la domanda. Perché l'immagine è l'immagine della bestia in questo e in tutto il resto, anche se si professa protestante. È un protestante apostata. A pagina 367 del libro cattolico leggo quanto segue.

> "Compiere questi atti con l'intento di essere giustificati, è, dicono, come dare un penny alla regina per ottenere da lei un dono regale".

Cosa dice il Signore? Pagina 51, "*Steps to Christ*".

> "Questa è la lezione che Gesù ha insegnato mentre era sulla terra: il dono che Dio ci promette, dobbiamo credere di riceverlo, *ed è nostro*".

Allora qual è il cristianesimo? [Ma la Chiesa cattolica dice che questo è il protestantesimo. È vero. Grazie al Signore!

Ma continuiamo a leggere da quest'opera cattolica:—

> "Vieni come sei, aggiungono; non puoi essere troppo cattivo per Gesù".

Grazie al Signore, questa non è dottrina cattolica. Grazie al Signore, non fa parte della bestia o del suo culto, né dell'immagine e del suo culto. Mettiamoli insieme. Cosa dice il Signore? Pagina 27, "*Steps to Christ*".

> "Non possiamo fare nulla da soli. Dobbiamo venire così come siamo".

Ancora a pagina 55, "*Steps to Christ*".

> "Gesù ama farci venire *così come siamo, peccatori*".

Che cosa significa "peccatore"? [Gesù ama che veniamo a Lui così come siamo, pieni di peccato? [E' così? [Siamo cristiani. [Congregazione: "Amen!"] Siamo protestanti. Abbiamo il messaggio del terzo angelo, che è il vangelo di Gesù Cristo.

> "Gesù ama che veniamo così come siamo, peccatori, indifesi, dipendenti. Possiamo venire con *tutta* [quanta? tutta] *la* nostra debolezza, la nostra follia, il nostro peccato, e cadere ai suoi piedi in penitenza. È Sua gloria circondarci tra le braccia del Suo amore e fasciare le nostre ferite, purificarci da ogni impurità. ... Nessuno è così peccatore da non poter trovare forza, purezza e giustizia in Gesù, che è morto per lui".

Questo è il dono di Dio. È il suo dono, un dono gratuito senza denaro, senza prezzo, che accetto volentieri e di cui lo ringrazio per sempre. Questa è l'idea del Signore della giustificazione per fede. L'altra è l'idea di Satana. Leggiamo di nuovo dal libro cattolico:—

> "Attraverso la *sola fede* nella sua promessa, *essi* (i protestanti) *affermano* che potete e dovete accettare i meriti di Cristo, cogliere la redenzione di Cristo e la sua giustizia; appropriarvi di Cristo, credere che Gesù è con voi, è vostro, che perdona i vostri peccati, e tutto questo senza alcuna preparazione e senza alcuna azione da parte vostra".

Bene! Grazie al Signore, questo è il protestantesimo! E i cattolici sanno che si tratta di protestantesimo. Voi lo sapete? A pagina 53, "*Steps to Christ*", vediamo che cosa dice il Signore:—

> "È volontà di Dio purificarci dal peccato, renderci suoi figli e renderci capaci di vivere una vita santa. Possiamo quindi chiedere queste benedizioni, credere di riceverle e ringraziare Dio di *averle ricevute*. È nostro privilegio andare da Gesù ed essere purificati e stare davanti alla legge senza vergogna o rimorso". Ef. 1:3.

[Senza bisogno di fare penitenza? [Congregazione: "Sì"] Grazie al Signore.

Ora il libro cattolico di nuovo:—

> "Infatti, per quanto possiate essere carenti in tutte le altre disposizioni *che i cattolici richiedono*, e per quanto carichi di peccati, se solo confidate in Gesù che perdonerà i vostri peccati e vi salverà, siete per questa *sola fiducia* perdonati, redenti personalmente, giustificati e posti in uno stato di salvezza".

Leggiamo ora di nuovo a pagina 33, "*Steps to Christ*":—

> "Quando Satana viene a dirvi che siete dei grandi peccatori, guardate al vostro Redentore e parlate dei suoi meriti. Ciò che vi aiuterà è guardare alla Sua luce. Riconoscete i vostri peccati, ma dite al nemico che "Gesù Cristo è venuto nel mondo per salvare i peccatori e che voi potete essere salvati dal suo amore impareggiabile". Gesù fece una domanda a Simone riguardo a due debitori. Uno doveva al suo signore una piccola somma e l'altro una somma molto grande; ma li aveva perdonati entrambi e Cristo chiese a Simone quale debitore avrebbe amato di più il suo signore. Simone rispose: "Colui al quale ha perdonato di più". Siamo stati grandi peccatori, ma Cristo è morto perché fossimo perdonati. I *meriti del suo sacrificio* sono *sufficienti* per presentarsi al Padre in nostro favore".

Lo sono, in effetti? [Congregazione: "Sì, signore"] Bene! C'è molto di più in quest'opera cattolica che non mi prenderò il tempo di leggere ora. Continua a definire che cos'è *la fede*. Ora pensateci bene, perché ho incontrato persone che pensano che la fede sia proprio questa cosa che questo libro cattolico chiama fede. Leggo a pagina 368:—

> "La parola "fede" nelle Scritture significa talvolta *fiducia* nell'onnipotenza e nella bontà di Dio, che può e vuole curarci o beneficarci con un'interposizione miracolosa. Per lo più si riferisce alle verità rivelate e significa *credere* in esse come tali. *Nessuno ha il diritto* di attribuire alla parola fede un nuovo significato *e di considerarla*, per esempio, *come un affidamento a Gesù* per essere *salvati personalmente* solo grazie a questo affidamento, a meno che Gesù Cristo o gli Apostoli non abbiano *chiaramente* attribuito un tale significato alla parola fede e abbiano insegnato la dottrina della

> *fiducia in Cristo per la salvezza personale* come unico requisito per la giustificazione. Nessuno dovrebbe attribuire un significato particolare alla parola *fede*, senza avere una buona giustificazione nella Scrittura o nella tradizione divina.
>
> "Ora, in molti passi della Sacra Scrittura in cui si parla chiaramente di fede *salvifica*, per *fede* non si intende *la fiducia in Cristo per la salvezza personale*, ma evidentemente la ferma convinzione che Gesù è il Messia, il Cristo, il Figlio di Dio, che ciò che viene riferito di Lui nel Vangelo è vero e che ciò che ha insegnato è vero".

A pagina 370, definisce la fede, e io la leggerò prima di leggere il contrario:—

> "Questi testi, che si riferiscono tutti alla fede salvifica, dimostrano senza ombra di dubbio che *non* la *fiducia in Cristo per la salvezza personale*, ma *la fede del credo*, la fede nelle verità rivelate".

Che cos'è la fede secondo questo? "La fede del credo". Si tratta semplicemente di una dichiarazione di cose che chiamano dottrina di Dio, e poi tu ci *credi* e *fai del tuo meglio* e questo passa per la giustificazione per fede. Che il credo sia redatto per iscritto o che sia un'idea di qualcuno che vuole far passare con un voto in una Conferenza generale, non fa differenza in linea di principio, il credo c'è e la sua sottoscrizione è proprio questo tipo di fede. E ci sono persone qui che ricordano un tempo—quattro anni fa—e un luogo—Minneapolis—in cui furono compiuti tre sforzi diretti per far sì che una cosa del genere fosse fissata sul messaggio del terzo angelo, tramite un voto in una Conferenza generale. Quello che qualcuno credeva, lo ha stabilito come punto di riferimento, e poi ha votato per stare su quei punti di riferimento, che si sappia o meno quali siano; e poi è andato avanti e ha accettato di osservare i comandamenti di Dio, e un sacco di altre cose che si intende fare, e questo doveva essere spacciato come giustificazione per fede.

Non ci è stato detto in quell'occasione che l'angelo di Dio ha detto: "Non fare quel passo; non sai cosa c'è dentro"? "Non posso prendermi il tempo per dirvi cosa c'è dentro, ma l'angelo ha detto: "Non fatelo"". C'era di mezzo il papato. Questo era ciò che il Signore stava cercando di dirci e di farci capire. C'era il papato. È stato come in tutte le altre chiese che sono uscite dal papato: hanno corso per un po' di tempo con la fede in Dio, poi hanno fissato l'idea di dottrina di qualche uomo, e hanno votato di attenersi a quella, e hanno votato che quella è la dottrina di questa chiesa, e quindi quella è "la fede del credo", e poi l'hanno seguita con le *loro azioni.*

C'è qualcuno in questa casa che era presente in quel momento e che ora non riesce a vedere cosa c'era prima? Allora, fratelli, non è forse giunto il momento di darci un taglio, se questo ci toglie la vita? Ci toglierà la vita, ci crocifiggerà con Gesù Cristo. Causerà una tale morte al peccato che non abbiamo mai sognato prima nella nostra vita. Ci toglierà tutta la mente papale, tutto lo spirito di ferro, e ci metterà la mente divina, tenera e amorevole di Gesù Cristo, che non vuole alcun credo, perché ha Cristo stesso.

Lasciatemi rileggere questo e poi la sua contraddizione. Sembra che un libro sia stato scritto per l'altro. Fratelli, quale libro dobbiamo seguire? Ah, "*Steps to Christ*". Ecco cos'è, e poi è "passi *con* Lui"; quando abbiamo fatto *il* passo, allora è "passi *con* Cristo". Ora lo rileggerò e poi leggerò il contrario.

> "Ora, in molti passi della Sacra Scrittura in cui si parla chiaramente di fede *salvifica*, per *fede* non si intende la *fiducia in Cristo per la salvezza personale*, ma evidentemente la ferma convinzione che Gesù è il Messia, il Cristo, il Figlio di Dio, che ciò che viene riferito di Lui nel Vangelo è vero e che ciò che ha insegnato è vero".

Questa è la "fede" cattolica. Qual è la definizione del Signore, la sua idea di fede? Pagina 69, "*Steps to Christ*".

> "Quando parliamo di fede, c'è una distinzione che va tenuta presente. C'è *un tipo di credenza* che è *completamente distinta dalla fede*. L'esistenza e la potenza di Dio, la verità della sua parola, sono fatti che persino Satana e le sue schiere non possono in fondo negare".

Gli spiriti maligni non hanno forse detto a Gesù che era il Cristo? [Allora i diavoli, Satana e le sue schiere, credono nell'esistenza e nella potenza di Dio, che la sua parola è vera e che Gesù è il Messia, il Cristo, il Figlio di Dio. Satana e le sue schiere credono a tutto questo. Ma questa non è fede. Quanto potere ha la loro fede di operare il bene nella loro vita? Nulla. Non hanno fede. Ma questa è la fede cattolica, non è vero? Che tipo di fede è allora? È una fede satanica. È solo questo, una fede satanica, come dice questo; eppure il papato la spaccia per fede. E chi lo fa passare per fede è un papista anche se si professa avventista del Settimo giorno. Ma leggo ancora da "*Steps to Christ*".

> "La Bibbia dice che "anche i diavoli credono e tremano", ma questa *non è fede*. Dove non c'è solo una fede nella parola di Dio, ma una *sottomissione della volontà* a Lui; dove il *cuore è ceduto* a Lui, gli *affetti sono fissi su di Lui*, Lì c'è la fede".

Questa è la verità della fede giustificante; questa è la giustizia per fede; questa è una fede che opera, grazie al Signore, non una fede che crede a qualcosa di lontano, che tiene la verità di Dio nel cortile esterno e poi cerca con i propri sforzi di colmare la mancanza. Non questo. No, ma una fede che *opera*. È essa stessa operante; ha in sé un potere divino di manifestare la volontà di Dio nell'uomo davanti al mondo. Questa è la giustizia per fede, la giustizia che la fede ottiene, che riceve e che detiene, la giustizia di Dio.

Continuo a leggere da "*Steps to Christ*".

> "La fede che opera per mezzo dell'amore e purifica l'anima. Attraverso *questa fede* il cuore si rinnova *a immagine di Dio*".

Non ho bisogno di leggere altro, perché questo è sufficiente a mostrare il contrasto, e il tempo è ormai passato. Questo basta a dimostrare che la dottrina papale della giustificazione per fede è una dottrina di Satana; è semplicemente la mente naturale che dipende da se stessa, che opera attraverso se stessa, che si esalta; e poi copre il tutto con una professione di fede in questo, quello e quell'altro, ma che *non ha alcun potere di Dio*. Allora, fratelli, che sia sradicata per sempre.

Nel paganesimo Satana ha portato la mente dell'uomo a porsi su un piano di parità con Dio, senza alcuna copertura. Poi Cristo è venuto nel mondo, rivelando il vero Vangelo come mai prima d'ora: Cristo nell'uomo, l'uomo giustificato dalla fede in Lui e dalla sola fede; una fede che ha in sé la vita divina; una fede che ha in sé la potenza divina; una fede che vive e opera; una fede che porta tutto a chi la possiede e ripristina l'immagine di Dio nell'anima. Poi Satana prese quella stessa mente carnale che nel paganesimo si era fatta uguale a Dio, e ora la ricoprì con la sua idea di fede e la spacciò per giustificazione per fede, ed esaltò il suo principale rappresentante, al di sopra di tutto ciò che è chiamato Dio o che è adorato, così che come Dio siede nel luogo di adorazione di Dio, mostrando di essere Dio.

Oh, che possiamo avere la mente di Cristo e non la mente carnale! Oh, che possiamo avere la mente di Cristo e non la mente di Satana! Oh, che possiamo avere l'idea del Signore della giustificazione per fede e non l'idea di Satana! Oh, che possiamo ricevere l'idea del Signore della giustizia per fede e non quella di Satana! Allora riceveremo davvero l'ultima pioggia, l'insegnamento della giustizia, secondo la giustizia".

Fratelli, crediamo al messaggio del terzo angelo. Ora spero che la via sia chiaramente aperta davanti a noi per studiare la giustizia di Dio che è per fede in Gesù Cristo a tutti e su tutti coloro che credono. Allora andiamo avanti nel timore di Dio, cercando che il Suo Spirito Santo ce lo faccia capire, in modo che il Maestro di giustizia ci insegni la giustizia secondo giustizia.

Il Messaggio del Terzo Angelo – n. 13

A. T. Jones
Stampato nel Bollettino quotidiano della Conferenza generale, 20 febbraio 1893, pp. 296–302.

L'ultimo studio che abbiamo fatto qui è stato uno sforzo per mettere il più chiaramente possibile davanti a questo popolo la differenza tra la fede satanica e la fede di Gesù Cristo; la differenza tra la giustificazione per opere sotto il titolo di giustificazione per fede—la differenza tra questa e la giustificazione per fede così com'è. Questo era lo sforzo, questo era l'obiettivo. E ricorderete come è stato fatto. E questo ci ha portato all'argomento che è sempre davanti a noi ora: che dobbiamo avere l'insegnamento della giustizia secondo giustizia. E questo può avvenire, come abbiamo visto, solo secondo l'idea di giustizia di Dio e non secondo la nostra; e per avere l'idea di giustizia di Dio invece della nostra, dobbiamo avere la mente che può comprenderla, e questa è solo la mente di Gesù Cristo. Chi non ha la mente di Cristo, chi non ha rinunciato a se stesso e a tutto ciò che ha ed è e non ha ricevuto la mente di Cristo, non sa e non *può* sapere cosa sia la giustizia per fede, non può sapere cosa sia la giustificazione per fede. Può professarlo, può assentirlo, può affermarlo, ma non può conoscerlo, perché nessun uomo può conoscerlo con la mente naturale. Leggiamo ora dalla Bibbia dove è scritto. 1 Cor. 2:14

> "Ma l'uomo naturale non riceve le cose dello Spirito di Dio, perché sono per lui stoltezza".

Questo è proprio il modo in cui la giustizia per fede è stata trattata da centinaia di persone che professano di crederci.

Pastore Lewis Johnson—I sacerdoti della Chiesa di Stato in Scandinavia predicano in questo modo.

Sì, i cattolici predicano tutti così. Con la mente naturale è così. E sarà sempre così per l'uomo che non ha la mente di Cristo. Ma l'uomo che non ha quella mente non lo sa. Pensa di essere retto; pensa di avere la giustizia di Dio che è per fede. Eppure quello che ha non è così buono, ma deve fare molto da solo per rattopparlo e completarlo; eppure pensa che quella sia la giustizia per fede: "Ma l'uomo naturale non riceve le cose dello Spirito di Dio, perché sono per lui stoltezza; non può conoscerle, perché sono discernibili spiritualmente".

Come può un uomo conoscere la giustizia di Dio con la mente naturale? Ora, mi appello a voi. Non mi interessa chi siete, se avete mai sentito parlare di Cristo prima d'ora nella vostra vita; ora prendete questo versetto così com'è: come può un uomo conoscere la giustizia di Dio per se stesso con la mente carnale, la mente di Satana, perché questo è ciò che è la mente carnale. Ora, può quell'uomo farlo? [Può la mente di Satana conoscere la giustizia di Dio?

Di nuovo: la giustizia di Dio espressa in lettere, in parole, nei dieci comandamenti, è la legge di Dio. Ora, tutti sono d'accordo con questo; non c'è un avventista del settimo giorno che non sia d'accordo con questo. Il problema è che molti cercano di ottenere la giustizia di Dio dalla legge *attraverso la* legge. Alcuni cercano di ottenerla... No, *in realtà la ottengono* senza la legge, per mezzo della fede di Gesù Cristo, che è "per tutti e su tutti quelli che credono, perché non c'è differenza". "Poiché ora (e questo significa *ora!*)—ora si manifesta la giustizia di Dio senza la legge, testimoniata dalla legge e dai profeti, la giustizia di Dio che è per fede in Gesù Cristo, a tutti e su tutti quelli che credono, perché non c'è differenza". Rm 3:21, 22.

Chi la ottiene in questo modo ce l'ha, ma io dico che siamo tutti d'accordo, ogni avventista del settimo giorno lo confesserà, che i dieci comandamenti esprimono in lettere, in parole, la giustizia di Dio.

Ora, dunque, "la mente carnale è inimica contro Dio, perché non è soggetta alla Legge di Dio, né può esserlo". Come può dunque la mente carnale conoscere la giustizia di Dio? Come può la mente carnale essere soggetta ad essa? *Non può* esserlo, dice il Signore. Allora l'uomo che ha solo la mente carnale, che conosce solo la nascita naturale e non ha la mente di Gesù Cristo, l'uomo che non ha avuto la mente naturale di Cristo, non può conoscere la giustizia di Dio che è per fede in Gesù Cristo. E ora, proprio ora, quando il Signore vuole rivelarci la giustizia di Dio secondo giustizia, per darci l'insegnamento della giustizia secondo giustizia, ora come mai prima sulla terra, è che abbiamo bisogno e dobbiamo avere la mente di Gesù Cristo soltanto.

Ora, "la mente carnale non è soggetta alla legge di Dio, né può esserlo". La mente di Cristo è soggetta alla legge di Dio? [È mai stata soggetta ad altro? [La mente di Cristo è sempre stata soggetta alla parola di Dio. L'intera Bibbia, naturalmente, non è altro che il disegno della legge di Dio come è in Cristo. Ebbene, la mente di Cristo non era forse sempre soggetta alla legge, all'intera parola di Dio così com'è? [Non c'è mai stato alcun intoppo. Ovunque venisse letta la Parola di Dio, come la riceveva la mente di Cristo? La riceveva immediatamente. Non avrebbe detto: "Com'è possibile, mi chiedo". Non pensate che abbia detto: "Beh, ora penso che significhi in questo modo". Non ha forse detto: "Non sei un po' troppo forte nel leggere quel testo?". "Non puoi modificarlo solo un po'?". Si è mai preoccupato di ciò che la Bibbia diceva su qualcosa, o di ciò che il Signore avrebbe detto? No. Ogni volta che la parola di Dio veniva pronunciata, la mente di Cristo rispondeva immediatamente.

Fratelli, so che voi potete sapere, e che qualsiasi uomo in questo mondo può sapere, e può avere proprio questo tipo di mente. So che potete avere una mente di questo tipo, che ogni volta che la parola di Dio viene pronunciata, la risposta è istantanea e non ci sono domande, dubbi o segni di rifiuto. Ora potete vedere proprio su questa cosa, che se voi e io abbiamo una mente come questa, allora quando la Parola di Dio viene letta, non c'è alcuna elevazione, o obiezione, o dissenso—è questa la mente di Cristo? [Allora è abbastanza facile sapere se abbiamo la mente di Cristo o no.

Se la vostra mente o la mia mente, se la vostra disposizione o la mia disposizione, o voi stessi o io stesso non siete in quella condizione di resa—quella posizione di resa a Dio—che ogni volta che Egli parla, nella Parola o per mezzo dei Suoi profeti, e c'è qualcosa in quella mente o in quel cuore che solleva un'obiezione o un dissenso, allora che mente abbiamo? [Quella è la mente che ha iniziato a fare obiezioni. È giunto il momento di sbarazzarsi di quella cosa.

Ma io dico che un uomo può avere proprio quel tipo di mente che ogni volta che e qualsiasi cosa la parola di Dio parla, la risposta è immediata. Non c'è nulla in quella mente o nel mondo che possa sollevare obiezioni contro di essa. Questa mente non è naturale per un uomo, ma un uomo può averla e può sapere di averla, e questa è la mente che dobbiamo avere. Questa è la mente alla quale il Signore può rivelare la sua giustizia secondo giustizia; perché è la mente che riceve da Dio proprio ciò che Dio ha da dare nel modo proprio di Dio, e non in qualsiasi modo che io possa aggiustare, modificare o ridurre.

Quindi, l'uomo che riceve l'idea, la *verità*, della giustificazione per fede o della giustizia per fede, secondo la *propria idea* o la propria visione, semplicemente non può farlo; semplicemente non l'ha capito; questo è tutto. È solo la stessa idea satanica di giustizia per fede; è solo lo stesso sistema cattolico romano di giustificazione per opere, spacciato per giustificazione per fede. È giunto il momento, in un senso molto più serio di quanto nove decimi di noi si sognino, in cui dobbiamo sapere che abbiamo la giustizia di Dio e la giustificazione per fede in un altro senso rispetto a quello usato dai cattolici romani. Questo è deciso.

Leggerò uno o due passaggi che si collegheranno a quanto abbiamo discusso l'altra sera. In "*Testimonies for the Church*", Vol. 1, pagina 186, ho letto il passo che parla del messaggio di Laodicea: che cosa è destinato a fare

> "Ha lo scopo di risvegliare il popolo di Dio, di scoprire i suoi errori e di indurlo a uno zelante pentimento, affinché sia favorito dalla presenza di Gesù e sia preparato per il forte grido del terzo angelo".

Chi sarà adatto al forte grido del terzo angelo? Coloro che hanno la presenza di Gesù Cristo. Coloro ai quali il messaggio di Laodicea ha portato, con la sua opera e il suo intento, la presenza di Gesù Cristo. Questo significa anche presenza *personale*, non immaginaria, una presenza lontana; non è affatto così. Leggiamone la spiegazione in "*Steps to Christ*", pagg. 82–85.

> "Quando Cristo è asceso al cielo, il senso della sua presenza era ancora con i suoi seguaci. *Era una presenza personale*, piena di amore e di luce. Gesù, il Salvatore, che aveva camminato, parlato e pregato con loro, che aveva parlato di speranza e conforto ai loro cuori, mentre il messaggio di pace era ancora sulle sue labbra, era stato portato da loro in cielo, e i toni della sua voce erano tornati a loro, mentre la nuvola di angeli lo accoglieva: "Ecco, io sono con voi tutti i giorni, fino alla fine del mondo". Egli era salito al cielo in forma umana. Sapevano che era ancora davanti al trono di Dio, loro amico e Salvatore; che le sue simpatie erano immutate; che era ancora identificato con l'umanità sofferente. Stava presentando davanti a Dio i meriti del suo sangue prezioso, mostrando le sue mani e i suoi piedi feriti, in ricordo del prezzo che aveva pagato per i suoi redenti. Sapevano che era salito al cielo per preparare dei posti per loro e che sarebbe tornato per prenderli con sé. Quando si riunivano, dopo l'ascensione, erano ansiosi di presentare le loro richieste al Padre, nel nome di Gesù".

È stato un bell›incontro di preghiera, non è vero? Dove c›erano 120 persone, ognuna *desiderosa* di presentare le proprie richieste al Padre nel nome di Gesù.

> "Con solenne stupore si prostrarono in preghiera, ripetendo l'assicurazione: "Qualunque cosa chiederete al Padre nel mio nome, egli ve la darà. Finora non avete

> chiesto nulla nel mio nome; chiedete e vi sarà dato, affinché la vostra gioia sia piena". Hanno teso le mani della fede sempre più in alto, con l'argomentazione potente: "È Cristo che è morto, anzi che è risorto, che è alla destra di Dio e che intercede anche per noi". *E la Pentecoste portò loro la presenza del Consolatore,* di cui Cristo aveva detto: "*Sarà in voi*". E aveva anche detto: "È opportuno per voi che io me ne vada... perché se non me ne vado, il Consolatore non verrà da voi; ma se me ne vado, ve lo manderò". D'ora in poi, attraverso lo Spirito, Cristo doveva rimanere continuamente nel cuore dei suoi figli. La loro unione con Lui *era più stretta* di quando Egli era personalmente con loro".

È questo che vuole che abbiamo ora. Vuole che abbiamo ora quello che hanno avuto a Pentecoste: la presenza personale di Gesù Cristo, e se l›abbiamo, Egli sarà più vicino a noi che se fosse qui nel corpo. Vuole essere più vicino a voi e a me di quanto lo sarebbe se venisse alla riunione qui ogni sera e si sedesse con noi. Questo è ciò che vuole *ora.*

> "La luce, l'amore e la potenza di Cristo inabitante risplendevano attraverso di loro, così che gli uomini, vedendoli, 'si meravigliavano e prendevano conoscenza di loro, che erano stati con Gesù'".

Ecco una dichiarazione contenuta nella "Testimonianza n. 31", a pagina 156:—

> "Il messaggio portato nell'amore di Cristo, con il valore delle anime costantemente davanti a noi, conquisterebbe anche i mondani con la decisione: 'Sono come Gesù'".

È giunto il momento in cui Egli vuole che il messaggio sia portato in questo modo e lo farà in questo modo. Se coloro che professano il Suo nome ora non Lo lasceranno entrare nella Sua pienezza, in modo da poter portare il messaggio in quel modo, Egli troverà un popolo che lo farà. Questo è il punto in cui ci troviamo ora. Non possiamo più indugiare.

> Tutto ciò che Cristo è stato per i primi discepoli, desidera esserlo per i suoi figli di oggi; infatti, nell'ultima preghiera, con il piccolo gruppo di discepoli riuniti intorno a Lui, disse: "Non prego per questi soli, ma anche per quelli che crederanno in me per mezzo della loro parola".
>
> "Gesù ha pregato per noi e ha chiesto che fossimo una cosa sola con Lui, come Lui è una cosa sola con il Padre. Che unione è questa! Il Salvatore aveva detto di sé: "Il Figlio non può fare nulla da sé", "Il Padre che abita in me, fa le opere". Allora se Cristo abita nei nostri cuori, *opererà* in noi".

L'uomo che è così ansioso e così terribilmente spaventato dal fatto che non gli permettete di avere opere da fare e che distruggerete tutte le sue opere, se Cristo dimora nel suo cuore, troverà opere da fare. Fratelli, non siate così ansiosi per le opere; trovate il Signore Gesù Cristo e troverete lavoro, più di quanto possiate fare. [Ma il problema è che quando le persone si concentrano sulle opere, sulle opere e sulle opere, invece che su *Gesù Cristo* per *lavorare*, pervertono l'intera cosa. A Satana non importa quanto un uomo professi la giustificazione per fede e la giustizia per fede, purché mantenga la sua mente sulle opere. È proprio questo il pensiero che abbiamo davanti a noi in questa definizione di fede che abbiamo letto l'altra sera. Lasciate che la legga di nuovo. Pagina 69, "*Steps to Christ*":—

> "Quando parliamo di fede c'è una distinzione che va tenuta presente. C'è un tipo di credenza che è completamente distinta dalla fede. L'esistenza e la potenza di Dio,

la verità della sua parola, sono fatti che persino Satana e le sue schiere non possono in fondo negare".

Ci credono, ma che potere ha il loro crederci di renderli giusti o di metterli in grado di compiere opere buone? Che potere ha il loro credere? Che potere dà loro? [No, è semplicemente una teoria, tenuta in disparte per essere guardata, tenuta in disparte come teoria, tenuta in disparte come credo; e così, anche uno spirito può credere nell'esistenza e nella potenza di Dio; può credere nella verità della Bibbia; può credere che Gesù è il Messia, il Figlio di Dio, il Santo di Dio, ed essere un diavolo. E nella forma di un papista può credere a tutto questo e allo stesso tempo professare la giustificazione per fede; e allo stesso tempo può essere un grande pignolo per quelle che chiamano "buone opere". Sì, può lavorare fino alla pelle per essere buono, per essere giusto, per commuovere Dio, come abbiamo letto l'altra sera. Sapete che lo fanno. Sapete che fanno pellegrinaggi, fanno penitenze, si consumano e, oltre a queste cose, si escludono da ogni comodità terrena.

Ma chi fa il lavoro? Chi fa il lavoro in queste cose? L'io fa il lavoro per essere giusto, per avere quel tesoro di meriti che darà un aumento di grazia in questo mondo e un aumento di gloria in cielo. È a questo che serve, non è vero? [Congregazione: "Sì"] Chi lo fa allora? [Congregazione: "Io"] Sì, signore. La mente e il cuore sono stati abbandonati a Dio? Gli affetti sono fissi su di Lui? La resa di tutto è a Lui? No. E quindi si tratta ancora di se stessi in tutto e per tutto.

Chi *deve* fare l'opera perché sia sempre un'opera buona? Leggiamo ancora: Se Cristo abita nei nostri cuori, *Egli opererà in noi* "sia *per volere* che per *fare* il suo beneplacito". *Opereremo* come opera *Lui*, manifesteremo *lo stesso spirito*. E così, amando Lui e rimanendo in Lui, "cresceremo in ogni cosa in Lui, che è il capo, cioè Cristo"". Questo è ciò che vuole il Signore, questa è la mente di Cristo. Come abbiamo pensato l'altra sera, non posso avere la mente di Cristo separata da Lui. Non posso avere la mente di Cristo senza avere Lui personalmente. Ma la presenza personale di Gesù Cristo è proprio ciò che Egli vuole darci tramite lo Spirito Santo nell'effusione dell'ultima pioggia proprio ora. La presenza personale di Cristo è ciò che Egli vuole darci.

Poi il resto della definizione di fede: Una persona può credere nell'esistenza e nel potere di Dio; può credere nella verità della Bibbia; può credere e dire che Gesù Cristo è il Messia, il Figlio di Dio, il Santo di Dio, eppure essere un diavolo; ma questa *non è fede*. Questo tipo di fede non ha il potere di aiutare nessuno. Non è forse questo il segreto di tutte le esortazioni che ci sono giunte nelle Testimonianze in tutti questi anni, che la verità non deve essere tenuta nella corte esterna, ma deve essere portata nel santuario interiore dell'anima? [Non c'è forse l'idea che gli uomini tengano la verità lontana, la guardino come una teoria, ci mettano sopra la loro costruzione e la loro interpretazione, e poi si mettano a fare ciò che credono? Questa non è fede.

Ecco la fede: "Dove non c'è solo la fede nella parola di Dio, ma anche la *sottomissione della volontà a Lui;* dove *il cuore è arreso a Lui,* gli affetti sono fissi su di Lui". Si tratta di espressioni importanti, che vale la pena di considerare. "La sottomissione della volontà a Lui", è stata fatta? *La vostra* volontà è sottomessa a Lui per non essere mai ripresa o esercitata a modo vostro o per voi stessi? La vostra volontà è consegnata a Lui? La vostra? La vostra, intendo? Lui ha la *vostra* volontà? Uno dice: "Penso che l'abbia fatto". Ebbene, volete *saperlo*. "Beh", dice un altro, "ho cercato di sottomettere la mia volontà a Lui". Ebbene, smettete di provare e sottomettete la vostra volontà a Lui, finitela e conoscetela.

"La sottomissione della volontà a Lui": la vostra volontà è sottomessa a Lui? È scomparsa in modo che sappiate che è scomparsa e che non avete alcun desiderio o impulso o inclinazione a usarla da soli in qualsiasi situazione? È scomparsa? *Potete saperlo*. Potete *sapere* se è stato fatto. [Come? Facendolo, dicendo al Signore che è stato fatto ed è così. Naturalmente un uomo sa che è così quando è fatto. [Voce: "Se non lo sa, non è fatto"] Esattamente.

Se un uomo non lo sa, questa è la prova più forte che possa avere che non è stato fatto. E quando lo fa, lo sa. È proprio questo il punto. Quando si compie, diventa un uomo spirituale e sa ciò che non ha mai saputo prima nella sua vita. L'uomo naturale non può riceverlo, non può capirlo, non potrà mai farlo. Come posso capire cosa c'è nel fare una cosa che non ho mai fatto? Ecco qualcosa che tu hai fatto, sai come funziona; ma io non l'ho mai fatto, eppure voglio che tu mi spieghi tutto in modo che io capisca come si fa, senza averlo *fatto* io stesso. Fratelli, questo non è corretto, e tanto meno lo è in questo caso, perché questo deve essere conosciuto, e può essere conosciuto solo tra Dio e l'individuo stesso. "Saranno tutti istruiti da Dio". Uno può dire a un altro che è un fatto; uno può dire a un altro che sa che è un fatto. Ma nessuno può darlo a un altro, in modo che mio fratello possa ottenerlo da me. Io posso dirgli che è un fatto e che può saperlo, ma deve impararlo da Dio. Lo si fa semplicemente arrendendosi a Dio. Questo è l'unico modo in cui un uomo può farlo o conoscerlo. Molte persone non capiscono come fare, ma la difficoltà peggiore è che *non lo faranno* quando glielo direte.

Ora vi chiedo di nuovo: la vostra volontà è sottomessa a Lui? È stata fatta quella cosa? Avete superato quella barriera e siete in piedi dove sapete di essere, e sapete che la vostra volontà è consegnata a Lui, perché la usi a modo Suo, e che non c'è più alcuna domanda al riguardo, né dissenso in alcun modo? Ora, la vostra volontà è sottomessa a Dio perché ne faccia l'uso che vuole e non avete alcuna obiezione da sollevare; non avete alcun pensiero o inclinazione a usarla a modo vostro; volete che Lui faccia a modo suo e questo è tutto ciò che vi interessa? È così? C'è la vostra volontà? [Congregazione: "Sì"].

C'è qualcuno qui in cui non è così? Andate e raccontate tutto al Signore. Ditegli: "Signore, ti sottometto tutto; tutto va, niente resta; non conservo nulla; tutto è andato; tutto, volontà e tutto a te, affinché tu possa usarlo sia per volere che per fare". [Fratelli, ognuno di noi deve fare proprio questo, qui, ogni giorno. Il Signore vuole entrare qui proprio nel modo in cui lo lasciamo entrare.

Ma finché mi riservo un po' di volontà, vado per la mia strada a dispetto di me stesso, non posso far sì che Dio mi usi pienamente: non può entrare pienamente, Cristo non può entrare pienamente, se non c'è una piena sottomissione a Lui. Che ci sia un po' di morte qui. Che ci sia un vero e proprio morire a se stessi. Questo è ciò che significa; significa morte: e naturalmente le persone non lottano mai per morire. Lottano per rimanere in vita, se ci sono lotte.

Tenete presente che non basta "volere" morire. Muovetevi e morite, è questo che vuole il Signore. Uno dice: "Come posso farlo?". Lui dice come: "Considerate anche voi stessi come se foste davvero morti". Morti davvero. Il fratello Durland ci ha letto ieri: "Chi è morto è liberato dal peccato". È così. "Considerate anche voi stessi come morti al peccato", e Dio vi fornirà il fatto. Il punto è, fratelli, che dobbiamo conoscere il Signore. Il problema è che le persone non conoscono personalmente il Signore e non sanno come stanno le cose con Lui.

"Dove il cuore è abbandonato a Lui". In che misura? [È finito? [Congregazione: "Sì"] Tutto il cuore è andato? Tutto è andato? Bene, dice uno, ho ceduto tutto quello che so. Bene, ora fate l'altro passo e cedete tutto quello *che non* sapete.

Pastore O. S. Ferren.—Quando una persona fa così, è povera e miserabile?

Pastore Jones.—Sì, signore.

Pastore Ferren.—E nudo e cieco?

Pastore Jones.—Sì, signore.

Pastore Ferren.—E non lo sa?

Pastore Jones.—Io dico: "Sì, certo che lo è". Ma, grazie al Signore, Egli ha ricchezze che abbracciano l'universo. Uno dice: "Non riesco a capirlo". Nemmeno io, ma so che è un dato di fatto.

Perché, fratelli, teniamolo a mente fin dall'inizio e non cerchiamo mai di dimenticarlo, perché più si va avanti e più ci si accorge che è un dato di fatto, che quando prendiamo in mano il vangelo di Gesù Cristo così com'è, troviamo ad ogni angolo e in ogni fase di esso il *mistero di Dio*. In ogni punto e in ogni svolta si trova un luogo e una situazione in cui nulla può spiegare se non Dio, e tutto ciò che si può fare è credere che Dio è lì. È così e lo saprete, lasciando che sia Lui a spiegarlo. Ci vorrà l'eternità per farlo. Egli vuole che voi e io ci rallegriamo di avere l'eternità davanti a noi per farcelo spiegare. Io sarò contento di avere l'eternità in cui vivere, senza preoccuparmi di capire questo, quello o quell'altro. No. Dio non voglia che buttiamo via la vita eterna perché non riusciamo a capire tutto ciò che Dio capisce. Ma c'è di nuovo lo stesso spirito che aveva Satana: essere uguali a Dio e non sottomettersi a nessuno se non si capisce tutto. Lasciamo che questo spirito venga eliminato. Crediamo al Signore e lasciamo che sia Lui a spiegarci tutto con il suo tempo.

Ebbene, il vostro cuore è arrendevole nei Suoi confronti? Ecco il pensiero che ho avuto un attimo fa. Molti dicono: "Ho consegnato al Signore tutto quello che so". Questo non è sufficiente. Quello che volete fare è consegnare a Lui tutto quello che sapete e tutto quello che *non* sapete. Perché se gli consegno solo ciò che so, rimangono molte cose che *non* so; molte situazioni in cui incontrerò me stesso; e molte cose si presenteranno, e incontrerò qualcosa che sarà molto attraente e desiderabile per me; e se non ho consegnato tutto, cosa succederà? Ci sarà una gara, se mi arrenderò o meno. Quindi sono costantemente in agitazione, per sapere se mi sono arreso al Signore o no. Il Signore vuole che tu esca dall'acqua calda e che ci rimanga. Abbandonate tutto ciò che sapete e tutto ciò che non sapete. Lasciate che tutto vada a Lui, senza riserve né ora né mai, allora non avrete paura di nulla; non vi importa se il minuto dopo cadrete in fondo al mare. È tutto consegnato, siete nelle Sue mani—e allora avete qualcosa, quell'uomo ha qualcosa; ha qualcosa che non ha mai avuto prima, e ha qualcosa che non può ottenere finché non fa proprio quella cosa.

"Gli affetti sono fissi su di Lui". I vostri affetti sono fissi lì, in modo che Lui abbia la precedenza su tutto? Che sia al primo posto su tutto? Che non ci sia nulla che entri nel conto in nessun luogo e in nessun momento? È così? Quando un uomo fa così, ha qualcosa; ha davvero qualcosa, e lo sa. Ebbene, si dice, un uomo non deve forse prendersi cura di sua moglie e dei suoi figli? Perché, anche loro sono tutti consegnati al Signore, e il Signore non può prendersi cura di loro molto meglio di quanto si possa fare senza essere consegnati a lui? Anche loro sono consegnati, e invece di essere così: quando i miei affetti sono fissati su di lui, sono separati da coloro che mi sono cari, è il contrario; quando i miei affetti sono fissati su di lui, sono *intensificati* e *approfonditi* e glorificati, su coloro che sono teneramente legati a me. Le persone si perdono tutto quando pensano che fissare gli affetti su Dio significhi separarsi da qualcuno che piace loro quando sono sulla terra; è l'unico modo in cui possono amare correttamente coloro che pensano di amare sulla terra.

Ebbene, è così? La volontà è sottomessa a Lui? Il vostro cuore è arrendevole a Dio, in modo che i vostri affetti siano fissi su di Lui? È così che potete stare davanti a Lui e ringraziare il Signore che è così? Non intendo dire di alzarsi in piedi nella congregazione e dire che è così, ma semplicemente dire *al Signore* che è così. Le persone si alzano in congregazione e dicono cose che non dicono al Signore. Ditelo al Signore. Ditegli che la vostra volontà è consegnata a Lui. Sottoponete il tutto senza alcuna riserva, né ora né mai, e ditegli semplicemente che il vostro cuore è consegnato a Lui, perché non è buono a nulla e volete il Suo cuore al posto del vostro. Dopodiché i vostri affetti si fisseranno su di Lui e lì rimarranno. E lì resteranno. Diteglielo sempre, ogni giorno; diteglielo ovunque andiate. Vivete con Lui, fratelli, vivete con Lui, vivete con Lui; è questo che Lui vuole. Perché Lui è risuscitato dai morti e noi siamo risuscitati con Lui per vivere con Lui. Rm 6,8. La sua presenza personale deve essere con noi. Questo è ciò che il messaggio di Laodicea deve fare per noi: portare la presenza di Cristo a vivere in noi.

Questo lo potete fare da soli, e nessun altro può farlo per voi. Fratelli, cerchiamo di farlo. Entriamo in quel luogo. Quando un uomo è lì, allora aspetta semplicemente la direzione del Signore; aspetta il tempo del Signore. Quando il Signore si prepara a versare il suo Spirito Santo, non c'è nulla che lo ostacoli. Se c'è qualcosa che non conosce, beh, è stato ceduto molto tempo fa. Può essere caro come l'occhio destro; ma quello se n'è andato molto tempo fa. Non c'è più, grazie al Signore, e quindi non c'è nulla tra voi e Lui, che può effondere il suo Spirito quando vuole. È qui che Egli vuole che voi e io ci troviamo in questa Conferenza, in attesa che Egli ci dia l'insegnamento della giustizia secondo giustizia.

Quanto Cristo dobbiamo avere? Quando la presenza personale di Cristo viene a noi, Egli sarà più vicino a noi che se venisse qui a incontrarsi con noi ogni giorno. È così? [Ebbene, questo è il Vangelo, non è vero? È la giustizia di Dio, che è per fede in Gesù Cristo. Questo è il Vangelo, "perché in esso si rivela la giustizia di Dio da fede a fede". Rm 1,17. Oh, no! Dalla fede alle *opere!* La giustizia di Dio si rivela dalla fede alle *opere!* "La giustizia di Dio si rivela di *fede* in *fede*", grazie al Signore.

La presenza di Cristo, la presenza personale di Cristo—"Cristo in voi, speranza della gloria"—questo è il Vangelo, non è vero? Ora, vedete—e non c'è bisogno che ci sia una particella di malinteso su questa questione della fede e delle opere, o una particella di esitazione al riguardo—vedete qui: Cristo è stato nel mondo una volta, non è vero? [Congregazione: "Sì"]

Non ha fatto nulla da sé. "Da me stesso non posso fare nulla". Il Padre abitava in Lui. Lui ha fatto le opere. "Il Padre che abita in me fa le opere". Giovanni 14:10. "Come il Padre mio ha mandato me, anch'io mando voi".

Come Dio era in Cristo, Cristo deve essere in noi. È così? [Cristo è lo stesso ieri, oggi e sempre? [Come ha agito quando era sulla terra, nella nostra carne—era la mia carne che aveva, era la vostra carne che aveva—come ha agito in quella, quando era qui prima? Andava in giro a fare del bene, si prendeva cura dei malati, simpatizzava con loro. "Si è caricato dei nostri dolori e ha portato le nostre pene". Porta le nostre malattie. La sua simpatia per gli ammalati era così stretta che, quando andava ad assistere i malati, si immedesimava nei loro sentimenti, portava le loro malattie. Come agirà quando sarà nella nostra carne? [Come si comporterà quando sarà nella vostra carne? Quando sarà nella carne ora? [Voce: "Come ha agito allora"].

Non vedete allora come le opere si prendono cura di se stesse in colui che ha *fede* in Gesù Cristo, non intendo quel credo satanico; intendo l'uomo che ha *fede*. Non vedete allora cosa si perdono coloro che si concentrano sulle opere più che su Cristo? Si perdono l'incentivo e la forza che soli possono fare le cose buone, raggiungere e assistere i malati con lo spirito giusto, visitare i poveri e assistere loro con lo spirito giusto. Non avete visto persone che hanno servito i poveri e gli ammalati in modo tale da farli sentire peggio che se non ci fossero andati affatto? Non è questo il tipo di ministero che fa Gesù Cristo. Non è questo il tipo di ministero che Egli svolge. No, signore. È Cristo in voi. E quando Lui va con voi e in voi si trova la testimonianza, «anche i mondani potranno dire: «Sono come Gesù»».

Cosa vuole che il mondo veda in noi? [Vuole che il mondo veda nella nostra vita Gesù Cristo, la vita di Cristo, Cristo in voi la speranza della gloria, e loro lo sapranno e voi lo saprete. Siate certi che Cristo è lì, e lo Spirito del Signore trasmetterà alle menti degli uomini che è lì. Ma se voi e io appariamo al posto di Cristo, questo è tutto ciò che apparirà e il mondo vedrà solo questo.

Ora, fratelli, c'è davvero bisogno che qualcuno abbia qualche fraintendimento, che abbia qualche intoppo sul fatto che la giustizia per fede, la giustificazione per fede porti con sé la virtù vivente di Dio per operare alla maniera di Dio? Ce n'è bisogno? No, per niente. E non sarà mai fatta da una mente sottomessa a Dio. Non lo farà la mente che è arresa a Dio e che vuole avere la via di Dio, Cristo per primo e per ultimo, attraverso tutto, in tutto e su tutto. Perché allora si conosce così bene Cristo che si sa che la fede in Gesù Cristo porta quella presenza divina, quella potenza divina, quella virtù divina e quella grazia divina che renderanno colui che la riceve così attivo, che colui che ha più fede sarà quello che farà più lavoro di tutto il mondo. Perché non si può separare. La vita divina è in essa; la potenza divina è in essa; la parola divina è in essa.

Paolo non si sforzò, dice uno, e il Salvatore non dice forse: "Sforzatevi di entrare dalla porta stretta"? Sì, è vero; e Paolo ci dice come. Voltiamoci e leggiamolo; è proprio su questa linea, e poi smetteremo per stasera. È nel primo capitolo di Colossesi, dal 25° versetto in poi: Il vangelo "di cui sono ministro, secondo la dispensazione di Dio che mi è stata data per voi, per adempiere la parola di Dio; il mistero che è stato nascosto da secoli e generazioni, ma che ora è stato manifestato ai suoi santi, ai quali Dio vuole far conoscere le ricchezze della gloria di questo mistero tra i Gentili".

Cos'è che Dio vuole far conoscere, in questo momento, a voi e a me? Vuole far conoscere "quali sono le ricchezze della gloria di questo mistero". Si tratta di una grande cosa, non è vero? Quanto sono grandi le ricchezze della gloria del mistero di Dio? Quanto grandi? Grandi quanto Dio. Allora come possiamo conoscerle se non attraverso la mente di Cristo, che ci viene portata dallo Spirito Santo con la sua presenza?

Ora, dunque: "Che è Cristo in voi, speranza di gloria; il quale noi predichiamo, ammonendo ogni uomo e insegnando a ogni uomo in ogni sapienza; affinché possiamo presentare ogni uomo perfetto in Cristo Gesù; nel quale anch'io mi impegno, *sforzandomi* secondo la *Sua opera, che opera in me* FORTEMENTE".

Come posso lottare se non ho nulla con cui lottare? "Senza di me potete fare"—Quanto? [Congregazione: "Niente"] È così? [Congregazione: "Sì"] Allora senza Cristo voglio sapere come farete a lottare. Senza di Lui come farete a lottare? Voglio che pensiate a questo. "Senza di me non potete fare nulla". "Morti nei debiti e nei peccati". È così? Come può lottare un uomo morto? "Quando eravamo senza forze". Rom. 5:6. Eravamo senza forze? [È così. Allora come può lottare un uomo che non ha forze? Non vedete, allora, che è un'assoluta perversione satanica dell'idea divina, sforzarsi e lavorare e consumare la vita *per* arrivare a Cristo *e ottenere* il dono della giustificazione? No; è il dono *gratuito* di Dio per ogni uomo, e ogni uomo che lo riceve, riceve davvero Gesù Cristo stesso. Il Vangelo è potenza di Dio per la salvezza di chiunque creda. Allora chi si arrende, cede tutto e ottiene quella potenza di Dio, quel Salvatore vivente—al quale è stata data tutta la potenza in cielo e in terra—ha *qualcosa con cui lottare;* ha una *forza* che può mettere a frutto; ha una *potenza* con cui può fare qualcosa.

Allora dove sta l'impegno? Per trovare il Signore o per *usare il potere* che il Signore dà, che mette in noi? Quale dei due? [Per utilizzare la forza. Allora non mettiamoci dalla parte sbagliata; fratelli, mettiamoci dalla parte giusta.

"Tentando secondo la sua opera, che opera in me con forza". Come dice in un altro luogo: "L'amore di Cristo ci spinge". 2 Cor. 5:14. Costringe, spinge, spinge con una forza irresistibile. Questa è l'idea che si trova nella parola "lottare". Altre traduzioni lo danno come "agonizzare" per entrare nella porta stretta. E si agonizzano realmente e corporalmente e si logorano, facendo penitenza, proprio come qualsiasi altro cattolico—e faranno tutto questo per commuovere il Signore, affinché abbia pietà di loro. Non è questo il pensiero.

È agonizzante; ma tutti coloro che ne sono a conoscenza sanno che la parola deriva dai giochi greci, dalle gare greche. Chi partecipava ai giochi era un *agonistes*. Si iniziava a correre una gara. E ora cosa fa? Si sforza di vincere la gara; ogni facoltà del suo essere è dedicata all'oggetto che ha davanti, non è vero? [Questo è esercizio corporeo; questo è sforzo corporeo, agonia. È di questo tipo che Cristo sta parlando? [Congregazione: "No"] Di che tipo è? Spirituale. Sì, certo. Allora portare questo pensiero dall'esercizio *corporeo*, questo sforzo *corporeo* di ogni nervo, portarlo nel regno spirituale, cosa significa? Non significa forse quella completa resa della volontà a Cristo, quella resa del cuore e degli affetti a Lui, che non fa alcuna riserva? E non c'è alcuna riserva; cede tutto a Lui, ogni fibra dell'essere è dedicata all'unico oggetto, la gloria di Dio. Non è forse così? Allora la Sua potenza ci muove, la Sua potenza divina ci spinge, non vedete? Ripeto, in tutti i casi chi crede più pienamente in Gesù Cristo lavorerà di più per Lui.

Adesso lasciateci dire questa parola, che sarà la migliore chiusura che potrò dare all'intera faccenda stasera. "*Steps to Christ*", pagina 79: "Il cuore che *riposa più pienamente* su Cristo, sarà il *più serio* e *attivo* nel *lavoro* per Lui". Amen. [Non dimenticatelo ora. Non pensate che l'uomo che dice di riposare completamente su Gesù Cristo sia un perdigiorno fisico o spirituale. Se mostra questa pigrizia nella sua vita, non sta affatto riposando su Cristo, ma su se stesso.

No, signore; il cuore che si appoggia più pienamente su Cristo sarà più serio e attivo nel lavoro per Lui. Questa è la vera fede. È questa la fede che vi porterà l'effusione dell'ultima pioggia; è questa la fede che porterà a voi e a me l'insegnamento della giustizia secondo la giustizia—la presenza vivente di Gesù Cristo—per prepararci al forte grido e al trasporto del messaggio del terzo angelo nell'unico modo in cui può essere portato da questa Conferenza.

Il Messaggio del Terzo Angelo – n. 14

A. T. Jones
Stampato nel Bollettino quotidiano della Conferenza generale, 22 febbraio 1893, pp. 342–347.

Abbiamo visto la manifestazione della mente naturale, la mente carnale, in due modi: il paganesimo e il papato. Ma ce n'è un altro, moderno. C'è un altro che è sorto al giorno d'oggi, un altro trucco che l'autore della mente carnale sta giocando e con il quale ingannerà molte persone se non hanno la mente che è in Cristo. Di chi è la mente carnale? [Qual è la cosa di cui si occupa la mente carnale? [In Satana è l'io; in noi è l'io. Abbiamo visto come nel paganesimo, nel paganesimo aperto, sfacciato, nudo, esso metteva questo al posto di Dio, uguale a Dio, nell'immortalità dell'anima. Poi abbiamo scoperto come, quando il cristianesimo è arrivato nel mondo, questa stessa mente carnale ne ha creato una contraffazione e si è coperta—la stessa mente carnale—con una forma di cristianesimo, chiamandolo giustificazione per fede quando era tutta una giustificazione per opere—la stessa mente carnale. Questo è il papato, il mistero dell'iniquità.

Ora c'è un altro sviluppo nell'opera di Satana negli ultimi giorni, separato dal paganesimo come era in sé, e separato dal papato come era in sé e come si è manifestato finora. È così? [In quale forma si presenta? In quale forma opera Satana negli ultimi giorni? [Sì, e questo esalterà se stesso. Ma lo spiritismo opererà sempre nel nome di Satana? [Più ci avviciniamo alla seconda venuta del Salvatore, più lo spiritismo si professerà pienamente Cristo. Chi è che viene prima della venuta del Salvatore, molti di loro? [Ci saranno molti che verranno e diranno: "Io sono Cristo"; e alla fine verrà Satana stesso, come Satana? [Viene come Cristo; viene accolto come Cristo. Quindi il popolo di Dio deve conoscere così bene il Salvatore che nessuna professione del nome di Cristo sarà accolta o accettata se non è quella vera, autentica. Ma quando il falso cristianesimo si presenta al mondo, quando appare ogni tipo di falso Cristo, come può una persona essere al sicuro? Come si fa a sapere che sono falsi? Solo da Colui che è il vero; solo avendo la Sua stessa mente.

Ora voglio leggervi un'espressione di quest'ultima fase della mente carnale. Abbiamo letto le altre due, quella pagana e quella papale. Quando leggeremo quest'ultima, avremo tutte e tre le fasi; avremo davanti a noi il drago, la bestia e il falso profeta. E allora non ci sarà più l'ombra di una scusa per nessuno di noi che prenda una posizione diversa da quella che è apertamente e unicamente la mente di Gesù Cristo e la giustizia di Dio secondo la Sua idea di giustizia. Ci sarà? Nessuna scusa. Quando vedremo davanti a noi l'espressione diretta della falsa via in tutte e tre le sue forme, allora, anche se non saremo in grado di capire o vedere l'altra, lo sapremo abbastanza bene da lasciarla perdere e prendere l'altra, che la si veda o meno. Non preferiremmo lasciare andare il diavolo che *vediamo* e accettare il Signore che *non* riusciamo a vedere come vorremmo? Cosa preferireste? Io preferisco prendere il Signore con gli occhi *chiusi*, piuttosto che il diavolo con gli occhi *aperti*.

Si tratta di una pubblicazione mensile, di cui vi parlerò tra poco; ma prima vi leggerò un brano o due. È una disciplina per la settimana, un corso di formazione per ogni giorno della settimana.

> "Che il giovedì sia il giorno in cui dichiarare la propria fede".

Vedere qual è la fede.

> Dite: "Credo che Dio stia operando con me, attraverso di me, da me e per me"; ditelo con certezza, perché è vero. Venerdì siate coraggiosi, forti e potenti; superate tutti gli ostacoli con la vostra parola; dite: "Posso fare ogni cosa per mezzo di Cristo che mi fortifica"; ditelo con tutta la forza del vostro essere, e vi dico che potrete fare proprio tutto quello che volete, fino a fare miracoli".

Questa è una menzogna. Affinché tutti possiate vedere che è una menzogna, leggo la disciplina di mercoledì:—

> "Il mercoledì usate le affermazioni; non solo le affermazioni della scienza, ma affermate tutte le cose buone *in voi stessi*".

[Voce dalla congregazione: "Questo dimostra che è una menzogna"].

Non si dice forse che Dio opera in me, da me, per me e attraverso di me? Quando siamo venuti a Gesù e abbiamo la sua giustizia e la sua bontà, non possiamo affermare di essere buoni? [Congregazione: "No"] Qual è il motivo? [Siete disposti ad ammettere che quando avrete trovato Gesù e tutta la ricchezza, l'onore, il potere e le ricchezze che ci sono in Lui, anche allora non potremo vantarci di essere buoni? Siete disposti ad ammetterlo? Lo siete? [Lo siete? [Va bene. Non è tutto. Ho letto di più.

> "Affermate tutte le cose buone *in voi stessi*. Lodate *voi stessi* perché siete così gentili e amorevoli e perché siete così onesti nelle vostre intenzioni di servire il bene; lodate *voi stessi* perché siete così fermi in queste stesse intenzioni; lodate *voi stessi* perché siete così forti e sani".

Sì; forse lodate *voi stessi* perché rispettate così rigorosamente la riforma sanitaria in modo da avere una buona salute. L'avete fatto; *vi* lodate per questo?

> "Lodate *voi stessi* perché avete un'indole così dolce e caritatevole".

Puoi farlo, vero? [Non quando i tuoi peccati saranno perdonati e sarai libero da tutte queste cose grazie alla potenza di Cristo? Non potrai allora lodare *te stesso* per la *tua* dolce disposizione caritatevole, che hai così buona? [Congregazione: "No, signore"] Ma leggo ancora:—

> "Lodate *voi stessi* perché vedete solo il bene in tutti e in tutto il mondo. Lodate *voi stessi* per ogni cosa buona che vedete *in voi* e per ogni cosa buona che *volete* vedere in voi. ... Devi lodare la caratteristica buona che c'è per rafforzarla e lodare la caratteristica buona che sembra mancare per costringerla a comparire, perché sai che il frutto delle tue labbra sarà creato per te".

Questa è la cosiddetta "Scienza Cristiana". Potete leggere il titolo (tenendo in mano il libro). L'altro giorno un fratello mi ha consegnato una copia di questo libro. Il titolo è "Scienza Cristiana" e sulla copertina c'è una citazione delle Scritture: "Le mie parole non passeranno". Ora, fratelli, non è forse giunto il momento di cominciare a credere alle Scritture e alle "Testimonianze"? Non è forse giunto il momento di avere la mente di Gesù Cristo? [La mente che confesserà che questo della Testimonianza è così, che ha infastidito tanti fratelli ogni volta che è stato letto. Ora leggiamola di nuovo e vediamo se direte che è così, se ci credete o no. È il momento. "Testimonianza n. 31, pagina 44.

> "Siete in Cristo? No, se non vi riconoscete peccatori erranti, impotenti e condannati".

Non siete in Cristo se non vi riconoscete tali. È così? [Siete disposti ad attenervi a questo, sia che comprendiate o meno *come* sia? [Volete attenervi ad esso di fronte al paganesimo, al papato e allo spiritismo, in tutte le loro fasi? Allora voglio sapere perché non è giunto il momento per voi e per me di avere una mente che non dica "Amen" a cose come quelle che ho letto in quella cosa della Scienza anticristiana? Leggo di nuovo dalla Testimonianza:—

> "Siete in Cristo? No, se non vi riconoscete peccatori erranti, impotenti e condannati. No, se esaltate e glorificate voi stessi".

Quindi, anche se queste persone citano le parole di Cristo, è tutto falso. Sapete che il "Vol. IV" ci dice che quando Satana stesso verrà con le parole gentili che il Salvatore ha pronunciato, le pronuncerà con lo stesso tono e le farà passare per coloro che non hanno la mente di Cristo. Fratelli, non c'è salvezza per noi, non c'è sicurezza per noi, non c'è rimedio per noi, se non avere la mente di Cristo.

E questo vale anche per tutte le nostre opere. Non è solo per il ministro. È per tutti. Non ricordate l'altro giorno, nella conferenza che il dottor Kellogg ci ha tenuto sull'opera medica missionaria, come egli abbia visto, e abbia visto per molto tempo, la mancanza nei sistemi di medicina di raggiungere e rendere facile *la mente?* Non ricordate che ci disse di essersi reso conto di questa mancanza in tutte le pratiche mediche? Aveva riscontrato in tutta la loro pratica che c'era un difetto nei sistemi medici e che non c'era nulla che potesse raggiungere e alleviare la mente e distoglierla dall'anima malata, in modo che il corpo potesse andare avanti e guarire grazie alle cure che i medici gli avrebbero dato.

Fratelli, Cristo non ha forse colmato quella mancanza che c'è in tutti i sistemi medici, nel Suo stesso sistema medico che ci ha dato per mezzo del Suo stesso Spirito? La mente di Cristo, per l'infermiere, per il medico, da portare all'angosciato e al malato, al sofferente e al perito, e portare la mente del sofferente su Gesù Cristo, e avere la Sua mente, allontanandola da sé. Allora il paziente si riposa, il medico può andare avanti e curare il corpo e questo guarisce, mentre il paziente gode delle benedizioni e della pace di Gesù Cristo e della mente che Egli dona. Non vedete come questo si ripete in tutto il vostro lavoro, ed è l'unica cosa dappertutto? Anche questa parte non è nuova per il dottore. Ma mentre ci parlava del difetto dei sistemi medici, voglio che vediate che la mente di Cristo colmerà il difetto. Leggo dalla Testimonianza

> "Non siete in Cristo, se esaltate e glorificate voi stessi".

Ora segnate:—

> "Se c'è del bene in voi, è interamente attribuibile alla misericordia di un Salvatore compassionevole".

Ora segnatevi questo:—

> "La vostra nascita, la vostra reputazione, la vostra ricchezza, i vostri talenti, le vostre virtù, la vostra pietà, la vostra filantropia, o qualsiasi altra cosa in voi o collegata a voi, *non formerà un legame di unione tra la vostra anima e Cristo*".

Ora, è così? [Anziano Underwood: "Per favore, rileggetelo".

> "La vostra nascita, la vostra reputazione, la vostra ricchezza, i vostri talenti, le vostre virtù, la vostra pietà, la vostra filantropia, o *qualsiasi altra cosa in voi o collegata a voi* (persino le vostre buone opere) non formeranno un legame di unione tra la vostra anima e Cristo". "Il vostro legame con la Chiesa, il modo in cui i vostri fratelli vi considerano, non sarà di alcuna utilità se non credete in Cristo.

Ora segnatevi questa enfasi:—

> "Non basta credere *in* Lui (la parola "in" è in corsivo), ma bisogna credere *in* Lui".

"*In* lui". Che cosa significa?

> "Dovete affidarvi completamente alla sua grazia salvifica".

Questo è il cristianesimo. Questa è la mente di Cristo. Non c›è affatto diabolismo in questo; e non può nemmeno entrarci. Lo trovate anche in «*Steps to Christ*». Non è detto esattamente così. Leggerò un paio di passaggi da «*Steps to Christ*», a partire da pagina 67 e fino a pagina 71.

> "La condizione della vita eterna è ora proprio quella che è sempre stata, proprio quella che era in Paradiso prima della caduta dei nostri primi genitori, la perfetta obbedienza alla legge di Dio, la perfetta giustizia".

E se voi e io non abbiamo questo, non avremo mai la vita eterna. Non possiamo averla né ora né in nessun altro momento. Se voi e io non abbiamo "la perfetta obbedienza alla legge di Dio" dal primo respiro che abbiamo emesso fino a questo, ora, stasera, e deve essere fino all'ultimo che emettiamo, allora la vita eterna non ci appartiene. Ma se io e voi abbiamo una "perfetta obbedienza alla legge di Dio", allora la vita eterna è nostra in questo momento. Ma questa "perfetta obbedienza" deve arrivare, dico, *dal primo respiro che abbiamo emesso fino a questo, ora, stasera,* e deve *arrivare fino all'ultimo che emetteremo,* anche se tra diecimila anni, nel profondo dell'eternità. Non vi chiedo se lo capite, fratelli; credeteci e lo capirete. "Ma questo non contraddice qualcosa che ha già predicato?". *Non* contraddice ciò che ho predicato; è ciò che ho sempre predicato e ciò che predica ogni altro uomo che predica il Vangelo.

> "La condizione della vita eterna è ora quella che è sempre stata, quella che era in Paradiso prima della caduta dei nostri primi genitori, la perfetta obbedienza alla legge di Dio, la perfetta rettitudine. Se la vita eterna fosse concessa a una condizione diversa da questa, la felicità dell'intero universo sarebbe compromessa. ... *Non abbiamo una giustizia propria* con cui soddisfare le richieste della legge di Dio".

È così. Allora come potremo mai avere la vita eterna? [Ah! «Il dono di Dio è la vita eterna per mezzo di Gesù Cristo, nostro Signore». Ma dobbiamo avere una «perfetta giustizia» prima di poter avere questo dono, non vedete? Oh, allora, proprio come il Signore, Egli viene e dice: «Qui, in Cristo, c›è la perfetta giustizia; qui c›è la perfetta obbedienza alla legge di Dio dalla nascita fino alla tomba; prendete questo e questo soddisferà pienamente la condizione per cui, da soli, si può avere la vita eterna».

Va bene. Non ne siete contenti? [Ne sono così felice che non so cos'altro fare se non rallegrarmi. Oh, Lui vuole che io abbia la vita eterna. Non ho nulla per meritarla; non ho nulla che soddisfi la condizione per cui essa può essere concessa. Tutto ciò che ho rovinerebbe l'universo se Lui mi concedesse la vita eterna. Ebbene, Egli non può farlo; ma vuole che io abbia la vita eterna; vuole che io l'abbia a tal punto che è morto perché io l'abbia. [E poi, ripeto, è come se Dio, che è amore, così com'è, venisse a dire: "Qui, in Cristo, c'è la perfetta obbedienza dal primo respiro che hai fatto fino all'ultimo, e tu prendi Lui e la Sua giustizia e poi hai l'altra". Questa è la condizione. Bene! Bene! Sì, signore.

> "Non abbiamo una giustizia propria con cui soddisfare le richieste della legge di Dio. Ma Cristo ha creato per noi una via di fuga".

Grazie al Signore!

> "Egli visse sulla terra in mezzo a prove e tentazioni come quelle che dobbiamo affrontare noi. Ha vissuto una vita senza peccato. È morto per noi e ora si offre di prendere i nostri peccati e di darci la sua giustizia".

Che scambio! Che scambio! Fratelli, non è terribile che gli uomini esitino, indugino e si attardino tanto prima di abbandonare tutto e fare questo benedetto scambio? Non è terribile?

> "Se vi donate a Lui e lo accettate come vostro Salvatore, allora, per *quanto peccaminosa possa essere stata la vostra vita,* per *amor suo siete considerati giusti. Il carattere* di Cristo si sostituisce al *vostro carattere* e voi siete *accettati davanti a Dio* proprio *come se non aveste peccato*".

Sì, signore, voi e io, quando lo abbiamo fatto, ci presentiamo davanti a Dio come se non avessimo mai commesso un peccato in questo mondo, come se fossimo stati sempre degli angeli. Fratelli, Dio è buono! È buono! Oh, il nostro Salvatore è un Salvatore meraviglioso! [Fratelli, è così. Lasciamo che *LUI* faccia la sua strada.

"Più di così"... Potreste pensare che ci sia qualcosa di più? Il Signore dice così.

> "Più di questo, Cristo *cambia il cuore,* rimane nel vostro cuore per fede".

Questa è la beatitudine. Che vantaggio avrei dalla vita eterna con un cuore del genere? No, Lui non si ferma a questo: cambia il cuore.

> "Dovete mantenere questo legame con Cristo, *attraverso la fede* e il *continuo abbandono* della vostra *volontà* a Lui".

Questo è il pensiero che abbiamo avuto ieri sera; la lezione è sempre la stessa.

> "E finché farete così, Egli opererà in voi per volere e per fare secondo il suo beneplacito. Perciò potete dire:"—

Si può dire, Dio ci ha dato il permesso di dire, ci ha detto che possiamo dire:—

> "La vita che ora vivo nella carne, la vivo per la fede del Figlio di Dio, che mi ha amato e ha dato se stesso per me". Così Gesù disse ai suoi discepoli: "Non siete voi a parlare, ma è lo Spirito del Padre vostro che parla". Allora, con *Cristo che opera in voi,* manifesterete lo stesso spirito e farete le stesse opere".

Non si può fare altrimenti. Cristo è lo stesso, ieri, oggi e in eterno. È lo stesso qui nella nostra carne ora, come lo era quando era qui prima nella carne".

> "Opere di giustizia, obbedienza. *Quindi non abbiamo nulla* in *noi stessi di cui vantarci*".

Ringraziare il Signore. Non cominciate a tirarvi su e a vantarvi di voi stessi e a dire: "Ora sono ricco e ho molti beni, ora sono saggio, ora sono a posto". No. L'uomo che dice questo in un momento come questo, non è forse la peggiore creatura di questo universo? Come *potrebbe* essere peggiore? Quando era completamente perso, indifeso e disfatto, e l'ha confessato e l'ha detto, e poi il Signore ha una compassione così meravigliosa che gli dà tutto ciò che ha nell'universo, e poi quell'uomo si alza e comincia a vantarsi di quanto è bravo e di quanto è grande; quale rimprovero più grande potrebbe mai fare alla bontà del Signore? No, signore. "Chi si gloria si glori nel Signore". [Facciamolo, allora.

> "Quindi non abbiamo nulla in noi stessi di cui vantarci. Non abbiamo motivo di autoesaltarci".

L'uomo che prende Gesù così com'è, sarà sempre umile. Rende umile l'uomo prendere Cristo per fede. Ma se non lo prende per fede, ma se lo guadagna, naturalmente ha qualcosa di cui vantarsi.

> "Il nostro *unico* motivo di speranza è la *giustizia di Cristo imputata* a noi e in—".

E ora, supponiamo?

> "Il nostro unico motivo di speranza è la giustizia di Cristo imputata a noi e *quella operata dal suo Spirito* che opera *in noi* e *attraverso di* noi".

Il nostro unico motivo di speranza è la giustizia di Cristo che ci viene imputata, e questa giustizia operata in noi dallo Spirito Santo è costituita dalle opere che compiamo. Il paragrafo successivo riguarda la credenza satanica e la fede genuina, che abbiamo studiato nelle lezioni precedenti. Si tratta di un unico argomento.

Ora, a pagina 71:—

> "Più vi avvicinate a Gesù, più apparite difettosi ai vostri stessi occhi; perché la vostra visione sarà più chiara e le vostre imperfezioni saranno viste in ampio e netto contrasto con la sua natura perfetta. Questa è la prova che le illusioni di Satana hanno perso il loro potere".

Qual è allora la condizione di quell'uomo che comincia a *credersi* bravo? E si loda? L'illusione di Satana è su di lui. Anche se ha vissuto con il Signore per quindici o vent'anni, se ora comincia a pensare di essere abbastanza bravo, qual è la condizione di quell'uomo? È illuso da Satana. È vittima delle illusioni sataniche. Questo è tutto. C'era un uomo che visse con Gesù Cristo per trent'anni. Quando iniziò, nei primi anni della sua vita con Cristo, disse: "Sono crocifisso con Cristo; tuttavia vivo: non sono io, ma Cristo vive in me; e la vita che ora vivo nella carne la vivo per la fede del Figlio di Dio che mi ha amato e ha dato se stesso per me". E quasi trent'anni dopo, verso la fine della sua vita, disse questo: "Questo è un detto fedele e degno di ogni accettazione, che Cristo Gesù è venuto nel mondo per salvare i peccatori, dei quali io" *ero* il capo? [Congregazione: "Sono il capo."] No, *era il* capo. [Congregazione: "No, "*sono il* capo"] Oh, no. Quando era Saulo di Tarso, che perseguitava i santi, *allora era* il capo dei peccatori. [Congregazione: No. "*Sono il* capo"] Amen. Esattamente.

"Cristo Gesù è venuto nel mondo per salvare i peccatori, tra i quali io *sono* il più importante"— Quando? [Quando ha vissuto trent'anni con Gesù Cristo? [Congregazione: "Sì"] Sì. "Io *sono* il capo". Oh, aveva una tale visione del Signore Gesù, della sua santità, della sua perfetta purezza, che quando si guardava, si considerava, come separato da Cristo, era il peggiore di tutti gli uomini. *Questo* è il *cristianesimo*. Questa è la mente di Cristo. L'altra è la mente di Satana.

Quindi...

> "Questa è la prova che le illusioni di Satana hanno perso il loro potere; che l'influenza vivificante dello Spirito di Dio vi sta risvegliando. Nessun amore profondo per Gesù può albergare in un cuore che non si renda conto della propria peccaminosità. L'anima trasformata dalla grazia di Cristo ammirerà il suo carattere divino; ma se non vediamo la nostra deformità morale, è una prova inequivocabile che non abbiamo visto la bellezza e l'eccellenza di Cristo. Quanto meno vedremo da stimare in noi stessi, tanto più vedremo da stimare nell'infinita purezza e bellezza del nostro Salvatore".

Questo è il cristianesimo, fratelli. Ora andiamo a studiare la Bibbia per capire cosa dice. Cosa ne dite? Fratelli, siamo in una posizione spaventosa in questa Conferenza, in questa riunione. È semplicemente terribile. L'ho già detto una volta, ma me ne rendo conto stasera più di allora. Non posso farci niente, fratelli. Non posso farci niente. Siamo in una posizione spaventosa. Non c'è anima viva tra noi che non si sogni quali spaventosi destini incombano sui giorni che passano qui. [È proprio così. Fratelli, con il passare dei giorni, la nostra serietà nel cercare Dio sta aumentando? È così? Lo è? O è piuttosto in fase di stasi?

Le prime lezioni, quando abbiamo iniziato qui, erano fresche; erano nuove; portavano la verità in linee forti, chiare e positive, in modo che potessimo vedere, e avevano un effetto. I cuori si sono mossi, come dice la Scrittura, "come gli alberi del bosco si muovono con il vento".

Ma, fratelli, la brezza si è attenuata? Che cosa c'è ora? Se le nostre impressioni, il nostro senso del bisogno, la nostra serietà non si fanno più profondi, fratelli, man mano che queste riunioni proseguono, allora c'è qualcosa che non va in ognuno di noi. Non sto parlando di noi come classe intera, solo in modo generale; l'unico modo in cui possiamo arrivare a questo è ognuno individualmente per se stesso; se io non lo sto facendo, se voi non lo state facendo, c'è qualcosa che non va.

Ora, fratelli, un altro pensiero. Siamo stati obbligati, dallo Spirito di Dio, a guardare l'operato della mente carnale e ciò che farà per l'uomo, e come lo ingannerà in ogni modo—il paganesimo, il papato e l'immagine del papato; il drago, la bestia e il falso profeta—l'abbiamo visto, e il Signore vuole darci una lezione. Ora, come abbiamo visto, fratelli, lasciate che ognuno di noi lasci andare ogni freno, lasciate che l'anima cada fuori da ogni cosa in quella disponibilità infantile a ricevere ciò che Dio ha da dare. [Che la ricerca del cuore e la confessione del peccato continuino. Gesù non ci ha forse detto: "Siate dunque zelanti e ravvedetevi"? "Siate dunque zelanti e pentitevi". Che cosa significa questo "perciò"? Per questo motivo; per questi motivi. Vediamo cosa ha detto prima di questo.

Conosco *le tue opere*: non sei né freddo né caldo; vorrei che tu fossi freddo o caldo. Quindi, poiché sei tiepido e non sei né freddo né caldo, ti farò uscire dalla mia bocca. Perché *dici*: "Io sono ricco, ho molti beni e non ho bisogno di nulla, *e non sai* che sei miserabile, povero, cieco e nudo": Io ti consiglio di comprare da me oro provato nel fuoco, perché tu sia ricco; e vesti bianche, perché tu sia vestito e non appaia la vergogna della tua nudità; e ungi i tuoi occhi con unguenti, perché tu possa vedere. Quanti amo, li rimprovero e li castigo; sii dunque zelante e ravvediti".

Quanto copre questo "quindi"? Tutto? [La prima cosa che dice è: "Conosco le tue opere"; e l'ultima: "Sii dunque zelante e ravvediti". Siete pronti a pentirvi delle vostre opere? Lo siete? Siete pronti ad ammettere che le opere che avete fatto non sono buone come le avrebbe fatte Gesù Cristo se fosse stato qui e le avesse fatte al posto vostro? [Bene. Quanto bene vi faranno queste opere? Sono perfette? Sono opere giuste? "Tutto ciò che non è di fede è peccato". Ci sono, o ci sono state, opere in voi che non sono state di fede, che hanno avuto come protagonista l'io?

Non dimenticate l'abito che dobbiamo acquistare, quell'abito "tessuto al telaio del cielo, senza *un filo* di *invenzione umana*". Se voi e io abbiamo appeso un solo filo di nostra invenzione nella vita che abbiamo professato di vivere in Cristo, abbiamo rovinato l'abito. Fratelli, credete che voi e io siamo andati avanti in questi quindici o vent'anni così assolutamente perfetti da non aver mai messo un filo di invenzione umana nel nostro carattere con le nostre azioni? [Allora possiamo pentirci di questo, no? [Richiamo semplicemente l'attenzione su questa parte, questa parte stasera.

E ora, per i pochi minuti che ci restano, leggiamo alcuni passi della Scrittura. Isa. 59:6. Quale capitolo segue questo 59° capitolo? [Dove si applica il capitolo 58? [Congregazione: "Proprio ora"] Allora il 59° capitolo si applica a settecento anni prima di Cristo o a oggi? [Congregazione: "Si applica adesso"].

> "Le loro reti non diventeranno vesti, *né si copriranno con le loro opere;* le loro opere sono opere di iniquità e l'atto di violenza è nelle loro mani".

Allora cosa ha cercato di fare quel popolo? Cosa ha cercato di fare quel popolo con le sue opere? [Quando Egli dice: "*Non si* copriranno con le loro opere", ciò dimostra che hanno cercato di coprirsi con le loro opere. Ora, dice Egli la verità? [Quando dice a voi e a me che abbiamo cercato di coprirci con le nostre opere, non dice forse che abbiamo *veramente—qualunque cosa* professiamo—confidato nella giustizia o nella giustificazione *per mezzo delle opere?* [Non è forse questo che dice il messaggio di Laodicea: "Conosco le tue opere". E cosa hanno fatto le nostre opere per noi? Ci hanno reso miseri, miserabili, poveri, ciechi e nudi. Cosa vuole che abbiamo? "Bianche vesti, affinché tu sia vestito e non appaia la vergogna della tua nudità".

Qual è la nostra condizione? Sapete bene che i nostri sforzi non hanno portato a molto. Ognuno ha cercato di fare del suo meglio: sapete bene che è stata la cosa più scoraggiante che abbiate mai provato a fare in questo mondo. Sapete bene che vi siete seduti a piangere perché non siete riusciti a fare abbastanza bene da rischiare il giudizio. [No. Noi stessi siamo stati in grado di vedere la nostra nudità quando abbiamo fatto del nostro meglio per coprirci. Sapete che è così. Ora, fratelli, il Signore ha detto così, non è vero? [Non è forse giunto il momento di dire:

"Signore, è così"? Lo cito: "Né si copriranno con le loro opere; le loro opere sono opere di iniquità e l'atto di violenza è nelle loro mani".

Ora il Signore vuole che siamo coperti; vuole che siamo coperti, in modo che la vergogna della nostra nudità non appaia. Vuole che abbiamo la sua perfetta giustizia, secondo la sua perfetta idea di giustizia. Vuole che abbiamo quel carattere che resisterà alla prova del giudizio senza intoppi, domande o dubbi. Accettiamolo da Lui come il dono gratuito e benedetto che è.

Ora, fratelli, nella prossima lezione, il mio pensiero è che entreremo direttamente nella diretta Scrittura, esattamente ciò che dice a voi e a me, su come possiamo avere Gesù Cristo e tutta la Sua giustizia e tutto ciò che Egli ha, senza una particella di sconto. Che ne dite? [Congregazione: "Amen"].

Il Messaggio del Terzo Angelo – n. 15

A. T. Jones
Stampato nel Bollettino quotidiano della Conferenza generale, 23 febbraio 1893, pp. 358–364.

Inizieremo questa sera proprio dal punto in cui ci siamo fermati l'altra sera, con il pensiero che era davanti a noi, che avremmo proceduto a studiare questo argomento come è nella Bibbia. Potrei prendermi il tempo necessario per leggere tutto dalle "Testimonianze" e dai "*Steps to Christ*". Potrei predicare da essi e dalla Bibbia su questo argomento. Ma trovo questa difficoltà: i fratelli sembrano così pronti ad accontentarsi di ciò che leggiamo in questi testi, e non vogliono andare a cercarlo nella Bibbia. È a questo che servono le "Testimonianze" e i "*Steps to Christ*"; devono portarci a vedere che è nella Bibbia e a trovarlo lì. Ora li eviterò di proposito, non come se ci fosse qualcosa di sbagliato nell'usarli; ma quello che vogliamo, fratelli, è trovare la Bibbia e sapere dove si trova. E questo è il modo in cui il Signore ha indicato nelle Testimonianze. Lasciate che lo legga qui:—

> "La Parola di Dio è sufficiente per illuminare la mente più ottenebrata e può essere compresa da coloro che hanno il desiderio di comprenderla. Ma nonostante tutto questo, alcuni che professano di studiare la Parola di Dio, si trovano a vivere in diretta opposizione ai suoi chiari insegnamenti. Allora, per lasciare uomini e donne senza scuse, Dio dà testimonianze chiare e puntuali, *riportandoli alla Parola* che hanno trascurato di seguire.
>
> "La Parola di Dio abbonda di principi generali per la formazione di corrette abitudini di vita, e le Testimonianze, generali e personali, sono state calcolate per *richiamare la loro attenzione* in modo particolare *su questi* principi. ...
>
> "Non conoscete le Scritture. *Se aveste studiato la Parola di Dio*, con il desiderio di raggiungere lo standard biblico e la perfezione cristiana, *non avreste avuto bisogno delle Testimonianze.* È perché avete trascurato di conoscere il Libro ispirato di Dio che Egli ha cercato di raggiungervi con testimonianze semplici e dirette. Richiamando la vostra attenzione sulla parola d›ispirazione che avete trascurato di obbedire.
>
> "Non vengono rivelate ulteriori verità; ma Dio, tramite le Testimonianze, ha semplificato le grandi verità già date e, nel Suo modo prescelto, le ha portate davanti al popolo, per risvegliare e impressionare la mente con esse, affinché tutti possano essere senza scuse. ... Le Testimonianze non servono a sminuire la Parola di Dio, ma a esaltarla e ad attirare le menti verso di essa, affinché la bella semplicità della verità possa impressionare tutti".

C'è anche un'altra ragione per cui vogliamo ottenere questo e verificare che sia nella Bibbia. Perché noi, da questo Istituto e da questa Conferenza, dobbiamo andare a predicare nient'altro che questa cosa; e dobbiamo predicare alle persone che non credono alle Testimonianze. Le Scritture ci dicono che le profezie non sono per coloro che non credono, ma per coloro che credono. Le lingue sono un segno per coloro che non credono; le profezie sono un segno per coloro che credono. 1 Cor. 14:22. Quando andiamo a predicare questo messaggio a persone che non sanno nulla delle Testimonianze, dobbiamo insegnare loro che la Bibbia lo dice e dobbiamo insegnare solo a partire da questo. Se stessimo predicando alla nostra gente, usare le Testimonianze e tutti questi altri aiuti andrebbe benissimo, ma anche in questo caso, se la loro mente fosse rivolta a questi e non fosse portata alla Bibbia stessa, allora *quell'*uso delle Testimonianze non è quello che il Signore intende come il giusto uso delle Testimonianze.

Ora ho visto che la stessa cosa funziona in un altro modo. C'è quel libro di cui molti fanno un gran parlare, "*The Christian's Secret of a Happy Life*". Ho visto persone che hanno letto quel libro e ne hanno tratto un bene considerevole, come pensavano, e ciò che per loro era una grande luce, un incoraggiamento e un bene; ma anche allora non potevano andare alla Bibbia e ottenerlo. Fratelli, voglio che ognuno di voi capisca che c'è più del segreto del cristiano per una vita felice nella Bibbia che in diecimila volumi di quel libro. [Non ho visto quel libro per molto tempo. Credo che sia stato circa cinque o sei anni fa quando l'ho visto per la prima volta. Qualcuno lo aveva e lo stava leggendo e mi ha chiesto se lo avevo visto. Ho risposto: "No". Mi è stato chiesto se l'avrei letto. Ho risposto: "Sì, lo leggerò", e l'ho fatto. Ma quando l'ho letto, ho capito che avevo già ottenuto dalla Bibbia molti più segreti del cristiano per una vita felice, di quanti ce ne fossero in quel libro per cominciare. Ho scoperto di avere più segreti del cristiano per una vita felice nella Bibbia di quanti ne abbia lei in quel libro. Vorrei che la gente imparasse a tirare fuori dalla Bibbia quello che c'è dentro, direttamente. [Se quel libro aiuta le persone ad ottenere il segreto della Bibbia, con una buona parte di esso, va bene. Ma sapevo che quel libro non ha nulla di simile al segreto cristiano di una vita felice, che tutti possono trovare nella Bibbia.

Una volta ho sentito dire, una volta ho ricevuto la notizia, che ho preso *la mia* luce da quel libro. È lì che ho trovato il segreto cristiano di una vita felice (tenendo in mano la Bibbia), ed è l'unico posto. E l'ho avuto prima di vedere l'altro libro o di sapere che esisteva. E ripeto: quando sono arrivato a leggere l'altro, sapevo di avere più segreti cristiani per una vita felice di quanti ce ne fossero in quel libro. E così sarà per tutti coloro che leggeranno la Bibbia e ci crederanno.

Ora vorrei porre alcune domande su ciò che abbiamo esaminato. Che cos'è l'ultima pioggia? [Che cos'è il grido di gioia? [Il grido forte è già iniziato nel messaggio della giustizia di Cristo". Da dove viene l'ultima pioggia? [Da Dio.] Tutto quanto? [Che cos'è? [Congregazione: "Lo Spirito di Dio"].

Ora mettiamo insieme due cose. L'insegnamento della giustizia secondo la giustizia—il messaggio della giustizia—è il grido forte, è l'ultima pioggia, è la giustizia di Cristo. È così? [L'ultima pioggia scende dal cielo. Quanto di quest'ultima pioggia esce da me? [Quanta ne posso produrre? [È così? [Non posso produrne nessuna? Non c'è niente di tutto ciò che viene da me? Da dove viene? [Congregazione: "Dal cielo"] La prendete così? Lo riceverete dal cielo? [Congregazione: "Sì"].

Ecco dove siamo arrivati l'altra sera. Siete pronti a riceverla dal cielo? [Tutti i presenti in questa casa stasera sono disposti e pronti a prendere la giustizia dal cielo? [Secondo Dio, senza chiedere che Dio ne prenda un po' da noi? Lo siete? [Chi è disposto a prendere la giustizia dal cielo può ricevere l'ultima pioggia [Congregazione: "Amen!"]; chi non lo è, ma vuole che il Signore ne prenda un po' da lui, non può avere l'ultima pioggia, non può avere la giustizia di Dio, non può avere il messaggio della giustizia di Cristo.

Che cos'è l'ultima pioggia? [Siamo nel tempo dell'ultima pioggia? [Che cosa dobbiamo chiedere? [Congregazione: "La pioggia"] Che cos'è? [L'insegnamento della giustizia secondo rettitudine. Da dove deve venire? [Dal cielo. Possiamo averla? [Possiamo averla ora? [Allora l'ultima pioggia è la giustizia di Dio, il suo messaggio di giustizia, il grido forte, è tutto questo, e deve scendere dal cielo: siamo ora nel tempo della pioggia, dobbiamo chiederla e riceverla. Allora cosa ci impedisce di ricevere ora l'ultima pioggia? [Congregazione: "Incredulità"].

Per cominciare, leggerò un passo di questo piccolo libro. L'abbiamo già letto una volta, si trova a pagina 8 di "*Danger in Adopting a Worldly Policy*".

> "Come Intercessore e Avvocato dell'uomo, Gesù guiderà tutti coloro che sono disposti a farsi guidare, dicendo: "Seguitemi verso l'alto, passo dopo passo, dove splende la chiara luce del Sole della giustizia". Ma non tutti seguono la luce. Alcuni si allontanano dal sentiero sicuro, che ad ogni passo è un sentiero di umiltà. Dio ha affidato ai suoi servi un messaggio per questo tempo. ... Non vorrei ora ripercorrere davanti a voi le prove fornite negli ultimi due anni [quattro anni ormai] delle azioni di Dio da parte dei Suoi servi scelti; ma le prove attuali della Sua opera vi sono state rivelate e siete ora obbligati a credere".

Credere cosa? A quale messaggio si riferisce il messaggio che Dio ha dato ai suoi servitori per questo tempo? [Il messaggio della giustizia di Gesù Cristo. È una testimonianza che è stata disprezzata, respinta e criticata per due anni, e due anni sono passati da allora. Ma ora la prova attuale della sua opera è rivelata, e ora cosa dice Dio a ciascuno di noi? "Ora siete obbligati a credere" a questo messaggio. E chi non ci crede deve semplicemente rispondere a Dio, no? Questo è tutto. Allora, cominciamo.

C'è però un'altra parola su cui vorrei richiamare l'attenzione. Ricorderete che nell'ultima lezione ho letto Isa. 59:6 nell'ultima lezione; si trattava di quelle persone che cercavano di coprirsi con le loro opere. Nel quarto versetto abbiamo queste parole: "Nessuno invoca giustizia". Dopo la lezione il fratello Starr ha richiamato la mia attenzione sulla traduzione in tedesco, che dice essere: "Nessuno predica la giustizia". Ho guardato la versione riveduta e quella riporta: "Nessuno cerca la giustizia" o, a margine, "Nessuno chiede la giustizia". Ho guardato la traduzione letterale di Young e anche questa recita: "Nessuno invoca la giustizia". Quindi vedete il pensiero espresso in questo versetto: "Nessuno invoca", cioè corteggia, chiede, implora, "la giustizia". Nessuno chiede questo. La stessa idea è trasmessa in tedesco, solo che è formulata con altre parole: "Nessuno predica la giustizia". Non è forse questo che dice il Signore? Cercano di coprirsi con le loro opere, e questo non è rettitudine.

Isaia 54, ultima frase del capitolo: "Questa è l'eredità dei servi del Signore e la loro giustizia viene da me, dice il Signore". La loro giustizia è di chi? Di loro stessi? [La loro giustizia è quella delle loro opere? No, "la loro giustizia è *da me*, dice il Signore". Che cosa dite? [La loro giustizia è data dalle loro opere? No. "La loro giustizia è da me, dice il Signore". Che cosa dite? [Chi si aspetta, cerca o spera in una giustizia che non viene da Dio, cosa fa? Che cosa ha? [Non è affatto una giustizia. Anche chi vuole ottenerla con le proprie opere, funzionerà così? [Congregazione: "No"] È da Dio? [Congregazione: "No, signore."]

L'unico modo in cui Dio può entrare nelle nostre opere è avere Lui come punto di partenza, e avere la Sua giustizia come punto di partenza; e il nostro unico motivo di speranza è la giustizia di Cristo che ci è stata imputata, e quella operata in noi dal Suo Spirito Santo. Questo riprende l'argomento esattamente dove si era fermato il fratello Prescott. Vedete che è Cristo in noi, quella presenza vivente che compie l'opera di giustizia, e questo per mezzo dello Spirito Santo? Questo è ciò che lo Spirito Santo porta; questa è l'effusione dell'ultima pioggia, non è vero? Vedete, non possiamo studiare nient'altro. Questo è il messaggio per noi ora. Vogliamo ricevere il messaggio? Quando riceviamo il messaggio cosa riceviamo? [Quando lo riceviamo, che cosa abbiamo? [Lo Spirito Santo, l'ultima pioggia... Questo verrà spiegato meglio in seguito.

Ora un'altra cosa, fratelli. Non voglio che rimandiate a dopo la riunione la vostra ricezione. Non dovete assolutamente farlo. Il Signore vuole che voi e io veniamo qui ogni sera, ci sediamo e lo riceviamo esattamente come lo dà. Esattamente come lo dice. Basta aprire la mente e il cuore al Signore e dire: "Signore, è così". [Non aspettate di uscire di casa. "Allora", dice uno, "dobbiamo sederci qui e accettare tutto ciò che viene detto senza fare alcuna domanda?". No, non in questo senso. Ma dobbiamo sederci qui e avere una tale misura dello Spirito di Dio da poter vedere ciò che Egli dà attraverso quella parola che è la verità, e poi prenderla perché è la verità di Dio. [Congregazione: "Amen"].

Pastore D. C. Babcock.—Fratello Jones, per favore leggi Giobbe 29:23.

Pastore Jones.—Molto bene: "E mi hanno aspettato come per la pioggia; e hanno spalancato la bocca come per l'ultima pioggia". Va bene. Cosa dobbiamo fare? Cosa vuole il Signore che facciamo? Aspettare il suo Spirito come la pioggia. Aprite la vostra mente; aspettate come la seconda pioggia. Che cosa ha detto Davide? "Apri la tua bocca e io la riempirò". Fratelli, sediamoci qui e apriamo la bocca come gli uccellini; sapete come fanno. Sembra che la bocca sia tutto l'uccello. Questo è ciò che Egli vuole che facciamo.

Non possiamo confidare che Dio ci dia ciò che vuole che abbiamo? Fratelli, c'è una domanda che voglio porre: quando veniamo in un luogo come questo, veniamo con centinaia di persone che cercano il Signore, veniamo a chiedere la via di Sion, con la faccia rivolta verso l'alto, dobbiamo stare seduti qui con uno sguardo sospettoso e strabico verso il Signore, come se non osassimo confidare in Lui per quello che ci darà? È onesto? [È giusto? [No, signore. Io credo molto nel Signore: quando ci riuniamo con il cuore in cerca di Lui, chiunque spalanchi il suo cuore per ricevere ciò che il Signore ha da dare, non riceverà altro che ciò che Dio dà. E l'uomo che viene in un luogo come questo, con i suoi sospetti e con la disponibilità a guardare con sospetto il Signore, non sta trattando il Signore come una persona dovrebbe trattare il Signore: sta trattando il Signore proprio come una persona potrebbe trattare il diavolo. Non è così?

Ora, fratelli, trattiamo il Signore con onestà; siamo onesti con Lui e Lui lo sarà con noi. "A chi si mostra avanti il Signore si mostrerà avanti". Se voi e io trattiamo il Signore onestamente, Lui ci tratterà esattamente come Dio tratta le persone. Perciò dico che non dobbiamo entrare in questa casa con un minimo di sospetto sul fatto che il Signore ci darà le cose per bene. Lo farà, e io mi aspetto che lo faccia, e quindi riceverò molte benedizioni da questa cosa. Questo è deciso.

Ora, Rm 5, 17: "Perché se per l'offesa di un solo uomo la morte ha regnato per mezzo di uno solo, molto più quelli che riceveranno l'abbondanza della grazia *e del dono della giustizia* regneranno nella vita per mezzo di uno solo, Gesù Cristo". Che cos'è dunque la giustizia in questo versetto? [Congregazione: "Un dono"] Lo è? ["La loro giustizia viene da me, dice il Signore". È un dono di giustizia. Come ci arriva, allora? [Congregazione: "È un dono"].

Ora mettete insieme queste due cose: "La loro giustizia viene da me": è un dono. Chi la riceve, cosa riceve? [Chi la riceve come dono, cosa riceve? [Congregazione: "La giustizia"] Secondo cosa? L'idea di giustizia di Dio. Ci darà qualcosa di diverso da ciò che è giusto ai suoi occhi e secondo la sua mente? [Vedete questo punto? Allora chi non riceve la giustizia di Dio come dono gratuito di Dio, ce l'ha? [Congregazione: "No"] E non può averla, vedete, perché è un dono. È di Dio. Viene da Dio per il dono prezioso che è. E quindi essendo di Dio, ed essendo Lui stesso a darlo, non mi resta che ottenerlo a modo suo. Egli dà ciò che è suo e lo dà secondo la sua idea. Questo è l'articolo genuino, questa è la giustizia di Dio.

Allora non vedete che non c'è spazio per un solo filo di invenzione umana? Non possiamo assolutamente inserirlo. Non vedete quali ampie disposizioni ha preso il Signore affinché possiamo avere la veste perfetta che Lui stesso ha tessuto, che è la giustizia di Dio stessa, e che ci renderà completi ora, e nel tempo delle piaghe, e in ogni altro tempo, e per tutta l'eternità? Fratelli, sono felice che sia così. Sono felice come non mai.

Una sorella mi ha detto poco tempo fa che prima di quella volta, quattro anni fa, si era lamentata della sua situazione e si chiedeva come sarebbe mai arrivato il momento in cui il Signore sarebbe venuto, se avesse dovuto aspettare che il Suo popolo si preparasse ad incontrarlo. Diceva infatti che, per come aveva lavorato—e pensava di aver lavorato duramente come nessuno al mondo—, vedeva che non stava facendo progressi abbastanza veloci da portare il Signore in un tempo ragionevole; e non riusciva a capire come il Signore sarebbe venuto.

Era preoccupata per questo; ma disse che quando la gente tornò a casa da Minneapolis e disse: "Perché la giustizia del Signore è un dono, possiamo avere la giustizia di Cristo come dono, e possiamo averla ora". "Oh", disse lei, "questo mi ha reso felice, mi ha illuminato, perché allora ho capito che il Signore potrebbe venire molto presto. Quando Lui stesso ci dà l'abito, il vestito, il carattere, che ci adatta per il giudizio e per il tempo dei problemi, allora ho capito che poteva venire appena voleva". "E", disse lei, "questo mi ha reso felice, e da allora sono sempre stata felice". Fratelli, anch'io ne sono felice, sempre.

Oggi questa cosa ha un senso. Sapete che tutti noi ci siamo trovati nella stessa situazione. Sapete che c'è stato un momento in cui ci siamo seduti e abbiamo pianto perché non riuscivamo a fare abbastanza bene per soddisfare la nostra stima di ciò che facevamo; e siccome ci aspettavamo che il Signore venisse presto, abbiamo temuto la notizia che era così vicina; perché come diavolo avremmo fatto a essere pronti? Grazie al Signore, Lui può prepararci. [Il padrone del banchetto di nozze ha sempre provveduto alla veste nuziale. Ora è Lui il padrone della cena di nozze; e verrà molto presto; e dice: "Ecco la veste che vi servirà per stare in quel posto". Ci saranno persone che non potranno partecipare al banchetto perché non hanno la veste nuziale, ma il Signore la offre gratuitamente a tutti, e chi non la prende, che colpa ne ha?

Un'altra cosa: credete ora—chiariamo questo punto prima di andare avanti. Voglio sapere quante persone in questa casa credono davvero, sinceramente nel loro cuore, che Dio è in grado di dire ciò che intende quando lo dice? [Allora quando voi e io leggiamo ciò che Egli dice, così come lo dice nella Bibbia, voglio sapere se è utile per voi e per me andare in qualche altra parte della Bibbia e cercare qualche altro testo per vedere se non lo contraddice? Il Signore è in grado di raccontare la sua storia a modo suo senza contraddirsi? [Ne abbiamo parlato abbastanza.

Perciò non mi propongo di armonizzare alcun testo della Scrittura in tutto il lavoro che dovrò svolgere qui in questo istituto. Penso che il Signore abbia tutto chiaro, esattamente com'è. Non credo che abbia bisogno del mio aiuto. Penso piuttosto di aver bisogno del suo aiuto per vedere che non c'è alcuna contraddizione. E penso che se mi sembra che ci sia una contraddizione, allora ho bisogno di più del Suo Spirito per vedere che non c'è. E invece di cercare di armonizzare la presunta contraddizione, dirò che il Signore sa tutto e aspetterò finché non mi darà l'ampiezza mentale necessaria per vedere che non c'è alcuna contraddizione.

Quindi, quello che voglio decidere ora, e per sempre, è che quando leggete qualcosa nella Bibbia, significa esattamente quello che dice, e non dovete cercare qualcosa nella Bibbia per vedere se c'è l'altra faccia della medaglia. Non c'è nessun altro lato; è tutto uno. "E allora come farete a spiegare tutto quello che c'è nella Bibbia quando la gente ve lo chiederà?". Ecco la difficoltà: gli uomini vanno a predicare il Vangelo e pensano che se non riescono a spiegare tutto ciò che la gente chiede loro, sarà un grande discredito per il loro ministero. No, signore; sarà bene che lei riconosca che ci sono alcune cose anche nella Bibbia che non ha ancora afferrato completamente.

Ciò che il Signore chiede a voi e a me è indicato in 2 Tim. 2:7, ed è la chiave di tutto lo studio della Bibbia; sono le indicazioni di Dio per lo studio della Bibbia: "Considera ciò che dico, e il Signore ti dia intelligenza in ogni cosa". L'unica cosa che Egli chiede a voi e a me di considerare è *ciò che dice;* e se dovremo considerarlo per dieci, quindici o vent'anni per scoprirne il significato, scopriremo che è valsa la pena di aspettare vent'anni; non dovremo affatto rimanere delusi. Tenete presente che quanto più a lungo dovrete considerare un testo per scoprire cosa contiene, tanto più varrà quando lo otterrete. Quindi non c'è posto per lo scoraggiamento, mai. Perciò, se non posso misurarne la profondità, mi rallegrerò che sia così profonda che, quando la otterrò, mi rallegrerò finché vivrò.

Tutto ciò che dobbiamo fare in queste lezioni è considerare ciò che Egli dice e affidarci a Lui per comprenderlo. Questo è tutto. È tutto ciò che posso fare, e chiunque lo faccia ne ricaverà di più di chi non considera ciò che Egli dice.

Allora "la loro giustizia viene da me, dice il Signore". Questo è ciò che dice. [È un dono di giustizia; è un dono; è così? [Come si fa a ricevere un dono? "La giustizia viene da me", Lui la dà. Un dono gratuito. Come lo riceviamo? [Congregazione: "Per fede"] Per fede. Per fede. Teniamo presente anche la definizione che abbiamo studiato, di cosa sia la fede: non una credenza satanica. Quella non è affatto fede: ma una sottomissione della volontà a Dio, un abbandono del cuore a Lui, gli affetti fissati su di Lui, ecco la fede. Questa è l'idea che Dio ha della fede. E quando leggiamo di fede, e otteniamo la Sua parola di fede che Egli ha pronunciato nella Sua parola, questo è ciò che Egli intende.

Si noti questo: si riceve per fede; si conosce per fede; ma leggiamo il testo e vediamo che è così. Rm 1, 17. Il 16° versetto parla del Vangelo. "Perché in esso è la giustizia... rivelata di *fede* in *fede*". Che cosa è in grado di ottenerla, dunque? [Non dalla fede alle opere, ma dalla fede alla *fede*. Ma che cos'è la fede? La sottomissione della volontà a Lui; l'abbandono del cuore a Lui, gli affetti fissi su di Lui. È l'abbandono di se stessi e l'accettazione di ciò che Dio dice come fatto; in altre parole, la fede è semplicemente questo: che quando Dio dice una cosa, e voi e io la leggiamo, diciamo: "È così". Questa è la fede.

La fede viene dall'udito e l'udito dalla parola di Dio. Rm 10,17. Qual è dunque la fonte della fede? [Come ci arriva la fede? [La fede viene a noi per mezzo della Parola di Dio. Questa è la fonte, la sorgente della fede. Poi, quando quella parola viene letta, ci si arrende e si dice: "È così". La prendo come dice, senza tentare di spiegarla nemmeno a me stesso. La prendo così come Dio la dice; la ricevo così come Lui la dice; mi riposo su di essa così come Lui la dice, dandomi la possibilità di comprenderla, e allora voglio sapere se non ricevo in quella parola e da essa proprio ciò che Lui ha in essa da darmi. Certamente. Questo esclude anche che vi si possa inserire qualsiasi filo di invenzione umana.

Allora è di fede; viene per fede; la riceviamo così. Allora non vedete che per l'uomo che non capisce e comincia a mettere in dubbio la giustizia per sola fede, il problema è che la sua anima non è sottomessa a Dio, il suo cuore non è arrendevole a Dio, gli affetti non sono fissi su di Lui? Questa è la difficoltà. Tutti i problemi che si presentano a chiunque in questo mondo sulla giustificazione per fede sono nel cuore, nel rifiuto di sottomettersi a Dio; e questa è la mente carnale; come abbiamo letto l'altra sera, la mente carnale non può comprenderlo, non lo conosce.

Passiamo ora al terzo capitolo di Romani e iniziamo la lettura dal ventesimo versetto: "Perciò dalle opere della legge non sarà giustificata alcuna carne al suo cospetto". Giustificato significa reso giusto; quindi, ogni volta che lo leggiamo qui, potete mettere al suo posto le parole "reso giusto" e avrete sempre la stessa cosa. "Perché la legge è la conoscenza del peccato. Ma ora la giustizia di Dio senza la legge è stata manifestata, essendo testimoniata dalla legge e dai profeti; anche la giustizia di Dio che è per fede di Gesù Cristo a tutti e su tutti quelli che credono", e poi fanno del loro meglio. [Congregazione: "No, signore; 'perché non c'è differenza'"] A tutti e su tutti quelli che *credono,* perché non c'è differenza: tutti hanno peccato e sono venuti meno alla gloria di Dio.

Ora il versetto che cerco:—

"Essere giustificati" (resi giusti). Come? ["Liberamente". "Essendo resi giusti liberamente". È così? [Congregazione: "Sì"] È così? [Ringraziamo il Signore che è così. Prendiamolo subito. ["Essere resi giusti gratuitamente per la sua grazia". Fermiamoci qui con la parola "grazia" e passiamo a Rm 11,6, dove leggiamo quanto segue: "E se per grazia, non si tratta più di opere; altrimenti la grazia non è più grazia". E quando la grazia non è più grazia, cosa faranno le persone di questo mondo? Quando la grazia di Dio non ci sarà più, cosa faremo? [Voce: "Anche noi ce ne andremo"] Sì. Fratelli, sottomettiamoci. Sottomettiamoci. "Ma se si tratta di opere, allora non è più grazia; altrimenti l'opera non è più opera". Le opere di un uomo non ci sono più se non ci sono più opere. Non vedete, allora, cosa succede a un uomo che intraprende questo percorso?

Ora, Romani 3:24: "Siamo stati giustificati gratuitamente per la sua grazia, mediante la redenzione che è in Cristo Gesù, che Dio ha posto come propiziazione per mezzo della fede nel suo sangue, per dichiarare la sua giustizia". La giustizia di chi? [Dio chi ha stabilito per dichiararla? [Congregazione: "Cristo"] Sì. "Per la remissione dei peccati passati, mediante la tolleranza di Dio; per dichiararla, dico, in questo momento". Quando? [È in questo momento, proprio ora, stasera? [Proprio ora, quattro minuti dopo le nove? [*La sua* giustizia? [Per voi? [Grazie al Signore. "Per la remissione dei peccati passati, per la tolleranza di Dio; per dichiarare, dico, in questo momento". Uscirete da questa casa rendendone conto? Voglio chiedere: se qualcuno esce da questa casa senza rendersene conto, qual è il problema? [Chi è il colpevole? [Voce: "L'uomo stesso"] Allora non facciamolo. Il Signore vuole che riceviamo l'ultima pioggia. E noi dobbiamo chiederla e poi, quando arriva, non prenderla come Lui la dà perché non arriva proprio come pensavamo che sarebbe arrivata. Non sono affari vostri come arriva. Spetta a Lui darla e a noi avere il discernimento per vedere che è Lui a darla.

"Per dichiarare, dico, in questo momento la sua giustizia: perché sia giusto". Perché sia giusto. Oh, allora è a posto; non lo ingarbuglierà, non lo disonorerà. "Perché sia giusto e giustificatore di chi crede in Gesù". E quando Dio giustifica, vorrei sapere che cosa c'è al mondo da condannare. Egli lo fa; è in grado di farlo; ha fissato la cosa in modo da poterla fare, ed *essere* sempre *giusto*; essere giusto nel farla. Allora lasciamogli fare a modo suo. La legge di Dio è soddisfatta; rallegriamoci. [Posso dirvi che quando ho scoperto che nel fare questo il Signore era giustificato e che la legge di Dio era soddisfatta, mi sono rallegrato.

Ora continuiamo a leggere: "Dov'è allora il vanto? È escluso. Per quale legge? Quella delle opere? No, ma per la legge della fede. Perciò concludiamo che un uomo è giustificato (reso giusto) per fede senza le opere della legge". È una conclusione giusta? [Ora lo è? [Chi l'ha tratta? Di chi è la conclusione? [Di Dio.] Lasciamo che sia Lui a fare la sua strada. Non è forse in grado di argomentare in modo corretto? "Che cosa diremo dunque che Abramo, nostro padre, per quanto riguarda la carne, ha trovato? Perché se Abramo fosse giustificato dalle opere, avrebbe di che gloriarsi, ma non davanti a Dio". A che serve allora che un uomo si glori, se non può gloriarsi davanti a Dio? Vogliamo qualcosa di cui gloriarci, quando i cieli si apriranno e il volto di Dio risplenderà nel cuore degli uomini: vogliamo qualcosa di cui poterci gloriare proprio allora. Vi dico che Dio ci dà qualcosa con cui possiamo farlo anche noi, ed è la sua stessa giustizia.

"Perché cosa dice la Scrittura? Abramo *credette* a Dio e gli fu contato come giustizia". Che cosa dice? Abramo credette a Dio, ed esso, esso, esso, i-t; cosa? [Congregazione: "Fede"] Esso; cosa? [Congregazione: "Credette a Dio"] Il suo credere a Dio, a cosa corrispose? [Chi glielo ha riconosciuto come giustizia? [Dio.] Allora, Dio ha sbagliato? [Che lo capiamo o no, il Signore l'ha fatto e l'ha fatto bene. È stato perfettamente giusto; lo ha detto. Non siamo stati noi a farlo; non abbiamo avuto il piano da mettere in atto; non avremmo potuto farlo nemmeno se ci avessimo provato. Lasciategli fare la sua strada, ripeto, fratelli; e quando gliela lasceremo fare e noi saremo sulla sua strada, andrà tutto bene e non dovremo avere paura.

Che cosa fu considerato da Abramo come giustizia? Egli *credette* a Dio e Dio disse: "Tu sei giusto, Abramo". Questo viene detto tre volte in questo breve spazio. Che cosa gli è stato riconosciuto come giustizia? Il fatto di aver creduto a Dio. Esso, i-t-it.

"Ora, a colui che lavora, la ricompensa non è calcolata per grazia, ma per debito. Ma a colui che *non lavora*": è così che dice? [Il Signore ha detto così? [Congregazione: "Sì"] "Ma crede in colui che giustifica gli empi". Ma questo è di nuovo il messaggio di Laodicea: miserabili, poveri, ciechi e nudi; questo è il tipo di persone che il Signore giustifica. "La sua fede gli è stata computata come giustizia". All'empio, la sua fede è contata come giustizia. Che cosa gli viene contato? [E questo è credere che Dio giustifichi gli empi? Questo porterà la giustizia a un uomo? [Confessare che è empio e poi credere che Dio rende giusto quel tipo di uomo. Sì, infatti.

Non so dire come, non riesco a capirlo. So che è così, e sono così felice che sia così, che non mi importa se scoprirò mai come. Il Signore vuole che abbiamo ciò che ci dà. Prendiamolo. Il tempo è scaduto e ricominceremo da lì. Ma non dimenticate ciò che è stato considerato da Abramo come giustizia; e "se siamo di Cristo", allora siamo "discendenza di Abramo".

Il Messaggio del Terzo Angelo – n. 16

A. T. Jones
Stampato nel Bollettino quotidiano della Conferenza generale, 24 febbraio 1893, pp. 377–383.

Poco fa ho ricevuto una lettera dal fratello Starr in Australia, di cui leggerò due o tre frasi perché si inseriscono bene in questo momento delle nostre lezioni

> "La sorella White dice che siamo nel tempo dell'ultima pioggia dalla riunione di Minneapolis".

È proprio quello che abbiamo riscontrato nello studio di queste lezioni, non è vero? Fratelli, quanto ancora il Signore dovrà aspettare prima che la riceviamo? In questi quattro anni ha cercato di farci ricevere l›ultima pioggia. Quanto ancora aspetterà prima che la riceviamo? Ora, questo argomento si collega a quello del fratello Prescott e il suo discorso è semplicemente l›inizio del mio; e ciò che egli ha invitato tutti i presenti a fare è ciò che ognuno avrebbe dovuto fare quattro anni fa.

E il fatto è che qualcosa sarà fatto. Coloro che cercheranno il Signore in questo modo, che riceveranno il suo messaggio in questo modo, otterranno ciò che Egli vuole dare. Coloro che non lo faranno saranno abbandonati a se stessi, e quando ciò avverrà sarà per sempre. Questo è il timore della situazione in questa riunione; questo è ciò che conferisce a questa riunione il suo carattere di timore. Il pericolo è che ci siano alcuni qui che hanno resistito per quattro anni, o forse non hanno resistito così a lungo, che ora non verranno al Signore nel modo di riceverlo, e non lo riceveranno come il Signore lo dà, e passeranno oltre. Una decisione sarà presa dal Signore, anzi da noi stessi, in questa riunione. Da che parte vi troverete?

Ecco un'altra parola che insegna lo stesso punto che abbiamo trattato ieri sera nella nostra lezione: ricevere la parola di Dio così com'è, così come Egli la dice, senza alcuna domanda da parte nostra. Il fratello Starr racconta che un giorno stava parlando con la sorella White degli angeli sul monte Sinai al momento dell'emanazione della legge, e dice questo:—

> "Vide che gli angeli, diecimila volte diecimila, e migliaia di migliaia, circondavano il popolo di Dio mentre si riuniva intorno al monte, e tutti sopra di loro, formando così un grande tabernacolo vivente da cui ogni angelo maligno era escluso affinché non una sola parola che doveva venire dalla voce di Gesù fosse alterata in nessuna mente, o un solo suggerimento di dubbio o di male a un'anima fosse fatto".

Questo è ciò che vogliamo qui. [Quello che vogliamo qui è che ciascuno rivolga la propria preghiera a se stesso, per se stesso, al Signore affinché ci copra con un baldacchino come quello di questo Istituto, in modo che quando le parole del Signore vengono lette nessuna parola venga alterata in nessuna mente da ciò che Dio dice, e che non venga a una sola anima un'idea di dubbio o di male; ma che noi, ciascuno, possiamo ricevere proprio ciò che il Signore dice a modo suo, *come* lo dice e come lo intende.

Poi ancora dal fratello Starr:—

> "In una tardiva testimonianza a un individuo qui presente, alla sorella White fu proibito di inviargliela per iscritto, ma di leggerla personalmente; per il motivo che gli angeli del male sono all'opera *sostituendo le parole* a quelle scritte. Altre parole vengono pronunciate nelle sue orecchie ed egli ottiene un significato opposto a quello progettato da Dio".

Se quell'uomo ne ha bisogno, è l'unico al mondo ad averne bisogno? Se Satana lavora in questo modo, ha intenzione di limitarsi all'Australia? Allora io e voi non abbiamo forse bisogno di ungere le nostre orecchie e i nostri occhi per poter ascoltare? E la parola di Gesù, "Fate attenzione a come ascoltate", non si rivolge forse a noi?

Poi un altro esempio: Un fratello si era lasciato trasportare dal legame con le società segrete e le aveva frequentate fino a quando era pronto a prendere il grado più alto.

Venne una testimonianza per lui; Dio le presentò il suo caso come quello di un uomo sull'orlo del precipizio a cui era pericoloso chiedere aiuto. Suor White chiese al Signore cosa poteva fare per lui e, mentre pregava, l'angelo disse: "Dagli il lasciapassare". Dagli il lasciapassare per la società celeste: *'Gesù Cristo e Lui crocifisso'"*.

Qual è la parola d'ordine per entrare nella società celeste? [È l'unica cosa di cui voi e io dobbiamo sapere qualcosa. Questo è il suo messaggio al mondo: "Gesù Cristo e Lui crocifisso"; questo è il passaporto.

Ora torniamo al quarto capitolo di Romani. Vogliamo leggere della giustizia di Dio e, mentre leggiamo di questa giustizia di Dio, vogliamo riceverla così come il Signore l'ha pronunciata. Non dimenticate che vogliamo che il baldacchino di angeli ci sovrasti e ci circondi, affinché nessuna parola possa essere distorta per la nostra comprensione. Vogliamo riceverla così come l'ha data.

"Che cosa diremo dunque che Abramo, nostro padre, per quanto riguarda la carne, ha trovato? Perché se Abramo fosse giustificato dalle opere, avrebbe di che gloriarsi, ma non davanti a Dio. Perché cosa dice la Scrittura? Abramo credette a Dio e gli fu riconosciuto come giustizia". Che cosa è stato considerato ad Abramo come giustizia? [Quando Dio diceva una cosa, Abramo ci credeva. Ha detto "è così". Che cosa gli disse il Signore? Giriamo e leggiamo, perché è importante per noi. Gen 15, 4–6: "Ed ecco, la parola del Signore gli fu rivolta, dicendo: "Questo non sarà il tuo erede, ma colui che uscirà dalle tue viscere sarà il tuo erede". E lo condusse all'estero e gli disse: "Guarda ora verso il cielo e osserva le stelle, se sei in grado di contarle; e gli disse: "Così sarà la tua discendenza"". Ed egli credette al Signore ed egli glielo contò come giustizia".

Ora, credete che Abramo sia diventato giusto proprio in questo modo? [Onestamente, lo credete? [Sapete che l'ha fatto? [Il Signore chiamò Abramo e gli disse: "Guarda le stelle e dì il loro numero: così sarà la tua discendenza". Abramo disse: "Amen". Questo è l'ebraico, Abramo disse: "Amen". E il Signore disse: "Hai ragione".

Sapete che si trattava di un'operazione così semplice? È stato come chiamare voi e me fuori da questo tabernacolo e il Signore ci ha detto: "Vedi le stelle? Dì alle stelle se sei in grado di numerarle. Sì, così sarà. E noi diciamo: "Amen". Ed Egli dovrebbe dire: "Voi siete giusti". Supponiamo che il Signore chiami te e me stasera. No, può farlo senza chiamarci fuori. Ha chiamato Abramo fuori dalla porta per mostrargli le *stelle*, ma può mostrarci *i peccati* senza chiamarci fuori dalla porta. Vi ha mostrato molti peccati? Lo ha fatto? [Ora dice: "Se riesci a contarli, saranno bianchi come la neve". Che ne dite? [Congregazione: "Amen"] Allora cosa dice il Signore? [Congregazione: "Voi siete giusti"] Lo siete? [Le persone diventano giuste in modo così semplice? È un'operazione così semplice? [Congregazione: "Sì"] Amen. Grazie al Signore. Ora torniamo al capitolo 4 di Romani e prendiamo il versetto particolare in cui questo viene raccontato. Rm 4, 23–24: "Non è stato scritto solo per lui, che gli è stato imputato, ma *anche per noi*, ai quali *sarà imputato*, se *crediamo a colui* che ha risuscitato Gesù, nostro Signore, dai morti".

Stamattina, alla riunione sociale, alcuni fratelli dicevano che ieri sera si sentivano come se volessero lodare il Signore ad alta voce, ma hanno pensato che era meglio non farlo. "Non spegnere lo Spirito". Se volete lodare il Signore per qualcosa, il Signore vi dice di farlo. Potremmo iniziare qui come in qualsiasi altro momento a far sì che gli avventisti del settimo giorno lodino il Signore o dicano "Lode al Signore" in riunione. Potremmo iniziare qui come in qualsiasi altro luogo.

Ciò che il Signore disse ad Abramo, Abramo credette: E quello che dice a voi e a me, voi e io crediamo, e otteniamo gli stessi risultati. Non è una cosa particolare che il Signore dice, che dobbiamo credere per essere giusti; *qualsiasi cosa* dica, *credeteci*, e poi Lui vi dirà: "Hai ragione".

Vorrei sapere se non è vero che quando il Signore dice una cosa, ha ragione? [Congregazione: "Sì"] Allora quando dico che è così, non ho ragione? [Congregazione: "Sì"] Che cosa mi impedisce di avere ragione? Lo sapete? Lo ripeto: Quando il Signore dice una cosa, ha ragione? [Congregazione: "Sì"] *Ha ragione* nel dirla; allora quando dico "è così"; quando dico "Amen"; quando dico "sia così"; quando dico "sì, è così", allora non ho ragione? Si. Non ho forse ragione quanto Lui? Certamente. Può persino Lui dire che ho torto? [Lui dice una cosa e io dico la stessa cosa; può dire che ho torto? [Quando voi dite la stessa cosa, può Lui dire che vi sbagliate? [Allora, quando ci troviamo in una situazione tale per cui il Signore stesso non può dire che tu e io ci sbagliamo, vorrei sapere qual è la ragione per cui non abbiamo ragione. E credendo Dio ci mette proprio in questa situazione, come ha fatto con Abramo. Vorrei sapere allora cosa può tenerci fuori dal paradiso? Cosa può tenerci fuori dal regno di Dio, *allora?*

L'unica cosa che può tenere voi e me fuori dal regno di Dio è dire al Signore che mente; e se voi e io smetteremo di farlo, entreremo in paradiso senza problemi. È proprio questo che la gente deve fare, smettere di dire al Signore che mente. "Chi non crede a Dio lo ha reso bugiardo". Ma chi vuole fare di Dio un bugiardo è lui stesso un bugiardo, e i bugiardi non possono entrare nel regno di Dio: "Senza bugiardi" e tutte le altre persone a cui si fa riferimento in Ap 21:8, 27 e 22:15. Allora la cosa che vogliamo fare è smettere di mentire. Smettiamo subito. Smettiamo di mentire. Non importa cosa dice il Signore, voi dite: "È così".

Non vedete che questa è l'intera storia, e l'idea stessa che il fratello Haskell stava cercando di inculcarci qui nelle nostre lezioni, che c'è la salvezza in ogni riga delle Scritture. Perché Dio lo dice, non è vero? Ebbene, quando Dio lo dice e noi lo diciamo, allora siamo giusti, questo è il punto. Dio lo disse ad Abramo; Abramo disse: "Amen, è così, lo accetto". Questo dimostra che c'è salvezza in ogni riga delle Scritture, in ogni cosa che Dio dice.

Il quarto capitolo di Romani racconta meglio ciò che Abramo disse, o meglio ciò che pensò. Rm 4, 20–22: "Egli non vacillò di fronte alla promessa di Dio per incredulità, ma fu forte nella fede dando gloria a Dio; ed essendo pienamente convinto che, ciò che aveva promesso, era in grado di eseguirlo. E perciò gli fu imputato come giustizia". Ora, come ho letto ieri sera senza riferimento al terzo capitolo di Romani, che Cristo è stato proposto come propiziazione per i peccati passati, "il quale Dio ha posto come propiziazione mediante la fede nel suo sangue, per dichiarare la sua giustizia per la remissione dei peccati passati, mediante la tolleranza di Dio": Per dichiarare, dico, in questo momento la sua giustizia, affinché egli sia giusto e giustificatore di coloro che credono in Gesù". Il pensiero è che Dio è giusto nel farlo; questo è sufficiente; ha soddisfatto ogni richiesta. È perfettamente in grado, quindi, di giustificare il credente in Gesù, non è vero? È perfettamente in grado di rendere giusto l'uomo che crede in Gesù. Ha promesso di farlo per tutti coloro che crederanno in Gesù: Ebbene, credete che sia in grado di realizzare ciò che ha promesso? Non ha forse promesso di farlo? [Credete che sia in grado di eseguire ciò che ha promesso? [Lo è? [Amen. *Perciò vi è imputato* per *giustizia*. [Questa è la storia. [Congregazione: "Lode al Signore."]

La storia è abbastanza semplice, ma il problema è che permettiamo ai dispositivi di Satana di entrare per mistificarla. Questo è il problema. Lui non vuole questo; vuole che sia semplice come l'ha raccontata; e l'ha raccontata in modo così semplice che un bambino piccolo può capirla e riceverla. E voi che non la ricevete come un bambino piccolo, non potete riceverla. Perciò ripeto che non fa differenza quello che Dio dice o quando lo dice; *qualsiasi cosa dica,* noi, come Abramo, diciamo: "Amen"; "Signore, io ci credo"; "è così". Allora Lui dice che hai ragione. E anche tu hai ragione.

Leggiamo ora in Romani 4:3–5: "Perché cosa dice la Scrittura? Abramo credette a Dio e gli fu contato come giustizia. Ora, a colui che opera la ricompensa non viene calcolata per grazia, ma per debito. Ma a chi non opera, ma crede in colui che giustifica l'empio, la sua fede è computata come giustizia". Chi crede in colui che giustifica? [Chi è che il Signore giustifica in questo mondo? [Gli empi; ne sono felice, perché questo mi assicura la salvezza eterna. Se fosse altrimenti, non ci sarebbe speranza per me. Se Dio giustificasse persone che sono sante solo a metà, mi lascerebbe fuori. Se giustificasse persone che hanno solo *una* cosa buona, mi lascerebbe fuori. Se giustificasse persone che hanno solo un po' di bene, mi lascerebbe fuori. Ma, grazie al Signore, *Egli* è così *buono*, mi ama *così tanto*; ha un *potere* così meraviglioso, il potere divino della sua giustizia è così *grande*, che quando pronuncia quella parola su un peccatore corrotto come me, mi rende pienamente giusto agli occhi di Dio. [Questo è il valore della parola di Dio "giustizia".

E poiché Egli è così buono; poiché c'è una tale potenza divina nella Sua giustizia; e poiché Egli giustifica gli empi; quindi, ho la perfetta sicurezza della Sua salvezza eterna. Allora che cosa mi impedisce di essere felice? Riuscite a immaginare qualcosa che mi impedisca di essere felice? Riuscite a immaginare qualcosa che impedisca a voi di essere felici? Non basta che io sia contento, voglio che tu sia contento; posso occuparmi della mia parte. [Amen.]

"A chi non lavora". Sì, se richiedesse opere non potrei fare abbastanza. Se fosse richiesto qualcosa, mi lascerebbe fuori. Ma, come abbiamo letto l'altra sera, "vi siete venduti per niente" e "siete stati riscattati senza denaro". Ma non senza prezzo; ma ecco, *Lui* ha pagato il prezzo. E la benedizione è che Egli è stato abbastanza ricco da pagare il prezzo, e l'altra benedizione è che è stato così buono da spendere tutte le sue ricchezze per pagare il prezzo, per potermi avere. Può avermi.

Ho sentito dei fratelli dire: "Ringrazio il Signore di avere fiducia in lui". Ringrazio il Signore che ha fiducia in me. Penso che sia già abbastanza poco per un uomo, per il quale il Signore fa tanto, avere fiducia nel Signore; ma pensare che il Signore faccia un investimento così meraviglioso su di me con la sicurezza di poterne mai ottenere il valore; *la sua fiducia* in me non riesco ad afferrarla. È troppo meraviglioso per me. E sono grata che il Signore abbia avuto tanta fiducia nel suo rischio su di me. Per questo sono così contento che non so cos'altro fare. Fratelli, il Signore è buono. [Allora fidiamoci di Lui.

"Come anche Davide descrive la beatitudine dell'uomo"? Beh, dovrei dirlo io. Direi proprio di sì. La beatitudine dell'uomo "a cui Dio imputa la giustizia *senza opere*". Fratelli, conoscete la beatitudine di quell'uomo? O ci sono alcuni in questa casa che conoscono solo l'angoscia di quell'uomo, che cerca di ottenerla con le opere? Non c'è nessuna *beatitudine* di questo tipo; la Bibbia non descrive nessuna beatitudine di questo tipo. Questa è solo angoscia e voi lo sapete. Ma Dio descrive la beatitudine dell'uomo a cui Dio imputa la giustizia senza opere dicendo: "O la beatitudine dell'uomo". Questo è il modo in cui Davide lo ha detto nella sua lingua, ma nella nostra è tradotto semplicemente "Beato l'uomo". O beatitudine dell'uomo le cui iniquità sono perdonate e i cui peccati sono coperti.

C'è una benedizione per quell'uomo; vi dico che c'è. Oh, la beatitudine dell'uomo a cui il Signore non imputa il peccato. A chi il Signore non imputerà il peccato, perché quell'uomo ha ricevuto il dono di Gesù Cristo e tutto ciò che Dio ha dato in Lui, e quando guarda quell'uomo, vede Gesù Cristo; non imputa affatto il peccato a quell'uomo. Oh, la beatitudine dell'uomo a cui il Signore non imputa il peccato!

"Questa beatitudine è dunque solo per i circoncisi o anche per gli incirconcisi? Perché noi diciamo che la fede è stata riconosciuta ad Abramo come giustizia". Per tre volte, in nove versetti, il Signore ha ripetuto: "La fede vale come giustizia". Guardate. "Abramo credette a Dio e gli fu contato come giustizia"; "A chi crede in colui che giustifica l'empio, la sua fede è contata come giustizia". "Noi diciamo che la fede è stata riconosciuta ad Abramo come giustizia". Fratelli, facciamo come Abramo; diciamo "Amen". [Contando che ciò che Dio ha promesso è in grado di eseguirlo. [E poi ringraziamo il Signore perché ci imputa la giustizia e ci rende liberi.

"Come è stato calcolato allora? Quando era nella circoncisione o nell'incirconcisione?". Non doveva forse circoncidere se stesso e tutta la sua casa prima di poter essere giusto? [Quando era nella circoncisione o nell'incirconcisione?". Non nella circoncisione, ma nell'incirconcisione". Quando era un gentile. È così? [Abramo fu considerato giusto quando era un pagano? [Un pagano? [Prima di essere circonciso? "E ricevette il segno della circoncisione, sigillo della *giustizia*" che aveva? [Non dice forse che ricevette il segno della circoncisione, sigillo della giustizia che aveva? [Congregazione: "No; 'Un sigillo della giustizia della fede che aveva'"]. Sì, signore; sì, signore; "ricevette il segno della circoncisione, un sigillo della giustizia *della fede* che aveva." [Un sigillo della giustizia della fede che aveva; non la giustizia che aveva, ma la giustizia della fede che aveva; perché la *giustizia* che aveva, veniva dalla *fede* che aveva.

"E ricevette il segno della circoncisione, come sigillo della giustizia della fede che aveva pur non essendo circonciso, affinché fosse il padre di tutti quelli che credono, anche se non sono circoncisi". Sei tu? Padre di tutti quelli che *credono* Dio. [Tutti quelli che *credono*. È così? [Perché anche a loro sia imputata la giustizia. È il padre di tutti coloro che credono, perché? "Affinché la giustizia sia imputata anche a loro". Andiamo avanti, allora. "Padre di tutti coloro che credono". Non c'è da stupirsi che non li abbia potuti contare; solo la mente di Dio può contare la discendenza di Abramo. Sono davvero senza numero come le stelle, ma ecco, delle stelle si dice: "Le chiama tutte per nome", ed Egli è in grado di contarci, ci conosce per nome, e la benedizione è che ci darà un nuovo nome. Vi dico, fratelli, che il Signore ci ama. È vero che ci ama.

"Perché la promessa di essere l'erede del mondo non fu fatta ad Abramo, o alla sua discendenza, per mezzo della legge, ma *per mezzo della giustizia della fede*". È così? [Perché se quelli della legge sono eredi, la fede è vuota e la promessa è priva di effetto, perché la legge opera l'ira". È così? [E' così ora? [Allora quanta giustizia può ottenere un uomo dalla legge? [Non è a questo che serve la legge: "la legge opera l'ira".

"Perché dove non c'è legge, non c'è trasgressione. Perciò viene dalla fede, affinché sia per grazia; affinché la promessa *sia sicura*". Il Signore vuole che la sua promessa sia sicura per noi, vero? E perché sia sicura per noi, dove l'ha messa? Perciò viene dalla *fede, affinché* sia per *grazia; affinché* la promessa sia *sicura*". Guardate ora; riflettete attentamente su questo. Lo dirò lentamente. "Perciò viene dalla *fede, affinché sia* per grazia". La parola "che" è ciò che cerco. Che cosa significa? In modo che, proprio in questo modo. "Perché sia per grazia". Allora è per grazia, vero? [È di *fede,* perché sia per *grazia;* perché? "Perché sia *sicuro*". Allora chi riceve qualcosa da Dio per fede, è l'uomo che è sicuro di quella cosa, non è vero? [E chi pensa di ottenere qualcosa da Dio in un modo diverso dalla *fede,* non può mai essere sicuro di averla, perché in realtà non ce l'ha affatto. Lo capite? [Agiamo in questo modo.

"Perciò è per fede, affinché sia per grazia; affinché la promessa sia sicura *per tutti*". Bene. [A *tutti*. A Tutti. "Affinché la promessa sia *sicura* per *tutta la* discendenza; non solo per quella della legge, ma anche per quella della fede di Abramo, che è il padre di tutti noi (come sta scritto: "Ti ho fatto padre di molte nazioni"), davanti a colui al quale egli ha creduto, cioè Dio, che vivifica i morti e chiama le cose che non sono come se lo fossero". Che cosa fa? [Che cosa fa? [Dà vita ai morti. "Chiama le cose che non sono come se lo fossero". Quando Egli chiama una cosa che non è come se lo fosse, allora *lo è*? [Non ha forse fatto così quando ha creato i mondi? Non c'erano mondi; li ha chiamati; e allora? [Non c'era la luce; Egli ha chiamato la luce: "c'era la luce".

In me non c'è giustizia; qui c'è tutta l'empietà; qui c'è tutta l'impurità; Dio ha posto quello stesso che ha dichiarato la parola e sono venuti i mondi e che ha dichiarato la parola "luce" e la luce è venuta—ha posto quello stesso che ha dichiarato la giustizia al posto di questo corpo di peccato. [In questo luogo, in questo corpo, in questo carattere di peccato, Egli chiama ciò che non è come se lo fosse e, grazie al Signore, lo è. [In questo luogo che è tutto impuro, Egli ha posto quel benedetto per dichiarare la santità ed Egli chiama ciò che non è come se lo fosse e, grazie alla Sua potenza onnipotente, lo è. [E io ne sono felice. "Chiama le cose che non sono come se lo fossero". Il peccatore non è giusto; l'empio è empio; ma Dio chiama ciò che non è, come se lo fosse ed è. [Lo è].

Il quale, contro la speranza, credette nella speranza, per diventare padre di molte nazioni, secondo quanto era stato detto: "Così sarà la tua discendenza". E non essendo debole nella fede, non considerò il proprio corpo ormai morto, quando aveva circa cento anni, né la morte del grembo di Sara; non vacillò di fronte alla promessa di Dio per incredulità, ma fu forte nella fede, dando gloria a Dio; ed essendo pienamente convinto che ciò che aveva promesso, era anche in grado di eseguirlo. E perciò gli fu imputato per giustizia. Ora, non è stato scritto che sia stato imputato solo a lui, ma anche a noi, ai quali sarà imputato, se crediamo a colui che ha risuscitato dai morti Gesù, nostro Signore, il quale è stato consegnato per le nostre offese ed è stato risuscitato per la nostra giustificazione". È stato risuscitato perché noi fossimo giustificati; è risuscitato per la nostra giustificazione. Lascerò che Egli compia ciò per cui è stato risuscitato dai morti. Questo è deciso. Lui sa come farlo e può farlo; e io glielo lascerò fare.

Ora il quinto capitolo di Romani

"Essendo dunque *giustificati* per *fede*". Che ne dite? [Essendo dunque resi giusti, giustificati per fede, "abbiamo pace con Dio". E io lo so, e voi? *Abbiamo* pace con Dio. Lui lo dice. Allora è così. Anche se non fosse così. Allora è così. Anche se non fosse così, è così dopo che Egli chiama le cose che non sono, come se lo fossero. Non possiamo capirlo, ma possiamo saperlo. Io lo so, e questo è tutto ciò che mi interessa.

"Perciò, essendo giustificati per fede, abbiamo pace con Dio per mezzo del nostro Signore Gesù Cristo; per mezzo del quale abbiamo anche accesso per fede a questa grazia". Come abbiamo avuto accesso a questa grazia? Per fede. L'abbiamo, grazie al Signore. "Dove stiamo". Siamo proprio lì? [Lo dice Lui; è così, non è vero? Lo dice, ed è così. Dice che siamo lì; e lo siamo, grazie al Signore. "In cui stiamo *e gioiamo* nella speranza della gloria di Dio". Non è vero? Lui dice che ci rallegriamo, e lo facciamo.

Perché quando Lui dice che lo facciamo, ha ragione; e noi diciamo: "Amen", e allora abbiamo ragione. "E non solo, ma ci gloriamo anche nelle tribolazioni". Le tribolazioni arriveranno con la massima facilità, ma non saranno nulla contro di noi. "Ritengo infatti che le sofferenze di questo tempo non siano degne di essere paragonate alla gloria che sarà rivelata"—non solo *a* noi, ma "*in* noi", che sarà parte di noi. È così che risplenderemo come il sole nel regno di nostro Padre.

Ebbene, questa è la giustizia di Dio; è così che Abramo l'ha ricevuta. Qual è allora la benedizione di Abramo? Che cos'è? [Come l'ha ricevuta? [La benedizione di Abramo non è ricevuta se non dall'uomo che ha la giustizia per fede; è così? [Congregazione: "Sì, signore"].

Ora il testo che il fratello Prescott ha appena letto. Non mi interessa se l'ha letto lui; rientra nella mia lezione come nella sua; e comunque è tutta una lezione. Gal. 3:13, 14: "Cristo ci ha riscattati dalla maledizione della legge". È così? Lui dice di sì; allora è così. Cristo ci ha riscattati dalla maledizione della legge, essendo diventato maledizione per noi; perché sta scritto: "Maledetto chiunque è appeso a un albero", affinché la benedizione di Abramo venga sui Gentili per mezzo di Gesù Cristo".

Perché Cristo è diventato una maledizione sull'albero? Perché la benedizione di Abramo venisse su di voi e su di me. Perché ci ha riscattati dalla maledizione della legge? Perché la benedizione di Abramo venisse su di voi e su di me. Qual è la benedizione di Abramo? [Cristo è morto perché voi e io fossimo resi giusti per fede. Fratelli, non è terribile quando un uomo deruba Cristo proprio della cosa per cui è morto e vuole la giustizia in un altro modo? Non è terribile? Fratelli, crediamo in Gesù Cristo.

"Affinché la benedizione di Abramo venga sui Gentili per mezzo di Gesù Cristo". Ora, noi siamo riscattati dalla maledizione della legge; Cristo si è fatto maledizione per noi, affinché la benedizione di Abramo venga su di noi. E per quale motivo viene su di noi? "Per *ricevere la promessa dello Spirito* mediante la *fede*".

Poi, quando noi come popolo, noi come corpo, noi come chiesa, avremo ricevuto la benedizione di Abramo, cosa succederà? [L'effusione dello Spirito. È così per l'individuo. Quando l'individuo crede in Gesù Cristo e ottiene la giustizia che è per fede, allora riceve lo Spirito Santo, che è la circoncisione del cuore. E quando tutto il popolo, come chiesa, riceve la giustizia della fede, la benedizione di Abramo, allora cosa impedisce alla chiesa di ricevere lo Spirito di Dio? [Questo è il punto in cui ci troviamo. Cosa ostacola, allora, l'effusione dello Spirito Santo? Cosa ostacola l'effusione dello Spirito Santo? [La nostra mancanza della giustizia di Dio, che è per fede: è questo che la ostacola; perché quando la si riceve, viene data affinché si possa ricevere la promessa dello Spirito per fede. Allora siamo sicuri di avere la benedizione di Abramo, e poi chiediamo e riceveremo.

Il Messaggio del Terzo Angelo – n. 17

A. T. Jones
Stampato nel Bollettino quotidiano della Conferenza generale, 26 febbraio 1893, pagg. 399–405.

L'ultimo versetto che abbiamo avuto davanti a noi nella lezione precedente era nel terzo capitolo di Galati, versetti 13 e 14. Ora, che si tratti della promessa dello Spirito all'individuo nella sua esperienza individuale, o della promessa dello Spirito nella sua effusione su tutta la chiesa, è lo stesso. Ora, sia che si tratti della promessa dello Spirito all'individuo nella sua esperienza individuale, sia che si tratti della promessa dello Spirito nella sua effusione su tutta la chiesa, è lo stesso. Nessuno può averla se prima non ha la benedizione di Abramo. Chi non ha la benedizione di Abramo non può avere lo Spirito Santo. Perché leggiamo in Rm 4: "Egli ricevette il segno della circoncisione, sigillo della giustizia della fede che aveva ancora non essendo circonciso". Che cosa sia veramente la circoncisione, lo scoprirete andando al 30° capitolo del Deuteronomio, e al 6° versetto

"Il Signore tuo Dio circonciderà il tuo cuore e il cuore della tua discendenza per amare il Signore tuo Dio con tutto il tuo cuore e con tutta la tua anima, affinché tu possa vivere". Ora, mettete a posto con questo Rm 5,5. Dopo aver detto che siamo giustificati per fede e che "abbiamo pace con Dio per mezzo del nostro Signore Gesù Cristo: Per mezzo del quale abbiamo anche accesso per fede a questa grazia in cui ci troviamo, e gioiamo nella speranza della gloria di Dio", poi dice (versetto 5): "E la speranza non fa vergognare, perché *l'amore di Dio* è sparso nei nostri cuori *per mezzo dello Spirito Santo* che ci è stato dato". Ora, per noi, lo Spirito Santo diffonde nel cuore l'amore di Dio; ma qui dice: "Io circonciderò il tuo cuore... per amare il Signore tuo Dio con tutto il tuo cuore e con tutta l'anima". L'unico modo per amare il Signore con tutto il cuore e con tutta l'anima è che l'amore di Dio, impiantato nel cuore e nell'anima, converta la persona a Dio. E "l'amore è il compimento della legge".

"Amare il Signore tuo Dio con tutto il cuore, con tutta l'anima e con tutta la mente" e "con tutte le forze" è il primo di tutti i comandamenti: E il secondo è simile: "Amerai il tuo prossimo come te stesso". Da questi due comandamenti dipendono tutta la legge e i profeti". La circoncisione del cuore è quella condizione del cuore grazie alla quale "ameremo il Signore", il nostro Dio, "con tutto il cuore e con tutta l'anima". Allora vedete che questa circoncisione nella carne per Abramo era semplicemente un segno, un pegno, che essi potevano vedere nel momento in cui Dio insegnava loro mediante lezioni pratiche: un segno che potevano vedere, che significava ciò che non potevano vedere. E quindi, la circoncisione nella carne era il segno, "un sigillo della giustizia della fede che aveva", prima di essere circonciso. Era semplicemente il segno, esteriore, dell'opera dello Spirito Santo, che circoncideva il cuore. Lo Spirito Santo diffonde l'amore di Dio nel cuore, ma nessun uomo può ricevere la promessa dello Spirito se non ha la benedizione di Abramo, la giustizia di Dio, che è per fede.

Allora, l'uomo che sa di credere a Dio può chiedere con perfetta fiducia lo Spirito Santo. Non l'uomo che *pensa* di credere a Dio; una parte del tempo lo fa, una parte del tempo non lo fa; una parte del tempo pensa di crederci, una parte del tempo non sa se ci crede o no. Questo non significa affatto credere a Dio, ma il Signore vuole che voi e io *sappiamo* di credere a Dio. Vuole che lo sappiamo e che questa cosa sia ben salda e fissa come la nostra vita. Allora, dico che l'uomo che sa di credere a Dio, può chiedere con perfetta fiducia lo Spirito di Dio e riceverlo per fede, perché "se chiedete, riceverete". Lo ha detto Lui. Ma dobbiamo chiedere secondo la Sua volontà. Ma non è secondo la Sua volontà dare lo Spirito Santo a chi non ha la benedizione di Abramo; e come per l'individuo, così per la chiesa: Quando il popolo di Dio raggiunge il punto in cui *sa* di credere a Dio, può chiedere con perfetta fiducia l'effusione dello Spirito Santo e attendere con perfetta fiducia e fede di riceverlo, e lo riceverà. Questo è un fatto.

Ora studiamo un po' più a fondo questa sera, come possiamo *sapere* che la benedizione di Abramo è nostra, e come possiamo *sapere* che con perfetta fiducia possiamo chiedere al Signore di darci il Suo Spirito Santo, e poi semplicemente aspettare il Suo tempo favorevole, e riceverlo secondo il Suo desiderio—non abbiamo l'ansia di riceverlo o meno. Vogliamo imparare come tutta l'ansia di poter ricevere o meno lo Spirito Santo—imparare come questo possa essere tolto da noi, e poi possiamo presentare le nostre petizioni al Signore con fede, aspettandoci di riceverlo, aspettandoci solo questo, e non aspettandoci nient'altro, e semplicemente aspettando che Lui lo dia a suo tempo, mentre ancora chiediamo e ancora cerchiamo Lui che sia così.

Vi dico, fratelli, che quando arriveremo a quel punto, non sarà difficile per tutti noi essere "concordi in un luogo". Ora, in questa riunione, quando raggiungeremo quella condizione—quel luogo in cui sappiamo di credere a Dio e di poter chiedere con perfetta fiducia lo Spirito Santo—sarà facile per ognuno di noi—e lo sarà anche—essere tutti d'accordo in un luogo, ogni volta che ci sarà una riunione. Il fatto è che ognuno avrà paura di assentarsi, perché se dovesse assentarsi da una di queste riunioni e la promessa dello Spirito Santo si realizzasse, se ne perderebbe la realizzazione. Ognuno sarà qui ad aspettare e a guardare che il Signore faccia ciò che dice, proprio quando sarà pronto. Non vedete come questo porterà tutti d'accordo in un unico luogo? Lo farà.

Naturalmente, se l'opera del Signore ci chiamasse ad allontanarci da una riunione secondo l'ordine del nostro lavoro e l'ordine del Signore, e lo Spirito Santo venisse versato mentre siamo lontani, lo riceveremmo comunque, ovunque fossimo. Ma non sarà così per coloro che si allontanano dalla riunione a causa delle proprie inclinazioni. Ho paura di allontanarmi da una qualsiasi delle nostre riunioni qui. Ho paura di allontanarmi da queste riunioni mattutine. Perché non posso sapere in quale riunione lo Spirito potrebbe essere riversato su di noi. Non posso rischiare di essere assente.

Ora prendiamo le Scritture e leggiamo come il Signore ci ha condotto e condurrà ognuno di noi fino a quel punto stasera, se vorrete andare. Se iniziate a leggere da dove inizio io, il Signore condurrà voi e me dritti fino in fondo. Non chiediamoci come sia possibile. Quando il Signore parla, è la fine di tutta la storia, non importa cosa dica; è la fine, e noi diciamo: "Signore, è così".

Ora, andiamo insieme questa sera e arriveremo al punto in cui ognuno di noi può *sapere* di credere a Dio e di avere la benedizione di Abramo; e allora potremo chiedere a Dio il Suo Spirito in perfetta fiducia, e aspettare di riceverlo, come Lui lo dà a suo tempo.

Vediamo cosa ha fatto il Signore, come opera e come ci porta a quel punto. Cominciamo da dove ha cominciato Lui. Leggeremo prima di tutto Ef 1, 3–6. Questo ci porta al punto in cui Dio ha cominciato a occuparsi di noi, e questo è il punto in cui dobbiamo andare indietro. Il terzo versetto

"Benedetto sia il Dio e Padre del nostro Signore Gesù Cristo, che ci ha benedetti con ogni benedizione spirituale nei luoghi celesti in Cristo". Che cosa "ha fatto"? [Congregazione: "Ci ha benedetti"]. È così? [*L'ha fatto*? [Ci ha benedetti con quante benedizioni? [*Tutte le benedizioni* spirituali? Tutte le benedizioni che ha? Ci ha dato tutto? [Congregazione: "Sì"] Come? [In Cristo. Allora, dando Cristo, che cosa ha dato Dio? [Tutte le benedizioni spirituali che aveva.

Allora, quando voi e io crediamo in Gesù Cristo, non siamo forse benedetti? Non abbiamo forse tutte le benedizioni che il Signore ha? Allora cosa ci disturba? Una persona che è benedetta in questo modo, sarà forse felice? [Può avere il blues? [Può avere il broncio perché le cose non vanno bene? [Stanno andando bene in ogni caso. Comunque vadano le cose, non possono togliergli la benedizione. "Tutte le cose concorrono al bene di coloro che amano Dio". Ef 1,3–6

Ma il quarto versetto è quello che voglio leggere in particolare: "Come Egli ci ha scelti". Ci ha scelti? [Ci ha scelti? [Quando l'ha fatto? [Prima della fondazione del mondo". Grazie al Signore! "Prima della fondazione del mondo" ha scelto voi e me. [Ora, volete dire "amen" a questo ogni volta? [Non intendo solo adesso. Lo direte *sempre*? [Congregazione: "Sì"].

Per quanto tempo rimarrà lì quella Scrittura? [Per quanto tempo sarà vero che "Egli vi ha scelti prima della fondazione del mondo?". [Allora fino a quando vi preoccuperete di sapere se siete del Signore o no? Non vi ha scelto Lui? Non ti ha *scelto*? [Perché l'ha fatto? Perché ci ha voluto? L'ha fatto? [Mi ha scelto perché mi voleva e mi avrà. Non ho intenzione di derubarlo e di deludere la sua scelta. Ci ha scelti, non è vero? [Prima della fondazione del mondo". Ora il resto del versetto: "Perché fossimo santi e irreprensibili davanti a Lui nell'amore". Il suo scopo benedetto è che vuole che "siamo santi e senza colpa davanti a lui nell'amore". Allora possiamo lasciarlo fare a modo suo, perché lasciarlo fare è la nostra salvezza eterna.

Versetto successivo: "Avendo predestinato": ha stabilito il destino che vuole che raggiungiamo, molto prima. Il destino che Dio fissa per l'uomo è degno di essere vissuto. "Avendoci predestinati all'adozione di figli per mezzo di Gesù Cristo a sé, secondo il beneplacito della sua volontà". Perché l'ha fatto? Non perché fossimo così buoni, ma perché Lui è così buono; non perché fossimo così graditi a Lui, ma per il buon piacere della Sua volontà. Era solo Lui a farlo. Ecco perché l'ha fatto.

Versetto 6: "A lode della gloria della Sua grazia, per la quale ci ha resi accetti nell'amato". Che cosa ne dite di questo? [Quando l'ha fatto? [Precisamente: "Prima della fondazione del mondo". Questo risponde a tutte le idee sul fatto che possiamo fare qualcosa per essere giustificati o meno. Egli ha fatto tutto prima che noi avessimo la possibilità di fare qualcosa, molto prima che nascessimo, molto prima che il mondo fosse fatto. Non vedete che il Signore è colui che fa le cose perché noi possiamo essere salvati e perché possiamo avere Lui?

Vediamo ora cosa ha fatto: 1. "Ci ha benedetti con ogni benedizione spirituale" in Cristo. 2. "Ci ha scelti in lui prima della fondazione del mondo". 3. "Ci ha predestinati all'adozione di figli per mezzo di Gesù Cristo". 4. E "ci ha resi graditi all'amato". Ebbene, ne sono felice. *So* che è così. [E voi? [Congregazione: "Sì"] Perché lo dice Lui. Lo *dice* Lui. Ecco dunque quattro cose di cui possiamo essere eternamente sicuri.

Ancora una parola sulle benedizioni che il Signore ci ha dato. Abbiamo tutte le benedizioni che Dio ha, quando crediamo a Gesù Cristo. Allora sono nostre. Non abbiamo bisogno di essere così particolari nel pregare per ottenere le benedizioni. Non faremmo meglio, pensate, a passare il nostro tempo a *ringraziarlo* per le benedizioni che abbiamo, piuttosto che a chiedergliele? Come vi sembra? Cosa pensate che sia meglio, ringraziare il Signore per le benedizioni che ci ha già dato, o chiedergli di darcene qualcuna, quando non ne ha più da dare? Qual è la cosa migliore? [Congregazione: "Ringraziarlo"].

Ci ha dato tutte le benedizioni che ha in Cristo. Cristo dice: "Io sono con voi". Fratelli, nutriamoci delle benedizioni. Le abbiamo e sono nostre.

Allora possiamo *essere sicuri di* avere sempre *tutte le benedizioni spirituali.*

Possiamo essere sempre sicuri che Egli ci ha scelti. Lui dice di averlo fatto.

Possiamo essere sempre certi che Egli ci ha predestinati all'adozione di figli.

Possiamo essere sempre certi che Egli ci ha resi accetti nell'Amato.

Possiamo essere sicuri di tutte queste cose, perché Dio lo dice ed è così. Non è forse questa una festa continua?

Ora ha fatto tutto questo, e lo ha fatto gratuitamente. Per quante persone ha fatto questo? [Ogni anima? [Ha dato tutte le benedizioni che ha a ogni anima di questo mondo; ha scelto ogni anima del mondo; l'ha scelta in Cristo prima della fondazione del mondo; l'ha predestinata all'adozione di figli e l'ha resa accetta nell'Amato, non è vero? [Certo che l'ha fatto.

Leggeremo altri versetti a questo proposito. Il pensiero che mi sta a cuore è che nessuno può avere queste cose e sapere che sono sue senza il suo consenso. Il Signore non imporrà nessuna di queste cose a un uomo, anche se le ha già date, vero? [Si tratta di una collaborazione, vedete. Dio versa tutto in un unico dono meraviglioso, ma se un uomo non lo vuole avere, il Signore non lo costringerà ad averne un po'. Ogni uomo che vuole prenderlo, è tutto suo. È qui che entra in gioco la cooperazione. Il Signore deve avere la nostra collaborazione in ogni cosa.

Passiamo ora a Tito 2:14: parlando del Signore si dice "che ha dato se stesso per *noi*". Anche questo è il passato, non è vero? È stato fatto. Ha dato se stesso per quante persone? [Quante persone sulla terra possono leggere questo testo e "dire che questo significa me"? Ogni anima sulla terra. Ovunque andiamo, dunque, su questa terra e troviamo un uomo, possiamo leggergli che "Cristo ha dato se stesso per te", non è vero? [Congregazione: "Sì"] Ha dato se stesso per te, dunque. È questo il prezzo a cui si riferisce Pietro in 1 Pt 1, 18–20: "Poiché sapete che non siete stati riscattati con cose corruttibili, come l'argento e l'oro, per la vostra vana conversazione ricevuta per tradizione dai vostri padri, ma con il prezioso sangue di Cristo, come di un agnello senza difetti e senza macchia: il quale, in verità, è stato predeterminato prima della fondazione del mondo".

Ora vogliamo che ogni individuo sappia qual è la sua posizione. "Ha dato se stesso per me". Lo dice Gal 2,20: "La vita che ora vivo nella carne la vivo per la fede del Figlio di Dio, che *mi* ha amato e ha dato se stesso per *me*". Quante persone al mondo possono leggerlo e dire che questo significa me? ["Mi ha amato e ha dato se stesso per me", ha dato se stesso per *me*. Questo è stato il prezzo pagato. Allora mi ha comprato, vero? [Congregazione: "Sì"] Ha comprato te? [Congregazione: "Sì"].

Se voi o io ci lasciamo prendere da Lui, non è questo il punto. Che cosa ha fatto? Che cosa ha fatto? [Prima della fondazione del mondo mi ha comprato, non è vero? E voi? Allora di chi siamo? [Congregazione: "Del Signore"].

Allora, c'è la possibilità di dubitare di essere del Signore? Come può un uomo che vuole essere del Signore e che ha confessato i suoi peccati—come può dubitare di essere del Signore o meno? Solo tornando indietro sulla Parola di Dio, non credendovi affatto e dicendo che il Signore ha mentito. Non è forse l'unico modo per farlo? "Chi non crede a Dio lo ha reso bugiardo". Allora l'unico modo in cui un uomo può dubitare di essere del Signore o meno è tornare indietro alla Parola di Dio e dire che il Signore mente. Questo è l'unico modo in cui può farlo. Perché per un uomo dubitare significa fare questo; può anche non farlo con tante parole, ma quando dubita di essere del Signore è questo che ha fatto. Ha permesso all'incredulità di abbatterlo e a Satana di avere il vantaggio di spazzare via tutto. È così.

Ma anche se il Signore ci ha comprato, non prenderà ciò che ha comprato senza il nostro permesso. C'è una linea che Dio ha fissato per la libertà di ogni uomo e Lui stesso non la oltrepasserà mai di un soffio senza il nostro permesso. Egli rispetta la libertà e la dignità che ha dato alle creature intelligenti, siano esse uomini o angeli. La rispetta e non ne oltrepasserà il limite. Non oltrepasserà i limiti senza il permesso di quella persona. Ma quando il permesso verrà dato, allora Egli verrà per tutto ciò che è. Allora si aprono le porte del fiume e il Signore entra. È così.

Allora vi ha comprato, vero? [Volete essere del Signore? [Congregazione: "Sì"] Ora, amici, facciamo in modo che questa sia una cosa davvero pratica e tangibile. Egli ci ha comprato, non è vero? Ha pagato il prezzo per noi; siamo suoi per sua volontà. Ora, quando la nostra volontà è lì, di chi siamo? [Egli ha manifestato la sua volontà in merito pagando il prezzo, non è vero? E quando noi manifestiamo la nostra volontà in merito dicendo: "Signore, questa è anche la mia scelta, questo è il modo in cui va la mia volontà; allora voglio sapere come nell'universo qualcosa ci impedirà di essere Suoi". Allora potete *sapere* che siete del Signore? [Potete, ora? [Congregazione: "Sì, signore."]

Ebbene, supponiamo che vi alziate al mattino con il mal di testa e che la vostra digestione non abbia funzionato molto bene durante la notte e che vi sentiate piuttosto male dappertutto e non vi sentiate proprio bene; come fate a sapere che siete del Signore? [Ma supponiamo che vi alziate al mattino e vi sentiate luminosi e spensierati, e che in generale vi sentiate abbastanza bene; come fate a sapere che siete del Signore? [A volte le persone dicono, quando chiediamo loro: "I tuoi peccati sono stati perdonati?". "Sì, per un po' sono stato convinto che lo fossero". "Cosa ti ha convinto?". "Mi *sembrava che* fossero stati perdonati". Non ne *sapevano* nulla. Non avevano una sola prova che i loro peccati erano stati perdonati. Perché, fratelli, l'unica prova che possiamo avere che queste cose sono così è che DIO LO DICE. *Questa* è la prova. Non guardate ai sentimenti; i sentimenti sono variabili come il vento; sapete che è così. Non prestate mai attenzione a questi sentimenti; non sono affari vostri. Quando Dio dice così, è così, che io lo senta o meno.

Ripeterò questa illustrazione. L'ho già fatta in precedenza, ma sottolinea questo punto: il sentimento non ha nulla a che fare con i fatti: Due volte due fa quattro, non è vero? Voi sapete che è così, ma ci sono persone al mondo che non sanno che due volte due è quattro. Ma se doveste dirlo a qualcuno e lui ci credesse, come pensate che si *sentirebbe*? Pensate che si sentirebbe come se fosse stato preso in braccio e avesse fatto una specie di mezza capriola e fosse stato messo a terra in un posto nuovo? No. Cosa c'entrano i sentimenti? E allora cosa gli importa di come si sente?

Ora, questo non significa che non ci sarà alcuna esperienza come frutto di questo; ma significa che se cercate i sentimenti come prova, non troverete mai la prova; ma se guardate alla parola di Dio per la prova, allora otterrete la prova che Dio dà nella Sua parola; cioè, la Sua stessa potenza divina in quella parola che opera efficacemente nell'uomo che crede.

Ebbene, il Signore ci ha comprato, non è vero? Ora, per quanto riguarda voi e me, non dobbiamo più avere dubbi sul fatto che siamo del Signore; è così? [Ma ci sono persone nel mondo che non lo sono, in realtà, per esperienza reale e di fatto, per quanto riguarda la conclusione dell'affare; non si sono sottomesse al Signore e non sono praticamente sue. Egli li ha fatti suoi con l'acquisto; ora come possono sapere che sono suoi praticamente e di fatto? Attraverso la Sua parola. Scegliendo per se stessi di essere così. Per scelta. A pagina 44 di "*Steps to Christ*" viene illustrata l'intera filosofia; si spiega come fare la resa di noi stessi a Dio; si dice che le promesse e i propositi sono come corde di sabbia; e la conoscenza delle promesse non mantenute e dei pegni non mantenuti indebolisce la fiducia nella propria sincerità. E infine:—

> "Quello che dovete capire è la vera forza della volontà. Non puoi salvarti da solo, non puoi cambiare il tuo cuore, ma *puoi scegliere* di servirlo".

Quando l'uomo sceglie di mettere la sua volontà dalla parte della volontà di Dio, allora la cosa è compiuta. Allora è per *scelta* dell'uomo che egli diventa praticamente, nella sua esperienza, il Signore. Allora non è forse per il permesso dell'uomo di scegliere la via del Signore che l'uomo diventa del Signore nell'esperienza pratica?

Allora, dopo aver fatto questo, non vedete che finché c'è la vostra scelta, finché c'è il vostro desiderio di essere del Signore, non vedete che siete davvero del Signore? Lo vedete? Ogni volta che ci consegniamo a Lui, è così. Ma alcuni di voi si sono consegnati molto tempo fa, ma poi, da allora, si sono scoraggiati e si sono chiesti se fossero del Signore o meno.

Vogliamo che questa sera le persone si tolgano per sempre il dubbio e la domanda, in modo che, qualunque cosa accada, non vi preoccupiate di sapere se siete del Signore. Se la vostra scelta è quella di essere suoi, voi *siete* suoi, perché vi ha comprati molto tempo fa. Questo è il mio obiettivo. È questo che cercate anche voi? *Prendetelo*, se mai lo otterrete. [Allora possiamo *sapere* che siamo del Signore.

Ma ora a volte si sente parlare come se questo sanzionasse il peccato. No, non lo farà. No, vi *salverà* dal peccato. Quando un uomo arriva a quel punto, e la sua scelta è quella di essere del Signore, allora Dio opera in lui sia per volere che per fare il suo bene; ed è un cristiano. Dio lo farà diventare un cristiano. Questa è la potenza divina che c'è in questa cosa. Non c'è alcuna sanzione del peccato. Anzi, è l'unico modo per non sanzionare il peccato. Qualsiasi altra professione sanziona il peccato. Qualsiasi altra professione fa proprio quello di cui il Signore si lamenta: che gli uomini lo hanno fatto servire con i loro peccati. Cosa dice il Signore? "Mi avete fatto servire con il vostro peccato". Isa. 43:24. Fermiamoci. Lasciamo che la nostra volontà e la nostra scelta siano del Signore in ogni momento dei nostri giorni coscienti; e allora è un fatto.

Leggiamo il versetto che lo dice. 1 Cor. 6:19, e le ultime parole del versetto: "Non siete padroni di voi stessi". È così, non è vero? Non mi interessa chi sia l'uomo, è suo? [Il Signore lo ha comprato e se non lascia che il Signore lo abbia, sta derubando il Signore di ciò che è suo. Questo è il problema. Anche se non è coscientemente e praticamente del Signore, il Signore ha comprato ognuno di noi e chi rifiuta di lasciarlo al Signore, sta derubando il Signore di ciò che ha comprato e per cui ha pagato il prezzo, e considera il prezzo che lo ha comprato come un valore inferiore a *se stesso*. Non è forse lo stesso spirito satanico che ha cercato di mettersi al di sopra di Dio in cielo? Il Signore ha dato *se stesso* per noi; poi, quando non gli permetto di avermi, proprio per questo, mi considero più del prezzo che è stato pagato—cioè, più del Signore—e questo è lo stesso io che si mette sempre al di sopra di Dio. Che sia in noi la stessa mente che era in Cristo, il quale svuotò se stesso affinché Dio e l'uomo fossero di nuovo uniti in una cosa sola.

"Non siete voi stessi", vero? [Non ne siete contenti? Non siete contenti di non essere vostri? Lui lo dice, ed è così, non è vero? Perché? "Perché siete stati comprati a caro prezzo". Ci ha comprati, quindi non siamo nostri; e prima di tutte le persone al mondo che non sono proprie, c'è l'uomo che si è abbandonato al Signore che lo ha comprato. "Perciò glorificate Dio nel vostro corpo e nel vostro spirito, che sono di Dio". Di chi sono? [Ma non ho bisogno di soffermarmi oltre su questi versetti, fratelli. Lo farete voi, vero? Soffermatevi su di essi.

Abbiamo letto i versi: "Ha dato se stesso per noi". Ci ha comprato. Quanto di noi? [Quando l'ha fatto? [Che tipo di persone eravamo prima della fondazione del mondo? Che tipo di persone eravamo quando Dio ci ha comprato? Eravamo solo noi stessi, proprio come eravamo in questo mondo. E ci ha comprati, peccatori, così come siamo? [Ora lo ha fatto? Davvero adesso? Stiamo arrivando a un altro pensiero. Ha pagato quel prezzo e ci ha comprati così come eravamo? Peccatori? [Esseri malvagi e disposti a seguire vie malvagie? Disposti a fare il male? Senza fare professione di religione e senza volerlo? Ci ha comprato allora? [Cosa comprò allora? Ha comprato noi e *tutto quello* che c'era di noi. E come comprò *quello che c'*era di noi, comprò i nostri peccati. Isaia lo descrive: ferite e lividi e piaghe putrefatte; nessuna salute. È così?

Ecco un altro testo: Tito 3:3–7: "Poiché anche noi siamo stati talvolta stolti, disobbedienti, servivamo a diverse concupiscenze e piaceri, vivevamo nella malizia e nell'invidia, eravamo odiosi e ci odiavamo a vicenda. Ma dopo che sono apparsi la bontà e l'amore di Dio, nostro salvatore, verso l'uomo, non per opere di giustizia da noi compiute, ma secondo la sua misericordia egli ci salva, mediante il lavacro della rigenerazione e il rinnovamento dello Spirito Santo, che ha abbondantemente sparso su di noi per mezzo di Gesù Cristo, nostro salvatore: affinché, giustificati per la sua grazia, fossimo fatti eredi secondo la speranza della vita eterna". Lui l'ha fatto; Lui lo dice. Allora sapete che è così? [Congregazione: "Sì"].

E ora andiamo un po' più in là. Egli ha dato se stesso per i nostri peccati, ma lo stesso pensiero attraversa tutti. Non prenderà i nostri peccati—anche se li ha comprati—senza il *nostro permesso*. Guardate ancora un po', portando avanti lo stesso pensiero. "Ha dato se stesso" per i peccati di chi? [Di chi erano? [Congregazione: "Nostri"] Si è dato per loro. Essendo nostri, *a chi si* è dato quando li ha comprati? [Si è dato *a* me, *per i* miei peccati? [Congregazione: "Sì"] Allora la scelta è per sempre mia, se preferisco avere i miei peccati piuttosto che avere Lui, non è vero? [Questa è la scelta viva che ho davanti a me, vero? [È questa la scelta che avete davanti a voi? [Quale preferisci, i tuoi peccati o Cristo? [Allora, d'ora in poi, non ci sarà più alcuna esitazione nel lasciar andare ciò che Dio dimostra essere peccato? Lo lascerete andare quando vi sarà indicato? Quando vi viene fatto notare il peccato, dite: "Preferisco avere Cristo a questo". E lasciate perdere. [Dite al Signore: "Signore, ora scelgo; faccio uno scambio; scelgo Te; non c'è più e ho qualcosa di meglio". Grazie al Signore! Allora dov'è l'opportunità per ognuno di noi di scoraggiarsi per i propri peccati?

Alcuni dei fratelli qui presenti hanno fatto proprio questo. Sono venuti qui liberi, ma lo Spirito di Dio ha fatto emergere qualcosa che non avevano mai visto prima. Lo Spirito di Dio è andato più in profondità di quanto non fosse mai stato prima, e ha rivelato cose che non avevano mai visto prima; e allora, invece di ringraziare il Signore per questo, e di lasciar perdere l'intera faccenda malvagia, e di ringraziare il Signore di avere molto più di Lui di quanto non avessero mai avuto prima, hanno cominciato a scoraggiarsi. Dissero: "Oh, cosa farò? I miei peccati sono così grandi". Lasciano che Satana getti una nuvola su di loro e li getti nello scoraggiamento, e non ottengono nulla di buono dalle riunioni giorno dopo giorno.

Non è un peccato? Non è un peccato che una persona che il Signore ha amato così tanto da donarsi per Lui, si comporti così con il Signore, quando il Signore vuole rivelare di più di sé? Fratelli, se qualcuno di voi si è scoraggiato, lasciate perdere. Se il Signore ci ha rivelato dei peccati a cui non avevamo mai pensato prima, questo dimostra solo che sta scendendo in profondità, e alla fine arriverà al fondo; e quando troverà l'ultima cosa impura e non in armonia con la sua volontà, la rivelerà e ce la mostrerà e noi diremo: "Preferirei avere il Signore piuttosto che questo", allora l'opera sarà completa e il sigillo del Dio vivente potrà essere posto su quel carattere. [Quale preferiresti avere, un carattere... [Qualcuno nella congregazione inizia a lodare il Signore e altri iniziano a guardarsi intorno]. Non importa. Se molti di voi ringraziassero il Signore per quello che hanno, ci sarebbe più gioia in questa casa stasera.

Cosa preferireste, avere la completezza, la perfetta pienezza di Gesù Cristo, o averne meno, con alcuni dei vostri peccati coperti che non conoscete? [Ma non vedete, le Testimonianze ci hanno detto che se ci sono macchie di peccato, non possiamo avere il sigillo di Dio. Come può il sigillo di Dio, che è l'impronta del Suo carattere perfetto rivelato in noi, essere messo su di noi se ci sono peccati in noi? Non può mettere il sigillo, l'impronta del suo carattere perfetto, su di noi finché non lo vede. Perciò deve scavare fino a luoghi profondi che non abbiamo mai sognato, perché non possiamo capire il nostro cuore. Ma il Signore conosce il cuore. Egli prova la coscienza. Purificherà il cuore e farà emergere l'ultimo residuo di malvagità. Lasciatelo andare avanti, fratelli, lasciate che continui la sua opera di ricerca. E quando ci porterà davanti i nostri peccati, lasciamo che il cuore dica: "Signore, hai dato te stesso per i miei peccati; Oh, ti prendo al posto loro". Non ci sono più e mi rallegro nel Signore. Fratelli, siamo onesti con il Signore e trattiamolo come Lui vuole.

Poi ha dato se stesso a noi, per i nostri peccati. Allora, ripeto, e vedete che per voi e per me è semplicemente una scelta vivente, se vogliamo avere il Signore o noi stessi, la giustizia del Signore o i nostri peccati, la via del Signore o la nostra via? Quale avremo? [Non c'è differenza nel fare la scelta quando sappiamo cosa ha fatto il Signore e cosa è per noi. La scelta è facile. Che la resa sia completa. E quando questi peccati vengono fuori, sono stati consegnati molto tempo fa. Sono stati tirati fuori solo per questo, perché possiamo fare la scelta. Questa è l'opera benedetta della santificazione. E possiamo sapere che quest'opera di santificazione è in corso in noi. Se il Signore ci togliesse i peccati senza che noi ce ne accorgessimo, a cosa servirebbe? Sarebbe semplicemente fare di noi delle macchine. Egli non intende farlo; di conseguenza, vuole che voi e io sappiamo quando i nostri peccati se ne vanno, affinché possiamo sapere quando arriva la Sua giustizia. È quando ci arrendiamo che abbiamo Lui.

È vero che le Scritture dicono che siamo strumenti di Dio; e non dimenticate che siamo sempre strumenti intelligenti, non come lo strumento—un piccone o una pala—che userebbe un uomo, che è del tutto insensato. Non è così, ma siamo strumenti intelligenti. Saremo usati dal Signore a nostra scelta. La nostra scelta vivente dalla Sua parte, scegliendo che Lui faccia questo con noi, e poi è fatta, perché la Sua potenza onnipotente porta avanti l›opera.

Poi ha dato se stesso per i nostri peccati; e ora viene e dice: c'è il peccato. E allora? "Signore, è peccato". Questa è la confessione. L'idea di fondo della confessione è quella di dire la stessa cosa. L'idea di fondo della parola greca che si traduce con "confessione" è quella di dire la stessa cosa. Questa è la confessione. Il Signore disse a Davide: "Hai peccato e hai fatto questo male". Davide rispose: "Ho peccato". Questa è la confessione. La Bibbia dice: "Se confessiamo i nostri peccati, egli è fedele e giusto da perdonarci i peccati". A cosa serve che Dio li mostri? L'unica cosa per cui mostra agli uomini i loro peccati è perché li tolga. Quando mi mostra i peccati, dico: "Signore, sono peccati". E cosa succede? Sono perdonati. Non ci sono più.

Da quando siete qui avete confessato i vostri peccati, non è vero? Tutto ciò che il Signore vi ha mostrato, lo avete fatto? [Chiunque l'abbia fatto, i suoi peccati sono perdonati. Il Signore lo ha detto. Che ne dite? [Ma Satana dice: "Non è così". È un bugiardo. Ma alcuni qui hanno detto che Satana dice la verità su questo punto. Le persone in questa casa hanno detto a Satana che ha detto la verità proprio su questo punto. Satana dice: "Non sono perdonati", e loro dicono: "No, non lo sono". *Smettiamola.* Confessiamo i nostri peccati perché siano perdonati; e il Signore dice che sono perdonati; e quando sono perdonati, perché allora nel nome del Signore, diciamolo.

"Abramo credette a Dio e gli fu contato come giustizia". "E ricevette il segno della circoncisione, sigillo della giustizia della fede che aveva". Il Signore dice: "Venite, ragioniamo insieme, dice il Signore: anche se i vostri peccati sono come scarlatto, diventeranno bianchi come la neve; anche se sono rossi come la porpora, diventeranno come la lana". Che ne dite?

[Congregazione: "È così"] Come lo sapete? [Congregazione: "Lo dice il Signore"] Molto bene. Allora sapete che è così, vero?

Michea 7,19: "Egli si volgerà di nuovo, avrà compassione di noi; abbatterà le nostre iniquità; e tu getterai tutti i loro peccati nel fondo del mare". E allora dove sono? [Congregazione: "Nelle profondità del mare"] Come lo sai? [Congregazione: "Lo dice lui"] Allora *lo* sapete, vero? Allora come può qualcuno disturbarvi per farvi riavere i vostri peccati?

Sal. 103, 12: "Come l'oriente è lontano dall'occidente, così ha allontanato da noi le nostre trasgressioni". Quanto sono lontane da voi ora, voi che le avete confessate? Quanto sono lontane? [Perché non lo dite? Satana viene a dire: "Non sono perdonati; ogni peccato è lì davanti alla tua faccia; non li vedi?". Lo sono? [Congregazione: "No"] Uno dice: "Li ho visti lì". Non è niente del genere. Satana è un mago e può far sembrare tali cose che non lo sono. Ma voi le guardate e dite: "Sì, è così". *Non è così*. Il Signore dice che sono lontani da noi come l'est dall'ovest. Sono nelle profondità del mare e sono bianche come la neve. Ringraziamo il Signore.

Isaia 38:17, e questo versetto è l'ultimo di cui abbiamo bisogno stasera. "Ecco, per la pace avevo una grande amarezza; ma tu, per amore dell'anima mia, l'hai liberata dalla fossa della corruzione, perché hai gettato dietro le tue spalle tutti i miei peccati". Quanti? [Dietro le sue spalle. Dove sono allora? [Noi siamo davanti al Suo volto e i peccati sono dietro le Sue spalle; chi c'è tra noi e loro? [E Lui è sul suo trono, non è vero? Allora, quando ho confessato i miei peccati al Signore, Lui e il Suo trono eterno vivente si frappongono tra me e quei peccati, e Satana e tutti gli altri in questo universo non possono riportarli indietro; perché deve togliere di mezzo il Signore e il Suo trono prima che possano riportarmi di nuovo quei peccati. E ne sarò felice.

Possiamo conoscere queste cose? Possiamo sapere di conoscerle? Come possiamo sapere di conoscerle? Lo dice il Signore. Quando lo dice e noi ci crediamo, questa è fede. Satana dice: "Non lo sono". Noi diciamo: "So che lo sono". Satana dice: "No, ci sono". Noi diciamo: "Non ci sono": Sono nelle profondità del mare. [Voce: "Lode al Signore"].

Quando l'uomo è lì, c'è qualcosa su cui Dio può apporre il suo sigillo. Quando il Signore dice: "I tuoi peccati sono perdonati", che li ha "gettati dietro le spalle", e l'uomo non vuole crederci, c'è qualcosa su cui Dio può mettere il suo sigillo?

[Qualcuno ha chiesto di leggere Isaia 43:25, cosa che l'anziano Jones ha fatto] "Io, proprio io, sono colui che cancella le tue trasgressioni per amor mio e non si ricorderà dei tuoi peccati".

Ci sono molti altri testi come questo che potremmo notare. Uno si trova in Eb 8:12: "I loro peccati non li ricorderò più"; un altro in Ezechiele 33:16: "Nessuno dei suoi peccati che ha commesso sarà menzionato". Qui il Signore dice che non ricorderà i nostri peccati. Il Signore non li menzionerà mai; è opera di Satana farlo. Fratelli, crediamo al Signore.

Quando lo crediamo, allora Dio darà a voi e a me la circoncisione del cuore, il sigillo della giustizia della fede che abbiamo e può farlo, perché c'è qualcosa su cui può mettere il Suo sigillo. E quando un uomo lo fa come individuo, riceve il sigillo della giustizia; e quando noi come corpo intero, come chiesa, lo crediamo, possiamo chiedere con perfetta fiducia l'effusione del Suo Spirito Santo, e aspettare con pazienza e fiducia, sapendo che verrà sicuramente a Suo tempo.

Il Messaggio del Terzo Angelo – n. 18

A. T. Jones
Stampato nel Bollettino quotidiano della Conferenza generale, 27 febbraio 1893, pp. 409–417.

Il nostro studio di ieri sera era volto a conoscere da soli e a capire come possiamo sapere di avere la benedizione di Abramo, e quindi essere preparati a essere sicuri, per poter chiedere con fiducia lo Spirito di Dio. C'è ancora di più. Il Signore ci ha dato un'altra prova, un'altra prova ancora, su cui basare la nostra perfetta fiducia in Lui, nella Sua giustizia; che è la nostra; che abbiamo la giustizia che è per fede; così che possiamo chiedere con perfetta fiducia il Suo Spirito Santo, e ringraziare il Signore che è nostro. Perché, ricordate, il versetto recita: "Cristo ci ha riscattati dalla maledizione della legge, essendo diventato maledizione per noi; poiché sta scritto: Maledetto chiunque è appeso a un albero: affinché la benedizione di Abramo venisse sui Gentili per mezzo di Gesù Cristo; affinché ricevessimo la promessa dello Spirito mediante la fede".

La benedizione di Abramo è la giustizia della fede, che dobbiamo avere per ricevere, e per poter avere, la promessa dello Spirito, e *anche questo* per *fede*. Ebbene, quando abbiamo l'evidenza, la prova, l'opera perfetta di Dio che dimostra con piena soddisfazione che possiamo chiedere con perfetta fiducia lo Spirito Santo, non è forse nostro dovere riceverlo per fede? Non è forse il caso di ringraziare Dio che è nostro e che non ci resta che manifestarlo a Sua volontà, ogni volta che l'occasione lo richieda e secondo le necessità?

Studiamo, allora, qualche altra prova che ci ha dato—studiamola stasera in relazione a ciò che abbiamo visto ieri sera, in modo da avere davanti a noi ciò che il Signore stesso ci ha aperto, su cui basare la nostra fiducia davanti a Lui; su cui possiamo essere sicuri della nostra posizione e su cui possiamo chiedere con la piena certezza della fede. E quando chiediamo secondo la Sua volontà, e chiediamo di avere ciò che Egli ha promesso, allora Egli ci ascolta. "Questa è la fiducia che abbiamo in Lui: se chiediamo qualcosa secondo la Sua volontà, Egli ci ascolta; e se sappiamo che ci ascolta, allora "sappiamo di avere le richieste che desideriamo da Lui". 1 Giovanni 5:14, 15. E allora possiamo ringraziarlo perché è nostro.

Cominciamo con il quinto capitolo di Romani, ventesimo versetto. Il vero punto, o potremmo dire, uno dei punti principali dello studio di questa sera è vedere quale posto occupa la legge di Dio nel tema della giustizia per fede; quale posto occupa la legge di Dio nel nostro ottenere la giustizia solo per mezzo di Gesù Cristo; e questa è semplicemente un'altra fase dello stesso pensiero che abbiamo avuto ieri sera, su quale prova il Signore ci ha dato, per darci la certezza di poter rivendicare per fede la promessa dello Spirito Santo.

"Inoltre è entrata la legge, perché l'offesa abbondasse". In altre parole, Rm 3,20, le ultime parole—che tutti conoscete—"per mezzo della legge si conosce il peccato". Per che cosa è stata data la legge su tavole di pietra, il primo scopo della sua consegna? [Per far abbondare il peccato; per dare la conoscenza del peccato. Quindi, "la legge è entrata perché l'offesa abbondasse"; perché il peccato apparisse; perché apparisse come è. Paolo, parlando nel 7° capitolo di Romani, dice come gli è apparso, nei versetti 12° e 13°:—

"Perciò la legge è santa e il comandamento è santo, giusto e buono. Ciò che è buono è forse diventato morte per me? Dio non voglia. Ma il peccato, affinché appaia come peccato, ha operato in me la morte per mezzo di ciò che è buono; affinché il peccato, *per mezzo del comandamento*, diventi *eccessivamente peccaminoso*". Quindi, far abbondare il peccato e farlo apparire come è, oltremodo peccaminoso, questo è il primo obiettivo dell'emanazione della legge, non è vero?

Leggiamo ora in Rm 5: "Inoltre la legge è entrata perché l'offesa abbondasse. Ma dove abbondò il peccato, abbondò molto di più la grazia". Allora la legge è venuta da sola, facendo apparire solo il peccato, e solo quello? [È semplicemente il mezzo per un altro fine, il mezzo per raggiungere un altro oggetto oltre alla conoscenza del peccato. È così? [Allora, dove abbonda il peccato, dove abbonda la grazia? [Congregazione: "Nello stesso luogo"] Proprio lì? [Congregazione: "Sì"] Ma si legge così: "Dove abbondò il peccato abbondò la grazia"? [Sarebbe bello se fosse che dove abbonda il peccato abbonda la grazia? Sarebbe bello, ma non è questo il modo in cui il Signore fa le cose, sapete; fa le cose in modo assolutamente buono, proprio come Dio *potrebbe* fare.

Ebbene, "dove abbondò il peccato, *sovrabbondò* la grazia". [Allora, fratelli, quando il Signore, con la sua legge, ci ha dato la conoscenza del peccato, proprio in quel momento, proprio in quel punto, la *grazia* è *molto più abbondante* della conoscenza del peccato. È così? [Congregazione: "Sì"].

Ora, un'altra parola: "Per mezzo della legge si conosce il peccato"; e abbiamo scoperto questo: che quando la legge dà la conoscenza del peccato, in quel particolare momento, in quello stesso luogo e in quel preciso punto, in quella stessa cosa, la grazia di Dio è molto più abbondante della conoscenza del peccato. Ma, quando la legge dà la conoscenza del peccato, che cosa ci mette la *convinzione*? [Prima di leggere il passo che lo dice, però, vediamo cosa dobbiamo ricavare finora da ciò che abbiamo letto: cosa dobbiamo ricavare io e voi dalla conoscenza del peccato? [Congregazione: "Abbondanza di grazia"].

Allora non c'è più posto per lo scoraggiamento alla vista dei peccati, vero? [Non c'è alcuna possibilità. È impossibile, vedete, che voi o io ci scoraggiamo o che ci sentiamo sotto una nuvola alla conoscenza del peccato. Perché, a prescindere da quanto sia grande la conoscenza, a prescindere da quanti peccati ci vengono rivelati e portati alla nostra conoscenza, proprio lì, in quel momento, in quelle stesse cose e in quel momento della nostra esperienza, la grazia di Dio abbonda molto di più di tutta la conoscenza dei peccati. Allora, ripeto, come è possibile che ci scoraggiamo? Fratelli, non è forse vero che il Signore vuole che siamo di buon umore? [Congregazione: "Amen!"] Siate di buon umore.

Ora, questo versetto che abbiamo davanti a noi ci fa vedere la stessa cosa. Giovanni 16:7, 8: "Tuttavia io vi dico la verità". Cosa ci sta dicendo? [La verità. Bene! E ci ha detto anche che "Conoscerete la verità e la verità vi farà liberi". È così allora, non è vero? "Tuttavia vi dico la verità: è opportuno per voi che io me ne vada, perché se non me ne vado, il Consolatore non verrà da voi". Chi non verrà? [Congregazione: "Il Consolatore"] Chi? [Il Consolatore? È questo il suo nome? È questo che è: il Consolatore? [Congregazione: "Sì".]

"Ma se io parto, ve lo manderò. E quando sarà venuto", chi è venuto? [Congregazione: "Il Consolatore"] Chi? [E quando sarà venuto, rimprovererà (o convincerà) il mondo del peccato". Chi è che lo fa? [È il Consolatore che convince del peccato? [È il Consolatore *quando lo fa?* [Ognuno di noi vuole capire questo. Non è forse il rimproveratore quando lo fa, e il Consolatore un'altra volta? [È il *Consolatore* che *rimprovera*, grazie al Signore! Il Consolatore rimprovera, grazie al Signore! Allora cosa dobbiamo ricavare dal rimprovero del peccato? [Congregazione: "Conforto"] Di chi? [Il conforto che riceviamo è quello del Signore, che ci conforta proprio nel momento in cui è necessario. Allora dov'è lo spazio per scoraggiarci ancora di fronte alla conoscenza del peccato? Non è forse questo il pensiero che abbiamo letto nel quinto capitolo di Romani?

Non vedete, allora, che quando teniamo presente proprio nel momento, nell'ora e nel luogo, che dove abbonda il peccato, abbonda molto di più la grazia; e proprio nel momento in cui lo Spirito Santo dà la condanna del peccato, è il Consolatore che lo fa. Non vedete che in tutto questo—ricordando tutto questo—abbiamo una vittoria eterna su Satana? Satana ha forse il vantaggio di quell'uomo che crede a Dio in quel momento? No. Satana viene e dice: "Vedi che peccatore sei". Ringraziamo il Signore: "Dove abbonda il peccato, sovrabbonda la grazia". [Congregazione: "Amen!"] "Beh", dice un altro, "ho una convinzione così profonda del peccato. Mi sembra di non essere mai stato condannato così profondamente in tutta la mia vita". Grazie al Signore, abbiamo più conforto che mai nella nostra vita. Non vedete, fratelli, che è così? [Allora ringraziamo il Signore per questo. [Vorrei sapere perché non dovremmo lodare il Signore in questo momento.

Ma c'è dell'altro in Rm 5,20. A cosa serve tutto questo? In primo luogo, abbiamo scoperto che la legge fa abbondare il peccato affinché la grazia possa abbondare, in modo che possiamo avere la grazia che ci conduce a Cristo. A cosa servono le due cose insieme? La legge fa abbondare il peccato perché ci sia più grazia. A cosa servono entrambe? "*Perché* il peccato regni fino alla morte". Sappiamo che è così, vero? È così. La legge fa abbondare il peccato *perché* noi possiamo essere condotti a una maggiore abbondanza di grazia, affinché "come il peccato ha regnato fino alla morte, così regni la grazia".

Che cosa vuol dire "anche così"? Proprio così. Allora, non è forse vero che Dio farà regnare l'abbondanza della grazia nella nostra vita con la stessa certezza con cui il peccato ha regnato nel mondo? [Ma, badate bene, quando la grazia regnerà molto più abbondantemente, qual è il paragone tra la libertà dal peccato di adesso e la schiavitù di prima? La libertà è molto più abbondante di quanto non fosse la schiavitù. "Affinché *come il peccato ha regnato* fino alla morte, *così* la *grazia regni* attraverso la *giustizia* fino alla *vita eterna* per mezzo di *Gesù Cristo*".

Vediamo ora l'intera storia. "La legge è entrata perché l'offesa abbondasse", affinché potessimo trovare la grazia più abbondante che abbonda proprio lì in tutti quei luoghi, e la grazia abbonda "per mezzo della giustizia fino alla vita eterna per mezzo di Gesù Cristo, nostro Signore". Allora a cosa è servita la legge? [Per condurci al Signore. [Voce: "Per portarci a Cristo"] Sì. Non capite? Allora ogni volta che qualcuno in questo mondo usa i dieci comandamenti—ogni volta che un peccatore in questo mondo usa i dieci comandamenti per uno scopo diverso da quello di arrivare a Gesù Cristo—a quale scopo li sta mettendo? [Sta pervertendo l'intento di Dio nel dare la legge, non è vero? [Usare la legge di Dio con gli uomini per uno scopo diverso da quello di farli arrivare a Cristo Gesù significa usare la legge in un modo che Dio non ha mai voluto.

Ebbene, la legge ci porta a Cristo. Questo è certo. Per quale motivo? [Che cosa vuole la legge da voi e da me? Ci chiede qualcosa prima di arrivare a Gesù Cristo? Quando la legge ci trova, vuole qualcosa da noi? [Congregazione: "Vuole la giustizia"] Di che tipo? [Di chi? Di chi? [Congregazione: "Di Dio"] La giustizia di Dio? [Solo quella che Dio manifesta nella sua vita, nel suo modo di fare? [Quella legge si accontenterà di qualcosa di meno di questo da parte vostra e mia? Accetterà qualcosa di meno di questo, un pelo di meno? [Se riuscissimo ad arrivare a un soffio da essa, sarebbe troppo poco; la mancheremmo.

Passando a Timoteo, Paolo ci dice cosa la legge vuole da me e da voi e cosa vuole anche *in* noi. 1 Tim. 1:5: "Ora il fine (l'oggetto, lo scopo, l'intento, il proposito) del comandamento è la carità". Che cos'è la carità? [Che tipo di amore? ["L'amore di Dio". "Da un cuore puro". Che tipo di cuore? [Congregazione: "Un cuore puro"] "E di buona coscienza". Che tipo di coscienza? ["E di fede integra". È questo che la legge vuole trovare in voi e in me, non è vero? Accetterà voi e me con qualcosa di meno di quello che richiede: l'amore perfetto, manifestato "da un cuore puro, da una buona coscienza e da una fede non finta"? No, mai. Ecco, questa è semplicemente la *perfezione* che esige.

"Ebbene, abbiamo noi, ha qualche uomo al mondo, questo tipo di amore da offrire alla legge di Dio? [C'è qualcuno che ha naturalmente questo tipo di coscienza? [Ha questo tipo di fede? [No, signore. Bene, allora la legge fa questa richiesta a ogni uomo sulla terra stasera, non importa chi sia. Lo chiede a me e a voi, lo chiede alla gente in Africa e a tutti i popoli della terra, e non accetterà niente di meno da nessuno di loro. Ma stasera stiamo parlando di noi stessi. Quindi, la legge viene da voi e da me stasera e dice: "Voglio la carità, voglio l'amore perfetto, l'amore di Dio. Voglio vederlo sempre nella vostra vita. E voglio vederlo manifestato da un cuore puro, da una buona coscienza e da una fede non finta". Questo è il punto in cui ci troviamo.

"Beh", dice uno, "non l'ho ottenuto: Ho fatto del mio meglio". Ma la legge dirà: "Non è questo che voglio; non voglio il tuo meglio, voglio la perfezione. Non è il *tuo* operato che voglio, è quello di Dio che voglio: Non è la tua giustizia che cerco: Voglio la giustizia di Dio da te: Non è il vostro operato che voglio: Voglio l'azione di Dio nella tua vita". Questo è ciò che la legge dice a ogni uomo. Allora, quando vengo chiuso così alla prima domanda, e anche quando ho detto che ho fatto del mio meglio, allora non ho più nulla da dire. Non è forse questo che dice la Scrittura: "Che ogni bocca sia chiusa". È proprio così, non è vero?

Ma c'è una voce piccola e ferma che dice: "Ecco la vita perfetta, ecco la vita di Dio: ecco un cuore puro, ecco una buona coscienza, ecco una fede non finta". Da dove viene questa voce? [Ah, il Signore Gesù Cristo, che è venuto e si è fermato dove sto io, nella carne in cui vivo; ha vissuto lì; lì si è manifestato il perfetto amore di Dio; lì si è manifestata la perfetta purezza del cuore; lì si è manifestata la buona coscienza; lì si è manifestata la fede non finta della mente che era in Gesù Cristo.

Allora viene semplicemente a dirmi: "Ecco, prendi questo". Questo soddisfa, allora, vero? [La vita manifestata in Gesù Cristo, che soddisferà la legge; la purezza di cuore che Gesù Cristo dà, che soddisferà la legge; la buona coscienza che Egli può creare, che soddisferà; la fede non finta che Egli dà, che soddisferà. Sarà così? [Congregazione: "Sì"].

Non è forse questo che la legge vuole sempre? È Gesù Cristo che la legge vuole, non è vero? [È questo che vuole la legge; è la stessa cosa che chiede nel quinto capitolo di Romani, non è vero? Ma perché la chiede in relazione a me? Chiede Cristo in me, perché la legge vuole vedere quella cosa *in me*. Allora, l'oggetto della legge di Dio non è forse solo il Vangelo di Cristo? "Cristo in voi, speranza di gloria"? Ah, è così.

Rm 5,1.5: "Giustificati per fede, abbiamo pace con Dio per mezzo del Signore nostro Gesù Cristo, e l'amore di Dio è sparso nei nostri cuori per mezzo dello Spirito Santo che ci è stato dato". Questa è la carità, l'amore supremo. Atti 15:8, 9: "E Dio, che conosce i cuori, ha reso loro testimonianza, dando loro lo Spirito Santo, come ha fatto con noi; e non ha posto alcuna differenza tra noi e loro, *purificando i loro cuori mediante la fede*". C'è l'amore di Dio in un cuore puro.

Eb 9,14: "Quanto più il sangue di Cristo, che per mezzo dello Spirito eterno ha offerto se stesso senza macchia a Dio, purificherà la vostra coscienza dalle opere morte per servire il Dio vivente?". C'è una coscienza pulita, fratelli, e c'è l'amore di Dio da una buona coscienza.

Allora la fede che Egli dà, che ci permette di mantenere, la fede di Gesù che ci permette di osservare i comandamenti di Dio, è l'amore di Dio attraverso una fede non finta.

Oh, allora il messaggio della giustizia di Dio che è per mezzo della fede in Gesù Cristo, ci porta a, e ci porta, il perfetto adempimento della legge di Dio, non è vero? [Allora questo è l'oggetto e lo scopo e l'unico punto del messaggio del terzo angelo, non è vero? [È Cristo; Cristo nella sua giustizia. Cristo nella sua purezza; Cristo nel suo amore; Cristo nella sua dolcezza; Cristo nel suo intero essere; Cristo e Lui crocifisso; questa è la parola, fratelli; rallegriamoci di essa; rallegriamoci di essa. [Congregazione: "Amen"].

Allora, quando abbiamo Gesù, quando lo abbiamo ricevuto per fede, e la legge ci sta davanti o ci sta davanti, e ci fa la sua meravigliosa richiesta di carità, possiamo dire: "Eccola, è in Cristo ed è mia!"—da un cuore puro—"Eccola in Cristo ed Egli me l'ha data: una buona coscienza". Il sangue di Cristo l'ha creata in me: eccola qui; la "fede non finta", la fede in Gesù, Lui me l'ha data: eccola qui". Allora, proprio come ci dice "*Steps to Christ*", possiamo venire a Gesù ora ed essere purificati, e presentarci davanti alla legge senza un briciolo di vergogna o di rimorso. Bene. Fratelli, quando ho ciò che mi rende in perfetto accordo con la legge di Dio, allora sono soddisfatto e non posso che essere contento di esserlo.

Ora giriamo e leggiamo il terzo capitolo di Romani, che racconta l'intera storia senza ulteriori studi se non la semplice lettura dei testi. Rm 3, 19–22. Possiamo dire amen a ogni parola, subito. "Ora sappiamo". Ed è così. "Che tutto ciò che la legge dice, lo dice a coloro che sono sotto la legge; affinché ogni bocca sia chiusa e tutto il mondo diventi colpevole davanti a Dio". E non è forse questo? Ciò che mi dice che sono un peccatore non può dirmi che sono giusto. "Ma ora"—bene. Quando? [Va bene, diciamolo, fratelli. "Ma ora si manifesta la giustizia di Dio senza la legge". È così, non è vero? [La legge non può manifestarla in noi, perché non possiamo vederla; c'è, ma siamo così ciechi che non riusciamo a vederla; il peccato ci ha talmente accecato e corrotto che non riusciamo a vederla nella legge; e se anche riuscissimo a vederla, non potremmo ottenerla, perché non c'è nulla in noi da cui partire che sia adatto ad essa; siamo del tutto impotenti.

Così ora, "la giustizia di Dio senza la legge è stata manifestata... anche la giustizia di Dio che è per fede in Gesù Cristo, a tutti e su tutti quelli che credono". Che cosa significa la parola "credere" quando Dio la pronuncia? [E che cos'è la fede autentica? La sottomissione della volontà a Lui, l'abbandono del cuore a Lui, la fissazione degli affetti su di Lui; questo è ciò che Egli intende qui per coloro che lo riceveranno; perché *credere* è *ricevere* quando Dio parla. Lo dice nel primo capitolo di Giovanni, dodicesimo versetto: "Ma a quanti lo hanno *ricevuto*, ha dato il potere di diventare figli di Dio, a quanti *credono* nel suo nome". "Anche la giustizia di Dio che è per fede in Gesù Cristo a tutti e su tutti quelli che credono, perché non c'è differenza". Allora possiamo averla tutti qui stasera? *Possiamo averla*? Sì, perché ci crediamo.

Ebbene, è questo lo scopo della legge, non è forse quello di portarci a Gesù Cristo per essere giustificati per fede, resi giusti per fede, affinché la Sua giustizia—la giustizia di Dio in Cristo—possa essere nostra? Questo è quanto. E quando questo è vero, quando siamo arrivati a questo punto, a cosa serve la legge? A cosa serve la legge? [Esattamente. Leggiamo ora la parte del ventunesimo versetto che non ho letto: "Ma ora la giustizia di Dio senza la legge si manifesta, *essendo testimoniata dalla legge*". Questo è il massimo che dobbiamo leggere ora; l'altra parte, però, è lì. Allora, quando la legge dà la conoscenza del peccato, affinché noi possiamo avere la conoscenza dell'abbondanza della grazia che toglie il peccato; allora la grazia regna attraverso la giustizia per la vita eterna per mezzo di Gesù Cristo—e questa giustizia di Dio per fede in Cristo è nostra attraverso l'opera della legge; e questa conoscenza del peccato ci ha portato a Cristo, e noi abbiamo Lui, e la legge è soddisfatta in tutte le sue richieste che ha fatto su di noi.

Ora, quando sarà soddisfatta in tutte le sue richieste che ha fatto su di noi, allora si atterrà a questo, e continuerà a dire che è soddisfatta, che va bene così? Quando la legge ci ha fatto richieste che non possiamo soddisfare con nessun altro mezzo possibile se non con la presenza di Gesù Cristo in noi stessi, allora la legge di Dio, fintanto che rimarremo lì, rimarrà lì e dirà: "è giusta e mi soddisfa"? [Poi, se qualcuno comincia a metterla in discussione e dice: "Non è così", allora abbiamo dei testimoni che lo dimostrano, no?

Ora vedete questo: che è necessario, per diverse ragioni, avere dei testimoni. Una di queste è che quando Dio parla e noi ci crediamo, allora sappiamo, ognuno per sé, che la giustizia di Dio è nostra, che ne abbiamo diritto, che ci appartiene e che possiamo riposare in perfetta pace su di essa. Ma ci sono anche altre persone che devono saperlo. Possono saperlo se lo dico io? [Possono saperlo dicendo che sono d'accordo con questo, che dico che è così e quindi è così? Questo li convincerà? È una prova sufficiente per loro? [Hanno bisogno di qualcosa di meglio della mia parola. Non vedete, il Signore ha soddisfatto proprio questa richiesta, e ci ha dato dei testimoni a cui possono appellarsi, e possono andare a chiedere a questi testimoni quando vogliono, se questo che abbiamo è autentico o no. È così? [Congregazione: "Sì"].

Non è necessario che vengano a chiedere a noi; se ci chiedono informazioni, naturalmente possiamo dire loro ciò che il Signore ci ha detto di dire e, se non è sufficiente, possono andare a chiedere a quei testimoni. Possiamo dire: ci sono alcuni miei amici che mi conoscono dalla nascita fino ad oggi. Mi conoscono da cima a fondo, mi conoscono meglio di me stesso, e se volete sapere qualcosa di più di quello che dico, andate a chiederlo a loro; ve lo diranno. Quanti sono? [La loro parola vale qualcosa? Dicono la verità? Ah, sono la verità stessa; sono *la verità*. Salmo 119:142. Ebbene, è impossibile per loro testimoniare diversamente da questo. Quando dicono che la richiesta è soddisfatta: "Questa vita mi piace", questo è sufficiente per chiunque nell'universo, non è vero? [Congregazione: "Sì"].

Allora, l'uomo che afferma di credere in Gesù e rivendica la giustizia di Dio che viene al credente in Gesù, la sua rivendicazione è sufficiente per questo mondo? [O è sufficiente la nostra parola al riguardo? [Ebbene, essi diranno, e ce ne sono molti che lo dicono, "Sì, noi crediamo nel Salvatore; anch'io ho il diritto di rivendicare la giustizia che Egli ha, la perfetta santità e la perfetta santificazione; e che non ho peccato per dieci anni, e che sono al di sopra di ogni tentazione; e lo so". E come lo sai? "Perché, *lo sento nel mio cuore*; *lo sento* nel mio cuore, e lo sento da diversi anni". Ebbene, questa non è affatto una prova; perché "il cuore è ingannevole sopra ogni cosa e disperatamente malvagio". *Quanto è* ingannevole? [Tutte le cose? [Congregazione: "Sì"] Anche al di sopra di Satana? [Il cuore è davvero ingannevole sopra ogni cosa? [Lo dice lui, che lo si possa capire o meno. È più ingannevole di Satana stesso, non è vero? [Il cuore mi inganna più velocemente e più spesso di Satana.

Allora, quando quella persona *lo sente nel suo cuore*, è una buona prova? Quando il mio cuore dice che sono buono, cosa sta facendo? [Salomone disse: "Chi si fida del proprio cuore è uno stolto"; e non solo è uno stolto, ma è anche *ingannato* in questa cosa, non è vero? [È già abbastanza grave per un uomo saggio essere ingannato, ma quando è uno sciocco a essere ingannato, a che cosa si va incontro? Pertanto, non possiamo permetterci di fidarci di cose del genere su una questione così importante; no, signore; abbiamo bisogno di prove migliori del cuore di un uomo, che ha ottenuto la giustizia di Dio, e che è a posto ed è adatto al giudizio, e che non ha peccato per dieci anni, santo e santificato e al di sopra delle tentazioni; eccetera eccetera. Abbiamo bisogno di qualcosa di meglio; e il fatto è che Gesù è stato qui in questo mondo per un bel po', e non è mai stato al di sopra delle tentazioni mentre era qui. Neanche i cristiani lo sono, finché vivono.

Allora questa prova non è sufficiente; vogliamo qualcosa di più. E se la persona che afferma di avere la giustizia di Dio per fede in Gesù Cristo ha solo questo come testimonianza, e la sua testimonianza può arrivare solo fino a quel punto, allora che valore ha la sua affermazione! [Proprio niente. È una pretesa ingannevole; non potrà mai realizzarla. Quindi il Signore non ci ha lasciati lì. Ieri sera abbiamo scoperto nella nostra lezione che quando vogliamo sapere se queste cose sono così nella nostra esperienza, non dobbiamo guardare dentro di noi per scoprire se è così, ma guardare *ciò che Dio dice* per vedere se è così. Quando abbiamo trovato Gesù Cristo e lo abbiamo, il Signore non vuole che guardiamo dentro di noi per vedere se è lì. Ci ha fornito dei testimoni, la cui testimonianza ci dirà sempre che Lui è lì, e questi diranno a tutti gli altri che Lui è lì. La giustizia di Dio si manifesta ora, per mezzo della fede in Gesù Cristo, e quando si manifesta, è testimoniata *dalla legge*.

Allora la legge è, in primo luogo, per portarci a Cristo e, dopo averci condotto a Cristo e averlo trovato, testimonia che è proprio così. In primo luogo, per dare la conoscenza del peccato, e in secondo luogo per testimoniare la giustizia di Dio che è per fede. Allora, chiunque utilizzi la legge di Dio per scopi diversi da questi due, in qualsiasi momento, che cosa sta facendo con la legge di Dio? [Sta pervertendo l'intera cosa. La sta usando per scopi che Dio non ha mai voluto. Quindi, anche se un uomo o un angelo usa la legge di Dio in qualsiasi altro modo o per qualsiasi altro scopo diverso da queste due cose—l'uomo può usarla per entrambi, ma gli angeli possono usarla per uno solo—ha pervertito la legge di Dio.

Da dove viene la nostra giustizia? [Da Dio". "La loro giustizia è da me, dice il Signore". 2 Cor. 4:6: "Dio infatti, che ha fatto risplendere la luce dalle tenebre, ha brillato nei nostri cuori per dare la luce della conoscenza della gloria di Dio nel volto di Gesù Cristo". Dove troviamo la conoscenza della gloria di Dio? [Nel volto di Gesù Cristo".

Ora, 2 Cor 3, 18: "Ma noi tutti, a viso aperto, contemplando come in un vetro la gloria del Signore, veniamo cambiati nella stessa immagine di gloria in gloria, come per opera dello Spirito del Signore". Allora cos'è che vediamo nel volto di Gesù Cristo? [Che cos'è la gloria del Signore? Abbiamo letto qui, ci è stato detto qui, dallo Spirito di Dio, che il messaggio della giustizia di Dio che è per fede in Gesù Cristo, questo è l'inizio *della gloria* che deve illuminare tutta la terra. Qual è allora la gloria di Dio? La sua giustizia, il suo carattere. Dove la troviamo? In Gesù Cristo. C'è la gloria di Dio, rivelata nel volto di Gesù Cristo. L'ha detto lui, vedete; è lì che la cerchiamo.

Cerchiamo la giustizia nella legge? [Anche dopo essere stati portati a Cristo, cerchiamo lì la giustizia? [Dove cerchiamo la giustizia? Nel volto di Gesù Cristo. Lì "noi tutti, a viso aperto, contemplando come in un vetro la gloria del Signore, veniamo cambiati nella stessa immagine di gloria in gloria", di giustizia in giustizia, di carattere in carattere, di bontà in bontà, come per opera dello Spirito del Signore.

Non vedete allora come la giustizia di Dio e lo Spirito Santo vadano di pari passo? Non vedete che quando otteniamo la giustizia che è per fede in Gesù Cristo, la benedizione di Abramo, allora lo Spirito Santo non può essere tenuto lontano da noi; non si possono separare le due cose; si appartengono. Quando abbiamo questo, e sappiamo di averlo grazie alla fede nella Sua parola, allora Lui dice che abbiamo il diritto di chiedere lo Spirito Santo e di riceverlo.

Perché, guardate. Gal. 4,5: Egli è venuto "per riscattare quelli che erano sotto la legge, affinché ricevessimo l'adozione a figli. E poiché siete figli, *Dio ha mandato* lo Spirito del suo Figlio nei vostri cuori". *Lo manda*, non vuole trattenerlo: Lo *manda* nel cuore; è un dono gratuito.

Allora, dico io, non vedete che è impossibile tenere separati la giustizia di Dio e lo Spirito Santo? Quindi, "cambiati nella stessa immagine di gloria in gloria, come per mezzo dello Spirito del Signore"; e quando l'immagine di Dio in Gesù Cristo si trova in noi, cosa succede? C'è l'impronta, il sigillo di Dio. Lo avete sentito nelle altre lezioni. Quando, guardando il volto di Gesù Cristo, e solo lì, avendo ricevuto la giustizia di Dio che è per fede in Lui, e guardando sempre il Suo volto glorioso, che riflette la gloria di Dio, l'effetto di ciò è quello di cambiarci nella stessa immagine, di perfezionare l'immagine di Dio e di restaurarla in noi, mediante l'opera dello

Spirito di Dio sull'anima. E quando ciò è avvenuto, lo stesso Spirito di Dio è lì per apporre il sigillo del Dio vivente, l'impronta eterna della sua stessa immagine.

Quindi, dopo essere venuti a Cristo, dopo averlo trovato, non cerchiamo la giustizia nella legge. Dove guardiamo? [Al volto di Gesù Cristo; e mentre guardiamo lì cosa dice la legge? [La legge testimonia: "Questo è il posto dove guardare; questo è ciò che voglio che tu abbia; questo è soddisfacente; siamo perfettamente d'accordo". Dove guardano gli angeli in cielo? Non guardano alla legge per vedere se hanno ragione o no? [I loro angeli guardano sempre la faccia del Padre mio che è nei cieli". Allora da dove viene la giustizia degli angeli? [Da Dio, attraverso Gesù Cristo, non è vero? E che cosa fa la legge nel trono di Dio, il fondamento del suo trono, che cosa fa lì la copia originale della sua legge? Quando gli angeli guardano il volto di Colui che siede sul trono, che cosa fa la legge, che non è mai stata toccata dall'uomo, e mai potrebbe esserlo, che cosa fa lì? Testimonia la giustizia di Dio che essi ottengono senza la legge.

Questa è sempre stata la vera idea dell'uso della legge di Dio. Quando il popolo aveva peccato e aveva fatto qualcosa contro i comandamenti del Signore riguardo alle cose da non fare ed era colpevole, allora doveva portare il sacrificio e il suo sangue veniva offerto, veniva fatta l'espiazione e veniva perdonato. Lev. 4. E *allora* come *oggi* i comandamenti testimoniavano la giustizia ottenuta per fede in Gesù. Per questo il Tabernacolo era chiamato "Tabernacolo della *testimonianza*".

Atti 7:44 e Numeri 17:7, 8; 18:2. Il tabernacolo della testimonianza è la stessa cosa, perché la testimonianza è l'evidenza data da un testimone. Così che il tabernacolo era il tabernacolo della testimonianza, l'arca era l'arca della testimonianza, perché conteneva le tavole della testimonianza. Le tavole di pietra, le tavole della legge, erano le tavole *della testimonianza*, perché erano la prova della testimonianza, che Dio aveva designato per testimoniare la giustizia di Dio, che viene senza la legge, per la sola fede in Gesù Cristo. Allora è perennemente vero in tutto l'universo che "se la giustizia viene dalla legge, Cristo è morto invano". Gal. 2:21. Sempre e ovunque è vero che "La loro giustizia viene da me, dice il Signore". E la legge testimonia la giustizia che tutti ottengono da Dio senza la legge, ma per mezzo di Gesù Cristo.

Allora non è forse vero, come ho detto poco fa, che l'uomo o l'angelo, se usa la legge di Dio per uno o entrambi questi scopi, perverte completamente la legge di Dio da ciò che Dio ha inteso. Ebbene, la giustizia di Dio che è per fede in Gesù Cristo, soddisfa tutto, non è vero? Tutto *ora,* e per quanto tempo? [Ora e sempre soddisfa tutto. Allora possiamo sapere da soli che è nostra grazie alle prove che Dio ci ha dato ieri sera, e che sono eternamente sicure, e tutti in questo mondo possono sapere che ne abbiamo diritto, grazie alle testimonianze che Dio ha dato.

Ebbene, questo serve a renderci idonei al sigillo di Dio, alla giustizia di Dio, affinché attraverso di essa possiamo essere cambiati di gloria in gloria, nella stessa immagine; e quando questo sarà completato che cosa succederà? Cosa testimonia questo? [Il sabato del Signore, che testimonierà l'opera compiuta fino in fondo.

Come ci ha detto il professor Prescott nel suo sermone, è la presenza di Cristo che rende santo e santifica il luogo in cui si trova; e quando la presenza di Cristo è lì nella sua pienezza, allora cos'è quel luogo? È santificato. Qual è il segno della santificazione? [E la santificazione completa è l'opera completa di Dio nell'anima. E quando l'opera di Dio è completata nell'anima, la legge di Dio ne sarà testimone fino in fondo. Ma quale parte particolare della legge di Dio è testimone di questa cosa particolare, la santificazione completa del Suo popolo? [È lì come testimone, come testimone principale, e le due cose insieme testimoniano; e il sigillo è apposto, l'opera è completata.

Fratelli, come possiamo allontanarci dal suggello di Dio? Allora non siamo proprio ora nel tempo del suggellamento? [Ed è attraverso la giustizia di Dio che è per fede in Gesù Cristo, non è vero? Sì, signore; e quando quel sigillo è stato ricevuto, quando è stato apposto, allora questi possono resistere al tempo delle piaghe, a tutte le tentazioni e alle prove di Satana, quando opera con ogni potenza e segni e prodigi bugiardi. Perché la promessa è: "Come hai osservato la parola della mia pazienza, anch'io ti preserverò dall'ora della tentazione, che verrà su tutto il mondo per mettere alla prova gli abitanti della terra".

E quando questo sarà passato, allora l'ingresso nella città celeste; l'ingresso nella città celeste. Ringraziamo il Signore. Ci sono le prove che dobbiamo superare; ma, fratelli, quando abbiamo questa giustizia di Gesù Cristo, abbiamo quella che supererà ogni prova.

In quel giorno ci saranno due parti; ci saranno alcuni che, quando la porta sarà chiusa, vorranno entrare e diranno: "Signore, aprici, vogliamo entrare". E qualcuno viene a chiedere: "Che cosa avete fatto per entrare? Che diritto avete di entrare nell'eredità? Che diritto avete di entrare nell'eredità?". "Oh, noi ti conosciamo; abbiamo mangiato e bevuto in tua presenza; e tu hai insegnato nelle nostre strade. Sì, inoltre abbiamo profetizzato nel tuo nome; nel tuo nome abbiamo scacciato i demoni; e nel tuo nome abbiamo fatto molte opere meravigliose. Perché, abbiamo fatto molte cose meravigliose. Signore, non è una prova sufficiente? Apri la porta".

Qual è la risposta? "Allontanatevi da me, voi che operate l'iniquità". Che cosa hanno detto? "Abbiamo fatto molte opere meravigliose; le abbiamo compiute; siamo a posto; siamo giusti; siamo giusti, esattamente giusti; quindi abbiamo il diritto di essere lì. Aprite la porta". Ma "*noi*" non conta, vero?

Quel giorno ci sarà un'altra compagnia, una grande moltitudine che nessuno può contare, tutte le nazioni, le stirpi, le lingue e i popoli, e verranno per entrare. E se qualcuno dovesse porre loro questa domanda: "Che cosa avete fatto per entrare qui? Che diritto avete qui?". La risposta sarebbe

"Oh, non ho fatto nulla per meritarlo. Sono un peccatore che dipende solo dalla grazia del Signore. Ero così miserabile, così completamente prigioniero e in tale schiavitù che nessuno poteva liberarmi se non il Signore stesso; così miserabile che tutto ciò che potevo fare era avere il Signore costantemente per confortarmi; così povero che dovevo costantemente chiedere l'elemosina al Signore; così cieco che nessuno se non il Signore poteva farmi vedere; così nudo che nessuno poteva vestirmi se non il Signore stesso. Tutto ciò che ho è ciò che Gesù ha fatto per me. Ma il Signore mi ha amato. Quando nella mia miseria ho pianto, mi ha liberato; quando nella mia miseria ho voluto conforto, mi ha consolato per tutto il cammino; quando nella mia povertà ho implorato, mi ha dato ricchezze; quando nella mia cecità gli ho chiesto di mostrarmi la strada, perché potessi conoscerla, mi ha guidato per tutto il cammino e mi ha fatto vedere; quando ero così nudo che nessuno poteva vestirmi, mi ha dato questa veste che ho addosso; e quindi tutto ciò che posso presentare, tutto ciò che ho da presentare, come ciò su cui posso entrare, qualsiasi pretesa che mi faccia entrare, è solo ciò che Lui ha fatto per me; se questo non mi passa, allora sono escluso; e anche questo sarà giusto. Se sono escluso, non ho nulla da eccepire. Ma, oh, questo non mi darà forse il diritto di entrare e di possedere l'eredità?".

Ma lui dice: "Beh, qui ci sono persone molto particolari; vogliono essere pienamente soddisfatte di tutti quelli che passano di qui". Abbiamo dieci esaminatori qui. Quando esaminano il caso di un uomo e dicono che è a posto, allora può passare. Siete disposti a chiamarli per esaminare il vostro caso?". E noi risponderemo: "Sì, sì, perché voglio entrare, e sono disposto a sottopormi a qualsiasi esame, perché anche se vengo escluso non ho nulla da recriminare: Sono comunque perduto quando sono abbandonato a me stesso".

"Bene", dice, "allora li chiameremo". E così quei dieci vengono chiamati e dicono: "Sì, siamo perfettamente soddisfatti di lui. Sì, la liberazione che ha ottenuto dalla sua miseria è opera del Signore; il conforto che ha avuto lungo tutto il cammino e di cui aveva tanto bisogno è quello che ha dato il Signore; la ricchezza che ha, qualunque cosa abbia, *povero com'era*, l'ha data il Signore; e cieco, qualunque cosa veda, è il Signore che gliel'ha data, e vede solo ciò che è del Signore: e nudo come era, la veste che indossa gliel'ha data il Signore, l'ha tessuta il Signore ed è tutta divina. È solo Cristo. Perché, *sì, può entrare*".

[Qui la congregazione iniziò a cantare].

> "Gesù ha pagato tutto,
> Tutto a lui devo;
> Il peccato aveva lasciato una macchia cremisi:
> Lui l'ha lavata bianca come la neve"].

E allora, fratelli, verrà oltre le porte una voce di musica dolcissima, piena della dolcezza e della compassione del mio Salvatore, la voce verrà dall'interno: "Entra, benedetto del Signore". ["Perché stai fuori?". E il cancello sarà spalancato e avremo "un ingresso abbondante nel regno eterno del nostro Signore e Salvatore Gesù Cristo".

È un Salvatore completo. È il mio Salvatore. La mia anima magnifica il Signore. L›anima mia gioirà nel Signore, fratelli, questa sera. Oh, io dico con Davide: «Vieni a magnificare il Signore con me, ed esaltiamo insieme il Suo nome». Egli ha dato piena soddisfazione; non c›è nulla contro di noi, fratelli; la via è chiara, la strada è aperta. La giustizia di Cristo soddisfa; è luce e amore e gioia ed eccellenza eterna.

Non è forse vero che Isaia 60:1 dice: "Alzati, risplendi, perché la tua luce *è* venuta e la gloria del Signore *è* sorta su di te. Perché, ecco, le tenebre copriranno la terra, e le tenebre gravi i popoli; ma il Signore si alzerà su di te, e la sua gloria sarà vista su di te". Fratelli, Lui può farlo, vuole farlo; lasciamolo fare. [E lodiamolo mentre lo fa.

Ora non possiamo lodare il Signore? Allora tutti quelli che vogliono farlo in questa casa, lo facciano pure. Dirò amen a ogni parola, perché anche la mia anima Lo magnifica, fratelli. Anche la mia anima lo loda, fratelli, perché Lui è il mio Salvatore, ha completato l'opera, ha compiuto la sua opera di grazia, mi ha salvato, salva tutti. Ringraziamolo per sempre.

Prof. Prescott.—I tempi di ristoro sono arrivati, fratelli. Lo Spirito di Dio è qui. Aprite il cuore, aprite il cuore; aprite il cuore nella lode e nel ringraziamento.

Il Messaggio del Terzo Angelo – n. 19

A. T. Jones
Stampato nel Bollettino quotidiano della Conferenza generale, 1 marzo 1893, pp. 437–441.

Cominceremo questa sera con il primo versetto di Apocalisse 14:—

“E guardai, ed ecco che un Agnello stava sul monte Sion, e con lui centoquarantaquattromila persone che avevano il nome del Padre suo scritto in fronte”. Questo stesso numero è citato nel 7° capitolo e nel 4° versetto, ma io leggo dal primo versetto: “E dopo queste cose vidi quattro angeli che stavano ai quattro angoli della terra e trattenevano i quattro venti della terra affinché il vento non soffiasse sulla terra, né sul mare, né su alcun albero. E vidi un altro angelo che saliva da oriente, con il sigillo dell’Iddio vivente; ed egli gridò a gran voce ai quattro angeli, ai quali era stato dato il potere di colpire la terra e il mare, dicendo: “Non ferite la terra, né il mare, né gli alberi, finché non avremo sigillato i servi del nostro Dio nelle loro fronti”. E io udii il numero di quelli che erano stati sigillati; e i sigillati erano centoquarantaquattromila”.

Tutto ciò che leggiamo in queste due Scritture è il collegamento, che dimostra che il sigillo di Dio e il nome di Dio sono inseparabili. I 144.000 avevano il nome del Padre sulla fronte e furono sigillati con il sigillo del Dio vivente sulla fronte. Allora, quando scopriremo qual è il nome di Dio, sapremo qual è il sigillo di Dio; perché ciò che ci porterà il Suo nome, che metterà nella nostra mente il Suo nome, che metterà su di noi e in noi il Suo nome, sarà il sigillo di Dio.

Passiamo ora a Esodo 3:13, 14. Si riferisce al momento in cui il Signore apparve a Mosè, nel roveto ardente. Lo mandò a liberare il popolo di Dio dall’Egitto: “E Mosè disse a Dio: “Ecco, quando arriverò dai figli d’Israele e dirò loro: Il Dio dei vostri padri mi ha mandato da voi, ed essi mi diranno: *Qual è il suo nome?*”. E Dio disse a Mosè: “Io Sono Quello Che Sono”; ed egli disse: “Così dirai ai figli d’Israele: “L’Io Sono mi ha mandato a voi””. Il Signore gli aveva detto finora solo questo, come leggiamo nel sesto versetto: “Io sono il Dio di tuo padre, il Dio di Abramo, il Dio di Isacco e il Dio di Giacobbe”.

Ora, Mosè chiede: “Quando arriverò dai figli d’Israele e dirò loro: Il Dio dei vostri padri mi ha mandato a voi, ed essi mi diranno: Qual è il suo nome? Che cosa dirò loro? E Dio disse a Mosè: “Io Sono Quello Che Sono”; ed egli disse: “Così dirai ai figli d’Israele: Io Sono mi sono mandato a voi”. E Dio disse inoltre a Mosè: “Così dirai ai figli d’Israele: Il Signore Dio dei vostri padri, il Dio di Abramo, il Dio di Isacco e il Dio di Giacobbe, mi ha mandato a voi; *questo è il mio nome per sempre* e *questo è il mio memoriale* per *tutte le generazioni*”.

Ma qual è il Suo nome? “Io Sono Quello Che Sono”. Aveva detto, e loro lo sapevano, che era il “Dio di Abramo, il Dio di Isacco e il Dio di Giacobbe” e il Dio dei loro padri. Sapevano che i loro padri avevano un Dio che adoravano. Queste persone avevano sentito parlare del Dio dei loro padri. Ricordavano, anche se in modo confuso, il Dio dei loro padri, ma ora egli rivela loro che il Dio dei loro padri è il Dio il cui nome è "Io Sono Quello Che Sono" e "questo è il mio nome per sempre e questo è il mio memoriale per tutte le generazioni".

Allora il nome di Dio e il suo memoriale vanno insieme. Capite? Ma qual è il Suo nome? Solo "Io Sono"? No, il Suo nome non è semplicemente "Io Sono", ma "Io Sono" *cosa?* "Io Sono". Questa è l'idea di "ciò"; "Io Sono" ciò che, "Io Sono" — "Io Sono Quello Che Sono"; ciò che, o ciò che, "Io Sono". Ora, non è sufficiente che il Signore dichiari agli uomini che Egli è, ma è necessario che noi sappiamo che Egli è *ciò che* è, perché la conoscenza *di Lui stesso* ci sia utile. L'esistenza non ci basta per conoscere Dio, non ci basta sapere che esiste, ma dobbiamo sapere *che cosa* è e per che cosa esiste, rispetto a noi. Perciò Egli non ha detto semplicemente: «Io sono, questo è il mio nome». No, ma «Io Sono» ciò che «Io Sono». Questo è il suo nome, e se vogliamo conoscere veramente Dio, dobbiamo sapere non solo *che* Egli è, ma che è *ciò che* è; e finché non sappiamo cosa è, non lo conosciamo.

Lo stesso pensiero è espresso in Eb 11,6: "Senza la fede è impossibile piacergli (a Dio); perché chi viene a Dio deve credere che Egli è *e* che premia coloro che lo cercano diligentemente". Ebbene, qual è la ricompensa che Dio dà a coloro che lo cercano? È Lui stesso; Lui stesso, tutto ciò che è e tutto ciò che ha. Ma se avessimo tutto quello che Lui ha senza avere Lui stesso, che vantaggio avremmo? Vedete, se avessimo tutto ciò che Lui ha, e fossimo ancora noi stessi, saremmo semplicemente supremi, anzi, la cosa più vicina ai diavoli, non è vero? Dare a un uomo tutto ciò che Dio ha e rimanere l'uomo che è, sarebbe una cosa spaventosa. Perciò non è nulla per noi che Dio ci dia tutto ciò che ha, se non ci dà ciò che è, se non ci dà *se stesso*. Pertanto, quando ci dà *ciò che* è, dandoci se stesso, il suo carattere, la sua natura e la sua disposizione, allora possiamo usare ciò che è e ciò che ha, nel suo timore e a sua gloria. Di conseguenza, c›è lo stesso pensiero: non solo che Egli è, ma che è ciò che è, e «chi viene a Dio deve credere che Egli è» e che è ciò che è.

Ebbene, per seguire questo pensiero, che cosa è Dio prima di tutto per tutte le cose e tutte le persone dell'universo? [Certamente! La prima cosa che Egli è per qualsiasi cosa, animata o inanimata, è il Creatore; perché per mezzo di Lui tutte le cose esistono. Egli è l'autore di tutte le cose. Allora la prima cosa per gli uomini, per gli angeli o per le intelligenze è conoscerlo come Creatore. Ora, Egli dice: "Io Sono Quello Che Sono". Quindi la prima cosa che viene in mente a qualsiasi creatura su ciò che Egli è, cioè capire il suo nome, è che Egli è il Creatore. Abbiamo quindi scoperto che il Suo nome è legato al Suo memoriale in modo inseparabile. E quindi "questo è il mio *nome* per sempre, e questo è il mio *memoriale* per tutte le generazioni".

Andate a Ezechiele 20:20. Conoscete la scrittura: "Santificate i miei sabati; essi saranno un segno tra me e voi, affinché sappiate che io sono il Signore vostro Dio". Di che cosa è dunque segno il sabato? Del fatto che Egli è il Signore Dio. Ma che Egli sia il Signore Dio in termini di *esistenza*, questo non è il suo nome. È più di questo, ma il sabato, essendo il segno che Egli è il Signore Iddio, non è forse il segno che Egli è *quello che* è, oltre che *quello che* è? [Ora, pensateci. È così? [Essendo il sabato il segno che Egli è il vero Dio—e avendoci detto che Egli è *ciò che* è—il sabato è il segno di *ciò che* Dio è, oltre che il segno *che* Egli è. Vedete? [Allora, essendo il Suo nome, "Io Sono" ciò che "Io Sono", ed essendo il sabato il segno che Egli è ciò che è, non vedete come questo è il Suo *nome* per sempre, e questo è il Suo *memoriale* per sempre? Poi, ha dato il sabato—"Ricordati del giorno di sabato per santificarlo"—ha dato questo come *memoriale* che Lui è il Signore. Di conseguenza, "questo è il mio nome per sempre", questo è il suo *memoriale.*

[Va bene. Torniamo indietro e riprendiamo il pensiero all'inizio. Il sabato, dice "lo santificherete", e sarà un segno. Il sabato non è un segno del vero Dio. Il sabato non è nulla. Un uomo che osserva il sabato può farlo senza conoscere il Signore, così come può osservare la domenica senza conoscere il Signore; ma non può osservare *il sabato* senza conoscere il Signore. Nel mondo ci sono tre classi di osservatori di un giorno: ci sono gli osservatori del sabato, gli osservatori della domenica e gli osservatori del sabato. Dio vuole gli osservanti del sabato. Ma ci sono troppi osservatori del sabato che si spacciano per osservatori del sabato. Questa è la malizia di questi ultimi giorni.

"Santificate i miei sabati; essi saranno un segno". Questo è il punto di partenza. Poi il sabato è un segno che Egli ha stabilito per noi, che Egli stesso ha dato, "affinché sappiate che io sono il Signore Dio vostro". Il sabato è il segno che Egli è il Signore Dio, che non è solo Dio in termini di esistenza, ma *è*, ed è ciò che è, perché questo è il suo nome. Vedete? "Io Sono" ciò che "Io Sono", il Signore Dio. Il sabato è un segno che Egli è il Signore Dio. Il sabato, quindi, è un segno che Egli è, e che è *ciò* che è. Ma il suo nome, dice, è "Io Sono Quello Che Sono". "Questo è il mio nome per sempre e questo è il mio memoriale per tutte le generazioni". Il segno che Egli è ciò che è, qual è? [Congregazione: "Il sabato"] Ma Egli dice: "Il sabato è il mio memoriale". "Egli ha fatto un memoriale delle sue opere meravigliose", e così via. Allora, non vedete che quello che è il segno che Egli è *ciò che* è, che è il suo nome per sempre, è il suo *memoriale* per sempre? Ora, devo ripeterlo? [Voce: "No, lo vedo"] Avete capito ora? [Congregazione: "Sì, signore."]

Ebbene, ora andiamo avanti. Essendo il sabato il segno che Egli è e che è ciò che è, e la prima cosa che Egli è è il Creatore, la prima cosa che il sabato deve significare è il Creatore. No, perché Egli è più di questo—non più di questo nel senso di diverso da questo—perché tutte le cose sono in questo, ma ciò che Egli è in questo è più ampiamente espresso in altri luoghi, in modo che possiamo conoscere più pienamente ciò che Egli è in questo. Allora, Esodo 31,17: "È un segno tra me e i figli d'Israele per sempre: perché in sei giorni il Signore fece il cielo e la terra, e il settimo giorno si riposò e si ristorò". Ora, è un segno "affinché sappiate che io sono il Signore vostro Dio". E qual è questo segno? Non è forse perché "in sei giorni il Signore fece il cielo e la terra e il settimo giorno si riposò e si ristorò"? È un segno di questo perché Egli ha fatto questo, è un segno di Lui stesso nel fare questo. È così? [Voce: "Sì"].

Ora mettete insieme le due cose: È un segno che Egli è il Signore, *perché* "in sei giorni" ha "fatto il cielo e la terra". Quindi, come abbiamo visto, la prima cosa che Dio è è il Creatore; la prima cosa che il sabato significa è il Creatore, *nel* significare ciò che Egli è. Ma il comandamento del sabato è: "Ricordati del giorno di sabato per santificarlo. Sei giorni lavorerai e farai ogni tuo lavoro; ma il settimo giorno è il sabato del Signore tuo Dio: in esso non farai alcun lavoro. ... Poiché in sei giorni il Signore fece il cielo e la terra, il mare e tutto ciò che è in essi, e si riposò il settimo giorno; perciò il Signore benedisse il giorno di sabato e lo santificò".

Ora ricordate il giorno di sabato. Che cos'è il giorno del sabato? Come abbiamo già letto nel ventesimo capitolo di Ezechiele: "Un segno perché sappiate che io sono il Signore". Ricordate ciò che significa che io sono Dio. Dobbiamo ricordare ciò che significa che Lui è Dio. Non è forse questo il memoriale che lo porta alla memoria della gente? Perché è a questo che serve un memoriale, a portare alla memoria. Egli vuole essere ricordato dalle sue creature e ha dato ciò che lo farà. E ora ci dice "ricordatevi di quella cosa che lo farà".

Ecco un pensiero: Dobbiamo ricordare ciò che Lo porta alla memoria, o, in altre parole, Lo porta alla *mente*. Quando viene portato alla mente, non viene portato solo come colui che esiste, ma come *ciò che* è. E quando Lui, per *quello* che è, viene portato alla nostra mente, questo è il suo nome, non è vero? Dov'è il nome? ["Con la mente servo la legge di Dio". Vedete? Allora Dio vuole essere nella mente delle persone? E il sabato è ciò che porta Lui stesso—non una teoria su di Lui—ma *Lui stesso*, per *portarlo* alla memoria, per *portarlo* alla mente; perché il sabato è il segno "che io sono il Signore vostro Dio". E ora ricordati del segno, ricordati di ciò che significa e richiama alla mente Me stesso, richiama alla mente il Signore tuo Dio. Ed Egli è *ciò che* è. Ricorda *Lui* e *ciò che* Egli è. Questo è il pensiero. Non è forse questo il suo memoriale?

Lo scopo stesso di un memoriale, l'oggetto stesso del memoriale è quello di riportare alla mente la cosa che viene toccata. Si capisce quindi che, stando così le cose, il nome di Dio e il suo memoriale, il suo sabato, non possono assolutamente essere separati. Di conseguenza, quando disse a Mosè: "Io sono *ciò che* sono", quello *è il* suo nome per sempre, e quello *è il* suo memoriale per tutte le generazioni; perché il memoriale lo porta alla mente, e portarlo alla mente, come *ciò che* è, mette Dio nella mente nel suo vero nome; e così il nome del Padre nella mente di quelle persone che sono menzionate è il sigillo del Dio vivente nella loro fronte.

La prima cosa, dunque, che viene significata così nel sabato è il Creatore, la potenza creatrice; ma questa viene ricordata attraverso le cose fatte. È un segno che Egli è il Signore perché ha fatto tutte queste cose. Di conseguenza, il sabato è il segno, il memoriale del Signore nostro Dio manifestato nella creazione.

Ora studiamo un attimo come si è manifestato nella creazione. Eb. 1:1, 2: "Dio, che in vari tempi e modi parlò ai padri per mezzo dei profeti, in questi ultimi giorni ha parlato a noi per mezzo del Figlio, che ha costituito erede di tutte le cose e per mezzo del quale ha fatto anche i mondi".

E i primi versi di Giovanni: "In principio era il Verbo, e il Verbo era con Dio e il Verbo era Dio. Lo stesso era in principio con Dio. Tutte le cose sono state fatte per mezzo di lui; e senza di lui non è stato fatto nulla di ciò che è stato fatto". Ora il 14° versetto: "E il Verbo si fece carne e venne ad abitare in mezzo a noi".

C'è un altro versetto che leggeremo proprio sulla stessa cosa, che la racconta in modo diverso. Ef. 3:9, e le ultime parole del versetto: "Dio, che ha creato tutte le cose per mezzo di Gesù Cristo".

Allora Dio nella creazione si è manifestato in e attraverso Gesù Cristo. È così? [Congregazione: "Sì"] Allora Dio nella creazione può essere conosciuto solo in Gesù Cristo. È così? [Congregazione: "Sì"] Allora l'uomo che non conosce Gesù Cristo, si farà un'idea corretta delle cose create, della creazione? [Non vi troverà Dio; non vi troverà le idee di Dio, perché Dio si manifesta in Cristo nella creazione.

E ora un'altra cosa: In che modo si è manifestato in Cristo nella creazione? Come si è manifestato in Cristo nella creazione? Sal. 33:6, 9: "Dalla parola del Signore furono fatti i cieli e tutto il loro esercito dal soffio della sua bocca". "Poiché egli parlò, e *la cosa fu fatta*; comandò, e la cosa rimase ferma". Era lì.

Eb 11,3: "Per fede comprendiamo che i mondi sono stati formati dalla parola di Dio, affinché le cose che si vedono non siano state fatte da cose che appaiono". Finora abbiamo scoperto che Dio manifestato nella creazione è la prima cosa in cui si può conoscere *ciò che Egli è*. Ma Dio si manifesta nella creazione, in Gesù Cristo; e Dio si manifesta nella creazione in Gesù Cristo, *con la sua parola*. E la parola con cui ha creato tutte le cose ha il potere di far apparire una cosa che prima non si vedeva affatto, perché non c'era. Vedete? "I mondi sono stati formati dalla parola di Dio, in modo che le cose che si vedono non fossero fatte di cose che appaiono". Quindi, dopo che Dio ha parlato, si sono viste cose che prima che parlasse non apparivano affatto. Nessuno poteva vederle. Allora c'è una potenza nella parola che Dio in Gesù Cristo pronuncia, che è in grado di fare una cosa; in altre parole, in grado di produrre la cosa che Egli nomina nella parola che pronuncia. Cioè, Dio può chiamare le cose che non sono come se lo fossero, e non mentire. Un uomo può parlare di quelle cose che non sono come se lo fossero, ma non c'è alcun potere nella sua parola per produrre ciò che dice, e di conseguenza mente.

E ci sono molte persone che fanno questa cosa. Parlano di quelle cose che non sono come se lo fossero, ma è una menzogna. E la ragione per cui è una menzogna è che non c'è alcun potere in loro o nella loro parola per produrre la cosa. Vorrebbero che fosse così, vorrebbero che ciò che dicono fosse reale; ma non è così, e ne parlano come se lo fosse, eppure è una menzogna, per quanto vorrebbero che fosse reale. Non c'è alcun potere nella loro parola per produrre ciò che desiderano nella loro mente quando la pronunciano.

Ma Dio non è così. Il pensiero che è nella Sua mente, espresso in una parola, la parola produce ciò che era nel pensiero. L'energia creativa, il potere divino, è nella parola che Dio pronuncia. Di conseguenza, quando non c'erano mondi che apparissero, Dio in Gesù Cristo parlò, e i mondi c'erano, e ci sono ancora, perché Egli parlò allora.

Leggiamo ora due versetti che contengono questi pensieri. Non solo la parola di Dio che Egli pronuncia produce la cosa che è nel pensiero, ma mantiene quella cosa in esistenza dopo che è stata prodotta, e nel luogo in cui Dio la vuole, dopo che è stata prodotta. Voglio che vediate che la parola che Dio pronuncerà ha tutta questa potenza in sé.

Ora andiamo a Col. 1:14. Sta parlando di Cristo, il Figlio di Dio, "nel quale abbiamo la redenzione per mezzo del suo sangue, cioè il perdono dei peccati; il quale è l'immagine del Dio invisibile, il primogenito di ogni creatura; poiché per mezzo di lui sono state create tutte le cose, quelle che sono nei cieli e quelle che sono sulla terra, visibili e invisibili, sia che si tratti di troni, sia di dominazioni, sia di principati, sia di potestà; tutte le cose sono state create per mezzo di lui e in vista di lui, ed egli è prima di tutte le cose, e per mezzo di lui tutte le cose *sussistono*". O per mezzo di Lui tutte le cose *stanno insieme*. Ma cosa le ha create? Cosa ha fatto questo mondo così com'è? La potenza della Sua parola. [Il mondo è piuttosto grande. Ci sono molti ingredienti in esso; ma quando Lui ha parlato, è venuto, con tutti gli ingredienti in esso. La parola che lo ha prodotto lo tiene insieme nella forma in cui è.

Ebbene, ora l'altro pensiero, nel terzo versetto del primo capitolo di Eb: "Dio, che in diversi tempi e in diverse maniere parlò in passato ai padri per mezzo dei profeti, in questi ultimi giorni ha parlato a noi per mezzo del suo Figlio, che ha costituito erede di tutte le cose e per mezzo del quale ha fatto anche i mondi; il quale, essendo il fulgore della sua gloria e l'immagine espressa della sua persona, *sostiene tutte le cose* con la *parola della sua potenza*". Che cosa sostiene queste cose da quando sono state fatte? [È stato costretto a continuare a parlare da quando ha parlato in quel momento, per mantenere queste cose al loro posto? [È necessario che continui a parlare al mondo ogni giorno per tenerlo insieme? [È necessario che Egli parli continuamente ai mondi e ai pianeti per mantenerli nei loro corsi e nei loro luoghi? No; la parola che li ha prodotti all'inizio ha in sé il potere creativo che li tiene insieme e li sostiene.

2 Pietro 3:1–7: "Questa seconda epistola, carissimi, vi scrivo ora; in entrambe le quali stimolo le vostre menti pure, a mo' di ricordo, affinché siate memori delle *parole* che furono dette in precedenza dai santi profeti". Memori di cosa? Delle *parole* che furono pronunciate in precedenza dai santi profeti. Perché dobbiamo ricordarle? Perché vuole che scopriamo il valore di quelle parole e che, ricordandole, otteniamo nella nostra mente, nella nostra vita, la forza e il vigore di quelle parole. Perché le parole pronunciate dai profeti erano *parole di Dio*, pronunciate dallo "Spirito di Cristo che era in loro e che testimoniava in anticipo le sofferenze di Cristo e la gloria che ne sarebbe seguita".

Tenendo conto di *queste* parole, allora, "e del comandamento di noi apostoli del Signore e Salvatore, sapendo prima di tutto che negli ultimi giorni verranno degli schernitori, che cammineranno secondo i loro desideri e diranno: "Dov'è la promessa della sua venuta?", perché da quando i padri si sono addormentati, tutte le cose sono rimaste come erano dal principio della creazione. Perché questo lo ignorano volentieri"—cioè, le persone che parlano così, che tutte le cose continuano come erano dal principio, lo ignorano volentieri—"che per la *parola* di Dio i cieli erano antichi, e la terra stava fuori dall'acqua e nell'acqua; per cui il mondo che era allora, essendo sommerso dalle acque, perì".

Da che cosa il mondo traboccò d'acqua? [Dio ha parlato. "Ma i cieli e la terra, che sono ora, *per la stessa parola* sono tenuti in serbo, riservati al fuoco". Su cosa richiama la nostra attenzione, rispetto alla parola che vuole che ricordiamo. Vuole che siamo pienamente consapevoli *delle parole* di Dio, perché *quella parola* all'inizio ha prodotto i mondi; quella parola li tiene lì; quella parola ha portato il diluvio; quella parola ha salvato la terra dal diluvio e la conserva ancora. Quindi quella parola che può produrre mondi, che può conservare mondi, che può distruggere mondi e recuperare mondi, *quella parola* Egli vuole che noi teniamo pienamente presente, affinché possiamo conoscere la *potenza* di quella parola.

Ebbene, vedete che in tutto questo c'è ancora lo stesso pensiero: quella parola che ha prodotto tutto, tiene tutto insieme, sostiene tutto e conserva tutto, finché Dio non parlerà di nuovo. Quando Egli parla di nuovo, allora tutto va in frantumi; infatti, quando arriva quel giorno in cui si leva "una gran voce dal tempio del cielo, dal trono, che dice: "È fatto"", allora ci sono tuoni, lampi, voci e un terremoto, come non ce n'erano stati da quando gli uomini erano sulla terra, un terremoto così potente e così grande, e "ogni isola è fuggita e i monti non si trovano più"; le città delle nazioni cadono; il cielo stesso si spacca e rotola via.

Vi dico che quando arriverà quel giorno, l'uomo che è pienamente consapevole della *parola* che fa tutto, sarà perfettamente al sicuro. Perché quando quella parola che produce queste cose è la mia fiducia, quando quella parola è il mio fondamento, quando quella parola stessa è la mia fiducia, perché, non importa se la terra va via, la Sua parola rimane; è tutto a posto.

Quindi Dio si è manifestato in Cristo con la sua parola nel creare e si manifesta ancora così, nelle cose create—creando, conservando, tenendo insieme e sostenendo. Quindi la gravitazione è Dio in Gesù Cristo. La scienza ci dice che la legge di gravitazione sostiene le cose, sapete; ma cos'è la gravitazione? "Ecco, questo è ciò che tiene in piedi le cose". C'è una risposta migliore di questa. La risposta è: La gravitazione, la legge di gravitazione, tiene in piedi e al loro posto tutte queste cose. Ma cos'è la gravitazione? È la potenza di Dio manifestata in Gesù Cristo nella creazione; questa è la gravitazione.

Coesione, in scienza, significa tenere insieme. Ma cos'è la coesione? La risposta che la scienza può dare è: la parola "coesione" deriva da due parole latine, *co* e *haerere*, che significano tenere insieme; in altre parole, la coesione è coesione; questa è la risposta. C'è una risposta migliore di questa. C'è la risposta di Dio, che ci dice che la coesione è la potenza di Dio manifestata in Gesù Cristo nella creazione, perché per mezzo di Lui tutte le cose consistono, coesistono, si tengono insieme; questa è la coesione.

L'origine di tutte le cose non è la generazione spontanea, non è l'evoluzione; è Dio manifesto, la potenza di Dio manifestata in Gesù Cristo mediante la sua parola che produce tutte le cose che si vedono e che prima non apparivano affatto. Quindi Dio in Gesù Cristo è l'origine di tutte le cose; questa è la creazione. Dio in Gesù Cristo è il preservatore di tutte le cose; questa è la coesione. Dio in Gesù Cristo è il sostenitore di tutte le cose, e questa è la gravitazione.

Il Messaggio del Terzo Angelo – n. 20

A. T. Jones
Stampato nel Bollettino quotidiano della Conferenza generale, 2 marzo 1893, pp. 450–456.

Ripartendo proprio da dove ci siamo fermati ieri sera, il pensiero di ieri sera, e ciò su cui abbiamo voluto soffermarci in particolare ieri sera, è stato quello di trovare Dio in Cristo nella sua parola nella creazione; nel creare, conservare, tenere insieme e sostenere tutte le cose.

Sei giorni impiegò per creare, e poi il resoconto è (Gen. 2:1–3): "Così furono terminati i cieli e la terra e tutto l'insieme di essi. E il settimo giorno Dio terminò l'opera che aveva fatto. E Dio benedisse il settimo giorno e lo santificò, perché in esso si era riposato da tutta l'opera che Dio aveva creato e fatto". E questo lo rese il giorno del sabato *per l'uomo;* ma il pensiero che abbiamo ancora davanti è che il sabato è il segno che Egli è *ciò che* è, nel creare e in tutte le altre cose che è; allo stesso tempo, però, che tutte le cose che Egli è, è nel fatto che è Creatore.

Poi, quando ebbe finito di creare, si riposò e si ristorò, cioè si deliziò del riflesso, nelle cose create, del pensiero della sua mente, del compimento del proposito, come si manifestava nella creazione finita. Questo è il pensiero della parola "rinfrescò" in Esodo 31:17. Sei giorni impiegò per fare i cieli e la terra, e "il settimo giorno si riposò e si rinfrescò", si rallegrò, si rallegrò del suo proposito compiuto, della creazione—il proposito che aveva in mente prima che la creazione venisse pronunciata. Poi benedisse il giorno, lo rese santo e lo santificò. Per questo il comandamento ci dice: "Ricordati del giorno di sabato", cioè del giorno del riposo, "per santificarlo; sei giorni lavorerai e farai ogni tuo lavoro: Ma il settimo giorno è il "riposo", il "sabato", il riposo "del Signore tuo Dio". Di chi è il riposo? [Di chi è il riposo che dobbiamo prendere e godere nel giorno di sabato? [Allora l'uomo che si riposa e gode del proprio riposo e non di quello del Signore, osserva forse il sabato? [Osserva il sabato, non è vero? [Un uomo che si riposa da solo il sabato, anche se gode del suo riposo in quel giorno, non osserva il sabato, il riposo del Signore, e anche se ne gode, osserva solo il sabato e non il sabato.

L'uomo che riceve e gode del *riposo del Signore* il settimo giorno, osserva il sabato, perché è il riposo di Dio che egli osserva. È questo che fa. È il giorno del riposo di Dio. "Per sei giorni lavorerai e farai tutto il tuo lavoro: Ma il settimo giorno è il riposo dell'Eterno, il tuo Dio, non il tuo. È il Suo, il Suo riposo; e, quando ricordiamo il giorno del riposo, di chi è il giorno del riposo che ricordiamo? Il nostro o il Suo? [Sì, del Signore. È il riposo di Dio, e l'idea del riposo di Dio nel pensiero del comandamento del sabato, e le ragioni che sono date nel comandamento, sono le stesse. Dobbiamo lavorare sei giorni. Il motivo è: perché il Signore, nel creare il cielo e la terra, lavorò sei giorni e si riposò il settimo. E noi dobbiamo riposare il settimo giorno, perché il Signore si riposò, lo benedisse, lo santificò e lo consacrò.

Che tipo di riposo era, o è, quello del settimo giorno? [Di chi è il riposo? [Di chi è Dio? [Dio è Spirito. L'unico tipo di riposo che può avere è quello spirituale. Quindi, l'uomo che non ottiene e non gode del riposo spirituale nel settimo giorno, non osserva il sabato, perché il riposo del sabato è un riposo spirituale; è il riposo di Dio, e solo quello. È un riposo spirituale, e il sabato è una cosa spirituale, e il riposo di Dio è nel giorno; il riposo spirituale è nel giorno. E osservando il giorno per fede—"le cose spirituali sono discernibili spiritualmente"—osservando il giorno per fede, il riposo spirituale arriva a chi osserva il sabato. Il riposo spirituale che Dio ha messo nel giorno, che è diventato parte del giorno, il riposo spirituale che c'è, arriva all'uomo e viene goduto e conosciuto da chi osserva il sabato, nell'unico modo in cui può essere osservato, per fede in Gesù.

Poi ha benedetto il giorno. Allora la benedizione di Dio è anche nel giorno; il riposo di Dio è nel giorno; e la gioia che abbiamo trovato, il ristoro, la gioia del Signore è anche nel giorno. Anche la benedizione del Signore è in esso, perché Egli ha benedetto il giorno. Ora, questa benedizione è già nel giorno? [Se l'uomo non lo osserva o non vi presta attenzione, la benedizione è in esso? [Ma non arriva all'uomo, se non crede.

Ora, il pensiero che abbiamo avuto ieri sera: la forza della parola di Dio, la parola di Dio che ha dato vita ai mondi, che effetto ha avuto sui mondi e ha avuto da quel giorno? [La parola che ha pronunciato allora mantiene i mondi insieme e nel loro corso da allora. Per quanto tempo lo farà? ["La parola del nostro Dio rimane in eterno".

Ora, la parola di Dio dice che Egli ha benedetto il settimo giorno. Qual è l'effetto di questa benedizione che ha impartito al giorno? È ancora lì e rimarrà sempre lì, perché per tutta l'eternità sarà un fatto che Dio ha benedetto il settimo giorno; questo, Lui stesso non può contraddirlo, vedete. Lui stesso non può dire di non aver benedetto il settimo giorno, perché dice di averlo fatto. Anche se dovesse cancellare l'intera creazione, sarebbe comunque un fatto che ha benedetto il settimo giorno quando c'era. Non è così? [Allora la questione è risolta. Allora, per tutta l'eternità rimarrà un fatto che Dio ha benedetto il settimo giorno. E finché rimarrà un fatto che l'ha fatto, rimarrà un fatto che la benedizione di Dio è in esso, e rimarrà un fatto che l'uomo che lo osserva come solo il sabato può essere osservato—per fede in Gesù—otterrà la benedizione di Dio da esso e ne godrà come tale.

Ora, facendo riferimento al primo capitolo della Genesi, leggiamo nei versetti ventisettesimo e ventottesimo: "Dio creò l'uomo a sua immagine, a immagine di Dio lo creò; maschio e femmina li creò. E Dio li *benedisse*". Che giorno era? [Allora Dio benedisse l'*uomo* prima di benedire il *settimo giorno*. Questo è deciso, non è vero? [Ora, è altrettanto certo che abbia benedetto *il giorno quanto* che abbia benedetto *l'uomo?* [La benedizione con cui ha benedetto *il giorno* è reale come la benedizione con cui ha benedetto *l'uomo?* [È altrettanto reale. Qual è stata la benedizione? Di chi è stata la benedizione che ha impartito all'uomo? [Di chi fu la benedizione che pose sul giorno? [Ebbene, quando quell'*uomo benedetto* giunse a quel *giorno benedetto*, ricevette nel *giorno* una *benedizione* aggiuntiva rispetto a quella che aveva prima di giungere al giorno? [Congregazione: "Sì"].

Allora il sabato doveva portare all'uomo, che era già benedetto da Dio con benedizioni spirituali, il sabato doveva portare all'uomo ulteriori benedizioni spirituali. Ebbene, è ancora così? ["La parola di Dio vive e rimane in eterno". È così anche adesso.

Allora Egli ha reso sacro il giorno. Ma *cosa* ha reso sacro il giorno? Non c'è bisogno che io passi in rassegna i testi; li avete avuti nella conferenza del fratello Prescott del sabato scorso. Che cosa rendeva santo il giorno? [La presenza di Dio rende sante le cose, rende santo un luogo, rende santo un uomo; la presenza di Dio ha reso santo *il giorno*. Quindi, la santità di Dio è legata al giorno; la presenza di Dio, la santa presenza di Dio, è legata al settimo giorno o al sabato. Ebbene, quando l'uomo arriva a quel giorno, come solo l'uomo può arrivarci, con la mente spirituale—con la mente dello Spirito di Dio—e riceve il riposo spirituale, il ristoro spirituale che c'è in esso, la benedizione spirituale che c'è in esso, non riceve forse anche quella *presenza*, diventa partecipe di quella *presenza*, in cui la santità di Dio lo trasforma? È proprio così. E questa è l'osservanza del sabato.

Ebbene, Egli *santificò* il giorno, ma non è il caso di ripetere questi testi. Cos'è che santifica? [Allora la presenza di Dio, il suo potere santificante è nel settimo giorno. È così? [Allora l'uomo che viene al sabato del Signore secondo l'idea che il Signore ha del sabato del Signore, e secondo il suo intento, ottiene il riposo spirituale; lo trova lì; trova il ristoro spirituale, la delizia; trova la benedizione spirituale; trova la presenza di Dio, e la santità che quella presenza porta per trasformarlo; e trova la potenza santificante in quella presenza che ha santificato il giorno per santificarlo.

A quale scopo è stato fatto tutto questo? Perché è stato creato il sabato? [È stato fatto per l'uomo. Ebbene, Dio si riposò e mise il suo riposo spirituale nel giorno per l'uomo, vero? [Il ristoro di Dio, la sua gioia in quel giorno era per l'uomo; la benedizione con cui l'ha benedetto era per l'uomo; la santità che la sua presenza vi ha portato e che la sua presenza vi ha dato era per l'uomo; la sua presenza che lo santificava era per l'uomo. Ebbene, non era forse per questo che l'uomo, attraverso il sabato, poteva essere partecipe della Sua presenza e conoscere per esperienza viva il riposo spirituale di Dio, la benedizione spirituale, la santità, la presenza di Dio che lo rendeva santo, la presenza di Dio che lo santificava? Non è forse questo che Dio intendeva che il sabato portasse all'uomo? Ebbene, l'uomo che ottiene tutto questo nel sabato è un guardiano del sabato. *E anche lui lo sa*. Lo sa e si rallegra di saperlo.

Ora un'altra cosa: chi è stato il vero agente presente nella creazione? [Chi si è riposato? Chi si è riposato? [Congregazione: "Cristo"] Chi si è rinfrescato? [Chi ha benedetto? [Di chi è la presenza che lo ha reso santo? [Di chi è la presenza nel giorno? [*Allora l'uomo che la presenza di Gesù Cristo non santifica*, *non rende santo* e *non benedice* e a cui *non dà riposo*, non *può osservare il sabato*. Non vedete, è solo con Cristo nell'uomo che il sabato può essere osservato; perché il sabato porta, e ha in sé, la presenza di Cristo.

Quindi, quando Dio ha istituito il sabato, ha posto la creazione davanti all'uomo e l'uomo poteva vedere Dio nella creazione. Ma il Signore voleva avvicinarsi di più all'uomo; l'uomo poteva studiare la creazione e trovare una conoscenza *di* Dio; ma Dio voleva che avesse la conoscenza *di* Dio. Nella creazione poteva *conoscerlo*; nel sabato lo avrebbe conosciuto, perché il sabato porta la presenza vivente, la presenza santificante, la presenza santificante di Gesù Cristo all'uomo che lo osserva. Vediamo quindi che la creazione era prima dell'uomo, che poteva studiare Dio nella creazione e quindi *conoscerlo*; ma Dio si è avvicinato di più e ha creato ciò che significa che Dio è *ciò che* è; e quando l›uomo troverà ciò che Dio è lì, allora non solo lo conoscerà *dalle cose create*, ma lo conoscerà *in se stesso*.

Quindi, lo scopo originale di Dio nella creazione, e il sabato come segno di essa, era che l'uomo potesse conoscere Dio *così com'è* e *ciò che* Egli è per il mondo in e attraverso Gesù Cristo. Non è così? [Lo vedete? [*A che cosa serve ora, allora?* [Congregazione: "Lo stesso"].

Ora, un'altra riflessione. Il sabato è stato fatto alla fine della creazione, ed è la vera cosa che ha fatto la settimana della creazione. Il sabato, dunque, era un segno della potenza di Dio, manifestata in Gesù Cristo, e il segno di una creazione finita, il segno di Dio manifestato in Gesù Cristo in una creazione compiuta e finita. Egli vide tutto ciò che aveva fatto nei cinque giorni, ed ecco che era buono; ma quando arrivò il sesto giorno, vide ogni cosa, ed ecco che era *molto buona*. Gen. 1:31. E il suo proposito si completò. "Così i cieli e la terra furono terminati e tutto il loro insieme", ed eccoli lì, espressione del pensiero che aveva in mente, che la parola aveva espresso quando li aveva fatti esistere. Allora il sabato—"segno che io sono il Signore vostro Dio", perché in sei giorni fece i cieli e la terra, e il settimo giorno si riposò e si ristorò—è il segno dell'opera finita e completata di Dio nella creazione.

Ora andiamo avanti. L'uomo, a quel tempo, nel giardino dell'Eden, così come Dio lo aveva creato, conosceva forse tutto ciò che Dio poteva conoscere? [Poi, ogni giorno di sabato, gli avrebbe portato una conoscenza e una presenza di Dio supplementari. Ma chi è questo? [Un'ulteriore conoscenza e presenza di Cristo in sé. Quindi, se fosse rimasto fedele, sarebbe cresciuto ancora nella conoscenza di Dio, in se stesso, nella propria esperienza, crescendo sempre di più in tutto ciò che è la natura di Dio. Ma non è rimasto lì. Non è rimasto fedele. La creazione è stata completata come Dio l'ha completata, e tutta la schiera di loro, ed erano secondo la sua mente. È così. Ma Satana entrò e fece uscire l'uomo e tutto il mondo dai propositi di Dio. Non è così? [Ha invertito l'ordine di Dio, cosicché, mentre prima Dio si rifletteva nella mente dell'uomo in tutte le cose di sopra e nell'uomo stesso, *ora* Satana si riflette nell'uomo, e questo offusca il riflesso di Dio in qualsiasi cosa, cosicché l'uomo naturale non vede Dio, nemmeno nella natura.

Ebbene, quando Satana ha stravolto il proposito di Dio, l'ha rivoltato e ha invertito l'ordine di Dio, il Signore non l'ha abbandonato. Disse: "Porrò inimicizia tra te e la donna, tra la tua discendenza e la sua discendenza". Questo spezzò il potere di Satana sull'uomo a tal punto da liberarlo dalla depravazione totale; lo rese libero di trovare Dio. Ma in chi è avvenuto questo? [Di nuovo Cristo. Dio in Cristo vuole riportare l'uomo e il mondo al suo scopo originario. E non è stata la stessa potenza in Cristo, e con lo stesso mezzo—la Sua parola—a riportare gli uomini e il mondo nel Suo scopo, che li ha prodotti in primo luogo? [Congregazione: "Sì"].

È stato Dio in Cristo, con la sua parola, a produrre il mondo e l›uomo, in primo luogo. Ora, Satana ha sottratto tutto a Dio e lo ha trasformato in modo contrario al suo scopo. Ora è Dio in Cristo, con la sua parola, a riportare gli uomini e il mondo nel suo proposito. Allora, l›opera di *salvezza* non è semplicemente la potenza di Dio in un altro modo rispetto a quello che ha portato tutte le cose in primo luogo? In altre parole, la salvezza non è forse creazione? Certamente.

Ora, un'altra riflessione su questo punto per vederlo ancora più chiaramente, se necessario. Lo scopo originario di Dio nella creazione è ora completato? [È stato completato, ma lo è ora? [No, signore. Quando la salvezza dell'umanità sarà completata, il suo scopo originale sarà completato? [Congregazione: "Sì"] Allora cos'è l'opera di salvezza se non lo svolgimento e il completamento del proposito originario di Dio nella creazione? ["Il Padre mio opera finora e io opero". Allora cosa può essere l'opera della salvezza se non l'opera originale della creazione? Lo stesso Dio, nello stesso Figlio, con gli stessi mezzi, per realizzare lo stesso scopo. Ebbene, il segno di *quest'*opera di *salvezza* non è forse lo stesso segno di *quell'*opera di *creazione*?

Allora il sabato del Signore è certamente il segno della potenza creatrice di Dio manifestata in Gesù Cristo attraverso la sua parola, *nella salvezza della mia anima,* così come lo è stato nella creazione di questo mondo.

Ma Dio si rivela ovunque in Cristo, in tutti i luoghi, vedete; questo è il pensiero che abbiamo continuamente davanti. Allora il Suo nome è Io Sono Così Come sono; ma ciò che Egli è può essere conosciuto solo in Gesù Cristo. Perciò per gli uomini, a tutti gli effetti, per gli uomini di questo mondo, Gesù Cristo è Dio stesso e ciò che Egli è, non è vero? [Dico a tutti gli effetti—non che questo li renda un unico, identico e medesimo individuo, ma come nessun uomo può conoscere il Padre se non il Figlio, e *colui al quale il Figlio lo rivelerà,* nessun uomo può conoscere Dio se non come è rivelato in Gesù Cristo; di conseguenza, per l'uomo, Cristo è Dio, e tutto ciò che può conoscere di Dio è in Cristo. Perciò Cristo diventa praticamente, a tutti gli effetti, Dio per noi; e Dio ha detto, quando è nato, che è "Dio con noi".

Allora, il sabato è il segno che Egli è il Signore nostro Dio. Ma è il segno che Egli è *ciò che* è. Allora, essendo Cristo Dio per noi, il sabato non è forse il segno di ciò che Gesù Cristo è per l›uomo che crede in Lui? [Alla creazione era il segno di ciò che Gesù Cristo è nella creazione. E ora che Cristo deve portare avanti la propria opera di salvezza per portare a termine, attraverso questo mezzo, il suo scopo originario nella creazione, il sabato è lo *stesso segno della stessa potenza creatrice*, nella *stessa persona, Gesù Cristo.* Quindi è sempre la stessa cosa. Solo che ora la *potenza* si manifesta in modo diverso da prima, a causa dell'inversione dell'ordine; ma è la stessa potenza creatrice della *stessa Persona* nella *stessa Persona*, con gli *stessi mezzi* e realizzando *lo stesso scopo.* Perciò lo *stesso segno* è l›unico che possa mai essergli attribuito. Non si può avere nessun altro segno, è impossibile. Quindi è letteralmente vero che il sabato del Signore, il settimo giorno, il benedetto settimo giorno, è il segno stesso di Dio di ciò che Gesù Cristo è per l›uomo che crede in Gesù Cristo.

Ora studiamo questo punto un po' più a fondo. "Tutti hanno peccato e sono venuti meno alla gloria di Dio". "Il salario del peccato è la morte; perciò la morte è passata su tutti gli uomini, perché tutti hanno peccato". Tutti sono morti. È così? [Sono tutti fuori dal cammino. Sono usciti completamente dallo scopo originario di Dio. Qual è la prima cosa che Gesù Cristo è per l'uomo che crede in Lui? ["Creatore". "Creato di nuovo in Cristo Gesù". Dio in Cristo per il peccatore è ancora il Creatore, la prima cosa, perché Dio parla e vive. Per mezzo della parola di Dio noi viviamo. E "noi siamo opera sua, creati in Cristo Gesù per le opere buone, che Dio ha prestabilito perché camminassimo in esse". Ef. 2:10. *Allora* Dio aveva fatto l'uomo per camminare nelle opere buone, ma l'uomo camminava in senso contrario. *Ora, in Cristo,* Dio riporta l'uomo al punto in cui lo ha iniziato. Quindi la salvezza è solo il compimento dello scopo originale di Dio in Cristo nella creazione.

Dunque, "se uno è in Cristo è una nuova creatura". La prima cosa che Cristo è per chiunque e la prima cosa che Dio è per chiunque—il peccatore in questo mondo—è il Creatore, che lo rende una nuova creatura. "Crea in me un cuore pulito, o Dio; rinnova in me uno spirito retto". Quindi l'opera di Dio nella salvezza è la creazione.

Ebbene, quando abbiamo trovato Gesù Cristo come nostro Creatore e siamo stati fatti nuovi in Lui, qual è la prima cosa che troviamo in Gesù? [Sì, il riposo, naturalmente; ed ecco la prima cosa che Egli fece all'inizio. Si riposò. Quindi la prima cosa che troviamo nella manifestazione della Sua potenza in noi è il riposo. Che tipo di riposo? [È questo l'invito: "Venite a me, voi tutti che siete affaticati e oppressi, e io vi darò riposo". Poi Lui dice: "Io sono con voi". Io sono con voi. "Non ti lascerò mai e non ti abbandonerò mai". E quando parlò a Mosè nel deserto: "La mia presenza andrà con te e ti darò riposo", che cosa dà la Sua presenza? [Congregazione: "Riposo"].

E quando l'uomo è diventato una nuova creatura in Cristo e trova il riposo, cosa fa? [No, prima si rallegra e si mette al lavoro gioendo. Che cosa ha fatto Dio? Si è rallegrato. Cosa fa l'uomo? Si rallegra del proposito di Dio realizzato in se stesso. Ma è solo questo il motivo di gioia? No: "Io vi dico che ugualmente ci sarà gioia in cielo per un solo peccatore che si ravvede, più che per novantanove giusti, che non hanno bisogno di ravvedimento". Allora Dio si rallegra di nuovo del riposo che ci dà e che otteniamo in Lui. E di nuovo si rinfranca; di nuovo si rallegra del suo popolo.

Allora, la cosa successiva che appartiene al giorno del sabato, e la cosa successiva che appartiene a tutto questo, è la benedizione. Ultimo versetto degli Atti, terzo capitolo: "A voi per primi Dio, avendo innalzato il suo Figlio Gesù, lo ha mandato per benedirvi, allontanando ciascuno di voi dalle sue iniquità". Allora Cristo è una benedizione per il peccatore, non è vero? È una benedizione per l'uomo che crede in Lui. Ma ancora: quel testo che abbiamo studiato qui in modo così delizioso, Ef. 1:3: "Benedetto sia il Dio e Padre del nostro Signore Gesù Cristo, che ci ha benedetti con tutte le benedizioni spirituali nei luoghi celesti in Cristo Gesù". Dio ci ha dato tutte le benedizioni spirituali che possiede. Tuttavia, esse ci sono state date in Cristo.

Ma il sabato ci porta la benedizione spirituale. Dove ha preso il sabato la benedizione spirituale? [Sì, da Gesù Cristo. Quindi, per quanto riguarda la benedizione spirituale che il sabato ci porta, ce la porta solo da Gesù Cristo e solo attraverso Gesù Cristo; quindi, sotto questo aspetto, il sabato è un canale attraverso il quale la benedizione spirituale fluisce da Gesù Cristo al popolo di Dio. Questo è un fatto; perché tutte le benedizioni spirituali ci sono date in Cristo, e il sabato ha in sé la benedizione spirituale di Dio, e quindi essendo una benedizione spirituale non potrebbe ottenerla in nessun altro luogo o modo se non in, per mezzo di e da Gesù Cristo. Di conseguenza, il sabato è uno di quei legami a cui il fratello Prescott ha fatto riferimento poco fa, che ci lega a Cristo, affinché possiamo avere la benedizione spirituale.

E poi ancora: "La mia presenza andrà con te". La Sua presenza rende santa la persona dove si trova. E ancora: un altro pensiero, per arrivare allo stesso punto in un altro modo. "Non mi vergogno del vangelo di Cristo, perché è potenza di Dio per la salvezza di chiunque creda". Che cos'è il Vangelo? [Che cosa si manifesta in Cristo? [Che cosa si manifesta nel Vangelo? [A quale scopo? [Ma la potenza di Dio per la *salvezza* è la stessa potenza nella *creazione*. È la potenza di Dio in entrambi i luoghi. Quindi, qualunque sia il segno della potenza di Dio in un luogo, è il segno della potenza di Dio in ogni luogo e in ogni modo, perché è la sola potenza di Dio in ogni momento; e non si può contrapporre la potenza di Dio alla potenza di Dio. Quindi non avete bisogno di altri segni della manifestazione della potenza di Dio; non potete averli, è impossibile.

Allora, il Vangelo è "potenza di Dio per la salvezza" e il Vangelo è "Cristo in voi, speranza di gloria". Allora l'uomo che crede nel vangelo di Gesù Cristo, Cristo abita in lui. La presenza di Cristo è lì; e la presenza di Cristo rende santo. È questo che ha reso santo il sabato. Quindi il sabato, dal punto di vista della santità, è esattamente il segno di ciò che Cristo è per l'uomo che crede in Lui.

Inoltre, la presenza di Cristo santifica. Quindi nella santificazione il sabato è il segno di ciò che Cristo è per il credente. Non vedete? Quindi per il credente in Gesù, Dio in Cristo crea di nuovo; per lui Dio è riposo, ristoro, delizia, gioia, benedizione, santità, santificazione. Questo è ciò che Cristo è per il credente; ma questo è ciò che Egli è stato per il sabato molto tempo fa, *per il* credente.

Ha creato il sabato per l'uomo, come abbiamo visto, alla creazione. Lo fece lì, alla creazione, affinché l'uomo, anche se fosse rimasto fedele a Dio e non avesse mai peccato, fosse per l'uomo il segno di ciò che Dio era per l'uomo in Gesù Cristo, e la presenza di Cristo nell'uomo. E ora nella nuova creazione è la stessa cosa; nell'opera di salvezza è la stessa cosa.

E poi un'altra cosa: Cristo è diventato per noi sapienza, giustizia, santificazione e redenzione. Egli è la nostra santificazione. Ha mandato Paolo a predicare il Vangelo, ricordate. Per predicare ai Gentili, "per aprire i loro occhi e farli passare dalle tenebre alla luce e dal potere di Satana a Dio, affinché ricevano il perdono dei peccati e l'eredità tra coloro che sono santificati *dalla fede che è in me*". Ma la santificazione e il suo scopo ultimo, scopo compiuto, è l'opera completa di Cristo compiuta nell'individuo. L'immagine di Cristo è completamente formata nel credente, così che quando Cristo guarda il credente vede se stesso. È così, questa è la santificazione.

Lo Spirito di profezia ha definito la santificazione con queste parole: "La santificazione è l'osservanza di tutti i comandamenti di Dio", non il *tentativo* di osservarli o di *fare del nostro meglio* per farlo; è l'*osservanza* di tutti i comandamenti di Dio. Nessun uomo sarà il custode—il custode come Dio si aspetta e chiama un custode—di tutti i comandamenti, in cui Gesù Cristo non sia completamente formato, la sua stessa immagine impressa; e quando guarda quell'uomo, vede se stesso. È così.

Ora, la giustizia di Dio in Gesù Cristo è quella che ci rende giusti, che ci salva, che ci santifica, che è tutto in tutti per noi. Quando abbiamo ottenuto questa giustizia, e questa giustizia è lì secondo la giustizia, l'idea di Dio di giustizia, cos'è che testimonia la giustizia di Dio nel credente in Gesù? [La legge di Dio. Ma ecco l'opera di Cristo che cresce nell'individuo, quell'opera progressiva; è l'opera della santificazione—l'opera di santificazione; perché questo è il pensiero, l'opera di santificazione. È la crescita di Cristo nell'individuo. Quando Cristo è cresciuto fino alla pienezza, allora l'opera di santificazione è completata.

Qual è il segno che Dio santifica? [Qual è il segno che la presenza di Cristo santifica l'individuo? [Quando l'opera sarà completata, cosa ne sarà testimone? [Quale parte della legge, in particolare? [Così come tutta la legge testimonierà l'opera completa della giustizia di Dio nell'uomo; ma il sabato sta lì come segno di Dio di un'opera compiuta. È il segno di un'opera compiuta alla creazione, non è vero? Ma quando questa è stata annullata e l'ordine di Dio è stato invertito, ora il Signore deve portare avanti la sua opera attraverso questo mezzo per completare lo scopo originale della creazione. Allora il sabato si trova in quest'opera finita di Dio nella salvezza—il sabato si trova all'apice della legge stessa, come testimonianza della santificazione compiuta; così il sabato è il segno dell'opera compiuta di Dio nella creazione originale e in questa creazione secondaria, che è il compimento dello scopo originale della creazione.

Ora un'altra riflessione: Essendo il sabato il segno di ciò che Cristo è per il credente, il credente saprà pienamente cosa è il sabato finché non saprà pienamente cosa è Cristo? [Quando la conoscenza di Dio in Gesù Cristo avrà assorbito tutta la mente, allora anche il sabato sarà pienamente conosciuto dalla mente stessa. Ma il sabato è il segno di ciò che Dio è in Cristo; e quando questo viene portato pienamente alla mente stessa, che cos'è se non l'immagine di Dio, il nome di Dio, nella mente del credente, e questo il sigillo del Dio vivente, attraverso il sabato del Signore?

Ebbene, vedete che ogni passo del cammino, ogni linea di pensiero, ci porta solo di fronte a questo, che il sabato come è in Gesù Cristo, e come lo osserva il credente in Gesù, solo questo è il sigillo del Dio vivente. L'osservanza del sabato non è il sigillo di Dio. Cristo come si riflette nel sabato del Signore, attraverso il sabato del Signore, e in esso, nella mente e nel cuore del credente, nell'immagine vivente di Dio completata, questo è il sigillo del Dio vivente. Allora sulla fronte di quel popolo è scritto il nome del Padre.

Ora vedi qui. Andate a Numeri 6:23–27: "Parlate ad Aaronne e ai suoi figli, dicendo: "In questo modo benedirete i figli d'Israele, dicendo loro: "Il Signore ti benedica e ti protegga; il Signore faccia risplendere il suo volto su di te; il Signore alzi il suo volto su di te e ti dia pace". E metteranno il mio nome sui figli d'Israele e io li benedirò". Questa è la benedizione con cui il sommo sacerdote benediceva quando il giorno dell'espiazione era finito; quando l'opera di espiazione era terminata e il sacerdote usciva dal tempio per santificare e benedire il popolo, questa è la benedizione. E in questa benedizione che cosa ha messo su di loro? Egli "metterà il mio nome sui figli d'Israele". Il giudizio era passato e loro erano al sicuro. Questo era nella figura.

Ora leggete Apoc. 3:9–12: "Ecco, io farò sì che quelli della sinagoga di Satana, che dicono di essere Giudei e non lo sono, ma mentono, ecco, farò sì che vengano ad adorare davanti ai tuoi piedi e sappiano che io ti ho amato. Poiché hai osservato la parola della mia pazienza, anch'io ti preserverò dall'ora della tentazione, che verrà su tutto il mondo per mettere alla prova gli abitanti della terra. Ecco, io vengo presto: tieni saldo quello che hai, perché nessuno ti prenda la corona". Questo messaggio fu dato quando iniziò il Giorno dell'Espiazione, non è vero, il nostro Giorno dell'Espiazione?

Questo si è compiuto quando è iniziato il Giorno dell'Espiazione.

Ora: "Colui che vince lo farò diventare una colonna nel tempio del mio Dio e non ne uscirà più; e scriverò su di lui il nome del mio Dio e il nome della città del mio Dio, che è la Nuova Gerusalemme, che scende dal cielo dal mio Dio; e scriverò su di lui il mio nuovo nome". Quando la sua opera di espiazione è terminata, il nome di Dio è completato nella mente ed Egli dichiara l'opera conclusa; perché ciò che Dio è lì, nel credente e nel sabato, è il segno di un'opera finita nella santificazione.

Ora Isa. 58:13, 14: "Se distoglierai il tuo piede dal sabato, dal fare i tuoi piaceri nel mio giorno santo, e chiamerai il sabato una delizia, il santo del Signore, onorevole; e lo onorerai, non facendo le tue vie, non trovando i tuoi piaceri, non dicendo le tue parole; allora ti delizierai nel" sabato. [Perché non nel sabato? Non c'è scritto che il sabato deve essere considerato una delizia, che deve essere considerato il santo del Signore, che deve essere onorato, che non deve essere fatto a modo suo? Perché non deliziarsi del sabato? Ah, c'è quel significato lì, vedete; fate questo al sabato e vi deliziate nel Signore; perché il sabato è il segno di ciò che il Signore è per l'uomo.

Perciò ha messo le cose in chiaro: fate così per quanto riguarda il sabato e vi delizierete nel Signore, perché è il segno di ciò che il Signore sarà per voi e di ciò che voi sarete per il Signore. Allora vorrei sapere come si fa a scendere a compromessi con qualsiasi altra istituzione rivale, quando il sabato è il segno di ciò che Cristo è per lui. L'uomo per il quale il sabato è il segno di ciò che Cristo è per lui, chiederà se deve lavorare o meno la domenica? [Sa bene che questo non c'entra; sa che non può scendere a compromessi e avere metà di Cristo e metà di qualcos'altro; inoltre, Cristo è tutto in tutti, e il sabato è il segno di ciò che Cristo è per lui, e Cristo è tutto in tutti per lui, e suggerire qualcos'altro significa insultarlo.

Allora le persone che fanno queste domande non sanno cosa sia Cristo. Potrebbero anche non osservare la domenica. Non stanno osservando il sabato.

Ma il punto è questo. Il sabato ha in sé l'immagine vivente di Gesù e la presenza di Gesù Cristo. L'ha messo lì; l'ha messo lì per l'uomo; e l'uomo che crede in Gesù Cristo può ottenerlo. Oltre alla benedizione del Signore, quando arriva al giorno di sabato, ottiene un'ulteriore benedizione dal Signore. Non importa quanto la presenza di Cristo sia con lui, quando arriva al giorno di sabato, la presenza di Cristo gli arriva in più. Lui lo sa.

Indipendentemente dal riposo del Signore che sta godendo, quando arriva al sabato, che è il segno di ciò che Cristo è per il credente, e ha la presenza di Cristo in esso, gli porta un ulteriore riposo nel Signore. Non importa quanta santità di Cristo abbia in sé, quando si avvicina al sabato ne rivela di più osservandolo nel timore di Cristo e per fede in Lui. Anche se è completamente santificato e tutto il suo io è scomparso e non c'è altro che Cristo, anche allora, quando arriva al giorno del sabato, nelle profondità dell'eternità gli si rivelerà ancora di più la meravigliosa conoscenza e la potenza santificante e crescente che c'è in Gesù Cristo per l'uomo che crede in Lui.

Il Messaggio del Terzo Angelo – n. 21

A. T. Jones
Stampato nel Bollettino quotidiano della Conferenza generale, 3 marzo 1893, pp. 464–473.

Questa sera riprendiamo il pensiero proprio da dove era stato lasciato ieri sera, cioè che l'opera di Dio nella salvezza è la stessa che Dio ha compiuto nel portare a termine il suo proposito originale nella creazione: perché, come si disse allora, nel momento in cui fu terminata la creazione dei cieli e della terra, e di tutta la loro schiera, il proposito di Dio si trovava lì, completato, nel quale Egli si compiaceva in quel giorno. Tuttavia, grazie all'inganno di Satana, questo mondo è stato stravolto dal suo scopo creativo e si è rivolto al suo contrario.

Perciò, per completare il suo proposito, Egli deve raccogliere da questo mondo un popolo che riempirà la terra, una volta rifatta, come sarebbe stata riempita se non fosse mai caduta nel Suo proposito originale. E quando ciò si realizzerà attraverso questa parola di salvezza, la potenza di Dio nella salvezza sarà il vero completamento, il vero compimento del Suo proposito originale di fare questo mondo con tutte le cose; un universo completo, quando tutto ciò che è in cielo e sulla terra, e sotto la terra, e nel mare, e tutto ciò che è in essi, diranno: "Benedizione, onore e potenza siano a colui che siede sul trono e all'Agnello nei secoli dei secoli".

Perciò il Salvatore, quando era qui, disse: "Il Padre mio opera finora e io opero". L'opera di Dio è stata terminata quando è iniziato il settimo giorno dell'antichità. Egli si riposò. Ma la sua opera su questa terra e la formazione dell'uomo qui era disfatta, così che dovette rimettersi al lavoro nell'opera di salvezza per completare il suo proposito originario; e perciò Gesù dice: "Il Padre mio opera finora e io opero".

Ora leggerò tre passi dell'Antico Testamento e tre del Nuovo, e potete moltiplicarli quanto volete, soprattutto dal 40° capitolo di Isaia in poi, che mostrano che nell'opera di salvezza Egli pone la sua opera originale nella creazione, e se stesso come Creatore, e la sua potenza manifestata nella creazione, come base della nostra fiducia nel suo potere di compiere la nostra salvezza.

Si veda innanzitutto il Salmo 111:4: "Egli ha fatto ricordare le sue opere meravigliose". La versione riveduta, quella ebraica, quella ebraica e altre riportano: "Ha fatto memoria delle sue opere meravigliose". Questo è ciò di cui abbiamo parlato. Questa è la prima parte del versetto; e ora l'ultima parte: "Il Signore è benevolo e pieno di compassione". Le sue opere meravigliose, dunque, che sono significate nel memoriale che Egli ha istituito, sono collegate proprio in quel versetto, alla sua benevolenza, alla sua pienezza di compassione per l'uomo in questo mondo, che ne ha tanto bisogno.

Ora il 40° capitolo di Isaia, e potete seguire fino in fondo, attraverso il resto del libro di Isaia, e lo vedrete fino in fondo. Comincerò con il primo versetto, che è, ricordate, "Consolate, consolate il mio popolo, dice il vostro Dio. Parlate conforto a Gerusalemme". Il margine recita: "Parlate al cuore di Gerusalemme e gridatele che la sua guerra è compiuta, che la sua iniquità è perdonata, perché ha ricevuto dalla mano del Signore il doppio per tutti i suoi peccati. La voce di colui che grida nel deserto: "Preparate la via al Signore, raddrizzate nel deserto la strada per il nostro Dio". Questo è il messaggio di Giovanni Battista.

"Ogni valle sarà esaltata e ogni monte e colle sarà abbassato; le vie tortuose saranno rese diritte e i luoghi accidentati pianeggianti: La gloria dell'Eterno sarà rivelata e ogni carne la vedrà insieme, perché la bocca dell'Eterno l'ha detto". La voce disse: "Grida". Ed egli disse: "Che cosa devo gridare? Ogni carne è erba e la sua bontà è come il fiore del campo: L'erba appassisce, il fiore appassisce, perché lo Spirito dell'Eterno soffia su di essa; certamente il popolo è erba. L'erba appassisce, il fiore appassisce, ma la parola del nostro Dio resterà in eterno".

E Pietro, citando quel testo negli ultimi due versetti del primo capitolo di Pietro, dice: "E questa è la parola che vi è stata predicata per mezzo del Vangelo". Sta citando questo testo di Isaia, che "la parola del nostro Dio resterà in eterno", e dice: "Questa è la parola che vi è stata predicata mediante il Vangelo".

Poi Isaia prosegue e parla del Vangelo con altre parole: "O Sion, che porti la buona novella, sali sull'alto monte; o Gerusalemme, che porti la buona novella, alza la tua voce con forza; alzala, non temere; di' alle città di Giuda: Ecco il vostro Dio! Ecco, l'Eterno Dio verrà con mano forte e il suo braccio governerà per lui; ecco che la sua ricompensa è con lui e la sua opera davanti a lui. Egli pascerà il suo gregge come un pastore; raccoglierà gli agnelli con il suo braccio, li porterà in grembo e condurrà dolcemente quelli che hanno i piccoli".

Questo è il Vangelo. Fino a questo punto egli sta insegnando il Vangelo mediante la Parola di Dio. Ora leggete: "Chi ha misurato le acque nell'incavo della sua mano, ha misurato il cielo con una spanna, ha compreso la polvere della terra in una misura, ha pesato i monti in una bilancia e le colline in una bilancia?". Chi ha fatto questo? Lo stesso che viene e dice: "Io guiderò teneramente come un pastore quelli che sono miei"; lo stesso la cui parola ci parla ora nel Vangelo e vive per sempre.

"Chi ha diretto lo Spirito del Signore, chi lo ha istruito come suo consigliere? Con chi si è consigliato, chi lo ha istruito, chi gli ha insegnato la via del giudizio, chi gli ha insegnato la conoscenza, chi gli ha indicato la via dell'intelligenza? Ecco, le nazioni sono come una goccia di un secchio e sono contate come la piccola polvere della bilancia; ecco, egli prende le isole come una cosa molto piccola. Il Libano non basta per bruciare, né le sue bestie bastano per un olocausto. Tutte le nazioni, davanti a lui, sono un nulla; per lui sono meno di un nulla e vanità. A chi dunque paragonerete Dio? O quale somiglianza gli paragonerete?".

Poi passate al 25° versetto: "A chi dunque mi paragonerete, o sarò uguale? dice il Santo. Alzate gli occhi in alto e guardate chi ha creato queste cose, che fa uscire la loro schiera per numero; li chiama tutti per nome, per la grandezza della sua forza, perché è forte in potenza; nessuno viene meno". Non uno solo se ne va. "Non uno viene meno", dice il testo. Sono tutti custoditi: ma cosa li custodisce? [Egli sostiene "tutte le cose con la parola della sua potenza".

Ora ci dice di guardare in alto e di vedere chi ha creato tutte queste cose, e "fa uscire la loro schiera per numero". Come "fa uscire la loro schiera"? ["Per numero".

E allora, a cosa serve? Ora, il 27° versetto: "Perché dici, o Giacobbe, e parli, o Israele, che la mia via è nascosta al Signore e il mio giudizio è passato davanti al mio Dio? Guarda i cieli e vedi chi ha fatto tutte queste cose, e chiama la loro schiera per numero e non ne manca nemmeno una. Ora, Giacobbe, perché dici che Dio ti ha dimenticato? Perché ti scoraggi? Perché pensi che ti abbia dimenticato? Non dimentica nessuno dei pianeti dell'universo; li conosce tutti per nome. Si dimenticherà del vostro nome? A cosa servono queste due cose messe insieme? [Perché lo stesso che ha creato tutte queste cose è colui che ha consolato Israele. Colui che conosce tutte queste cose è colui che dà a voi e a me il nostro nuovo nome.

Ventottesimo versetto: "Non sai? Non hai sentito che l'eterno Dio, il Signore, il Creatore dei confini della terra, non si stanca e non si affatica? Non c'è ricerca del suo intelletto. Egli dà forza ai deboli, e a coloro che non hanno forza accresce la forza". Chi lo fa? [Ebbene, alzate gli occhi e vedete chi ha creato tutte queste cose, e poi che ha potere di dare ai deboli. Egli ha potere per i deboli, con la Sua parola; così dice: "Siate di buon umore. Siate coraggiosi". È così. Quando disse a Daniele: "Sii forte", Daniele rispose: "Io sono forte, perché Tu mi hai fortificato".

Ora il resto del capitolo: "Anche i giovani si affievoliranno e si stancheranno e i ragazzi verranno meno; ma quelli che attendono il Signore rinnoveranno le loro forze; saliranno su ali come aquile, correranno e non si stancheranno, cammineranno e non si affaticheranno". Perché la potenza che mantiene i pianeti nel loro corso e in un luogo, quella stessa potenza sarà con i deboli e i deboli; e così potranno "correre e non essere stanchi"; e potranno "camminare e non essere deboli". Allora, non vedete che il Signore pone la creazione e la sua potenza nella creazione come fondamento della nostra speranza nella sua salvezza? Allora non è un tutt'uno?

Un altro versetto benedetto che tocca così intimamente tutti—lo leggo principalmente a questo scopo—si trova nel 147° Salmo, 3° e 4° versetto: "Egli guarisce chi ha il cuore spezzato e fascia le sue ferite. Egli dice il numero delle stelle, le chiama tutte per nome". Allora colui che può dire il numero delle stelle, chiamarle tutte per nome, è Colui che lega e guarisce i cuori spezzati—lega le loro ferite. Ebbene, vi è capitato di essere feriti nello spirito, con il cuore spezzato e quasi disperati, e di pensare che tutto e tutti si fossero dimenticati di voi? Ricordate il versetto successivo. Non solo "guarisce i cuori spezzati e fascia le loro ferite", ma dice anche il numero delle stelle, le chiama per nome e non dimenticherà il vostro nome. Questo è il Signore. Questo è il nostro Salvatore, ma il fondamento della nostra fiducia in Lui come Salvatore è che Egli ha creato tutte queste cose e conosce tutti i loro nomi, e le sostiene con la parola della sua potenza, che salva.

Ora, leggendo frettolosamente il Nuovo Testamento, vi ricordate le scritture del primo capitolo di Giovanni, 1–3: "In principio era il Verbo, e il Verbo era presso Dio, e il Verbo era Dio. Tutte le cose sono state fatte per mezzo di lui; e senza di lui non è stato fatto nulla di ciò che è stato fatto. In lui c'era la vita e la vita era la luce degli uomini". E il 14° versetto: "E il Verbo si fece carne e venne ad abitare in mezzo a noi, ... pieno di grazia e di verità". "E della sua pienezza abbiamo ricevuto tutto, grazia per grazia".

Allora Colui che ha creato tutte le cose è venuto qui stesso, "pieno di grazia e di verità"; carne come noi, e attraverso di Lui siamo partecipi della Sua pienezza. Non vedete allora che l'unico pensiero che Dio vuole che abbiamo sulla salvezza è che Colui che ci ha creato ci salva; che la potenza con cui ha creato è la potenza con cui salva; e il mezzo con cui ha creato—la sua parola—è proprio quello con cui salva. E questa era la Sua parola: "A voi è stata mandata la parola di questa salvezza".

Ef. 3 parla del Vangelo: inizia con il 7° versetto e termina con il 12°: "Di cui sono stato fatto ministro, secondo il dono della grazia di Dio che mi è stato dato mediante l'opera efficace della sua potenza. A me, che sono meno dell'ultimo di tutti i santi, è stata data questa grazia di predicare tra i Gentili le imperscrutabili ricchezze di Cristo e di far vedere a tutti gli uomini qual è la comunione del mistero che, fin dal principio del mondo, è stato nascosto in Dio, il quale ha creato tutte le cose per mezzo di Gesù Cristo". Ora, che cosa doveva predicare? "Le imperscrutabili ricchezze di Cristo"; e far vedere agli uomini qual è il mistero che è "in Dio, che ha creato tutte le cose per mezzo di Gesù Cristo". Quindi il Vangelo deve portare gli uomini a comprendere lo scopo di Dio quando ha iniziato a creare. Quindi, se il Vangelo fosse impegnato in qualsiasi altra opera, e insegnasse qualsiasi altra cosa, o qualsiasi altro potere che non sia la creazione originale, non vedete che la sua predicazione non li porterebbe a questo? Ma, essendo questo il suo scopo, ciò dimostra semplicemente la forza che abbiamo sempre davanti a noi, cioè che lo scopo di Dio nel Vangelo è quello di far conoscere agli uomini che ne hanno perso la conoscenza, la conoscenza del Suo scopo originale nel creare tutte le cose per mezzo di Gesù Cristo.

Così leggiamo: "affinché i principati e le potenze nei luoghi celesti conoscano per mezzo della Chiesa la multiforme sapienza di Dio, secondo il proposito eterno che Egli ha stabilito in Cristo Gesù, nostro Signore". Ma in un altro luogo leggiamo che Egli aveva stabilito questo scopo prima che il mondo avesse inizio. Avrebbe dovuto farlo, se fosse stato un proposito eterno. Quindi, in Cristo, nella salvezza di questo mondo e degli uomini, e nell'opera di Cristo in esso, Dio sta realizzando il suo proposito eterno che ha iniziato al principio. "Nel quale (in Cristo) abbiamo l'ardire di confidare nella fede di lui".

Rileggiamo questo proposito eterno: "Secondo il proposito eterno che Egli ha stabilito in Cristo Gesù, nostro Signore". Allora il proposito creatore originale di cui abbiamo parlato ieri sera, che era in Cristo, questa realizzazione che è stata vanificata, è Cristo. Allora era Cristo prima, ed è Cristo adesso. È Cristo tutto il tempo, e la potenza di Dio in Cristo tutto il tempo: la potenza di Dio manifestata nella parola tutto il tempo per il compimento del suo proposito all'inizio e il compimento di quel proposito alla fine. Satana è entrato e ha fatto girare il mondo in maniera storta. Il Signore dice: "Va bene, lo porteremo a termine in questo modo". Satana non ha fatto nulla. Satana non ha fatto nulla, ha spostato il mondo e così è andato avanti, per così dire, per vie traverse, e Dio porterà a termine la cosa per vie traverse e realizzerà il suo proposito eterno in modo da stupire l'universo e distruggere il diavolo. *Lo farà*.

La stessa cosa è in Col. 1, a partire dal 9° versetto. Leggerò velocemente dal 9° al 17° versetto: "Per questo anche noi, dal giorno in cui l'abbiamo udito, non cessiamo di pregare per voi e di desiderare che siate ripieni della conoscenza della sua volontà in ogni sapienza e intelligenza spirituale: affinché possiate camminare in modo degno del Signore con ogni piacere, essendo fedeli in ogni opera buona e crescendo nella conoscenza di Dio. Rafforzati con ogni forza, secondo la sua gloriosa potenza, in ogni pazienza e longanimità con gioia: rendendo grazie al Padre che ci ha resi partecipi dell'eredità dei santi nella luce: che ci ha liberati dal potere delle tenebre e ci ha trasferiti nel regno del suo caro Figlio: Nel quale, per mezzo del suo sangue, abbiamo la redenzione e il perdono dei peccati: Il quale è l'immagine del Dio invisibile, il primogenito di ogni creatura: Da lui infatti sono state create tutte le cose, quelle che sono nei cieli e quelle che sono sulla terra, visibili e invisibili, siano esse troni, dominazioni, principati o potestà; tutte le cose sono state create da lui e per lui: Egli è prima di tutte le cose e da lui dipendono tutte le cose". La creazione, la salvezza, la benedizione di Dio, la sua grazia e la liberazione dal potere delle tenebre sono un'unica storia: la potenza creatrice di Dio e Dio in Gesù Cristo.

Il primo capitolo di Ebrei ne parla in modo completo. È presente in tutta la Bibbia. Ora il pensiero. Non abbiamo bisogno di soffermarci ulteriormente sul fatto che la salvezza è creazione ed è data come segno della potenza creatrice manifestata in Gesù Cristo. E l'unico modo in cui questa potenza si manifesta è in Gesù Cristo; l'unico modo in cui possiamo conoscere Dio è in Lui. Ora Egli ha posto quel segno a significare la potenza creatrice di Dio in Gesù Cristo; e sia che tale potenza creatrice sia nella creazione originale, sia che sia nell'opera di salvezza per realizzare lo scopo originale nella creazione, è tutta la stessa potenza, lo stesso scopo, da parte dello stesso, nello stesso modo e con gli stessi mezzi e lo stesso segno che significa tutto in tutti, in tutti i suoi aspetti e in tutte le sue operazioni.

Ora, se si pone un altro segno, a significare l'opera di salvezza, un altro segno rispetto a quello che Dio ha posto, quest'altro segno significherà forse la potenza di Dio e la salvezza attesa? [Pensate bene a questo. Dio ha posto un segno per indicare la sua potenza che opera ovunque e in ogni modo, in Cristo Gesù. Se voi o chiunque altro ponete un altro segno, questo non può significare la potenza di Dio, perché è un altro che lo pone. Chiunque altro ponga in essere un segno, non è Dio che lo pone in essere. Allora è impossibile indicare la potenza di Dio con un'altra cosa, un altro segno; è impossibile. È così? [Congregazione: "Sì"].

Inoltre, se qualcuno dovesse trovare in qualche luogo della storia un'altra cosa che significhi la salvezza, essa significherebbe la salvezza per mezzo di un'altra potenza che non sia la potenza di Dio in Gesù Cristo. Dovrebbe farlo. Ebbene, c'è mai stato nella storia uno sforzo, una pretesa, da parte di un'altra potenza, di salvare le persone, a parte Gesù Cristo? [Non è forse sorta nel mondo una potenza chiamata anticristo? ["Anticristo" significa contro o in opposizione a Cristo. Questo potere si propone di salvare le persone, non è vero? [Leggiamo la descrizione di ciò che fa in primo luogo: "Il quale si oppone e si esalta al di sopra di tutto ciò che è chiamato Dio o che è adorato; così che egli, come Dio, siede nel tempio di Dio, facendo credere di essere Dio". 2 Tess. 2:4.

Daniele 8:25 dice anche: "Si ergerà anche contro il Principe dei principi". Si "alzerà" per regnare, governare e mostrare il suo potere "contro", in opposizione al "Principe dei principi". Chi è il Principe dei principi? [Si erge contro di Lui; regnerà, eserciterà il suo potere, manifesterà la sua opera, in opposizione a Cristo. Prendiamo l'undicesimo versetto: "Sì, si è magnificato fino al principe dell'esercito". Ma il margine recita: "Si è magnificato *contro* il principe dell'esercito del cielo", perché il versetto precedente mostra che si tratta dell'esercito del cielo. Poi, come dice

Paolo, si esaltò, si oppose e si esaltò al di sopra di tutto ciò che viene chiamato Dio e che viene adorato. Si è magnificato, si è esaltato contro il Principe dell'esercito.

Di quale potere si tratta? [Quel potere è il papato, la chiesa, la chiesa cattolica, la chiesa di Roma. Non è forse la dottrina di quella chiesa che non c'è salvezza altrove? [O con qualsiasi altro mezzo che non sia quella chiesa? Non è così? [Inoltre, quella chiesa, quel potere che si oppone a Cristo, che si esalta e si propone come via di salvezza, è essa stessa contraria a Cristo. Eppure quella chiesa dice che non c'è un'altra via di salvezza. Allora non è evidente che se vuole avere un segno per indicare il suo potere di salvare, deve averne un altro oltre al sabato? Questo è deciso.

Ora, un'altra riflessione. Poiché deve trattarsi di un segno diverso dal sabato, che è il segno della potenza di Dio in Gesù Cristo per la salvezza, allora qualsiasi altra potenza che istituisca un segno per mostrare e significare la sua potenza per la salvezza, non dovrebbe essere nella natura delle cose un sabato rivale? Dovrebbe essere così; non c'è spazio per nient'altro. Se si ponesse qualcos'altro come segno, il segno che Dio ha posto in essere sarebbe unico e distinto nel mondo e avrebbe la precedenza su di esso e non ci sarebbe alcuna rivalità. Pertanto, per rendere completa la rivalità e per rendere manifesta la sua potenza in opposizione a Cristo, l'uomo del peccato deve avere un segno della *sua* potenza di salvezza; e deve essere, nella natura delle cose, un rivale del segno che è il segno della salvezza in Cristo. Deve essere così.

La Chiesa di Roma non pretende nient'altro; non pretende nient'altro che la domenica che ha istituito sia il segno del potere della Chiesa di comandare gli uomini sotto peccato verso la via della salvezza. Questo è deciso. Questo è il suo scopo; questo è tutto ciò che ha iniziato a fare; e questo è tutto ciò che ha fatto.

Quando la domenica fu istituita e imposta al popolo dal potere del governo terreno, si creò il papato vivente pratico, così come esiste nel mondo. Quando è stato fatto, la domenica è stata messa al posto del sabato del Signore con uno scopo diretto e definito. Questo è stato fatto. Ecco il resoconto. Lo dice uno degli uomini che l'hanno fatto. A pagina 313 di "Two Republics", leggiamo quanto segue.

> "Tutte le cose che era dovere fare di sabato, le abbiamo trasferite al giorno del Signore".—*Eusebio.*

Allora la legge era lì per imporre l'osservanza della domenica, e qual era il suo scopo? Da "Two Republics", p. 315, leggo:—

> "Il nostro imperatore, sempre amato da Lui, che *trae dall'alto la fonte dell'autorità imperiale* ed è forte del potere del suo sacro titolo, ha controllato l'impero del mondo per un lungo periodo di anni. Ancora: il Preservatore dell'universo ordina questi cieli e questa terra, e il regno celeste, coerentemente con la volontà del Padre. *Così anche il nostro imperatore*, che egli ama, *portando coloro che governa sulla terra al Verbo unigenito e al Salvatore, li rende soggetti adatti al suo regno*"—Eusebio.

Allora lo scopo era quello di salvare le persone con quel mezzo; e la domenica fu messa come segno della potenza che lo faceva, invece del sabato del Signore, che significa la potenza del Signore nel farlo. Leggo ancora a pagina 316:—

> "Ha anche ordinato che un giorno fosse considerato un'occasione speciale per il culto religioso".—*Id.*

E ancora.

> "Chi altro ha ordinato alle nazioni che abitano i continenti e le isole di questo potente globo di riunirsi settimanalmente nel giorno del Signore e di osservarlo come una festa, non tanto per il benessere del corpo, quanto per il conforto e il rinvigorimento dell'anima attraverso l'istruzione nella verità divina?"—*Eusebio.*

È stato creato solo per questo, per prendere il posto di Dio, per prendere il posto del sabato del Signore. È abbastanza appropriato che lo faccia, perché abbiamo scoperto che se ci sarà un›altra potenza che salverà gli uomini, dovrà avere un segno diverso da quello di Dio per indicare la sua potenza; è lì che deve stare.

Questo ha creato il papato; questo ha istituito il governo della Chiesa, e ha fatto della Chiesa il canale di salvezza attraverso un potere terreno assoluto e costringendo gli uomini in quella via.

Abbiamo letto qui la dottrina della chiesa, la dottrina della chiesa di Roma, secondo la quale gli uomini dovevano essere salvati, ed era tutto l'uomo a salvarsi da solo, era tutto il potere di se stesso che poteva salvare. Questa non è la salvezza di Cristo. Le sue dottrine sono che un uomo deve adattarsi a se stesso, sufficientemente buono, e il Signore lo prenderebbe e farebbe un regolare accordo con lui: "Se farai così e così, allora io sarò buono con te". Questo è il resoconto stesso in quel libro; non ho tempo di leggerlo stasera. La sua dottrina è che l'uomo deve fare questo, ma non ha il potere di farlo; ma c'è l'argomento: se lo fa, guadagna tutto. Questa non è la salvezza di Cristo. Non è la salvezza di Dio.

Inoltre, le chiese protestanti professanti degli Stati Uniti hanno preso la stessa strada e hanno anche esaltato la domenica, il giorno che collocano in questo governo, come la chiesa cattolica ha fatto nell'impero romano, e per lo stesso scopo.

Inoltre, queste chiese protestanti professanti sanno che non è stato dato alcun comandamento per questa cosa. Lo dicono loro. Dicono che è iniziato con la Chiesa primitiva. Non mi interessa quanto indietro pretendano di arrivare nella Chiesa primitiva; se si tratta di un'istituzione della Chiesa, di un'ordinanza della Chiesa, che la Chiesa ordina agli uomini di compiere, è la stessa cosa. È la stessa cosa *malvagia*. Perché qualsiasi chiesa che tenti di farlo, diventa, per la natura stessa del tentativo, una chiesa apostata. Se volete, potete risalire ai giorni degli apostoli, ma la chiesa che l'ha fatto è, nella natura delle cose, una chiesa apostata, che cerca di salvare se stessa e gli altri senza la potenza di Dio. Pertanto, qualunque sia la chiesa che l'ha fatto, è nella natura delle cose una chiesa decaduta, perché non è compito della chiesa nel mondo comandare gli uomini; il compito della chiesa nel mondo è di obbedire a Dio, e non di comandare gli uomini.

Ogni chiesa, quindi, che presume di comandare gli uomini è, al momento stesso, una chiesa apostata. La chiesa che obbedisce a Dio è la chiesa di Dio. Dio comanda; Sua è la potenza, Sua è l'autorità; si è servito della chiesa, affinché attraverso di essa rifletta la Sua potenza e la Sua gloria agli uomini. Ma la chiesa non ha il diritto di comandare nessuno; obbedisce *solo a* Dio.

Ora lo metterò in un altro modo, o lo dirò un po' più chiaramente. Non è compito della Chiesa comandare nessuno; e non è compito della Chiesa *obbedire* a nessuno, ma solo a *Dio*.

Ora guardate un po' più in là. La chiesa nel suo insieme—cattolica e protestante apostata—si è già messa al posto di Gesù Cristo; perché ogni chiesa che *si* esalta e *si* fa via di salvezza è, in questo, una chiesa apostata e si mette al posto di Gesù Cristo, che è il Salvatore, non vedete?

Allora nessuna chiesa può esaltarsi come salvatore degli uomini; può esaltare Gesù Cristo come salvatore degli uomini, e Gesù Cristo in lei come salvatore degli uomini, ma non *se stessa;* perché è lo stesso per la chiesa come per l'individuo. Ho la giustizia di Gesù Cristo, ho la presenza di Gesù Cristo che abita in me. Questa è la parola del singolo cristiano, ma il singolo cristiano non può dire: "*Io* sono il Salvatore"; il singolo cristiano non può dire: "*Io* sono la giustizia"; "*Io* sono buono" e "Io ho la bontà da donare agli altri, affinché siano salvati". No; il cristiano può dire: "Io ho la giustizia di Cristo; Cristo abita in me e manda in me, e attraverso di me, il suo benedetto proposito di raggiungere gli altri e salvarli". Ma è *Lui* il Salvatore, è *Lui* la giustizia, è *Lui* la potenza, *è Lui* tutto e in tutti.

Come per l'individuo, così per l'insieme degli individui. Come Cristo abita nell'individuo, così abita nell'insieme degli individui, in un senso ulteriore rispetto a quello in cui abita nell'individuo; e la giustizia di Cristo nell'insieme degli individui è solo l'idea della giustizia di Cristo in misura maggiore, se mai ci fosse, sull'insieme degli individui, che è la chiesa. Così come Cristo nell'individuo opera attraverso l'individuo per salvare, così Cristo *nella chiesa* opera attraverso l'intera chiesa per salvare. Ma se la chiesa si inorgoglisce e pensa di essere al di sopra di tutti, e comincia a *darsi* credito per la sua gloria e il suo potere di salvare, in quel momento si mette al posto di Gesù Cristo come Salvatore.

Questa è la stessa autoesaltazione nella chiesa che c'è nell'individuo, ed è stata l'autoesaltazione negli individui a creare la chiesa autoesaltata e a portare all'apostasia.

Ora, questa è la Chiesa che si propone come via di salvezza, come il Salvatore, come l'unico canale di salvezza, e tutti devono essere salvati per la via da lei indicata. E così si è esaltata contro Dio e contro il Principe dell'esercito, contro Gesù Cristo, e ha posto il segno del suo potere di salvare contro il segno posto da Dio. E, come abbiamo scoperto, lo fece con l'intento diretto di metterlo al posto del sabato del Signore.

E la seconda chiesa apostata, quella che è arrivata in questa terra, ha fatto la stessa cosa. Con un atto diretto del governo degli Stati Uniti, l'azione del Congresso, ha messo l'istituzione della domenica, il segno del potere della Chiesa di Roma di salvare gli uomini, le chiese protestanti professanti hanno messo questo con un atto diretto del Congresso, in questa terra, al posto del sabato del Signore. Così sia la madre che le figlie hanno tolto di mezzo il sabato del Signore e hanno messo al suo posto il segno di salvezza della Chiesa cattolica.

Vediamo ora a cosa corrisponde. Che cosa abbiamo scoperto che è il sabato? Il sabato, secondo ogni considerazione, è il segno di ciò che Gesù Cristo è per il credente; il segno di ciò che Dio in Gesù Cristo è per gli uomini; ha in sé la presenza, la benedizione, lo spirito, il ristoro, la presenza di Cristo che rende santi e la presenza di Dio che santifica. Ha in sé la presenza di Gesù Cristo; e l'uomo che lo osserva per fede in Gesù ha la presenza di Gesù. E ogni giorno di sabato trova un'ulteriore presenza di Gesù.

E quando la chiesa apostata ha tolto di mezzo questo e ha messo al suo posto il proprio segno, ha forse tolto di mezzo solo il giorno? [Non è stato forse questo allontanare Gesù Cristo dalla mente e dalla vita degli uomini? Quando le figlie degli apostati hanno fatto la stessa cosa nella nostra terra, sotto i nostri occhi, non hanno forse con ciò eliminato la presenza e la potenza di Cristo, togliendolo così dalla conoscenza degli uomini e dalla vita degli uomini? [Congregazione: "Sì"].

Ora, mi sembra che ci sia un punto che vale la pena di prendere in considerazione, per capire perché non si è progredito nella professione cristiana nelle epoche passate, nel modo in cui Cristo ha sempre voluto che si progredisse nella vita cristiana. Che cosa ha messo nella vita dell'uomo quando lo ha creato, anche se era rimasto fedele e non aveva mai peccato, per portarlo avanti nel progresso eterno nella conoscenza di Dio, in se stesso? Lasciate che ve lo chieda di nuovo ora. Quando Dio creò l'uomo all'inizio, lo mise qui sulla terra per vivere, se fosse rimasto fedele per sempre e non avesse mai peccato, c'era qualcosa che Dio aveva messo lì e attaccato a lui che lo avrebbe portato avanti in un progresso eterno nella conoscenza di Dio nell'esperienza del suo cuore? [Voce: "Il sabato"].

Non l'abbiamo letto ieri sera più e più volte? Non ha forse messo se stesso, il suo nome, la sua presenza viva, la sua potenza santificante, nel giorno del sabato, e l'ha dato all'uomo, benché fosse già benedetto, benché fosse già glorificato: così che quando l'uomo benedetto arrivava a quel giorno benedetto, riceveva una benedizione supplementare? Non è forse così? [Allora Dio non ha messo nel mondo qualcosa che, se osservato, se mantenuto come Dio sceglie e intende, sarà qualcosa che manterrà l'uomo, lo porterà avanti, in un canale di crescita e di progresso nella conoscenza di Gesù Cristo, in se stesso? Che cos'è? [Congregazione: "Il sabato"].

È lì da quando l›uomo è caduto. Ora, quando la Chiesa di Roma ha tolto il sabato dalla mente degli uomini—che poteva essere portato al riconoscimento di Cristo e al potere di conversione di Cristo—c'era qualcosa che li portasse avanti nell'opera santificante di Cristo? Questo è il segreto, quindi, vedete, per cui ogni chiesa, partendo dalla conoscenza di Dio, dalla salvezza per fede e dalla giustizia per fede, si è fermata; poi un'altra chiesa è dovuta sorgere e predicare la giustizia per fede, la salvezza per fede, e si è fermata; e un'altra chiesa è dovuta sorgere e fare la stessa cosa, e si è fermata. Ma quando siamo arrivati a questo, il Vangelo eterno deve essere predicato di nuovo, e all'ultimo sorgerà una chiesa che ha quel segno che porta la presenza di Gesù Cristo agli uomini nella Sua presenza vivente, in un'opera progressiva fino al completamento. Questa è la chiesa che ha il sabato del Signore; e la chiesa che ha il sabato del Signore è portata a quell'opera compiuta nella salvezza di Cristo.

Allora chi può misurare, chi se non la mente di Dio può misurare l'iniquità e il male che è stato fatto al mondo da quella cosa spaventosa che la chiesa apostata ha fatto? Nessuno, se non la mente di Dio, può comprendere il male e la perdita che è stata causata al mondo da quella cosa.

Ebbene, l'effetto di ciò è stato quello di togliere la presenza di Cristo; togliere Cristo dalla conoscenza, dall'esperienza del cuore degli uomini; e mettere un altro, mettere un potere umano, un potere satanico, mettere *se stessi,* al posto di Dio, e al posto di Cristo, che ha svuotato se stesso per far apparire Dio.

Ecco un parallelo storico così azzeccato e così perfetto che lo leggo. In primo luogo, l'umanità nel suo complesso, in quanto uomini, senza alcuna chiesa, è soggetta a Dio. Possono esistere senza di Lui? [Se un uomo, con un proprio atto, potesse diventare indipendente da Dio, potrebbe esistere? [Che cosa ha iniziato a fare Satana? Non era forse quello di diventare indipendente da Dio, autoesistente? Se avesse potuto realizzare il suo scopo, quale sarebbe stato? [Per forza, perché non poteva esistere senza Colui che lo aveva creato; ma nella sua ambizione sfrenata, nel suo intenso egoismo totalizzante, pensava di poter vivere senza Dio che lo aveva creato.

Non è forse lo stesso pensiero di questa autoesaltazione che si è messa al posto di Dio? Ebbene, sia che si tratti di uomini in quanto uomini, sia che si tratti di uomini che si professano cristiani organizzati in una chiesa, essi dipendono ugualmente da Dio, e da Dio in Gesù Cristo; e sono soggetti alla legge di Dio. La legge di Dio è la legge suprema; la legge di Dio è il governo del suo intero universo, e tutti sulla terra sono soggetti a quella legge.

Vediamo ora il parallelo: Circa duecentosessant'anni fa l'Irlanda aveva l'Home Rule, come lo ha ora. Aveva un proprio Parlamento che governava i propri affari interni, gli affari dell'Irlanda, ma era soggetta al governo supremo dell'Inghilterra. Ora leggo dal quinto volume della "*History of England* di Macaulay", a pagina 301 di questa particolare edizione; il capitolo 23, tuttavia; se avete altre edizioni potete trovarlo in quel capitolo. Ora notate:—

> "I Lord e i Comuni irlandesi avevano presunto non solo di reintrodurre una legge inglese approvata espressamente allo scopo di vincolarli, ma di reintrodurla con delle modifiche. Le modifiche erano in effetti piccole: ma l'alterazione anche solo di una lettera equivaleva a una dichiarazione di indipendenza".

Ora, la legge di Dio è stata emanata per vincolare la Chiesa come ogni altro uomo? [La Chiesa apostata ha forse presunto di alterare questa legge? [L'alterazione di una sola lettera sarebbe cosa? L'ha alterata più di una sola lettera, nel pensiero reale, nell'idea stessa, nella cosa che rivela e porta la presenza di Dio al di sopra di ogni altra parte della legge. Lo ha tolto da essa. E allora che cosa ha fatto? [Ha stabilito la propria indipendenza da Dio e l'ha proclamata al mondo.

Le chiese protestanti, professate protestanti, ma non più protestanti, hanno trascinato il Congresso degli Stati Uniti nella stessa identica posizione; hanno trascinato il Congresso degli Stati Uniti in una riedizione del quarto comandamento, non è vero? [È stato citato e inserito nello statuto della legislazione. Il governatore Pattison, l'altro giorno, in Pennsylvania, parlando nella capitale di quello Stato, argomentando a favore delle leggi sulla domenica che sono già presenti nei libri di legge, ha detto che questa legge è solo una parte di quel sistema della legge di Dio che è *"riattualizzato"* negli statuti della Pennsylvania. Egli dice che la legge di Dio è lì "riattualizzata".

Ma hanno rimesso in vigore la legge di Dio così com'è? [Se lo avessero fatto, se si fossero impegnati a farla rispettare, si sarebbero messi sullo stesso piano di Dio; ma l'hanno rimessa in vigore con delle modifiche, e questo li pone al di sopra di Dio. E le Chiese di questa nazione si sono proclamate indipendenti da Dio, nell'atto di istituire la sua stessa legge e poi alterarla deliberatamente nel corso della legislazione che l'ha istituita.

Lasciate che vi legga un'altra frase tratta dalla "Storia d'Inghilterra" di Macaulay, dalla stessa pagina di prima:—

> "La colonia irlandese era quindi decisamente una dipendenza; una dipendenza non solo per il diritto comune del regno, ma per la natura delle cose. Era assurdo rivendicare l'indipendenza di una comunità che non poteva cessare di essere dipendente senza cessare di esistere".

C'è mai stato sulla terra un parallelo più completo per illustrare questo principio nel luogo del governo e della legge governativa, di quello che si è verificato in quel luogo ed è stato registrato per la nostra istruzione?

Ora un pensiero. Gesù Cristo è venuto nel mondo in persona, non è vero? [Ha creato Lui stesso il sabato, non è vero? [Era Lui stesso il Signore del sabato, non è vero? [Conosceva, e solo Lui, la vera idea del sabato, non è vero? [Eppure fece cose di sabato, portando avanti la vera idea del sabato, che non si adattavano alle idee dei sacerdoti, dei farisei e dei politici di quel tempo, non è vero? [E questo suscitò il loro odio contro di Lui. La cosa che suscitò il loro odio contro di Lui fu proprio questa: che più di ogni altra cosa Egli non rispettò le loro idee sul sabato. Non è così? [E il loro odio lo ha messo fuori dal mondo per questo motivo più di ogni altro sotto il sole, perché non era d'accordo con le loro idee sul sabato. L'hanno fatto.

Nel quarto secolo c'era un'altra chiesa apostata che non era d'accordo con l'idea che Dio aveva del sabato, e hanno messo fuori dalla loro mente il sabato e Lui con esso, e fuori dal mondo per quanto riguarda il loro potere. L'altra lo ha messo fuori dal mondo, ma è tornato di nuovo; e loro lo hanno messo fuori solo per quanto riguarda il loro potere; tutto qui.

Ecco un'altra chiesa apostata, una terza, che segue l'esempio delle altre due apostate che l'hanno preceduta. Ha messo fuori dal mondo Lui e il suo sabato, perché la loro idea del sabato è in disaccordo con la sua e non si sottomettono alla sua. Questo è un dato di fatto; voi lo sapete.

Affinché la chiesa apostata originale potesse realizzare il suo scopo di metterlo fuori dal mondo, e quindi mantenere la propria idea di cosa sia il sabato, si sono uniti a un potere terreno. Si sono uniti a Cesare e hanno voltato le spalle a Dio. Questo è stato fatto. Nella seconda apostasia della Chiesa, per realizzare il suo scopo di mettere fuori dal mondo Lui e il suo sabato, si è unita a Cesare, sempre per realizzare il suo scopo. Nella terza apostasia, affinché anche questi portino la loro idea del sabato contro l'idea del sabato di Cristo, devono metterlo fuori strada nel suo sabato; ma per riuscirci devono unirsi di nuovo alle potenze della terra, di nuovo a Cesare, come avevano fatto gli altri prima di loro.

Nella prima apostasia, quando si unirono a Cesare per sbarazzarsi di Lui e sostenere le proprie idee su cosa sia il sabato, contro di Lui, il risultato di ciò, sebbene fosse realizzato da una mera minoranza, una minoranza molto piccola—in realtà così piccola che non osavano far sapere al popolo cosa stavano facendo per paura che Lo avrebbero tolto completamente dalle loro mani—quella minoranza, per quanto piccola, era composta in gran parte ed era guidata interamente da capi della chiesa; e questi capi della chiesa, con le loro minacce, costrinsero il rappresentante dell'autorità di Cesare a piegarsi alle loro idee e a eseguire la loro volontà. Sapete che lo fecero. Questo è il resoconto; e fu la rovina totale di quella nazione, non è vero? [Congregazione: "Sì"].

È possibile, dunque, che una minoranza, una *piccolissima* minoranza, guidata anche da una minoranza di dirigenti della Chiesa, ma di quelli di spicco, prenda una strada che rovinerà la nazione di cui fa parte? [Congregazione: "Sì"].

Quando arriviamo alla seconda apostasia, essi fecero di nuovo le stesse cose, scambiando la loro influenza con il potere mondano e ottenendo così il potere governativo nelle loro mani per realizzare il loro scopo di mettere fuori gioco Cristo e il suo sabato e di mantenere la propria idea di sabato contro la sua.

Questo fu fatto dalla minoranza; fu fatto dai capi della Chiesa, e solo da pochi. Quale fu il risultato di quell'intrigo per l'impero di Roma? Fu la sua totale rovina. Allora è possibile che una minoranza, una piccolissima minoranza, insignificante rispetto alla grande massa, guidata però da alcuni prelati della Chiesa, dico che è possibile che un numero così ristretto di persone stabilisca un tale sistema di cose, prenda una direzione e metta il governo su una strada tale da provocarne la rovina totale. Questo è stato dimostrato due volte nella storia.

Poi, in questa terra, l'anno scorso, davanti ai vostri occhi e ai miei, una minoranza del popolo di questo Paese, guidata da pochi, una minoranza solo di leader della Chiesa, ha indotto con le minacce i politici a consegnare il potere del governo nelle loro mani per realizzare il loro scopo di sostenere la loro idea del sabato contro l'idea del sabato di Cristo. È stato dimostrato due volte nella storia che un atto del genere ha rovinato la nazione in cui è stato compiuto. Questa doppia dimostrazione ha qualche significato nel terzo caso? [La lezione che viene impartita in entrambi i casi sarà percepita nel terzo caso. *Significa che*. La rovina, e nient'altro che la rovina, può venirne fuori: essi stessi non possono impedirlo. Non si può fare. Hanno messo in moto una serie di circostanze che nulla nell'universo può fermare. *Questo è fisso*.

Ora questo Congresso sta per scadere. Da tutta la situazione è molto probabile che scadrà senza toccare ulteriormente la questione. Se il prossimo Congresso dovesse abrogarlo del tutto, non avrebbe alcun effetto sulla situazione e sui risultati. La cosa è iniziata e andrà avanti nonostante tutto quello che potranno fare. Voi e io non dobbiamo sorprenderci del fatto che, se non sarà abrogata dal prossimo Congresso, un giorno lo sarà e, quando arriverà quel giorno, ogni guardiano del sabato sulla terra si solleverà con tutto il vigore che lo Spirito di Dio può dargli, si staccherà da tutto quello che c'è sulla terra e si dedicherà alla causa di Dio. Tra poco, infatti, la marea tornerà indietro e porterà tutti alla rovina. Voi e io non dobbiamo sorprenderci che ciò possa accadere. Quando arriverà, questo sarà il suo significato.

Ma coloro che non hanno avuto un'esperienza nella causa di Dio ne confonderanno il significato e vi diranno: "Vi abbiamo sempre detto che ne stavate facendo un uso eccessivo. Non c'era nulla in esso". E così, si ritireranno; ma quando la marea torna indietro, si ritrovano in rovina. Non lasciate che le vostre menti e i vostri cuori si lascino ingannare da qualcosa del genere, anche se dovesse arrivare due volte. Voi *ci credete*. Credete a ciò che viene detto qui. Studiatelo per la vostra vita, perché la vostra vita è in esso. Tenete presente che ciò che è stato fatto significa, di per sé, esattamente ciò che insegnano queste due lezioni precedenti: significa la rovina, anche se ci possono essere delle ripetizioni una o due volte. La marea è stata stabilita, e il risultato ne consegue, a dispetto di tutto ciò che l'universo può fare. Allora, non fa differenza quello che un uomo vi dice, voi gli dite che ne sapete di più. Non fa differenza se il Congresso lo annulla. Dite loro che questa è la ragione più sicura per cui la cosa è molto più vicina che mai, e mettete tutta la vostra anima in questo. Se lui ride di voi, Dio ha promesso che verrà il giorno in cui voi riderete e lui piangerà. È un affare pericoloso.

Allora, queste sono *alcune* delle cose. Richiameremo la vostra attenzione su altri aspetti in un altro momento.

La questione se il sabato, il settimo giorno, il sabato del Signore, sia il giorno o la domenica, ha un significato notevole. Significa più di quanto chiunque sulla terra abbia mai sognato, a meno che non sia stato preso personalmente nei consigli di Dio. Ma non solo, analizziamolo. Abbiamo scoperto che il sabato è il segno della potenza di Dio in Gesù Cristo, che opera la salvezza degli uomini. Abbiamo scoperto che il sabato porta da solo e in sé la presenza di Gesù Cristo nell'esperienza viva di un uomo, come nient'altro può fare, e la mantiene lì. Questo è un fatto; se non l'avete scoperto nella vostra esperienza, credeteci e lo scoprirete nella vostra esperienza. Tutti possono conoscere chi vuole credere.

Abbiamo scoperto che il tentativo era quello di sottrarre il Signore alla conoscenza dell'uomo. Questo è stato dimostrato.

Ora, la questione se il settimo giorno sia o meno il sabato del Signore riguarda la salvezza dell'uomo. Questo è deciso. Da questa domanda dipende la loro salvezza o la loro distruzione. Ci sono casi del genere. Giriamo e leggiamo, e con questo pensiero chiudiamo per questa volta. Atti 25:19, 20: "Ma avevano contro di lui alcune domande sulla loro superstizione e su un Gesù che era morto e che Paolo affermava essere vivo. E poiché dubitavo di questo tipo di domande, gli chiesi se volesse andare a Gerusalemme e lì essere giudicato su queste cose".

Si trattava di una questione importante per creare un tale tumulto, se un uomo fosse vivo o morto. Qui l'intera nazione ebraica era aizzata contro uno del suo stesso popolo e la questione era se un uomo fosse vivo o morto. Questo è tutto ciò che Festo vide. Ma voi e io sappiamo che dalla morte o dalla vita di quella persona dipende la salvezza o la perdizione del mondo intero. Sapete che è così. E la stessa cosa viene chiesta oggi. "A cosa serve tutta questa confusione sul fatto che sia sabato o domenica, sul rispetto del giorno. Tanto è solo un giorno. A cosa serve creare una nuova setta, una nuova denominazione, e fare un grande scalpore? A cosa serve fare tutto questo scalpore, se la domenica è il sabato o un altro giorno; se riposiamo in un giorno o in un altro? Non importa se quel giorno è il sabato o no".

Dalla decisione degli uomini come individui e come corpi, dipende la salvezza o la distruzione di questa terra oggi. Questo è deciso. Che quel giorno sia o meno il sabato del Signore, da questo dipende la salvezza degli uomini di oggi, come lo era quel giorno. Quelle persone, nella loro invidia contro Cristo e nella loro determinazione a mantenere la propria idea contro quella di Dio—lo hanno fatto uscire dal mondo e poi hanno sollevato una controversia se fosse vivo o morto; così queste stesse persone faranno uscire il sabato dal mondo e poi solleveranno una questione se sia o meno il sabato.

Sanno bene che è il sabato, ma, come quelli là dietro, vogliono mantenere la loro idea di sabato contro l'idea di Dio, e anche se Egli ha detto loro che è il Signore del sabato, così certamente come da quella questione dipendeva la salvezza degli uomini, così certamente oggi da questa questione dipende la salvezza degli uomini; perché possiamo dire con coraggio che la salvezza degli uomini dipende e dipende dall'osservanza del sabato del Signore, perché l'osservanza del sabato del Signore ha la presenza di Gesù Cristo, la sua vita, e l'uomo non può essere salvato senza di essa.

Quindi, ripeto, possiamo affermare con coraggio che la salvezza di un uomo dipende dalla sua osservanza del sabato del Signore come è in Gesù Cristo; perché questo significa Gesù Cristo; Gesù Cristo significa il sabato e il sabato significa Gesù Cristo. In questo giorno, quando gli uomini sono illuminati, quando il messaggio del Vangelo eterno deve essere predicato al mondo, quando il messaggio del terzo angelo deve andare a loro, con Cristo in esso, e Cristo il tutto e tutti, allora anche coloro che rifiutano il sabato del Signore, voltano le spalle a Cristo, e loro stessi sanno che non c'è salvezza in quel modo.

Ma non abbiamo visto nel nostro studio precedente che non c'è nient'altro da predicare agli uomini in questo mondo se non Gesù Cristo, e solo Lui? Non abbiamo forse visto che dobbiamo predicare Lui di fronte a ogni considerazione terrena, a ogni considerazione di protezione dei poteri terreni, a ogni considerazione di ricchezza o di influenza di qualsiasi tipo, e alla vita stessa? Questo è il messaggio al mondo; Cristo è il messaggio al mondo; Cristo come è stato reso noto nel sabato del Signore, che è «un segno tra me e voi, affinché sappiate che io sono il Signore vostro Dio», e il mio nome è «Io Sono», ciò che «Io Sono»!

Il Messaggio del Terzo Angelo – n. 22

A. T. Jones
Stampato nel Bollettino quotidiano della Conferenza generale, 7 marzo 1893, pp. 493–500.

"Alzati, risplendi, perché la tua luce è venuta e la gloria del Signore è sorta su di te. Perché, ecco, le tenebre copriranno la terra, e le tenebre gravi i popoli, ma il Signore sorgerà su di te, e la sua gloria sarà vista su di te". Isa. 60:1, 2.

Una settimana fa, il testo con cui si chiudeva la lezione era questo stesso testo. E ricordate che alla fine della lettura delle Scritture che stavamo studiando è stata posta la domanda: "Non è forse questo il momento? Non è forse giunto il momento dell'adempimento di questo testo che abbiamo letto: "Alzati, risplendi, perché la tua luce è venuta e la gloria del Signore è sorta su di te"?

La domenica successiva è arrivata questa parola, che è stata letta nella Conferenza.

> "Alzati, risplendi, perché la tua luce è venuta e la gloria del Signore è sorta su di te. Perché, ecco, le tenebre copriranno la terra, e le tenebre gravi i popoli; ma il Signore sorgerà su di te, e la sua gloria sarà vista su di te".

Questo era il punto che avevamo raggiunto attraverso diverse linee di studio, e questo è il punto in cui ci troviamo ora. Chi vorrà reclamare quella luce e quella gloria per fede, potrà averla. [Chi non lo farà, non potrà averla. Vi leggo un passaggio del discorso del fratello Prescott dell'altra sera, a pagina 444 del Bollettino. È una parola di ammonimento e di istruzione che ci ha dato e che vale la pena di ripetere:—

> "È così facile che ci facciamo idee sbagliate su queste cose, e in questo modo siamo noi stessi ad essere ingannati. Ho pensato che alcuni si facessero un'idea sbagliata di ciò che si intende quando diciamo che dobbiamo andare avanti nella potenza dello Spirito e che dobbiamo avere potenza quando andiamo avanti".

Anch'io, e questo è stato fatto. Ma all'inizio della Conferenza abbiamo ripetuto più volte l'ammonimento a non fissare alcuna teoria o pensiero su come sarebbe arrivata questa cosa che Dio aveva dato. Perché, se pensassimo a come sarebbe arrivata, è proprio in questo modo che non sarebbe arrivata. Questo è l'unico modo in cui non sarebbe venuto affatto. Non sarebbe venuto in quel modo e non potrebbe mai venire in quel modo.

> "Non capisco che significa che dobbiamo venire qui per essere consapevolmente caricati, in modo che quando ce ne andiamo da questo luogo abbiamo una certa sensazione di un potere cosciente in noi stessi che ci è stato dato, e che lo abbiamo, e lo portiamo con noi, e possiamo maneggiarlo, per così dire, e misurarlo, e guardarlo, e quando ne abbiamo bisogno tirarlo fuori e usarlo".

Non voglio garantirvi che nessuno in questa congregazione si sia fatto questa idea. Mi ha fatto particolarmente piacere una mattina, durante la riunione dei ministri—chi c'era ricorderà a cosa mi riferisco—quando uno dei fratelli si è alzato e ha dato la sua testimonianza sulle manifestazioni della benedizione e della presenza di Dio durante le riunioni di questa Conferenza; le aveva annotate su carta in un lungo elenco. Se ognuno di voi segnasse i segni del favore speciale di Dio in queste riunioni, invece di cercare qualcosa che non si vedrà mai, vedreste molto di più di quello che vedete ora. Voglio dire che non dobbiamo avere l'idea che il Signore debba operare in un certo modo e cercare qualcosa che non arriverà mai.

> "'Ogni potere mi è stato dato in cielo e in terra'. Andate dunque. ... Ecco, io sono con voi". Il potere è in Cristo, *non in noi*, e l'*avere il potere* è la *presenza personale di Cristo* in noi".

E quando abbiamo la presenza personale di Cristo in noi e con noi, la forza viene da Cristo e non da noi.

Ecco una riflessione: Gli apostoli non erano sempre in grado di fare miracoli a volontà.

> "Il Signore ha concesso ai suoi servitori questo potere speciale, come richiedeva il progresso della sua causa o l'onore del suo nome".— *Sketches from the Life of Paul*, p. 135.

Molti pensano che, quando gli apostoli uscivano con il potere di fare miracoli e tutto il resto, tutto ciò che dovevano fare quando arrivavano da un uomo malato era fare un miracolo e guarirlo. Non c'era assolutamente nulla del genere; non potevano fare alcun miracolo, se non quando lo Spirito di Cristo con loro indicava la volontà di Dio in quel caso; così che—non importa quanto grandi fossero gli apostoli—essi dipendevano dalla guida diretta dello Spirito di Dio, in ogni singolo caso e per tutto il tempo; e questo significa anche noi.

"La potenza è la presenza personale di Cristo in noi" e l'avere la potenza è questo, "e ciò non significa necessariamente un brivido di potenza in noi per tutto il tempo; ma significa una fede costante che Cristo è in noi", e significa non solo una fede costante in questo, ma una coscienza costante che Egli è lì, che la Sua potenza è lì ad operare in noi, con noi, per noi, attraverso di noi, sempre e in ogni cosa, alla sola gloria di Dio, non su nostro ordine, non su nostra guida in alcun senso.

> "E poi, quando usciamo, qualunque siano le difficoltà, non ne siamo spaventati, grazie alla fede consapevole che Cristo è con noi ed è onnipotente. Ebbene, quando Egli è con noi nella pienezza della sua potenza, la nostra fede lo afferra continuamente. Non si tratta di *sentire la potenza, ma* di *conoscere* la potenza".

Ora, nel nostro studio abbiamo anche scoperto che Cristo ci ha riscattati dalla maledizione della legge, affinché la benedizione di Abramo potesse venire su di noi. In che cosa consiste la benedizione di Abramo? [Congregazione: "La giustizia"] Come? [E Cristo ci riscatta dalla maledizione della legge, affinché la giustizia che è per fede venga sui Gentili, cioè su di noi, *per* ricevere la promessa dello Spirito mediante la fede. Come abbiamo ricevuto la giustizia? [Avete avuto un certo tipo di turbinio di sentimenti prima di poter ricevere la giustizia? [Avete avuto una specie di turbinio di sentimenti, un brivido o una grande agitazione prima di sapere se quella giustizia era vostra o no? [Come avete ottenuto la giustizia di Dio che è per fede in Gesù Cristo? [Sapete che Dio ha detto a voi e a me nella Sua Parola che questo è un dono gratuito per ogni uomo che crede in Gesù, non è vero? E poi avete accettato quel dono gratuito, e ringraziate Dio che la Sua giustizia è la vostra; è così che la ottenete, e questa è la fede. Ora, questo è stato ricevuto, e può essere ricevuto sempre e solo per fede.

Questo viene ricevuto per fede affinché qualcos'altro possa essere ricevuto per fede. Che cos'è? [Allora, poiché abbiamo scoperto che la giustizia di Dio sul Suo popolo è l'unica cosa, la sola cosa, il tutto in tutto, l'adattamento del popolo per ricevere la promessa dello Spirito Santo e l'effusione di esso, per volontà di Dio stesso—poiché abbiamo scoperto che è così, e che è ricevuto per fede, allora per ricevere l'altro, deve essere ricevuto esattamente come è stato ricevuto, cioè *per fede*. Allora, quando Dio dice a voi e a me, che ci ha dato la sua giustizia e che noi, avendola ricevuta con gioia, l'abbiamo accettata nella sua pienezza per fede, come Dio vuole che la riceviamo, ed è stata fatta nostra da Gesù Cristo che ce l'ha portata, allora quando Dio dice a voi e a me: "Alzati, risplendi, perché la tua luce è venuta e la gloria di Dio è sorta su di te", e quando voi e io faremo come dice Dio, e ci alzeremo *per fede* in Lui, *Egli* vedrà che risplendiamo. [Quando Egli dice a voi e a me che la Sua gloria è sorta su di voi e su di me, che abbiamo quella giustizia che è per fede in Gesù Cristo, allora voi e io dobbiamo ringraziarLo che la Sua gloria *è sorta su di voi e su di me*. Ringraziare Lui che è così, e prendere posizione deliberatamente, lealmente, apertamente, candidamente e onestamente davanti a Dio, sotto il baldacchino degli angeli di Dio e la Sua gloria che Egli dà; e poi se Lui non vede che brilliamo, è colpa Sua. Non dobbiamo dubitare di ciò che Egli farà.

Ora, quel messaggio: "Alzati, risplendi, perché la tua luce è venuta e la gloria del Signore si è levata su di te" è certamente e distintamente il messaggio di Dio a voi e a me, e attraverso di voi e me come ministri al popolo, da oggi in poi, come lo era il messaggio di quattro anni fa della giustizia di Dio che è solo per fede in Gesù Cristo. [E le persone di oggi che rifiutano questo messaggio, che è ora il messaggio di oggi, come hanno rifiutato e ignorato quello di quattro anni fa, stanno facendo un passo che li lascerà eternamente indietro e che coinvolge la loro intera salvezza.

Dio ci ha dato un messaggio e ha sopportato con noi questi quattro anni, affinché potessimo ricevere questo che è ora il messaggio. Coloro che non possono ricevere quel messaggio non sono preparati a ricevere questo messaggio, perché hanno rifiutato quello. E ora, quando Dio dà l'altro in misura speciale perché questo possa essere ricevuto, e tutti e due insieme vengono trascurati, che ne sarà di quegli occhi ciechi? Che ne sarà di quegli occhi ciechi?

Quindi, come siamo stati chiamati a dichiarare più volte durante l'Istituto e questo lavoro, è un momento di paura. Ogni riunione è una cosa paurosa. Ma, fratelli, anche se è stato così nel tempo passato, e delle riunioni passate, questa riunione di stasera è la più paurosa in cui siamo ancora entrati.

Quindi torno al testo e ripeto che il messaggio che ci è stato dato è il messaggio che voi e io dobbiamo portare con noi da questa riunione. E chiunque non sia in grado di portare con sé questo messaggio da questa riunione è meglio che non se ne vada. Chiunque non possa uscire da questa riunione con la coscienza viva della presenza di Gesù Cristo nella sua potenza, con la Sua luce e la Sua gloria su di lui e nella sua vita, è meglio che quel ministro non lasci questo luogo come ministro, o come ministro professante; perché va ad un lavoro che non può fare; va ad incontrare un popolo che non può incontrare; va ad incontrare responsabilità che non può incontrare; va ad incontrare scene solenni che non capirà; va a fare passi che non sa quale dei prossimi sarà per lui un passo spaventoso. Questo è il punto in cui ci troviamo ora, fratelli e sorelle.

Ora sta a noi affrontarlo, e affrontarlo anche *con gioia*. Dobbiamo affrontarlo, dico, con tutte le sue solenni responsabilità, con tutte le sue temibili conseguenze. Ma dobbiamo essere così preparati dalla fede in Gesù Cristo, e rivestiti della sua sola giustizia, e dipendere solo da quella—così preparati ad affrontarla, che possiamo affrontarla con gioia, con la fiducia che Dio è con noi, e desidera manifestare la sua potenza, e andare gioiosamente e volentieri incontro alle scene che devono essere affrontate; prendere l'opera che deve essere presa; e affrontare le solenni responsabilità, e le scene, e le azioni, e gli eventi che verranno, sempre con gioia nel Signore.

Questo è per noi. Non dobbiamo scoraggiarci neanche un po' perché è così. Dovremmo essere i più felici di essere mai stati al mondo, di essere lì stasera. [Congregazione: "Amen"].

Permettetemi di leggere di nuovo questo testo, per trarne un altro pensiero: "Alzati, risplendi, perché la tua luce è venuta e la gloria del Signore è sorta su di te. Perché, ecco, le tenebre copriranno la terra, e le tenebre gravi i popoli; ma il Signore sorgerà su di te, e la sua gloria". *Vedrai* su di *te!* La sua gloria *la vedrete in voi stessi* e su di *voi? [*"La sua gloria *sarà vista* su di te". Lascia che sia così.

Non andate a supervisionare quella cosa; non è affar vostro. Non dovete assolutamente considerare la questione. Se è la gloria del Signore, Egli si prenderà cura di vederla su di voi. Non sapreste che è la gloria di Dio se la vedeste su di voi, perché non è una gloria personale. Quando vedo la gloria su di me, ci sarà un'autoglorificazione. Non capite? Non è la gloria di se stessi che stiamo cercando; non è la gloria di se stessi che Dio manifesterà al mondo; è la gloria di Dio che Egli manifesterà; è quella gloria che sarà vista.

Perciò dice ciò che significa e significa ciò che dice. *"La Sua gloria sarà vista su di te"*. Ringraziamo Lui che è così, perché lo dice Lui. Ringraziatelo perché lo dice. Allora ringraziatelo che è così *perché lo* dice Lui. Poi lasciate che sia Lui a farlo. Non avete nulla a che fare con la supervisione, tenetevi fuori. Chi si impegna in questo senso perderà tutto. Non vedete che è lo stesso lavoro del cuore?

Vogliamo la giustizia, ma molti vogliono vederla in se stessi e su se stessi prima di credere di averla; ma non vedete che non la otterranno mai in questo modo? Non la otterranno mai finché non metteranno fuori gioco se stessi, finché non volteranno le spalle a se stessi e guarderanno la Sua Parola. Allora, quando volteremo le spalle a noi stessi e guarderemo a Colui di cui è questa gloria e in cui è, quando guarderemo al luogo in cui è questa gloria, allora ognuno saprà da quel momento che è sua finché guarderà al luogo in cui è. "Noi tutti, a viso aperto, contemplando come in uno specchio la gloria del Signore, siamo cambiati nella stessa immagine dalla gloria a che cosa? [Congregazione: "Alla gloria"] La sua gloria ci è apparsa? [Congregazione: "Sì"] *È apparsa*? [Congregazione: "Sì"].

Permettetemi di leggere quel testo benedetto in 2 Corinzi: "Dio che fa risplendere la luce dalle tenebre". L'ha fatto una volta, non è vero? [L'ha fatto di nuovo. Le tenebre coprivano la terra, un'oscurità immensa. Dio ha ordinato alla luce di risplendere ed essa ha brillato. Di nuovo dice: "Le tenebre copriranno la terra, e le tenebre gravi i popoli; ma il Signore sorgerà su di te, e la sua gloria sarà vista su di te". La Sua luce si vedrà su di te, e perciò Egli dice: "Alzati, risplendi; la tua luce è venuta". Ancora una volta, Egli ha ordinato alla luce di risplendere dalle tenebre. [Non è così? [“*Egli ha* brillato nei nostri cuori”. Allora l’ha fatto, non è vero? State dicendo questo? [Non intendo che lo diciate solo perché è nel testo, ma voglio che lo diciate perché nel vostro cuore sapete che è così. Il cedimento della volontà, la sottomissione della volontà, il porre tutto su di Lui, è la fede.

Allora lo dice Lui. Ora possiamo continuare con questo testo: “Dio, che ha ordinato di far risplendere la luce dalle tenebre, ha brillato nei nostri cuori”. È così? [Potete ringraziarlo per averlo fatto? [Chiunque possa ringraziare Dio per il fatto che Dio ha brillato nel suo cuore, lo ringrazia di cuore; può ringraziare Dio per il fatto che si trova lì per fede; può farlo con la stessa certezza con cui può ringraziare il Signore per il fatto che la sua giustizia è la sua.

Leggiamo ancora un po’ di questo versetto: “Dio, che ha fatto risplendere la luce dalle tenebre, ha brillato nei nostri cuori”. Grazie al Signore. A cosa serve? “A dare la luce della conoscenza della gloria di Dio”. Vi ha dato la luce della conoscenza della Sua gloria? [Sì? [Non è forse sorta la sua gloria per voi e per me? Non è forse sorta la Sua gloria per e su ciascuno di noi, ed è in ciascuno dei nostri cuori? La luce non ha forse brillato come Dio ha comandato che brillasse?

Continuiamo il testo: “Dio, che ha fatto risplendere la luce dalle tenebre, ha brillato nei nostri cuori per dare la luce della conoscenza della gloria di Dio *nel volto di Gesù Cristo*”. Allora l’uomo che può guardare a viso aperto il volto di Gesù Cristo, che può ringraziare Dio con tutto il cuore perché la gloria di Dio è risorta su di lui, allora Dio farà in modo che quella gloria sia vista su di lui. Fratelli, è così, e oh, se ogni cuore in questa casa stasera potesse alzare la faccia, senza veli, verso quel volto glorioso che risplende in modo così glorioso e benevolo sui figli degli uomini, e che ci ha salvati dai nostri peccati e ci ha trasformati di gloria in gloria nella Sua immagine, di gloria in gloria come per mezzo dello Spirito del Signore.

Allora quello Spirito *è arrivato* a coloro che possono guardare il volto di Gesù Cristo. E lo Spirito Santo che Dio dà a coloro che guardano il volto di Cristo ci trasformerà a sua immagine e somiglianza, e noi vedremo la sua gloria riflessa, e anche gli uomini vedranno la sua gloria. Fratelli, è così e stasera dobbiamo ricevere la promessa dello Spirito per fede.

Mosè era con il Signore quella volta sul monte e quando scese il suo volto risplendeva della gloria di Dio. Quanto ne sapeva? Niente di niente. “Mosè non sapeva che la pelle del suo volto risplendeva”. Lui non ne sapeva nulla; lo sapeva il popolo. Queste persone che hanno visto la gloria sul volto di Mosè hanno avuto fede? [Mosè aveva fede perché essa potesse risplendere. La fede di Mosè l’ha accolta, affinché risplendesse; e quando ha brillato sul suo volto, benché egli ne fosse inconsapevole, anche il popolo incredulo ha potuto vederla.

Stefano si trovava davanti al Sinedrio—uomini il cui cuore era accanito contro Dio e contro il suo Cristo—ma il suo volto risplendeva della gloria di Dio come se fosse stato il volto di un angelo; e tutti quelli che stavano nel consiglio lo guardarono e lo videro. Stefano lo sapeva? No. Non era la gloria di Stefano. Egli non aveva nulla a che fare con essa. Dio era lì in quella presenza, perché Stefano aveva una tale fede in Gesù Cristo e guardava a cuore aperto, a viso aperto, per fede, il volto di Gesù Cristo; e quando lo fece, la gloria del Signore si levò su di lui, e i pagani, e i peggio dei pagani—i malvagi farisei—poterono vedere la gloria di Dio su di lui.

Nel nostro studio abbiamo riscontrato che l'opera oggi è esattamente come l'hanno lasciata gli apostoli. Ebbene, quando la promessa dello Spirito giunse sul popolo in quel giorno, Dio manifestò la propria potenza, a modo suo, per sua volontà, su coloro che erano suoi; così farà anche in futuro.

Rileggiamo ora questo versetto. "Dio, che ha ordinato alla luce di risplendere dalle tenebre, ha brillato nei nostri cuori". Non dimenticatelo. Come *possiamo* dimenticarlo? È così, non è vero? "Per dare la luce della conoscenza della gloria di Dio nel volto di Gesù Cristo". Nella lezione di venerdì scorso abbiamo scoperto che dobbiamo ottenere la giustizia di Dio che è per fede in Gesù Cristo, guardando il volto di Gesù; e mentre guardiamo lì, ricevendo quella giustizia sempre di più, venendo plasmati sempre di più a Sua immagine, la legge di Dio sta lì in tutta la sua gloria a testimoniare che quello è il modo di guardare. Abbiamo scoperto che questa era anche l'occupazione degli angeli, in cielo: "I loro angeli guardano sempre la faccia del Padre mio che è nei cieli". Allora, fratelli, quando andiamo in compagnia degli angeli, guardando dove loro guardano, per ricevere ciò che loro guardano per ricevere, e la legge testimonia che è nostro, perché quel baldacchino benedetto non ci coprirà? E questo è il manto di Dio steso sul suo popolo. Quindi, il requisito per questo è la fede che alza il volto verso il volto di Gesù: e non è per la nostra bontà, ma per il nostro *bisogno*.

[Con il permesso dell'oratore, il Prof. Prescott ha letto quanto segue:—]

> "La mano dell'Infinito è tesa sui bastioni del cielo per afferrare la vostra mano nel suo abbraccio. Il potente Aiutante è vicino per aiutare i più erranti, i più peccatori e disperati. Guardate in alto con fede e la luce della gloria di Dio risplenderà su di voi".

[Non sapevo che ci fosse; ma fratelli, possiamo essere grati che lo Spirito di Dio ci guidi qui. E non dimenticate questo passo che volevamo raggiungere da tanto tempo e che ora arriva esattamente: "Ora la giustizia di Dio senza la legge si manifesta.... Anche la giustizia di Dio che è per fede in Gesù Cristo a tutti e su tutti quelli che credono; perché non c'è differenza: tutti hanno peccato e sono venuti meno alla gloria di Dio".

Abbiamo già studiato questo aspetto: la giustizia di Dio senza la legge è manifestata dalla legge. C'è un'altra frase: "essendo testimoniata dalla legge *e dai profeti*". Non dimenticate per un momento, o non ricordate sempre, che dove c'è la giustizia di Dio, che si ottiene per fede in Gesù Cristo, *i profeti di Dio* staranno in quel luogo e testimonieranno a quell'uomo che la possiede. [Ciò significa in questo momento, perché Egli viene a noi adesso. Quindi, sono felice che lo Spirito di Dio ci abbia condotto a questo nel Suo modo, e che il Suo profeta stia in piedi e testimoni che questo è vero, e che abbiamo la verità in quella cosa come è in Gesù Cristo, e come risplende dal Suo santo volto. [A richiesta è stata riletta la citazione].

Allora, fratelli, guardate in alto. Quando vedremo i segni nel sole, nella luna e nelle stelle, e sulla terra l'angoscia delle nazioni, allora *guardate in alto,* alzate il capo. Rallegratevi, perché la vostra redenzione si avvicina. *Guardate in alto,* perché questo avviene solo guardando in alto nel volto di Colui che l'ha detto. *Dobbiamo* guardare in alto, perché questo porta la giustizia, la gloria di Gesù Cristo, ed è questa gloria che ci rende immortali. Ma è la stessa gloria che *consuma.*

Dobbiamo guardare in alto. Vuole che guardiamo in alto per riceverla. E vuole che guardiamo in alto prima di quel grande giorno per poter guardare in alto in quel giorno.

Ora, il Signore vuole che guardiamo in alto e ci dice a cosa serve. Alzate lo sguardo e tendete la mano per fede, ed Egli la prenderà. Allora lasciateglielo fare. Quando Dio prenderà la mano della fede, terrà voi e me più saldamente di quanto potremmo fare noi se prendessimo *la sua* mano. Vedete, è lo stesso modo in cui molte volte conduciamo i nostri figli piccoli. *Li* teniamo per mano e quando inciampano non cadono. Altre volte abbiamo camminato e *loro hanno avuto la nostra* mano; poi hanno inciampato e sono caduti. Grazie al Signore, Lui dice: "*Ti* prenderò per mano".

Allora, anche se inciamperemo, non saremo abbattuti. [Oh, Dio è buono.

[A richiesta è stato letto il seguente testo: "Perché il Signore tuo Dio terrà la tua destra e ti dirà: Non temere, io ti aiuterò". Isa. 41:13.] Quando Egli dice: "Io terrò la tua mano destra", lasciateglielo fare. Allora non avrete alcuna inquietudine.

"Dio, che ha fatto risplendere la luce dalle tenebre, ha brillato nei nostri cuori per dare la luce della conoscenza della gloria di Dio nel volto di Gesù Cristo". In relazione a ciò leggerò: "Ma noi tutti, a viso aperto, contemplando come in un vetro la gloria del Signore, veniamo cambiati nella stessa immagine di gloria in gloria, come per opera dello Spirito del Signore". Qual è la sua gloria? Cerchiamo di esserne certi. Ecco un messaggio che abbiamo avuto qualche tempo fa, al quale vi rimando; a pagina 16 del Bollettino:—

> "L'opera sarà interrotta nella giustizia. Il messaggio della giustizia di Cristo risuonerà da un capo all'altro del mondo. Questa è la gloria di Dio che chiude l'opera del terzo angelo".

Allora quella gloria è quella giustizia, quella bontà, quel carattere che gli è proprio. Dove vediamo dunque la sola giustizia? [Quando guardiamo questo, che effetto ha su di noi? Ci cambia nella stessa immagine; ci trasforma nella stessa immagine da giustizia a giustizia, da gloria a gloria, da carattere a carattere, come per mezzo dello Spirito del Signore.

Ebbene, alzati e risplendi, perché la luce è venuta. Questo è il comando del Signore. Ecco perché ho detto prima: questo è il messaggio da oggi in poi, nella misura in cui viene ricevuto. È questo per noi. In realtà è la stessa cosa, con la stessa certezza di quattro anni fa, solo con maggiore splendore, con maggiore potenza. Ora, con la forza accumulata in quattro anni di esercizio, Dio la propone al suo popolo. La proposta è di nuovo: Alzati, risplendi, perché la tua luce è venuta e la gloria del Signore è sorta su di te. Chi lo farà? Chi lo farà? [Bene! Fatelo. Per quanto tempo lo farai? [Per quanto tempo lo farai? Quanto spesso? [Voci: "Sempre".]

Vi dico, fratelli e sorelle, che coloro che lo faranno troveranno nella loro vita un potere di sottomissione mai conosciuto prima. Porterà quella povertà di spirito e quell'umiliazione dell'anima che darà allo Spirito la possibilità di operare nel suo modo meraviglioso. È a questo punto che ci troviamo. Allora, alzati e risplendi, perché la luce *è* venuta e la gloria del Signore *è salita su di te*.

Leggerò da pagina 137 del Bollettino:—

> "A chi si accontenta di ricevere senza meritare, a chi sente che non potrà mai ricambiare un tale amore, mette da parte ogni pensiero e incredulità e viene come un bambino ai piedi di Gesù, tutti i tesori dell'amore eterno sono il dono gratuito e perenne".

Tutti questi tesori sono un dono gratuito ed eterno per noi che non abbiamo nulla con cui ottenerli. Il Signore dice che sono miei. Anch'io so che sono miei, perché lo dice Lui. E lo ringrazierò sempre.

C'è un altro splendido testo che dobbiamo leggere e che ci parla ora. Isa. 52:1.

"Svegliatevi, svegliatevi". Siamo stati addormentati, non è vero? Sapete che è così. "Svegliati, svegliati, rivestiti di forza, o Sion". Cosa? La forza. Esaminando la situazione in cui ci troviamo, abbiamo scoperto che abbiamo bisogno di una potenza, di una forza che è più grande di tutte le potenze che questo mondo conosce messe insieme. Abbiamo scoperto che abbiamo bisogno di forza, non è vero? [Allora ne abbiamo bisogno per questo messaggio. Indossate la vostra forza; l'avete. "Indossa la tua forza, o Sion; indossa le tue belle vesti, o Gerusalemme". Quali sono le belle vesti? [Il lino pregiato è la giustizia dei santi. "Le fu concesso di essere vestita di lino fine, pulito e candido, perché il lino fine è la giustizia dei santi". Questa è la giustizia che deriva dalla fede in Gesù Cristo. E qui c'è anche una parola che il Signore ci ha rivolto in questa Conferenza. Nel Bollettino, a pagina 408, leggo: "La giustizia è la giustizia che viene dalla fede in Gesù Cristo".

> "*In questo momento* la Chiesa deve indossare le sue belle vesti, "Cristo nostra giustizia"".

Ebbene, eccola qui: "Rivestiti delle tue belle vesti, o Gerusalemme, la città santa". Perché si riveste? Dove sta andando? Oh, sta andando a casa; sta andando alla cena di nozze, grazie al Signore; e le persone che andavano alle cene di nozze in quei tempi dovevano avere abiti preparati dal padrone della festa; e il Signore fa la stessa cosa ora. [Fratelli, ringraziamo tutti il Signore, siamo sempre riconoscenti.

Ma questa è solo una parte. Ecco la promessa più benedetta, mi sembra, che sia mai arrivata alla Chiesa avventista del settimo giorno. "Perché d'ora in poi non entreranno più in te gli incirconcisi e gli impuri". Grazie al Signore, Egli ci ha liberati d'ora in poi da persone non convertite, da persone introdotte nella chiesa per operare la propria iniquità e per creare divisione nella chiesa. I processi ecclesiastici sono scomparsi; grazie al Signore, tutti i maldicenti e i chiacchieroni sono scomparsi. La Chiesa ha ora qualcosa di meglio di cui parlare. Ora può parlare di salvare uomini e donne caduti. Avranno una bontà, una gioia, una santità e una gloria che è in Gesù Cristo, di cui parlare, che è davvero reale, e noi lo sappiamo.

È una splendida promessa. E non vedete come solo essa può essere adempiuta? Quando usciremo da qui, non conoscendo nient›altro che Gesù Cristo e Lui crocifisso; rifiutando di conoscere nient›altro che questo; rifiutando di predicare nient›altro che questo; dipendendo dalla Sua potenza; dipendendo dalla Sua gloria, sapendo che *è* venuta e che ci ha comandato di risplendere, allora potrà essere adempiuta. Non vedete che nessuno sarà attratto da questo se non coloro che sono attratti dal cuore e in cui il cuore è convertito? Non vedete che voi stessi saprete che sono convertiti prima di essere portati in chiesa? "Non entreranno più in te gli incirconcisi e gli impuri".

Fratelli, c'è un'altra cosa che appartiene a questo luogo. Quando Dio ha abbellito la sua chiesa con la sua potenza, la sua gloria e la forza del suo Spirito, il posto più pericoloso al mondo per un ipocrita è quella chiesa. Anania e Saffira ci provarono, e quella lezione fu registrata come lezione per tutti, almeno da oggi in poi. Nella Chiesa degli Avventisti del Settimo Giorno non c'è posto per gli ipocriti. Se il cuore non è sincero, è il posto più pericoloso che l'uomo abbia mai avuto al mondo.

Allora, chi non sta seguendo quest'opera è meglio che se ne vada in fretta. È pericoloso restare qui se non si va avanti; e non possiamo andare avanti senza che la gloria di Dio e la Sua luce risplendano nel cuore e nella vita. Siamo chiamati a presentarci davanti ai re e alle autorità e a parlare contro le oppressioni e la malvagità dei persecutori, che si scagliano contro coloro che amano il Signore. "Svegliati, svegliati, rivesti la tua forza, o Sion, indossa le tue belle vesti, o Gerusalemme, la città santa, perché d'ora in poi non entreranno più in te gli incirconcisi e gli impuri. Scuotiti dalla polvere, alzati e siediti, o Gerusalemme; sciogliti dalle catene del collo, o figlia prigioniera di Sion".

La libertà è ora proclamata ai prigionieri. Lode al Signore. "Lo Spirito del Signore è su di me, perché il Signore mi ha unto per annunciare buone novelle ai miti; mi ha mandato a fasciare i cuori spezzati, a proclamare la libertà ai prigionieri e l'apertura del carcere a quelli che sono legati; a predicare l'anno di grazia del Signore e il giorno della vendetta del nostro Dio: per consolare tutti quelli che fanno cordoglio; per dare a quelli che fanno cordoglio in Sion, bellezza per la cenere, olio di gioia per il lutto, veste di lode per lo spirito di tristezza; perché siano chiamati alberi di giustizia, la piantagione del Signore, affinché egli sia glorificato." "Scuotiti dalla polvere, alzati e siediti, o Gerusalemme; sciogliti le catene del collo, o figlia prigioniera di Sion. Perché così dice il Signore: "Vi siete venduti per nulla e sarete riscattati senza denaro"". Bene, questo è compiuto.

"Poiché così dice il Signore Dio: "Il mio popolo è sceso in passato in Egitto per soggiornarvi e l'Assiro lo ha oppresso senza motivo". E allora cosa fece? [Esattamente. Allora quando si applica questo? Al momento della liberazione. Allora siamo arrivati a quel tempo, no? Abbiamo raggiunto il tempo dell'oppressione, e quando è arrivato il tempo dell'oppressione, è arrivato anche il tempo della meravigliosa liberazione di Dio. Quindi, che l'oppressione diventi più dura, che il fuoco diventi più caldo: questo dimostra solo che la liberazione è molto più vicina. Ringraziamo il Signore.

"Ora, dunque, che cosa ho qui, dice il Signore, che il mio popolo sia portato via per nulla? Quelli che lo governano lo fanno ululare, dice il Signore, e il mio nome viene continuamente bestemmiato". È così. Lo hanno già fatto. "Perciò il mio popolo conoscerà il mio nome". Qual è il suo nome? Io Sono che sono. Non solo sapranno *di* Lui, ma sapranno anche che *Egli è ciò che è*, ed è l'Onnipotente. E il Suo popolo, conoscendo il Suo nome, l'Onnipotente, conoscerà la Sua potenza manifestata in loro, per loro, a loro e attraverso loro.

"Perciò il mio popolo conoscerà il mio nome; perciò in quel giorno saprà che io sono colui che parla così; ecco, sono io". Sono io che parlo ora. Bene. E poi? "Come sono belli sui monti i piedi di colui che porta la buona novella, che annuncia la pace; che porta la buona novella del bene, che annuncia la salvezza; che dice a Sion: "*Il tuo Dio regna!*"".

Che i re, le potenze, i governatori e gli Stati si esaltino quanto vogliono; Dio ha dato a voi e a me un messaggio al popolo: "*Il tuo Dio regna*". "La tua sentinella alzerà la voce; con la voce insieme canteranno". Certo, Egli ha detto già da tempo che dobbiamo cantare mentre andiamo verso Sion.

"Perché vedranno occhi su occhi, quando il Signore riporterà Sion". Fratelli, quando guardiamo il volto di Gesù Cristo e quella luce risplende nelle nostre menti e nei nostri cuori, non dobbiamo avere alcun problema a vederci negli occhi, anche se voi siete dall'altra parte della terra e io da questa parte. Ci sarà quella compagnia di idee e di verità che legherà i nostri cuori attraverso il centro della terra. Dio è in esso, ed è per questo che è così. Dio può renderlo tale. Non c'è nessun altro potere nell'universo che possa farlo.

"Irrompere nella gioia". Perché no, vorrei sapere? Non c'è bisogno di una riunione speciale per esplodere nella gioia, non è necessario saltare su e giù e dare calci ai banchi e alle sedie. È la gioia del Signore, non è fanatismo. Non è un sentimento che viene suscitato da queste dimostrazioni.

"Scoppiate di gioia, cantate insieme, luoghi desolati di Gerusalemme, perché il Signore ha consolato il suo popolo, ha riscattato Gerusalemme". Il Signore ha consolato il suo popolo. Lo ha fatto, non è vero? Allora lodiamo il Signore per il suo conforto.

"Il Signore ha messo a nudo il suo braccio santo". Ora sta per fare qualcosa. Quando un uomo ha qualcosa da fare e comincia a rimboccarsi le maniche, si sa che fa sul serio. Il Signore ha preso questa figura familiare, per indicare il lavoro serio che ha intrapreso, e questo vale anche adesso. Ha messo a nudo il suo braccio santo, si è rimboccato le maniche, sta compiendo un'opera che farà scalpore, come ai tempi di Samuele, quando disse a Eli: "Farà in Israele una cosa che farà fremere le orecchie di tutti quelli che la sentiranno". Facciamo in modo che le nostre orecchie fremano di gioia. "Il Signore ha messo a nudo il suo braccio santo agli occhi di tutte le nazioni e tutti i confini della terra vedranno la salvezza del nostro Dio". Lasciateli fare, lasciateli fare.

"Partite, partite, uscite da lì". Significa tagliare i ponti con questo mondo, non è vero? Vi state liberando? Siete partiti? Avete dato l'addio alla terra? [Il mondo è sotto i vostri piedi? [Non solo è sotto i vostri piedi, ma è anche impresso sotto i vostri piedi? Io so, e voi sapete, che quando ci separiamo da tutte le cose di questo mondo, Dio può dare e dà a voi e a me la coscienza di qualcosa che è migliore di tutto questo mondo messo insieme.

"Non toccare cose impure". È la stessa parola usata in 2 Corinzi: "Perciò uscite di mezzo a loro, separatevi, dice il Signore, e non toccate le cose impure, e io vi accoglierò, sarò per voi un Padre e sarete miei figli e figlie, dice il Signore onnipotente". "Siate puliti e portate i vasi del Signore. Perché non uscirete in fretta e non andrete in fuga". No, non avremo paura o timore di nulla. "Chi crede non avrà fretta". Non ha fretta. Il Signore non ha mai fretta, ma può prendersi il suo tempo, e anche tanto. Chi crede non avrà fretta". Un'altra traduzione dice: "non si vergognerà", un'altra ancora: "non sarà confuso", o non sarà facilmente sbilanciato.

E, tra l'altro, vi troverete chiamati in luoghi in cui si scatenerà una tempesta perfetta di voci e lingue da venti parti diverse. Allora non dovete avere fretta o perdere l'equilibrio. È il momento in cui non dovete spaventarvi e scappare. Oh, no! Egli ci ha messo nel mondo per restarci finché ci vuole. "Non uscirete in fretta e non andrete in fuga, perché il Signore vi precederà e il Dio d'Israele sarà la vostra ricompensa". Bene. Egli è l'avanguardia e la retroguardia. È l'avanguardia e la retroguardia. È una buona compagnia in cui stare.

Fratelli, questo è il messaggio ora. Questo è il messaggio che voi e io dobbiamo portare da questo luogo, e chi non è in grado di portarlo non deve andare. Oh, *non andate*. Come siamo stati esortati dallo Spirito del Signore in questo luogo, nessuno deve andare senza la consapevolezza di quella presenza costante, la potenza dello Spirito di Dio. Nessuno *deve* andare senza. Perché è *ottenuta* e *mantenuta* per fede in Lui, nel cui volto guardiamo, affinché possiamo ricevere per fede la giustizia di Gesù, per essere preparati a ricevere e ricevere per fede lo Spirito di Dio.

Il Messaggio del Terzo Angelo – n. 23

A. T. Jones
Stampato nel Bollettino quotidiano della Conferenza generale, 26 marzo 1893, pp. 507–515.

Vorrei che avessimo sei settimane per studiare il messaggio del terzo angelo. [Intendo dire sei settimane insieme; naturalmente tutti noi ne abbiamo di più separatamente. Intendevo dire che potremmo avere sei settimane insieme. Allora potremmo cominciare a delineare bene il messaggio per questo periodo. Ma, tenendo conto di ciò che il Signore ci ha dato e partendo da qui, tutto ciò che rimane è studiare il messaggio e predicarlo, e crescerà man mano che lo faremo. E tutti noi lo vedremo, se ci atterremo a ciò che abbiamo ricevuto qui e lo predicheremo.

Ma ormai il tempo è così vicino e c'è così tanto da dire prima di separarci, che tutto quello che possiamo fare stasera è toccare solo alcuni punti che portano fuori dal luogo in cui ci troviamo, in linee che dobbiamo seguire e che saranno la nostra guida d'ora in poi.

Questa sera, per cominciare, andiamo al 13° capitolo dell'Apocalisse e studiamo quel passo delle Scritture che si riferisce agli Stati Uniti, e vediamo se possiamo sapere dove, nella profezia, l'opera di questa potenza arriva a ingannare "gli abitanti della terra, per mezzo di quei miracoli che aveva il potere di fare al cospetto della bestia". So che molti stanno perdendo di vista ciò che è stato fatto cercando qualcosa che avevano deciso di fare per primo; e mentre cercano ciò che avevano deciso di fare, e trascurano di usare ciò che è stato fatto, continueranno ad andare avanti, allontanandosi sempre di più dalla luce, sempre meno preparati ad affrontare qualsiasi cosa, sia che sia venuta, sia che debba ancora venire.

Ora, nei versetti 13° e 14° si trova la dichiarazione profetica sull'esercizio di tale potere: "E fa grandi prodigi, tanto da far scendere fuoco dal cielo sulla terra sotto gli occhi degli uomini, e inganna gli abitanti della terra per mezzo di quei miracoli che aveva il potere di fare sotto gli occhi della bestia; dicendo a quelli che abitano sulla terra di fare un'immagine alla bestia, che aveva la ferita di una spada e viveva".

In base al contesto in cui ciò si colloca, molti mi hanno scritto dicendo che tutte queste cose devono accadere prima che l'immagine sia fatta; che queste opere e manifestazioni meravigliose sono opera dello spiritismo e servono a persuadere il popolo *a fare* un'immagine della bestia. È quindi importante per noi studiare la profezia e vedere cosa *dice* e, per quanto possibile, cosa *non dice*.

Cominciamo ora con l'undicesimo versetto del tredicesimo capitolo: "E vidi un'altra bestia che usciva dalla terra; aveva due corna come un agnello e parlava come un drago". Quando parlò come un drago? Quando stava salendo? [Quando parlava come un drago? Leggete il quindicesimo versetto: "E aveva il potere di dare vita all'immagine della bestia, *affinché l'immagine* della bestia *parlasse* e *facesse* uccidere quanti non volevano adorare l'immagine della bestia". È quando parla come un drago, vero? [Non è l'immagine della bestia che parla come un drago? [È stata fatta l'immagine della bestia, quando è stata vista salire? [Quando la bestia fu vista spuntare dalla terra, fu fatta l'immagine della bestia? [Parlava allora come un drago? [Allora tutto questo versetto non si applica nel luogo in cui è stampato. Per vedere questo in modo un po' più chiaro, andate alla Testimonianza 32, pagina 208. Questo è stato stampato nel 1885:—

> "Il movimento della domenica si sta facendo strada nell'oscurità. I leader nascondono la vera questione, e molti di coloro che si uniscono al movimento non si rendono conto della direzione che sta prendendo la corrente. Le sue professioni sono miti e apparentemente cristiane".

Ha qualche riferimento alle due corna come un agnello? [Congregazione: "Sì"].

> "Le sue professioni sono miti e apparentemente cristiane; ma *quando parlerà*, rivelerà lo spirito del drago".

"Quando parlerà". Questo è stato scritto nel 1885; non aveva ancora parlato. È corretto? [Quando è stato visto arrivare? [Nel 1798."] "Aveva due corna come un agnello", quando è stato visto spuntare e le ha sempre avute. È così? [Congregazione: "Sì"] "Le sue professioni sono miti e apparentemente cristiane". Ma c'è la profezia: "Parlava come un drago". E abbiamo scoperto, grazie al collegamento, che è *l'immagine* a parlare e a far sì che tutti coloro che non adoreranno l'immagine della bestia saranno uccisi. Questa è la voce del drago. Ma "quando parlerà, rivelerà lo spirito del drago".

Poi, ripeto, che l'undicesimo versetto non è tutto adempiuto nel posto in cui si trova nella profezia e nell'ordine in cui le cose che menziona sono menzionate nella profezia. L'ultima espressione dell'undicesimo versetto non si compie fino al quindicesimo versetto.

Continuiamo a leggere. Dodicesimo versetto: "Ed esercita tutto il potere della prima bestia che lo precedeva e fa sì che la terra e coloro che la abitano adorino la bestia, la cui ferita mortale è stata guarita". Ora, questa bestia che è stata vista uscire dalla terra ha esercitato finora tutto il potere che aveva la prima bestia che l'aveva preceduta? [Ha forse costretto gli abitanti della terra ad adorare la prima bestia? [Questo versetto, dunque, il dodicesimo, si è compiuto fino al quindicesimo versetto? [Fino al momento in cui sarà fatta l'immagine? [Congregazione: "Sì"].

Allora è evidente che questi due versetti della profezia non si adempiono nell'ordine in cui sono stati enunciati. È così? [Congregazione: "Sì"].

Il tredicesimo versetto: "e compie grandi prodigi, tanto da far scendere fuoco dal cielo sulla terra sotto gli occhi degli uomini". Questo si compie prima che venga fatta l'immagine della bestia? [Sappiamo tutti, chi ha letto il "Vol. IV", che questa è una delle ultime cose che vengono fatte prima che Satana venga di persona. Voi che avete letto il "Vol. IV" lo sapete, e voi che non l'avete letto, leggetelo e vedrete che il far scendere il fuoco dal cielo è una delle ultime cose che vengono fatte prima che Satana appaia personalmente, se non l'ultima in effetti. Il Vol. IV non dice con certezza che questo miracolo sarà compiuto prima che Satana appaia personalmente, o dopo; ma, assumendo la visione più estrema possibile, è tra le cose che si compiono quando i poteri stessi delle agenzie sataniche sono esercitati in tutta la loro portata, per ingannare, se possibile, proprio gli eletti. Questo miracolo viene compiuto per dimostrare ai figli di Dio che si sbagliano nell'osservare il sabato. Questo miracolo viene compiuto come prova decisiva e sarà una delle ultime cose prima che venga emanato il decreto di mettere a morte gli uomini; se non sarà l'ultima, sarà una delle ultime. La gara sarà tra le potenze della terra e il Signore; tra coloro che cedono e obbediscono alle potenze della terra e coloro che obbediscono al Signore.

Ora, questi miracoli sono tutti compiuti apertamente, e in modo palese, *contro il Signore?* È questo che pretendono di fare? [Sono fatti da coloro che negano apertamente e dichiaratamente Gesù Cristo? [Chi allora? Coloro che si professano Cristo. «Sorgeranno falsi Cristi e mostreranno grandi segni e prodigi». Questo sarà fatto da coloro che si professano rappresentanti di Gesù Cristo, che Cristo è con loro e che Dio è il Dio di quella parte della questione. Ma sarà negato, e si saprà che non è così, da coloro che conoscono il Signore. Ma questa sfida sarà lanciata. Un tempo si discuteva se il Signore fosse Dio o se il sole fosse il dio-Baal. La prova che quel giorno decise tra il popolo che Elia era un uomo di Dio e che Dio era il vero Dio e non il sole, non Baal, fu: il fuoco scese dal cielo.

Ora quella prova si ripresenta, ma questa volta sarà fatta per ingannare; e sarà fatta da coloro che ora affermano di essere di Baal, o meglio da coloro che sono veramente servi di Baal, ma professano che Baal è dio, che è Satana, naturalmente. E presenteranno questa sfida a voi e a me: "Ora, voi dite che la Bibbia è la parola di Dio. Lo sostenete?". "Sì, signore". "Dici che Dio è il tuo Dio?". "Sì, signore". "E che il sabato deve essere osservato perché è il segno di ciò che Dio è per l'uomo e di ciò che Cristo è per l'uomo?". "Sì, signore, la posizione è esattamente questa". "Ora, una volta è stata fatta una prova che ha deciso la questione. Si trattava del fuoco che scendeva dal cielo. Questo decise che il Signore era il vero Dio. Oggi vi proponiamo, su vostra proposta, la stessa sfida. Vi diciamo che vi sfidiamo a questa decisione; vi diamo una sfida aperta e leale; vi diciamo ora: "Se siamo uomini di Dio, se Dio è il nostro Dio e non il vostro, se siamo uomini di Dio, fate scendere il fuoco dal cielo sulla terra".

E poi? Arriva il fuoco. "Egli compie grandi prodigi, tanto da far scendere dal cielo il fuoco sulla terra sotto gli occhi degli uomini". Gli uomini lo vedranno; e questo viene fatto per decidere la questione, per decidere che sono il popolo di Dio, che sono uomini di Dio. E quando il vero popolo di Dio dirà che questa non è la prova, che non dimostra nulla, allora, vedete, diranno: "Beh, tornate alle vostre stesse prove. Dici di credere alla Bibbia, dici che è il tuo fondamento, e sei d'accordo che questo ha deciso una volta la questione". "Sì, signore". "Ma ora, quando facciamo la stessa cosa, lei nega che si tratti di una decisione. A cosa serve ragionare con uomini del genere? Si rimettono tutti alle prove più evidenti, su cui loro stessi dicono di basarsi. Che cosa si dovrebbe fare se non uccidere persone del genere? Non si può più ragionare con loro, e il destino del mondo, le piaghe, le pestilenze e tutte queste cose si abbattono sul popolo a causa della vostra follia, perché non vi arrendete o cedete; siete testardi, volete comunque fare a modo vostro. Ora, per salvare persone la cui vita è preziosa, l'unica cosa che possiamo fare è togliervi di mezzo". Quindi, diciamo, e lo vedrete leggendo, che questo non viene fatto prima che l'immagine della bestia sia fatta; è dopo, che viene.

Fratelli, non è solo il momento per ognuno di noi di leggere il "Vol. IV", ma di rileggerlo più volte e di conoscere la situazione delle cose così come sono. È tempo di leggerlo e non possiamo permetterci di non leggerlo.

Quindi, i tre versetti che abbiamo letto, vedete voi stessi, non si adempiono nell'ordine in cui sono stati enunciati.

Ora continuiamo a leggere: "E inganna gli abitanti della terra per mezzo di quei miracoli che aveva il potere di fare al cospetto della bestia". Leggiamo ora un altro passo, nel 19° capitolo dell'Apocalisse, che si riferisce alla venuta del Signore, 19° e 20° versetto: "E vidi la bestia, i re della terra e i loro eserciti riuniti per far guerra a colui che sedeva sul cavallo e al suo esercito. E la bestia fu presa, e con lei *il falso profeta* che *faceva miracoli* davanti a lui, *con i quali ingannava quelli* che *avevano ricevuto* il marchio della bestia e quelli *che adoravano* la sua immagine".

L'altro giorno qualcuno mi ha parlato di un'altra traduzione, che parla di quella—non so se sia la Versione Riveduta o qualche altra—che recita: "il falso profeta che faceva miracoli davanti a lui, con i quali ingannava quelli che *avevano ricevuto* il marchio della bestia e quelli che *avevano adorato* l'immagine".

[Pastore D. T. Bourdeau.—"Così dice il francese"].

Pastore Jones.—Lo stesso pensiero è in questo. Questo dimostra allora che i miracoli, i miracoli ingannevoli che vengono compiuti, sono fatti per ingannare coloro che hanno il marchio della bestia. Ma gli uomini ricevono il marchio della bestia prima che l'immagine sia fatta? In base al messaggio e alla responsabilità che il messaggio comporta, gli uomini sono ritenuti responsabili di aver ricevuto il marchio della bestia e di aver adorato la bestia prima che l'immagine si presenti e si impegni a costringerli a farlo? La via era aperta per un uomo che si rifiutava; ma, *dopo che l'immagine è stata fatta,* non c'è più alcuna via aperta per un uomo che si rifiuta di adorare la bestia, perché non c'è luogo sulla terra in cui non si trovi il potere della bestia: di conseguenza, dopo che questa viene, non c'è più scampo, e allora gli uomini diventano responsabili di adorare la bestia o la sua immagine. Non c'è altra via di fuga. L'unico modo è rivolgersi a Dio. Arriva il momento in cui la decisione è netta e deve essere presa solo tra Dio e le potenze della terra.

Di nuovo: leggete il 16° capitolo dell'Apocalisse. Lì le piaghe, si sa, sono minacciate di venire sul popolo a causa dell'adorazione della bestia e della sua immagine. Nella sesta piaga, leggiamo i versetti 13 e 14: "E vidi tre spiriti immondi come rane uscire dalla bocca del drago, dalla bocca della bestia e dalla bocca di..." Cosa? Non si legge così? "Vidi tre spiriti immondi come rane uscire dalla bocca del drago e dalla bocca della bestia, e ingannare la gente *per creare il* falso profeta"? [Che cos'è il falso profeta, in altre parole? [L'immagine della bestia è il falso profeta, perché il versetto del 19° capitolo lo dice: "E vidi la bestia, i re della terra e i loro eserciti riuniti per far guerra a colui che sedeva sul cavallo e al suo esercito. E la bestia fu presa, e *con lei il falso profeta* che faceva miracoli davanti a lui, con i quali ingannava quelli che ricevevano il marchio della bestia e quelli che adoravano la sua immagine". Nel 13° capitolo leggiamo: "Egli esercita davanti a sé tutto il potere della prima bestia (al suo cospetto) e fa sì che la terra e coloro che la abitano adorino la prima bestia, la cui ferita mortale è stata guarita". Che cos'è allora il falso profeta? L'immagine della bestia.

Ora, questi spiriti sono gli spiriti dei diavoli. Il versetto successivo (Apoc. 16:14) dice: "Perché sono spiriti di demoni che fanno miracoli e vanno dai re della terra e di tutto il mondo per radunarli alla battaglia di quel grande giorno di Dio Onnipotente". Ma questi spiriti del diavolo che fanno miracoli da dove vengono? Vengono da certi luoghi *per fare* questi miracoli. Questa è la verità, non è vero? E vengono da quei luoghi per radunare il popolo alla battaglia del grande giorno di Dio Onnipotente. Questi spiriti dei diavoli vengono in quel momento con questo potere miracoloso, in questo potere miracoloso, in questo modo miracoloso, per fare una certa cosa. Da dove vengono? Dalla bestia e dal falso profeta (o dall'immagine della bestia). Allora, da queste testimonianze e da questi due versetti, non è evidente che i miracoli ingannatori, i grandi miracoli che vengono compiuti per ingannare gli uomini, vengono *dopo che l'immagine è stata fatta* e non *per fare* l'immagine? [Congregazione: "Sì"].

Vediamo se abbiamo ragione. Testimonianza 32, pagina 207:—

> "Per assicurarsi popolarità e patrocinio, i legislatori cederanno alla richiesta di leggi domenicali".

Lo faranno? L'hanno fatto. Si è compiuto? [È stato realizzato. L'hanno fatto, e l'hanno fatto in modo così certo che loro stessi hanno detto pubblicamente di averlo fatto per quello scopo. La prova, più di quanto abbiamo avuto in qualsiasi altro momento, è in questo piccolo opuscolo: "La prigionia della Repubblica". Si tratta di un resoconto dell'udienza davanti al Comitato per la legge sulla chiusura domenicale dell'Esposizione Universale, di cui ho parlato qui nel mio secondo intervento. Il testo è in corso di stampa e sta per uscire. Si intitola "La prigionia della Repubblica". L'idea è che le chiese abbiano catturato la Repubblica e la tengano in cattività, e le citazioni degli stessi membri del Congresso, ultimamente, non solo quelle di Hiscock e Hawley, o quelle dell'estate scorsa, ma quelle dell'ultimissimo periodo—membri di quella commissione che ha ascoltato le nostre argomentazioni e si è rifiutata di ascoltare ciò che non avrebbe ascoltato volentieri, ma che ha dovuto ascoltare—sono dichiarazioni di questi stessi uomini, che affermano che non devono andare oltre in quella direzione per paura del danno che l'elemento ecclesiastico arrecherebbe alla Fiera e al Paese in generale. Lo avete visto più e più volte in diversi modi; quindi ci sono ulteriori prove rispetto a quelle che abbiamo avuto l'estate scorsa; ma continuano a dire che l'hanno fatto allora, per quel motivo, e lo mantengono tuttora per lo stesso motivo. Quindi, se qualcuno vuole avere delle prove su questo punto, le prove sono state ripetute più volte.

Continuiamo la lettura dal n. 32:—

> "Chi teme Dio non può accettare un'istituzione che viola un precetto del decalogo".

Questa istituzione che è stata creata da questi uomini per assicurarsi popolarità e patrocinio, si riferisce in qualche modo a un precetto del decalogo? [Hanno menzionato qualche precetto del decalogo nel farlo? ["Coloro che temono Dio non possono accettarlo". Avete sentito? [Congregazione: "Amen!"]

> "Chi teme Dio non può accettare un'istituzione che viola un precetto del decalogo".

E un'istituzione che viola così completamente un precetto del decalogo che non potrebbe essere creata dal governo senza togliere di mezzo il precetto del decalogo, alterandolo completamente. Non è *affiancato* all'altro. Non hanno emanato alcuna legge sulla domenica per i suoi meriti, ma hanno deliberatamente messo in discussione il precetto di Dio, togliendo da esso ciò che Egli vi aveva inserito e inserendovi ciò che la Chiesa cattolica aveva inserito al suo posto.

> "Su questo campo di battaglia si svolge l'ultimo grande conflitto della controversia tra la verità e l'errore".

La battaglia è iniziata e noi dobbiamo andare da questa Conferenza in mezzo ad essa.

> "E non ci sono dubbi sulla questione. Ora, come ai tempi di Mardocheo, il Signore rivendicherà la Sua verità e il Suo popolo. Con il decreto che impone l'istituzione del papato in violazione della legge di Dio, la nostra nazione si staccherà completamente dalla rettitudine".

Ora un'altra cosa: voglio chiedervi se si è avverato. Questo è stato scritto nel 1885, ricordate:—

> "Quando il protestantesimo tenderà la mano oltre il golfo per afferrare la mano del potere romano ...".

Cioè "quando lo farà". Nel 1884 c'era scritto "Lo farà". Questo dice: "Quando lo farà". Quella piccola testimonianza speciale, quando è arrivata un anno fa, diceva: "Sta raggiungendo". Lo sta facendo. Ora sappiamo che l'*ha fatto*. Non è vero? Leggiamo dalla "Testimonianza n. 33", a pagina 240: "La testimonianza non è stata fatta".

> "Quando la nostra nazione abiurerà a tal punto i principi del suo governo da promulgare una legge sulla domenica, il protestantesimo si unirà in questo atto al papismo".

Ma si sono alleati con il papato nel farlo, per farlo; e non è forse tutto vero in questa cosa? Si è alleata con il papato. Allora questo è compiuto, vero? [Allora la Testimonianza si è compiuta fino a quel punto. È così? [Congregazione: "Sì"].

E poi ancora: questo stesso paragrafo qui, a pagina 240 della testimonianza n. 33:—

> "Quando la nostra nazione abiurerà a tal punto i principi del suo governo da promulgare una legge sulla domenica, il protestantesimo si unirà in questo atto al papismo; non farà altro che *dare vita* a quella tirannia che da tempo non vede l'ora di cogliere l'occasione per scatenarsi nuovamente in un dispotismo attivo".

Abbiamo scoperto da altri studi e dalle ultime Testimonianze che ci sono pervenute che è attraverso l'influenza del governo degli Stati Uniti che tutte le nazioni vengono ricondotte al papato; e quando ciò avviene, è attraverso questo Paese che *viene data vita* a quello stesso spirito tirannico che passa in tutto il mondo. Allora, siamo arrivati a questo punto, vero? [Ora vediamo cosa rimane. C'è qualcos'altro da fare a questo proposito. A pagina 207 della Testimonianza n. 32 leggiamo:—

> "Quando raggiungerà l'abisso *per stringere la mano* allo spiritualismo. ..."

Si è compiuto fino a quel punto, fino a quell'ultimo, ora. È così? [Congregazione: "Sì"] L'altro rimane.

> "Quando raggiungerà l'abisso per stringere la mano allo spiritualismo. ... Quando, sotto le influenze di questa triplice unione, il nostro Paese rinnegherà ogni principio della sua costituzione come governo protestante e repubblicano ...".

Quando si sono uniti al papato, è stato per istituire l'istituzione papale, come ci dice la testimonianza stampata nel Bollettino, che il memoriale di Dio è stato messo da parte, il falso sabato è stato messo al suo posto. In questo modo, si è unita al papato, ha istituito l'istituzione del papato al posto dell'istituzione di Dio. Questo è stato compiuto, dunque; quello che è stato compiuto nell'alleanza con il papato. Ora, la cosa successiva è unire le mani con lo spiritismo. E poi "sotto l'influenza di questa triplice unione" va ogni principio, non solo come protestante, ma come governo *repubblicano*. Ora, un governo repubblicano è un governo del popolo, non monarchico. Qual è l'obiettivo di Satana nel fare tutti questi miracoli? Bene, leggerò prima il resto della frase.

> "Quando, sotto l'influenza di questa triplice unione, il nostro Paese rinnegherà ogni principio della sua costituzione come governo protestante e repubblicano, e prenderà provvedimenti per la propagazione delle falsità *e delle illusioni* papali, allora *potremo sapere* che *è giunto* il momento *della meravigliosa opera di Satana* e che la fine è vicina".

Ora, perché e a quale scopo Satana fa queste cose miracolose? Non è forse per dimostrare che lui è Cristo? [Congregazione: "Sì"] "Sorgeranno falsi Cristi e mostreranno grandi segni e prodigi, se possibile per ingannare proprio gli eletti". Ma si mette al posto di Cristo.

"Cristo è il Re, non è vero? [Quando Satana, in quei miracoli, si metterà al posto di Cristo, sarà la stessa cosa, vero? [Quando questo avverrà, ogni principio di governo repubblicano sarà stato eliminato e si instaurerà una monarchia. Lo scopo dello spiritismo è quindi quello di aprire la strada alla presunta venuta di Cristo e all'instaurazione del suo regno sulla terra.

Come vedete, avendo già fatto tanto, è abbastanza facile fare il passo successivo e riconoscere "Cristo" come re. Questa è la cosa che viene sollecitata ora dai riformatori nazionali, che hanno lavorato per ottenere ciò che hanno ottenuto; da coloro che riconoscono la forza di ciò che è stato fatto per rendere questa una "nazione cristiana". Questo sarà fatto più o meno allo stesso modo. Il principio sarà riconosciuto in qualche modo e si stringerà la mano allo spiritualismo. Poi, quando questo sarà fatto, quando la strada sarà aperta, "Cristo" sarà riconosciuto come re, questo aprirà la strada a *Satana* per venire *come Cristo* e stabilire il suo regno qui e fare tutti questi miracoli e spazzare il mondo con lui, e allora il grido si alzerà—il "Vol. IV" lo dice—"Cristo è venuto! Cristo è venuto!".

Allora tutto questo non ci dimostra che l'opera di Satana nello spiritismo, in questi prodigi e miracoli che ingannano gli uomini, è *successiva alla creazione dell'immagine*, come dice la profezia?

"dicendo a quelli che abitano sulla terra che facessero un'immagine alla bestia, la quale aveva una ferita di spada e viveva. Ed egli aveva il potere di dare vita all'immagine della bestia, affinché l'immagine della bestia parlasse e facesse uccidere quanti non volevano adorare l'immagine della bestia. E fece sì che tutti, piccoli e grandi, ricchi e poveri, liberi e obbligati, ricevessero un marchio nella mano destra o sulla fronte; e che nessuno potesse comprare o vendere, se non chi avesse il marchio o il numero del suo nome".

Si può notare ancora una volta che fino al quindicesimo versetto, nessuno dei versetti si compie nell'ordine in cui sono stati enunciati. "E allora", dice uno, "a che cosa serve questa via? Come facciamo a sapere, allora, quando arriverà?". Il "Vol. IV" dice anche questo. A pagina 443 c'è scritto

> "Per imparare come è l'immagine e come deve essere formata, dobbiamo studiare le caratteristiche della bestia stessa, il papato".

Dobbiamo apprendere l'adempimento della profezia, ed essere in grado di individuarlo, dalla nostra conoscenza della cosa di cui è un'immagine. In altre parole, non dobbiamo conoscere l'adempimento di questa profezia solo dalla profezia stessa, ma dobbiamo individuare e conoscere l'adempimento di questa profezia dalla testimonianza della natura, del funzionamento e della disposizione della *bestia* di cui questa è solo un'*immagine*. Quindi, per vedere quando questi passaggi si adempiono, per vedere quando sono rispettati, dobbiamo conoscere l'originale, dobbiamo conoscere la bestia; e *conoscerla bene,* in modo che quando appare uno di questi punti possiamo vedere dove appartiene, perché sappiamo dove apparteneva nell'originale; e poi, sapendo dove appartiene, possiamo evitare quella cosa.

C'è una particolarità in questa profezia che non si riscontra in molte altre: Ci sono alcune profezie, come quella di Daniele settimo capitolo, la scomparsa di Babilonia, di Medo-Persia, della Grecia e di Roma, e così via, profezie di cui gli uomini potevano vedere l'adempimento nell'evento, e potevano essere perfettamente sicuri. In altre parole, era sicuro per gli uomini che conoscevano le Scritture cercare un altro regno che succedesse a Babilonia, e cercarlo come Medo-Persia, e sapere quando quella cosa si sarebbe adempiuta dall'evento stesso? Sì, e potevano vedere l'adempimento e l'evento stesso. Ma notate, questa profezia arriva alla fine del mondo, nel vortice degli eventi che portano alla fine del mondo, e l'uomo che aspetta di vederla compiuta per agire, arriverà troppo tardi.

Perciò questa è una profezia che Dio vuole che conosciamo così bene in anticipo da poterla guardare dal lato giusto e non rimanere indietro quando arriverà. E per farlo, il Signore ci dà un'immagine che è già stata realizzata nella storia; ci dà il corso di eventi che si sono già svolti, realizzati sotto gli occhi degli uomini, in un lento processo; così che, studiandola come si è svolta lentamente, possiamo conoscere a fondo i principi che sono stati stabiliti, il loro sviluppo e il loro risultato. E lo fa affinché possiamo conoscere così bene queste cose in tutti i loro aspetti, che quando il primo accenno di queste cose viene toccato *qui*, possiamo conoscerne l'esito con molto anticipo e, quindi, avere tutto il tempo per prendere le dovute precauzioni e non essere scoperti.

Ecco perché il Signore non vuole che cerchiamo l'adempimento di questa profezia nella profezia stessa; perché se aspettiamo questo, le cose più importanti nell'adempimento della profezia saranno quelle che dipendono dalla nostra salvezza nel momento stesso in cui quella cosa si compie; e se siamo dalla parte sbagliata, se siamo in ritardo, siamo semplicemente abbandonati. Perciò Egli la fissa, e l'ha fissata, in modo da mostrarci la bestia in tutta la sua pienezza, in tutto il suo funzionamento, affinché studiando questo, possiamo essere in grado di individuare l'immagine, in ogni fase e da ogni lato. È sufficiente il primo accenno a qualcosa del genere, perché sappiamo che cos'è la cosa: c'è tutto dentro; e quindi, non appena quella cosa viene toccata, possiamo dire: "Questo significa l'immagine della bestia; l'immagine della bestia è in quella cosa, e devo evitare ogni legame con essa o con la bestia da ora fino alla fine del mondo". Osservando la crescita di quella cosa che è stata avviata, che so essere lo spirito e il principio del papato quando è stato avviato, quando lo vedo ed evito tutto questo ad ogni passo, sono su un terreno sicuro, e se non lo faccio sono su un terreno pericoloso.

Perciò lo Spirito di Profezia ci ha detto che se vogliamo conoscere l'immagine, dobbiamo studiare l'originale: la bestia. E coloro che la osservano in questo modo saranno in grado di individuare la cosa malvagia in ogni sua fase; non importa come si presenta, o dove si presenta, anche se si tratta solo del più piccolo barlume. E Dio vuole che conosciamo così bene l'originale da poterne individuare l'immagine anche se è solo un barlume.

Fratelli, queste cose sono importanti per noi da considerare e da conoscere, per non essere sopraffatti, per non essere presi alla sprovvista su nulla o in nessun punto, ma per essere sempre avanti nel pensiero e nella luce dello Spirito di Dio.

Quindi lo ripeto ancora una volta. Dalla natura delle cose e nel rapido turbinio di questi ultimi giorni e di queste cose che si susseguono così velocemente, per essere sicuri dobbiamo essere in anticipo rispetto all'effettivo verificarsi degli eventi. E per prepararci a questo, Dio l'ha fatto emergere lentamente davanti ai nostri occhi con le prove storiche della bestia. L'ha tracciata in modo che possiamo studiarla con calma, e in questo studio, mentre si verifica lentamente fino al pieno sviluppo e alla rovina che è stata causata da essa in precedenza, possiamo, grazie allo Spirito di Dio che ci illumina, essere sempre in anticipo rispetto a queste cose che stanno arrivando ora; in modo che quando arrivano, per quanto velocemente, siamo solo contenti, perché sappiamo in anticipo cosa significa tutto questo.

Questo è tutto ciò che posso dire su questa particolare linea di profezia, o su questo particolare passaggio. Ma ho pensato che fosse necessario, dato che sono state poste così tante domande al riguardo, richiamare l'attenzione su di esso prima di separarci.

Vediamo ora di abbozzare cosa c'è nel libro dell'Apocalisse dopo questo. Il messaggio del terzo angelo mette in guardia dalla bestia e dalla sua immagine e dal pericolo di bere il vino dell'ira di Dio. Segue poi la venuta del Salvatore per mietere il raccolto della terra e il popolo di Dio in piedi sul monte Sion. Ecco, questo è uno schizzo dal punto in cui ci troviamo alla vittoria finale.

Poi il sedicesimo capitolo riprende le piaghe; il diciassettesimo si riferisce a Babilonia la grande, la madre; il diciottesimo è il messaggio di avvertimento; i tempi di refrigerio, l'ultima pioggia, l'illuminazione della terra con la gloria di Dio, l'esortazione a uscire da Babilonia, perché è caduta ed è diventata dimora di diavoli, nonché dimora di ogni spirito maligno, e gabbia di uccelli immondi e odiosi, e che non ricevete *le sue piaghe*; e Dio si è ricordato delle sue iniquità. E poi la parola prosegue e dà conto dell'effettivo verificarsi del giudizio di Dio su quella grande Babilonia, con la sua totale rovina e perdizione.

Nel diciannovesimo capitolo, come ricorderete, c'è quel canto, quella voce di una grande moltitudine di persone in cielo, che dice: "Salvezza, gloria, onore e potenza al Signore, nostro Dio, perché veri e giusti sono i suoi giudizi, perché ha giudicato la grande prostituta, che ha corrotto la terra con la sua fornicazione, e ha vendicato il sangue dei suoi servi per mano di lei". E i quattro e venti anziani e le quattro bestie si prostrarono e adorarono Dio che sedeva sul trono, dicendo: "Amen; Alleluia". E una voce uscì dal trono, dicendo: "Lodate il nostro Dio, voi tutti suoi servi e voi che lo temete, piccoli e grandi". E udii come la voce di una grande moltitudine, come la voce di molte acque e come la voce di potenti tuoni, che diceva: "Alleluia, perché il Signore Dio onnipotente regna". Rallegriamoci, esultiamo e rendiamogli onore, perché le nozze dell'Agnello sono giunte e la sua sposa si è preparata. E le è stato concesso di vestirsi di lino fine, pulito e candido, perché il lino fine è la giustizia dei santi. Ed egli mi disse: "Scrivi: Beati quelli che sono chiamati alle nozze dell'Agnello". E mi disse: "Questi sono i veri detti di Dio". E poi vede il cielo aperto ed ecco un cavallo bianco e la venuta di Cristo, la distruzione delle nazioni della terra, la bestia e la sua immagine vengono gettate insieme nel lago di fuoco e il resto viene ucciso.

Poi il 20° capitolo è la legatura di Satana, la risurrezione dei giusti. Poi scadono i mille anni e arriva la risurrezione dei malvagi e il loro giudizio e distruzione. Il 21° capitolo annuncia la nuova terra e la città celeste su di essa. E il 22° capitolo: "E non ci sarà più maledizione; ma il trono di Dio e dell'Agnello sarà in essa; e i suoi servi lo serviranno; e vedranno la sua faccia; e il suo nome sarà nelle loro fronti. Lì non ci sarà più notte e non avranno bisogno di candele, né della luce del sole, perché il Signore Dio darà loro la luce; e regneranno per i secoli dei secoli".

Ora, fratelli, non vedete che dal messaggio di Ap. 14, dal resoconto del messaggio del terzo angelo, quando l'immagine della bestia viene fatta, il resto del libro dell'Apocalisse è una storia diretta, quanto di più diretto possa essere scritto? Dal momento in cui l'immagine della bestia è stata creata, e il messaggio del terzo angelo va avanti come si legge, come ora va avanti da questa Conferenza; come noi andiamo avanti con il messaggio; il resto del libro dell'Apocalisse è una storia lineare per voi e per me fino alla fine del libro? Non lo vedete? [Un evento dopo l'altro, tutti direttamente collegati, e queste cose sono proprio davanti a noi, il resto del libro è proprio questo, e voi lo sapete bene.

Ora c'è un'altra parola che vogliamo leggere dal punto in cui ci troviamo; la riconoscerete. "Testimonianza, Vol. I", pagina 186. Parla del messaggio di Laodicea.

> "È stato concepito per risvegliare il popolo di Dio, per scoprire i suoi errori e per indurlo a uno zelante pentimento, affinché sia favorito dalla presenza di Gesù e sia preparato per il forte grido del terzo angelo. Questo messaggio colpì il cuore e portò a una profonda umiltà davanti a Dio. *Gli angeli furono inviati in ogni direzione per preparare i cuori increduli alla verità.* La causa di Dio cominciò a crescere e il Suo popolo fu informato della sua posizione".

È lì che ci troviamo. Ha detto: «Alzati», non è vero? [Ci ha portato al messaggio che ci dice: «Alzati, risplendi, perché la tua luce è venuta». Ebbene, è giunto il momento di alzarci. Ci siamo alzati, perché Lui ci ha detto di farlo e lo dice. Ci siamo alzati, perché non dobbiamo dimenticare che quando Lui pronuncia una parola e noi cediamo, la parola si compie. Egli dice: «Alzati». Noi diciamo: «Signore, alzati»; e allora siamo in piedi. La sua parola ci solleva. Egli dice: «Risplendi». Noi diciamo: «Signore, risplendi». Ed è così. Quando c›erano le tenebre sulla terra, Egli disse: «Sia la luce» e la luce fu. Ora dice: «Alzati»; questa parola, quando ci riposiamo su di essa, ci solleva. Dice: Splendi. E questa parola, quando ci abbandoniamo ad essa, ci fa risplendere. La sua parola di oggi, che dice: «Risplendi», ha in sé la stessa luce di quella parola che diceva: «Sia la luce». Quella parola ha la luce dentro e quando ci pieghiamo a quella parola, Lui farà in modo che noi brilliamo.

Ma ciò su cui volevo richiamare la vostra attenzione è la promessa che gli angeli sono stati mandati in ogni direzione per preparare i cuori increduli alla verità. Ora gli angeli di Dio sono andati avanti, non è vero? Sono stati mandati. Che cosa farete voi?

Quando partiamo da questo incontro, dipendendo dalla potenza di Dio, andiamo con la Sua potenza, alla Sua presenza, con la Sua gloria su di noi, aspettando che si manifesti a Suo modo, a Suo tempo, proprio come piace a Lui, allora potete vedere, Lui, che manda i Suoi angeli avanti, e poi ci manda avanti, perché ci manda solo ad incontrare i cuori che gli angeli hanno già preparato.

Allora, fratelli, non abbiamo più nulla a che fare con "l'interesse". Non lo vedete? Non abbiamo più nulla da fare per suscitare un interesse, e per fare un grande sfoggio di interesse. L'interesse *è alto*. Dio vuole che ci avviciniamo *all'*interesse. Che *ci* si alzi *per l'*interesse, e non per un interesse. Faremo bene se saremo all'altezza dell'interesse; questo è tutto ciò che il Signore ci chiede.

Poi, quando ci manda, dobbiamo andare con quella promessa, che è davanti a noi, e andare incontro all'opera che Dio ha preparato per noi da ogni parte, in ogni direzione; è lì che siamo. Non era forse così ai tempi degli apostoli? Uno dei motivi per cui avrei voluto che avessimo sei settimane in più per studiare insieme qui è che avremmo potuto studiare il libro degli Atti; così avremmo potuto vedere come Dio opera quando fa a modo suo; ma potete studiare il libro degli Atti da soli. Questo è il nostro libro di lezione. Questo è il modo in cui ha operato quando ha versato la prima pioggia, e questo è il libro di lezioni per vedere come opererà ora nel tempo dell'ultima pioggia. Ecco un esempio di quel tempo. Atti 16:4 e seguenti

> "E, mentre percorrevano le città, consegnavano loro i decreti da osservare, ordinati dagli apostoli e dagli anziani che erano a Gerusalemme. E così le chiese furono stabilite nella fede e aumentarono di numero ogni giorno. Ma quando ebbero attraversato la Frigia e la regione della Galazia e fu loro proibito dallo Spirito Santo di predicare la parola in Asia ...".

Fu *proibito* allo Spirito Santo di predicare la parola in Asia! E questo quando il Signore li aveva mandati a predicare il Vangelo ad ogni creatura! "E dopo essere giunti in Mysia, pretendevano di andare in Bitinia, ma lo Spirito non li lasciò".

C'erano uomini che sapevano cos'è la guida dello Spirito di Dio. E anche voi e io dobbiamo saperlo. [Questo è il significato delle Testimonianze e questo è il significato delle lezioni di questa riunione. Se non siete pronti a conoscere la guida dello Spirito di Dio e a riconoscere la guida dello Spirito di Dio, non uscite da questo luogo finché non lo fate. Questo è il significato di questo incontro.

Ebbene, non potevano più predicare il Vangelo in Asia e non potevano andare in Bitinia, e tutto ciò che potevano fare era andare il più lontano possibile nell'unica direzione aperta, e così scesero a Troas; quello era il limite. Non potevano predicare da nessuna parte dietro di loro; non potevano andare a destra e non c'era posto a sinistra, ed eccoli lì, sul bordo del mare. Erano lì. E allora? Il Signore disse loro cosa fare.

> "Passando per la Misia, scesero a Troas. E di notte apparve a Paolo una visione: "C'era un uomo di Macedonia che lo pregava dicendo: "Vieni in Macedonia e aiutaci"". E dopo che ebbe visto la visione, subito ci sforzammo di andare in Mace-

donia, convinti che il Signore ci avesse chiamati per predicare il Vangelo a loro. Perciò, partiti da Troas, arrivammo con rotta rettilinea in Samotracia e il giorno dopo a Neapoli; e di lì a Filippi, che è il capoluogo di quella parte della Macedonia e una colonia; e rimanemmo in quella città per alcuni giorni. Il sabato uscimmo dalla città lungo la riva di un fiume, dove era consuetudine pregare; ci sedemmo e parlammo alle donne che vi si recavano. Ci ascoltò una donna di nome Lidia, venditrice di porpora, della città di Tiatira, che adorava Dio, e alla quale il Signore aprì il cuore, affinché prestasse attenzione alle cose dette da Paolo".

Perché il Signore ha voluto che andassero in Macedonia? Per soddisfare l'interesse che gli angeli del Signore avevano già aperto.

Anche Cornelio cercava il Signore. Un angelo gli apparve e gli disse di mandare a chiamare Pietro che gli avrebbe detto le parole con cui sarebbe stato salvato. Pietro andò, ma solo per soddisfare l'interesse che era già stato suscitato. Anche Filippo fu mandato ad attraversare il paese per trovare l'eunuco e soddisfare l'interesse che era già sorto nella sua mente e nel suo cuore.

Questo è sufficiente su questo punto. Potete vedere che il libro degli Atti, da oggi in poi, è il vostro e il mio libro di lezioni sull'opera di Dio, su come Egli porterà avanti l'opera e su quale posto vuole che noi occupiamo in essa. E, fratelli, tenete presente che ciò che Egli dice è così per tutto il tempo.

Passiamo a Isaia e leggiamo un passo su ciò che il Signore vuole che facciamo e su ciò che ha in serbo per noi. Ricordate che ho fatto riferimento al 60° capitolo di Isaia. Leggiamo ora gli ultimi due versetti: "Il tuo popolo sarà tutto giusto; erediterà il paese per sempre, il ramo della mia piantagione, l'opera delle mie mani, perché io sia glorificato. Un piccolo diventerà un migliaio, e un piccolo una nazione forte; io, il Signore, lo affretterò a suo tempo".

Poi il 61° capitolo: "Lo Spirito del Signore Dio è su di me, perché il Signore mi ha unto per annunciare una buona novella agli umili; mi ha mandato a fasciare il cuore spezzato, a proclamare la libertà ai prigionieri e l'apertura del carcere a quelli che sono legati; a proclamare l'anno accettevole del Signore e il giorno della vendetta del nostro Dio; a consolare tutti quelli che piangono".

Ora gli ultimi due versetti dello stesso capitolo e poi il 62° capitolo: "Esulterò grandemente nel Signore. L'anima mia sarà lieta nel mio Dio, perché egli mi ha rivestito delle vesti della salvezza, mi ha coperto con la veste della giustizia, come uno sposo si adorna di ornamenti e come una sposa si adorna dei suoi gioielli. Perché come la terra fa germogliare il suo germoglio e come il giardino fa germogliare le cose che vi sono state seminate, così il Signore Dio farà germogliare la giustizia e la lode davanti a tutte le nazioni". Questo è ciò che sta per fare ora.

"Per amore di Sion non mi darò pace e per amore di Gerusalemme non mi darò pace". Che ne dite? Avete paura di stancarvi? "Oh sì, sono al lavoro da un bel po' e credo sia meglio che vada a casa a riposare". È meglio che restiate dove siete e vi riposiate. Rimanete lì e *lavorate* mentre vi riposate.

"Per amore di Sion non tacerò e per amore di Gerusalemme non mi riposerò, finché la sua giustizia non diventi splendente e la sua salvezza una lampada che arde". Fratelli, voglio dirvi che se adotterete la riforma sanitaria e la vivrete secondo l'idea di Dio, non dovrete riposare;

lavorerete mentre vi riposate e non avrete bisogno di alcuna vacanza. Lo so per esperienza. Sapete bene quanto me che negli ultimi tre anni ho lavorato sempre e non ho avuto ferie; non ne ho avuto bisogno e non ne voglio. Ho attraversato istituti e riunioni di campo, da uno all'altro, senza riposare, e ho guadagnato peso e forza in ogni momento. E uscirò da questa Conferenza Generale, dove ho lavorato ogni minuto dal mattino presto fino a mezzanotte, fresco come quando ho iniziato la Conferenza; e mi aspetto di rimanere così. Ma dovete imparare a lavorare sul vostro cibo, invece che sui vostri organi vitali. Un uomo non può continuare a lavorare sui suoi organi vitali, ma può lavorare sui suoi alimenti e farlo anno dopo anno. La riforma sanitaria è così com'è e non ha senso fare una vacanza. Quindi possiamo fare questo come ha detto Lui: "E per amore di Gerusalemme non mi riposerò". Sono coraggioso a parlare di questa riforma sanitaria, perché penso di essere un buon esemplare.

Beh, dice uno, lei ha una buona e forte digestione. No, signore; ho uno stomaco debole, e l'ho avuto per anni, e devo stare sempre attento allo stomaco per evitare che si disfi; ma è a questo che serve la riforma sanitaria, a dare a un uomo il senso di prendersi cura di se stesso.

Allora, atteniamoci a questo: "Per amore di Sion non tacerò e per amore di Gerusalemme non mi riposerò, finché la sua giustizia non diventi splendente e la sua salvezza una lampada che arde. Le genti vedranno la tua giustizia e tutti i re la tua gloria; e tu sarai chiamata con un nome nuovo che la bocca del Signore nominerà. Sarai anche una corona di gloria nella mano del Signore e un diadema regale nella mano del tuo Dio. Non sarai più chiamata abbandonata e la tua terra non sarà più chiamata desolata, ma sarai chiamata Efzi-bah e la tua terra Beulah, perché il Signore si compiace di te e la tua terra sarà sposata. Perché come un giovane sposa una vergine, così ti sposeranno i tuoi figli; e come lo sposo gioisce per la sposa, così il tuo Dio gioirà per te. Sulle tue mura, o Gerusalemme, ho posto delle sentinelle che non si fermeranno mai né giorno né notte; voi che nominate il Signore, non tacete e non dategli tregua".

Ebbene, quando lavoriamo senza riposo e non diamo riposo nemmeno a Lui, vi dico che ci sarà qualcosa da fare.

"E non dargli tregua, finché non si stabilisca e finché non faccia di Gerusalemme una lode sulla terra. Il Signore ha giurato con il braccio della sua destra e con il braccio della sua forza: "Non darò più il tuo grano come cibo per i tuoi nemici; e i figli del forestiero non berranno il tuo vino, per il quale hai faticato; ma quelli che l'hanno raccolto lo mangeranno e loderanno il Signore; e quelli che l'hanno riunito lo berranno nei cortili della mia santità".

"Passate, passate le porte; preparate la via del popolo; spianate, spianate la strada; raccogliete le pietre; innalzate uno stendardo per il popolo. Ecco, il Signore ha proclamato fino alla fine del mondo: "Dite alla figlia di Sion [questo è il nostro messaggio]: Ecco, la tua salvezza viene; ecco, la sua ricompensa è con lui e la sua opera davanti a lui. E li chiameranno: Il popolo santo, I redenti del Signore; e tu sarai chiamata: Ricercata, Città non abbandonata. *Chi è costui che viene* da Edom, con vesti tinte da Bozrah? Chi è questo che è glorioso nelle sue vesti, che viaggia nella grandezza della sua forza?". Chi è costui? "Io che parlo con *rettitudine*, potente *per salvare*".

Questa è la venuta del Signore. I capitoli 63, 64 e 65 di Isaia parlano dei nuovi cieli e della nuova terra; e il 66 dichiara che come rimangono questi rimarremo anche noi, "e da un novilunio all'altro e da un sabato all'altro ogni carne verrà ad adorare davanti a me, dice il Signore".

Non vedete che Isaia, dal 60° al 66° capitolo, è un parallelo di Apocalisse 13 fino alla fine del libro? Tutte queste cose il Signore le usa per mostrarci ciò che sta per fare ora.

Ebbene, fratelli, la Bibbia ne è piena, la Bibbia ne è piena. Crediamoci; crediamo a Lui, al messaggio che ci ha dato e alla potenza del messaggio che ha dato a tutti, e che nessuno esca da questa Conferenza senza di esso.

Il Messaggio del Terzo Angelo – n. 24

A. T. Jones
Stampato nel Bollettino quotidiano della Conferenza generale, 26 marzo 1893, pp. 515–523.

Cominceremo con il brano che abbiamo letto ieri sera, nel "Volume IV". Si trova a pagina 443 dell'edizione di "*Great Controversy*".

> "Per sapere com'è l'immagine e come deve essere formata, dobbiamo studiare le caratteristiche della bestia stessa, il papato".

E dobbiamo studiare questo aspetto ora, così come abbiamo sempre avuto bisogno di studiarlo, perché non tutte le caratteristiche dell'immagine della bestia sono ancora state sviluppate. L'immagine non è ancora apparsa davanti al mondo in tutte le sue caratteristiche e in tutti i suoi sviluppi. Ogni passo che verrà fatto, e tutto ciò che verrà fatto da questo momento in poi, sarà la comparsa di caratteristiche successive dell'immagine, creando sempre più la piena somiglianza, la perfetta somiglianza, in tutte le sue parti, dell'originale. Ora è stato dato solo l'avvio; ma, come abbiamo scoperto nelle nostre lezioni qui, l'avvio che è stato dato è tale che nessun potere sulla terra o altrove può fermarlo. Andrà avanti e svilupperà tutto ciò che ha dentro, nonostante tutto ciò che si può fare per impedirlo. Andrà avanti anche contro la volontà e, molte volte, contro le intenzioni di coloro che l'hanno avviato.

Vedete come questa cosa è cresciuta con noi; come è cresciuta proprio sotto i nostri occhi. Diversi anni fa, quando abbiamo iniziato un lavoro reale, diretto e attivo su questa particolare fase, abbiamo fondato l'*American Sentinel*; credo otto anni fa. All'epoca c'era solo un'organizzazione nel Paese che si proponeva di ottenere questo risultato. Nel giro di poco tempo quell'organizzazione ne raccolse altre, e nel giro di un anno o due ne raccolse quattro o cinque. Poi il movimento andò oltre la gestione e il potere dell'organizzazione originaria. A quel punto l'organizzazione originaria uscì completamente dalla nostra mente e questo nuovo stampo, questo maggiore potere che le fu dato, la portò oltre l'organizzazione originaria grazie a coloro che vi si aggiunsero. È con questa nuova forma che abbiamo dovuto fare i conti.

Ora, l'accresciuto potere che gli è stato conferito da queste organizzazioni aggiuntive, ha portato se stesso e l'intero movimento nel luogo in cui l'organizzazione originale intendeva andare; così che ora non abbiamo più a che fare con queste organizzazioni. Non abbiamo più nulla a che fare con loro, in particolare. La nostra contesa non è contro di loro o il loro lavoro. Ora abbiamo a che fare con il governo degli Stati Uniti; e queste cose sono, stavo per dire, solo incidenti, ma sono meno di questo; perché il governo prenderà provvedimenti, e sarà costretto a prendere provvedimenti che saranno direttamente contro le intenzioni, e molte volte contro il potere di coloro che hanno fatto ciò che è stato fatto. E mentre il nostro primo lavoro è stato contro la prima organizzazione, e come il nostro secondo lavoro è stato contro l'organizzazione aumentata e il lavoro che stava facendo, *ora* tutte queste organizzazioni sono fuori dai piedi e dobbiamo occuparci di ciò che è stato fatto da loro.

Questa è la nostra posizione ora. Questa è la nostra posizione, e se l'American Sabbath Union fa questo, quello o quell'altro, per noi non è niente, perché verranno presi provvedimenti e fatte cose che l'American Sabbath Union non ha mai voluto fare in modo intelligente o coscienzioso. Verranno fatte cose contro la volontà e al di là dell'intento, dell'intento cosciente, dell'intera combinazione. Perché essi, anche nelle loro intenzioni più radicali, non hanno mai inteso altro che gestire loro stessi il governo quando lo avranno ottenuto; ma, ecco, i cattolici gestiranno il governo dopo che questi lo avranno ottenuto. Ed è qui che si troveranno nella nebbia; è qui che si troveranno in svantaggio. E si faranno, loro malgrado, cose a cui non avevano mai pensato quando erano accecati dal loro stesso zelo per ottenere un potere che non gli apparteneva; ma non hanno nessuno da incolpare se non loro stessi.

Ora il Congresso si è aggiornato e l'azione intrapresa da quel Congresso si ripercuote sul governo senza alcun rimedio. Non solo, ma negli ultimi giorni della sessione è stato compiuto un ulteriore passo in questa direzione. Non ho ancora trovato i dettagli completi dell'esito, ma conosco i fatti e sono questi: Si è scoperto che il ballo inaugurale che si sarebbe dovuto tenere per celebrare l'insediamento di Cleveland si sarebbe dovuto tenere sabato sera. Ci si aspettava, ovviamente, che si sarebbe ballato oltre le dodici di sera. Fu impiegata la Marine Band, la banda nazionale degli Stati Uniti, che avrebbe dovuto fornire la musica per il ballo e dare concerti anche la domenica successiva. I ministri della città di Washington inviarono una petizione al Congresso e il senatore Quay, naturalmente, la presentò. Ecco i dettagli riportati a riguardo.

> "28 febbraio 1893. Il signor Quay ha presentato oggi al Senato una petizione firmata dai parroci di molte chiese di Washington e da altri, in merito al concerto proposto dalla banda dei Marines, nell'edificio del Pension Office, domenica prossima, come parte delle cerimonie inaugurali".

Non so come sia andata. Questa è la petizione:—

CONCERTI DOMENICALI NEL PALAZZO DELLE PENSIONI

> *Signor Quay.*—Presento una petizione di sessanta ecclesiastici della città di Washington, di cui chiedo la lettura. *Il Vicepresidente.*—La petizione sarà letta se non ci sono obiezioni.
>
> *Il capo impiegato.—La petizione è la seguente:—Al Presidente degli Stati Uniti, al Segretario degli Interni, al Senato e alla Camera dei Rappresentanti del Congresso riuniti:*
>
> Una petizione.
>
> *Considerando* che il comitato inaugurale ha annunciato attraverso i quotidiani che, come parte del programma per le cerimonie inaugurali, tre concerti della Banda dei Marines si terranno nell'edificio dell'Ufficio Pensioni, domenica 5 marzo proximo,
>
> *Considerando che* il Congresso degli Stati Uniti, *in ossequio al sentimento cristiano della nazione* espresso chiaramente e inequivocabilmente dalla stampa religiosa, dal pulpito e dalle petizioni, ha chiuso per legge le porte della Columbian Exposition la domenica:

Pertanto, ritenendo che consentire lo svolgimento di tali concerti di domenica da parte di un gruppo di musicisti collegati a uno dei grandi dipartimenti del governo, in un edificio governativo occupato da un altro grande dipartimento, e come parte delle cerimonie connesse all'insediamento *del Presidente di questa grande nazione cristiana,* da parte e con l'approvazione dei suoi governanti scelti, sarebbe *un peccato nazionale;* ritenendo inoltre che tale profanazione come proposto è senza precedenti, risulterebbe in un danno incalcolabile, e sarebbe usato come autorità ed esempio per la completa secolarizzazione della domenica:

Chiediamo vivamente che vengano emessi ordini che vietino l'uso di qualsiasi edificio governativo per tale scopo in quel giorno.

Firmato da W. R. Graham, pastore della Congress Street Methodist Protestant Church; W. Sherman Phillips, pastore Mt. Tabor Methodist Protestant Church, e molti altri.

Come vedete, il Senato approvò una risoluzione in risposta a quella petizione, accogliendo la sua richiesta fino a chiedere informazioni al Segretario degli Interni. Ho visto che un giornale successivo, nel riportare i risultati, ha dichiarato che il Segretario agli Interni aveva ordinato che la Banda della Marina non suonasse la domenica e che il Presidente Cleveland aveva espresso il suo desiderio in tal senso. Pertanto, allo scoccare delle dodici di sabato sera, la banda si fermò, le grandi e brillanti luci elettriche furono spente e tutti i presenti smisero di ballare.

Vi invito a notare che il governo, almeno il Senato degli Stati Uniti, ha compiuto un ulteriore passo a sostegno della domenica, approvando quella risoluzione.

Ora un'altra riflessione: la causa che si è svolta presso il tribunale del giudice Tuley a Chicago, in cui le compagnie di battelli a vapore pensavano di ingiungere ai commissari dell'Esposizione Universale di chiudere Jackson Park ai gitanti dei battelli a vapore la domenica, è fallita e il giudice Tuley ha deciso che il governo degli Stati Uniti aveva l'autorità esclusiva sul parco per gli scopi dell'esposizione e, poiché aveva dichiarato che la domenica doveva essere osservata lì, ha escluso lo Stato dell'Illinois e la città di Chicago da qualsiasi parola in merito.

Quindi, vedete, tutto ciò che tocca questa questione, tutto ciò che viene fuori, tutto è rivolto al sostegno di ciò che è stato fatto. Ora, se non viene convocata una sessione straordinaria del Congresso—e non è ancora stata convocata e senza dubbio non lo sarà ora, dato che il Presidente non ha manifestato l'intenzione di farlo—la legislazione va avanti senza alcuna domanda o interferenza fino a quando l'Esposizione Universale non sarà terminata e l'obiettivo per il quale la legge è stata approvata sarà stato raggiunto; a quel punto il governo degli Stati Uniti sarà impegnato e avrà vissuto più di un anno di storia sotto l'attuale legge domenicale. In questo modo sarà stato stabilito un precedente che farà parte dell'esperienza del governo, una parte della sua storia; e poiché gli uomini che non sono statisti—e pochi lo sono al giorno d'oggi, soprattutto al Congresso—sono governati più da *ciò che è stato fatto* che da *ciò che dovrebbe essere* fatto, questo sarà l'argomento più forte e il grande baluardo per sempre a favore della domenica come giorno sacro del governo degli Stati Uniti.

Ma, come abbiamo detto in precedenza, se venisse convocata una sessione straordinaria e un altro Congresso abrogasse la legge sulla domenica, ciò non influirebbe minimamente sul principio implicito nella legislazione sulla domenica, perché qualsiasi legislazione successiva può abrogare qualsiasi legge approvata da una legislatura precedente, e tale azione non mette in discussione il diritto della legislazione precedente di *emanare* ciò che è stato abrogato. Quando una legislatura abroga un atto di una legislatura precedente, non mette in discussione il diritto della legislatura precedente di emanarlo, ma semplicemente la sua politica. Il diritto di fare quella cosa è lo stesso che se non fosse stata abrogata. Di conseguenza, se venisse convocata una sessione straordinaria che abrogasse la legge sulla chiusura domenicale, il governo sarebbe altrettanto chiaramente impegnato e vincolato al principio che la legislazione domenicale è giusta per il governo, come lo è ora.

[Voce: "Supponiamo che lo abroghino per motivi costituzionali"].

Pastore Jones.—Se il Congresso lo abrogasse espressamente sulla base della dichiarazione e della ragione che è completamente incostituzionale, ciò avrebbe un effetto molto limitato, perché sarebbe semplicemente l'opinione di un Congresso contro l'opinione di un altro, come spesso accade tra i grandi partiti. Anche ora questa è esattamente la posizione dei due grandi partiti sulla questione tariffaria. Il partito democratico insiste sul fatto che la legge tariffaria repubblicana è incostituzionale. Pertanto, se questa legge domenicale non dovesse essere abrogata perché incostituzionale, qualsiasi Congresso successivo potrebbe riprenderla perché il Congresso l'ha già fatto una volta; in questo modo la questione si trasformerebbe in una controversia in corso, e non ci sarebbe altro da fare.

Ma nulla di ciò che si può fare può cancellare del tutto la legislazione, nel suo principio, e il diritto del governo di portarla avanti. Il fatto è che il governo è così gettato nelle mani di questa gerarchia, che non potrà mai essere consegnato. Le controversie sorgeranno, e non appena i cattolici cominceranno a fare un po' di strada e a mostrare la loro forza, i protestanti professi si risentiranno. Possiamo aspettarci questo in qualsiasi momento. Possiamo aspettarci che arrivi da qualsiasi direzione e da qualsiasi fonte. Arriverà sicuramente e, di fatto, è già iniziato. Quando sono stati inaugurati gli edifici dell'Esposizione Universale, i cattolici, il cardinale Gibbons e il rappresentante del Papa, hanno ricevuto grandi onori; a causa di ciò, un certo numero di protestanti professi, i predicatori, si sono arrabbiati molto. Dissero che non avrebbero più avuto nulla a che fare con la Fiera. Hanno dichiarato: "Se i cattolici devono avere la precedenza, e devono ricevere gli onori, e tutto il resto, allora semplicemente non avremo più nulla a che fare con la Fiera". Ebbene, ai cattolici questo non interessa. Hanno ottenuto gli onori e avranno il potere, e se ai "protestanti" non piace, non devono far altro che starne alla larga. E stando alla larga, daranno ai cattolici molto di più per fare ciò che volevano fare all'inizio. Quindi il succo della questione è che se stanno lontani, danno ai cattolici molto più potere; se se *ne vanno,* è un riconoscimento della supremazia cattolica. Così vengono fatti prigionieri e tutto ciò che possono fare è essere mossi da quel potere a suo piacimento. Non possono fare altro.

C'è solo una cosa che possono fare. Se vogliono, possono sfuggire all'intera faccenda ed esserne liberati; ma l'unico modo per farlo è accettare il messaggio del terzo angelo. Non c'è altra via d'uscita. Questi uomini, molti di loro, sono stati portati in questa situazione non vedendo cosa c'era dentro. Sono stati condotti in questa situazione dall'influenza di ministri che hanno una posizione più elevata di loro nelle denominazioni circostanti, senza mai immaginare cosa contenesse. Quando vedranno che sono impigliati in un labirinto perfetto, e che più si addentrano e da qualsiasi parte si girino, si perdono; quando vedranno questo, e quanto completamente si sono lasciati vendere, si libereranno fuggendo a Dio. Ecco perché il Signore innalza il suo popolo al di sopra del mondo e fa sì che la sua chiesa risplenda in modo che non ci si possa nascondere, e quando inizieranno a cercare la liberazione, vedranno dove si trova la liberazione, perché nel messaggio del terzo angelo Dio ha posto la liberazione davanti al mondo, e "una città posta su un colle non può essere nascosta".

Ora, quando Dio ci innalza, ci pone su un'alta montagna, per così dire, e fa sì che la sua luce si irradi in ogni direzione, allora le persone in ogni direzione la vedranno, e quando scopriranno di essere così gravemente perse dove si trovano, saranno felici di ottenere la liberazione da qualsiasi fonte. Saranno felici di vedere che è Dio a liberare in questa direzione, e preferiranno avere Dio piuttosto che il papato, anche se dovranno venire dagli Avventisti del Settimo Giorno per trovarlo. Lo faranno.

E poi un'altra cosa: questo Congresso ecclesiastico, questo ausiliario dell'Esposizione Universale che è stato dedicato, o meglio inaugurato durante le cerimonie di inaugurazione—l'arcivescovo Ireland era il grande magnate e l'unico oratore—è stato aperto con la sanzione, la benedizione e la buona volontà della Chiesa cattolica. E all'inizio, così come nelle cerimonie della Fiera, i cattolici, grazie al risalto dato loro, hanno semplicemente costretto gli stessi ministri protestanti a dire: "Beh, se i cattolici hanno intenzione di gestire l'intera cosa, noi non ci saremo".

Ora, quando ci sarà il Congresso Mondiale delle Religioni e tutte queste cose saranno rese note, possiamo aspettarci—non sappiamo come avverrà, ma possiamo aspettarci—che sorgano delle controversie a causa del riconoscimento governativo della religione. E da oggi in poi, in tutto ciò che si presenterà, potremo aspettarci solo un ulteriore sviluppo dell'immagine già realizzata. Tutto ciò che possiamo aspettarci ora è semplicemente che in ogni passo, e in tutto ciò che viene fatto, si sviluppino altre caratteristiche che completino in modo più perfetto l'immagine vivente, eretta e completa della bestia.

In tutte queste cose arriverà, e quando i tumulti, le sommosse e tutti i mali che questa cosa genera cominceranno ad essere portati avanti e ad abbattersi su questa nazione, ci sarà uno sforzo per liberare il governo da tutto ciò. Ci sarà uno sforzo per salvare il governo e liberarlo dal male che viene portato avanti attraverso di esso. Verranno le persecuzioni. Ci saranno sempre più oppressioni e ci sarà una reazione; e se questa reazione dovesse portare a un atto governativo che, nel suo intento, riporti il governo ai principi originali della Dichiarazione e della Costituzione, come ho detto l'altra sera, quando questo sarà fatto, sarà il momento per tutti di prepararsi a partire in un momento. Sarà il momento in cui ognuno aumenterà le proprie energie, approfondirà la propria consacrazione, metterà se stesso e tutto, con tutta la propria forza e il proprio impegno, nell'opera; perché quando la reazione stessa reagirà e la marea del male tornerà, come sicuramente accadrà, a perseguitare e opprimere la religione, allora rimarrà lì.

In Europa questo *può essere* fatto *due volte*. Leggerò un brano su questo argomento tratto da una materia che non è mai stata pubblicata. Fu dato in una visione nel 1850 e in un'altra nel 1852. Il fratello Cornell lo aveva e ci ha permesso di copiarlo. Egli dice che il fratello O. Hewitt era presente quando furono date le visioni e ha ottenuto queste copie. A questo proposito, è stato detto questo:

> "Vidi in Europa che mentre le cose si muovevano per realizzare i loro desideri, apparentemente ci sarebbe stato un rallentamento *una* o *due* volte, così i cuori dei malvagi sarebbero stati sollevati e induriti, ma il lavoro non si sarebbe fermato (solo apparentemente) perché le menti dei re e dei governanti erano intente a rovesciarsi l'un l'altro, e le menti del popolo a ottenere l'ascendente".

Quindi potete vedere che, sebbene si allenti una o due volte, non lo fa *davvero;* lo *sembra* soltanto. E dice che così i cuori dei malvagi saranno sollevati. Sollevati da cosa? Cosa aveva colpito il cuore degli empi? Perché, il messaggio che dice loro cosa significano queste angosce, come ha detto il Signore: "Angoscia delle nazioni, con perplessità; il mare e le onde che ruggiscono, il cuore degli uomini che viene meno per la paura e per l'attenzione alle cose che stanno per accadere sulla terra". Saranno convinti dallo Spirito di Dio che è così, e avranno paura che sia così—non sono contenti che sia così, ma hanno paura che sia così. Poi, quando il fenomeno si attenuerà, si sentiranno sollevati, vedete. Allora diranno: "Pensavamo che fosse un falso allarme". E poi quando tornerà a oscillare e il messaggio continuerà a dire: "Questo è ciò che vi avevamo detto e ora preparatevi", allora diranno: "Questo è ciò che avete detto prima, e si è allentato e ha oscillato di nuovo". È qui che entra in gioco la durezza di cuore, proprio come il cuore di Faraone era indurito, e di conseguenza i cuori dei malvagi saranno sollevati e induriti, e quando la situazione torna a oscillare, arriva la fine e vengono catturati.

Ora parliamo del nostro Paese: Nel 1888, quando andai al Senato, ebbi l'udienza davanti alla commissione del Senato. Quando tornai, sorella White mi chiese quale fosse la situazione lì e quali fossero le prospettive. Le dissi quello che mi avevano detto i senatori, cioè che essendo una sessione breve, il Congresso sarebbe scaduto il 4 marzo; che la sessione era così avanzata che non avrebbero potuto far passare la legislazione, anche se fosse stata introdotta. Dal calendario che avevano, non vedevano alcuna possibilità che arrivasse anche al Senato, e anche se l'avesse fatto, non c'era alcuna possibilità che potesse essere approvata e passare attraverso entrambe le camere, come avrebbe dovuto. Le dissi come stavano le cose. La sua risposta fu: "Allora è più vicino di quanto ci aspettiamo". Il pensiero naturale sarebbe: se *non dovesse* passare, le cose che stiamo cercando—problemi, persecuzioni e così via—sarebbero più lontane; ma se *dovesse* passare, allora queste cose sarebbero più vicine. Ebbene, poiché questo sarebbe il modo naturale di vedere la cosa, essendo naturalmente la via di Dio quella giusta e la nostra quella sbagliata, la sua è destinata a essere l'opposto della nostra, e ciò che naturalmente penseremmo essere il segno che è più lontano, in realtà è il segno che è più vicino.

Poi ha continuato dicendo che quando questo passerà, quando avranno il governo in mano e inizieranno la loro oppressione e metteranno in atto lo spirito che è in loro, le oppressioni e le persecuzioni che saranno messe in atto provocheranno una reazione da parte degli uomini di mente retta, che aborriscono le persecuzioni e ci sarà una tregua, un piccolo periodo di sollievo e di pace apparente. E *poi,* quando la marea tornerà a salire dopo la reazione, tutto si risolverà in breve tempo. Come si vede, la situazione qui è simile a quella che lei vedeva in Europa, come espresso in questa testimonianza del 1852.

Ecco perché l'altra sera ho detto che nessuno di noi vuole farsi prendere o ingannare da qualcosa che verrà fatto in seguito, professando o aspettandosi, per annullare ciò che è stato fatto. Qualunque cosa arrivi, tenete presente che, quando arriva, è solo un piccolo sollievo che Dio ci dà per fare più lavoro di quanto ne abbiamo fatto prima nel mondo. E che ci apre solo la strada per fare *in modo più facile* ciò che dobbiamo fare. E così, chiunque ne prenda atto e agisca di conseguenza, quando l'opera di Dio sarà terminata, andrà semplicemente all'assemblea trionfante sul Monte Sion.

Ma tutti quelli che dicono: "Oh, no. Stavi andando troppo veloce, stavi esagerando", come diranno in molti, vogliamo essere messi in guardia anche da queste cose. Ecco il resoconto di ciò che alcuni diranno ("Testimonianza 33", pagina 243):—

> "Quando la sentinella, vedendo la spada in arrivo, dà un certo suono alla tromba, la gente lungo la linea di confine farà eco all'avvertimento e tutti avranno l'opportunità di prepararsi al conflitto. Ma troppo spesso il leader ha esitato, sembrando dire: "Non affrettiamoci troppo. Potrebbe esserci un errore. Dobbiamo stare attenti a non dare un falso allarme". Proprio l'esitazione e l'incertezza da parte sua gridano: "Pace e sicurezza"".

Non vedete allora che chi esita, chi vacilla, il suo stesso comportamento dice: "Pace e sicurezza"? Magari non lo dice ad alta voce, ma lo dice. Ecco perché nell'altro luogo abbiamo letto, nelle lezioni precedenti, "Si cercano Caleb che dicano: "Ora è il momento di agire"".

Continuo a leggere:—

> "La stessa esitazione e incertezza da parte sua grida: 'Pace e sicurezza'. Non agitarti. Non allarmatevi. La questione dell'Emendamento religioso è stata affrontata molto più di quanto richiesto. L'agitazione si placherà".

Vedete? Questo dimostra che alcuni lo diranno. Allora, non vedete, coloro che dicono questo e assumono questa posizione esitante, indugiante, interrogativa, interrogativa, quando vedono qualcosa che appare come la disfatta di tutto ciò che è stato fatto, diranno: "Sì, è quello che vi abbiamo detto. Ve lo abbiamo detto molto tempo fa. Ma voi siete andati avanti e avete fatto agitare e allarmare la gente, e ora è tutto disfatto, e che valore ha il vostro lavoro? È un falso allarme quello che avete lanciato. Avete illuso il popolo.

Non è così! Perché quando arriva quella tregua, è proprio questa la cosa che coloro che stanno nel timore di Dio e nel consiglio di Dio vedranno come la loro più grande opportunità. [Non è forse in risposta alle nostre preghiere che i venti vengono tenuti sotto controllo?"] Sì, signore. E quando arriverà quella tregua, invece di dire "pace e sicurezza", tutti coloro che sono nel consiglio di Dio esclameranno: "Preparatevi, presto". Preparatevi, perché presto la marea tornerà a salire, e allora tutti quelli che vengono catturati saranno catturati per sempre. Questo è il pericolo, vedete.

Leggiamo ancora un po' da "*Great Controversy*", p. 443:—

> "Quando la Chiesa primitiva si è corrotta allontanandosi dalla semplicità del Vangelo e accettando riti e costumi pagani, ha perso lo Spirito e la forza di Dio; e per controllare le coscienze del popolo, ha cercato il sostegno del potere secolare".

Era il papato, ricordiamolo.

> Il risultato fu il papato, una chiesa che controllava il potere dello Stato e lo utilizzava per perseguire i propri fini, soprattutto per punire l'"eresia". Affinché gli Stati Uniti siano un'immagine della bestia, il potere religioso deve controllare il governo civile a tal punto che anche l'autorità dello Stato sarà impiegata dalla Chiesa per raggiungere i propri scopi".

Qualcuno qui ha visto fare qualcosa del genere negli Stati Uniti? [Ora, onestamente, credete che ci sia una persona in questa casa oltre a voi che abbia visto una cosa del genere negli Stati Uniti? [C'è qualcuno che *non l'ha visto? [*Non fa differenza quello che dice al riguardo; non fa differenza quello che pensa al riguardo, o come lo vede lui stesso, c'è qualcuno in questa casa, o negli Stati Uniti, che *non abbia* visto quella cosa? La questione non è ciò che egli crede al riguardo: non è questo il punto; ma c'è qualcuno che non abbia visto fare proprio quella cosa? [Non c'è nessuno che non abbia visto fare quella cosa: sanno che è stata fatta, che ammettano o meno che sia l'immagine della bestia, non è questo il punto; ma è stata fatta. L'hanno visto fare. Se qualcuno dovesse dire che non è l'immagine della bestia, possiamo rispondere che è comunque qualcosa di simile. Potremmo arrivare a questo punto insieme, forse.

Poi, un'altra cosa che si inserisce proprio qui. Alcuni hanno desiderato avere una dichiarazione della Corte Suprema degli Stati Uniti su ciò che la Corte intendeva in quella decisione, o su ciò che la Corte intendeva con essa. Ma, fratelli, non servirebbe a nulla. Se la Corte Suprema degli Stati Uniti scrivesse una dichiarazione esplicita che la Corte non intendeva affatto fare di questa una nazione cristiana, che non intendeva affatto stabilire una religione nazionale qui, non cambierebbe nulla con uno schiocco di dita.

La questione non è ciò che la Corte *intendeva fare, ma* ciò che la Corte ha *fatto*. È questo che conta. E ciò che la Corte ha fatto si vedrà, e i suoi frutti si raccoglieranno, e gli effetti di questo saranno portati avanti, a dispetto di qualsiasi cosa la Corte possa aver inteso. Questo non ha nulla a che vedere. Non credo che qualcuno nella Corte abbia inteso ciò che la Corte ha detto; perché la Corte non sa cosa c'è in ciò che ha detto e quindi non può aver inteso ciò che c'è in esso. La Corte non sa cosa c'è dentro. Non sognano cosa c'è dentro.

Il Congresso sapeva cosa conteneva la legge sulla domenica, che chiudeva l'Esposizione Universale di domenica? Sapevano cosa c'era scritto? [Supponiamo che il Congresso si alzi e approvi una risoluzione per la nazione, per il popolo americano, che dica: "Con questo atto non intendevamo affatto mettere il governo degli Stati Uniti e il potere del governo nelle mani delle chiese". E potrebbero dirlo onestamente, non credete?

Domanda.—I vescovi del tempo di Costantino sapevano cosa c'era lì dentro?

Risposta.—No, non hanno visto cosa c'era dentro, non sapevano cosa c'era dentro; questo è il punto.

Quindi, se il Congresso dicesse chiaramente che non intendevamo dare il governo nelle mani delle chiese, e che quindi il governo *non è* nelle mani delle chiese, la conclusione è la seguente? No, *c'è*, qualunque sia la loro intenzione.

Il punto è che non sanno cosa c'è dentro, e loro stessi *ora* sanno che c'è quello che allora non sapevano ci fosse. Un senatore dello Stato di Washington ha detto al fratello Decker che se avesse saputo prima quello che ha saputo dopo, non avrebbe votato come ha fatto. Esattamente; e i membri della Camera hanno detto la stessa cosa. Ma è proprio questo il problema. A Satana non importa, e al papato non importa se sanno o meno cosa c'è dentro, o se ne hanno l'intenzione o meno; è stato fatto, e i suoi frutti appariranno, e il male che c'è dentro arriverà, nonostante le intenzioni della corte, nonostante le intenzioni del Congresso, nonostante quello che la corte sapeva e nonostante quello che il Congresso sapeva.

Non è lì che dobbiamo cercare le interpretazioni di queste cose che sono state fatte. È nella Parola di Dio che dobbiamo cercare l'interpretazione di queste cose che sono state fatte. È nella storia del papato che dobbiamo cercare l'interpretazione di queste cose che sono state fatte. E solo coloro che guardano lì saranno in grado di vedere cosa c'è in queste cose che sono state fatte. Chi non conosce la storia del papato, chi non l'ha studiata e non ha visto l'origine di queste cose, gli sconfinamenti, la costruzione e la logica di ogni passo che è andato avanti fino all'esito finale, chi non l'ha seguita non sarà preparato a vedere cosa c'è in queste cose e cosa ne verrà fuori.

E quindi il Signore ci ha indicato quella cosa come fonte della nostra conoscenza. Rileggiamo: "per imparare com'è l'immagine e come deve essere formata". Come ho detto ieri sera, Dio ci ha dato degli strumenti per conoscere con molto anticipo ciò che sta per accadere, in modo che, quando apparirà, saremo in grado di riconoscere all'istante che si tratta del papato.

Pertanto, le intenzioni della Corte non hanno nulla a che vedere con la questione. E se si potesse ottenere dalla Corte Suprema degli Stati Uniti un documento firmato da tutti i giudici in carica, in cui si afferma che non intendevano nulla del genere, direi semplicemente: "Questo non ha nulla a che fare con la questione". È solo quello che hanno detto. Hanno detto: "Questa è una nazione cristiana" e lo hanno "dimostrato". E tutto questo verrà fuori a dispetto di qualsiasi cosa abbiano mai inteso o saputo al riguardo. Questo non ha nulla a che fare con la questione.

E le testimonianze che abbiamo letto qui, le abbiamo tutte nelle piccole Testimonianze speciali. Lì si dice che non dobbiamo ottenere le nostre informazioni da chi non c'è; non dobbiamo prendere consigli con il mondo; i nostri ordini devono venire dall'alto; i nostri consigli devono essere ricevuti da lì. Nel *Review and Herald* del 21 febbraio, in prima pagina, c'è un'affermazione secondo cui coloro che stanno nel consiglio di Dio avranno la saggezza per individuare le mosse di Satana ed evitarle. Fratelli, il Signore ci ha lasciato armati in ogni punto contro tutto ciò che Satana può fare. Come vedete, ha aperto tre fonti distinte per la nostra conoscenza assoluta di questa cosa: la Bibbia, le Testimonianze e la storia del papato. Ci sono tre fonti di conoscenza su questo: c'è la storia, c'è la Scrittura e c'è lo Spirito di Profezia che spiega entrambe. Non ci ha forse lasciati completamente armati?

Bene, allora facciamo uso dei documenti e dei mezzi che Egli ci ha dato per essere completamente armati contro questi inganni. Questo è ciò che si vuole. Richiederà studio; ma a cosa serve un predicatore se non a studiare? È questo che voglio sapere. Non ha nient'altro da fare che studiare e nient'altro da fare che lavorare. Studiare e lavorare, lavorare e studiare *tutto il tempo*. Naturalmente sarà un lavoro più difficile di quello che molti hanno fatto, studiare tutte queste cose e impegnarsi con tutte le proprie forze. Ma non dovete temere di avere la febbre del cervello; non temete questo. Vorrei solo—non lo limiterei ai ministri, perché tutti devono essere ministri una volta o l'altra—ma vorrei che ogni Avventista del Settimo Giorno si mettesse a studiare fino a quando la sua fibra cerebrale non scatta. Gli farebbe bene. Studiare finché il suo cervello non si spezza a causa dello sforzo. Cosa dice il Signore? "Amerai il Signore tuo Dio con tutto il tuo cuore, con tutta la tua anima" e con quanta parte della tua mente? [E allora, forza, andiamo avanti. "Tutta la tua mente" è ciò che Lui vuole. *Tutta* la mente. *Tutto*. Lasciategliela.

Leggerò questa affermazione un po' più avanti, a proposito di coloro che dicono che tutto si spegnerà: "Testimonianza, n. 33", pagine 243, 244:—

> "Troppo spesso il leader ha esitato, sembrando dire: "Non abbiamo troppa fretta. Potrebbe esserci un errore. Dobbiamo stare attenti a non dare un falso allarme". Proprio l'esitazione e l'incertezza da parte sua gridano: "Pace e sicurezza. Non agitarti. Non allarmatevi. *La questione dell'Emendamento religioso è stata affrontata molto più di quanto richiesto. L'agitazione si placherà"*. In questo modo egli nega virtualmente il messaggio inviato da Dio; e l'avvertimento che era stato concepito per smuovere le chiese non riesce a svolgere la sua opera. La tromba della sentinella non emette un suono certo e il popolo non si prepara alla battaglia. Che la sentinella stia attenta, per evitare che, a causa della sua esitazione e del suo ritardo, le anime siano lasciate morire e il loro sangue sia richiesto per mano sua".

Poi un'altra cosa. Alcuni fratelli ministri e un buon numero di persone hanno detto: "Non credo che quest'opera di libertà religiosa, quest'opera di Chiesa e Stato sia proprio la cosa giusta; è troppo simile alla politica. Non credo che sia proprio il caso di lavorare in chiesa, il sabato e così via". Ebbene, ciò dipende dalla condizione del vostro cuore; dipende da ciò che è per voi. Se per voi è semplicemente una questione politica, allora per voi è solo politica. Se è un'opera di libertà religiosa con voi e in voi, allora è il Vangelo. Se per voi è solo una teoria, solo un formalismo esteriore, allora per voi è solo politica: la politica è tutto ciò che conoscete. Ma se è con voi e in voi, la vera libertà dell'anima, la vera libertà che Cristo dà all'anima convertita, allora è davvero la libertà religiosa, il vangelo di Cristo, e non è politica. Questa è la differenza tra la politica e il Vangelo di Cristo.

Vorrei sapere chi è il più grande, il più acuto e il più astuto politico della terra. [Certo, il Papa. È sempre stato il più grande politico. Ognuno di loro è stato un politico, sapete. Ma professa il Vangelo. Dove c'è un *professore di religione* più ampio del papa? Ma i principi del papato e il Vangelo professato dal papato sono tutti all'esterno. Non può mai essere altro che politica. Ma lasciate che i principi del Vangelo che questi uomini mettono solo all'esterno, e che essi sostengono semplicemente come una teoria, come un credo, lasciate che questi principi del Vangelo raggiungano il cuore e portino Gesù Cristo nel cuore, e allora avrete davvero la libertà religiosa. Ma allora non ci sarebbero papi.

I fratelli che hanno pensato che il lavoro sulla libertà religiosa fosse troppo simile alla politica per loro, hanno bisogno di scoprire cos'è la libertà religiosa e di ottenere la libertà religiosa per se stessi e nei loro cuori, e allora sapranno che non si tratta di politica, ma di religione. Quella gente non ha scoperto cos'è la vera religione. No, signore; l'uomo che trova la libertà religiosa che c'è in Gesù Cristo, e che il Vangelo gli porta, e che separa ogni cosa religiosa dallo Stato, separa la Chiesa e lo Stato, l'uomo che fa questo, sa che non è politica; perché conosce la via retta, e prenderà la via retta, e la percorrerà di fronte a ogni considerazione che la terra può fornire o menzionare; e non c'è politica in questo; questo è principio.

Allora la situazione è questa. Queste sono alcune delle cose che dobbiamo considerare. E il segreto di tutto, il principio e la fine di tutto, *il tutto in tutto*, è semplicemente Gesù Cristo in un uomo, la speranza della gloria. Questo spiega tutto, fa capire tutto, fornisce tutto. Cristo, Cristo e Lui crocifisso: è tutto ciò che ogni uomo vuole; è tutto ciò di cui ogni uomo ha bisogno; è tutto ciò che possiamo avere, perché "in Lui abita tutta la pienezza della Divinità e voi siete completi in Lui".

Poi, mentre ci separiamo, andiamo a portare il messaggio che Dio ci ha dato, con la potenza che ci ha dato, per portare il Vangelo eterno ad ogni nazione, razza, lingua e popolo—e non dimenticate—dicendo *a gran voce:* "Temete Dio e dategli gloria, perché è giunta l'ora del suo giudizio; perché è giunta l'ora del suo giudizio, e adorate colui che ha fatto il cielo, la terra, il mare e le sorgenti delle acque", mentre l'altro angelo lo seguiva dicendo: "Babilonia è caduta, è caduta, quella grande città, perché ha fatto bere a *tutte le nazioni il* vino della sua fornicazione"." È così? Tutte le nazioni ora? [Allora la voce *ancora più forte* dice: "Se uno adora la bestia e la sua immagine e riceve il suo marchio sulla fronte o sulla mano, berrà il vino dell'ira di Dio, versato senza mescolanza nella coppa della sua indignazione... Ecco la pazienza dei santi; ecco quelli che osservano i comandamenti di Dio e la fede di Gesù... Beati i morti che d'ora in poi moriranno nel Signore".

E allora, quando uno dei vostri amici muore, perché siete in lutto? Dio ha promesso una benedizione su di lui. Non privare anche *te* di una benedizione con l'incredulità. "Beati i morti che muoiono nel Signore d'ora in poi". E poi la conferma: "Sì, dice lo Spirito, perché si riposino dalle loro fatiche; e le loro opere li seguono". Poi guardai ed ecco una nuvola bianca e sulla nuvola sedeva uno simile al Figlio dell'uomo, che aveva sul capo una corona d'oro e in mano una falce affilata. E un altro angelo uscì dal tempio, gridando a gran voce a colui che sedeva sulla nube: "Infila la tua falce e mieti, perché è giunta l'ora di mietere, perché la messe della terra è matura". E colui che sedeva sulla nuvola spinse la sua falce sulla terra; e la terra fu mietuta".

"E vidi come un mare di vetro misto a fuoco; e quelli che avevano ottenuto la vittoria sulla bestia, sulla sua immagine, sul suo marchio e sul numero del suo nome, stavano sul mare di vetro con le arpe di Dio". Ecco dove stiamo andando. È un viaggio dritto. Ecco dov'è.

Allora non vedete che ogni cosa che facciamo, ogni argomento che prendiamo, ogni parola che pronunciamo, è in vista della venuta del Signore. Egli *sta* venendo. Sta *arrivando*. Non ne siete contenti? Sì, il Signore sta venendo, in persona. E lo vedremo come è. Non come *era,* ma come *è*. Il Suo volto splendente come il sole, le Sue vesti bianche come la luce, la Sua voce come quella di una moltitudine, che parla di pace e di gioia eterna a coloro che Lo aspettano. Sì, fratelli,

Egli viene; tutto glorioso, Egli viene. Lo vedremo, Lo vedremo. Sì, come in quell'inno benedetto che dice: "Non è vero che non ci sono più i soldi".

> Egli viene, non come un bambino nato a Betlemme,
> viene, non per giacere in una mangiatoia;
>
> Viene, non di nuovo per essere trattato con disprezzo;
> Viene, non come uno straniero senza riparo.
>
> Egli viene, non nel Getsemani,
> per piangere e sudare sangue nel giardino;
>
> Egli viene, non per morire sull'albero,
> per comprare il perdono ai ribelli;
>
> Oh no; la gloria, la gloria luminosa lo circonda ora.

Esattamente; avvolto in un tripudio di gloria sconfinata. Quanti angeli santi sono con Lui? [Tutti? [Ma Lo conosceremo allora in mezzo a una tale schiera di angeli, ognuno dei quali risplende più del sole? Ah, fratelli, Colui che è stato con noi per tutto il cammino, Colui che è stato con noi nella sofferenza, Colui che è stato con noi nel dolore, Colui che ci ha liberato dai problemi, Colui che ha camminato con noi per tutto il cammino, Colui che ci ha salvato dai nostri peccati, Colui che ci ha fatto conoscere, può qualcosa oscurarlo in quel giorno e nascondercelo? [No; quella presenza benedetta che ci ha legato a Lui quando era così lontano, può qualcosa tenerci lontani da Lui quando si avvicina? No; e le diecimila volte diecimila e migliaia di migliaia di angeli non sono lì *per tenerci lontani da Lui;* non sono lì per circondarlo come una guardia del corpo di soldati, per tenere lontane le persone. No, vengono per *portarci a Lui.* [Questa è l'unica cosa per cui sono lì, per portarci a Lui. Ed Egli ci porterà a Sé, perché lo dice Lui, lo dice Lui. E noi lo vedremo da soli, e i nostri occhi lo vedranno, e non un estraneo. No, non un estraneo. Le ultime parole di Paolo furono: "O Signore, quando ti abbraccerò? Quando ti vedrò per me stesso, senza un velo oscurante in mezzo?" —*Sketches from the Life of Paul*, 331. Non possiamo dirlo anche noi? [Congregazione: "Amen"].

Fratelli, non ci vorrà molto. [Non ci vorrà molto. Pensate: vedremo tutti gli altri là. E avete mai notato la piega che hanno preso le parole di Paolo quando ci conforta per la perdita dei nostri amici che sono morti: tutti torneranno dai morti. 1 Tess. 4. Leggiamo ora: "Ma non voglio che ignoriate, fratelli, ciò che riguarda quelli che dormono, affinché non vi affliggiate come altri che non hanno speranza. ... Perché il Signore stesso scenderà dal cielo con un grido, con la voce dell'arcangelo e con la tromba di Dio; e i morti in Cristo risorgeranno per primi; poi noi, che siamo vivi e rimaniamo, saremo rapiti insieme a loro sulle nuvole, per andare incontro al Signore nell'aria; e così saremo sempre gli *uni* con gli altri"*?* [Perché, aveva iniziato a dire loro che si sarebbero incontrati con i loro amici morti dopo un po' di tempo; ma quando arrivò il momento non li vide affatto. Qual è il motivo? Perché quel giorno *il Signore* è *tutto in tutti.* Certo, saremo contenti che i nostri amici siano tutti lì; ma, fratelli, saremo più contenti di tutti che *l'Amico stesso* sia lì. Egli ha la precedenza su tutti gli altri amici in quel giorno. Siamo così contenti che ci sia quell'Amico che non abbiamo tempo di cercarli; e così dice. "Il Signore stesso scenderà dal cielo con un grido, con la voce dell'arcangelo e con la tromba di Dio; e i morti in Cristo risorgeranno per primi; poi noi, che siamo vivi e rimaniamo, saremo rapiti insieme a loro nelle nuvole, per incontrare il Signore nell'aria; e così saremo sempre con IL SIGNORE".

Fratelli, allora non ci sarà alcun velo oscurante tra di noi. Saremo simili a Lui, perché Lo vedremo così com'è. Allora saremo felici. Rallegriamoci per tutto il cammino. Dite al popolo che il Signore sta arrivando. Dite loro: "Preparatevi, perché Egli viene". Dite loro queste cose. Dite: La sua venuta è vicina. Preparatevi, perché Egli viene. Preparatevi a incontrarlo, perché sta arrivando. Preparatevi a essere come Lui, perché la gloria di cui ci ha dato una parte ora ci renderà del tutto simili a Lui in quel giorno.

Dov'è quel libro di inni? Cantiamo quel brano, l'1175, "Nel mattino della resurrezione". Penso che ora possiamo cantarlo insieme.

> "Nel mattino della resurrezione vedremo il Salvatore venire e i figli di Dio gridare nel regno del Signore.
>
> *Coro:*
>
> "Risorgeremo, risorgeremo, quando la potente tromba squarcerà i cieli azzurri; sì, i morti in Cristo risorgeranno, tutti i morti in Cristo risorgeranno, nel mattino della resurrezione risorgeremo".
>
> "Sentiamo la gloria dell'avvento; mentre la visione sembra tardare, ci consoleremo a vicenda con le parole della Sacra Scrittura.
>
> "Per fede possiamo scoprire che la nostra guerra finirà presto, e ci saluteremo a breve, sulla riva felice della bella Canaan.
>
> "Racconteremo la piacevole storia, quando incontreremo i nostri amici nella gloria, e ci terremo pronti per acclamare il Re celeste".

Adventist Pioneer Library

Per ulteriori informazioni, visitare il sito:
www.APLib.org

oppure scrivere a:
contact@aplib.org

Made in the USA
Columbia, SC
18 July 2025

60743531R00163